제 6 판

예제중심 쉽게 배우는

ATmega128 마이크로컨트롤러

하드웨어 인터페이스와 프로그래밍

정영호 · 김덕영 · 조남형
공저

B.C.Info

머리말

마이크로프로세서 혹은 마이크로컨트롤러는 우리 주변 거의 모든 부분에서 활용되고 있다. 전자시계부터 가전제품, 자동차. 공장자동화 등 많은 분야에 다양한 목적으로 사용되고 있으며, 날이 갈수록 기술이 발전하여 다양한 응용에 편리하게 개발할 수 있도록 고안된 프로세서가 출시되고 있다.

요즈음 개발이 간편한 ATMEL사의 AVR 계열의 마이크로컨트롤러가 각광을 받고 있으며 우리나라에서도 AVR 계열 컨트롤러가 날이 갈수록 널리 사용되고 있으므로 본 교재에서는 AVR계열 중 가장 널리 사용되고 있는 ATmega128 마이크로 컨트롤러를 이용하여 CodeVision 컴파일러를 개발툴로서 집필하였다.

마이크로컨트롤러 기술은 하드웨어 및 인터페이스 회로 설계 제작 기술과 제어프로그램 작성 기술이 합쳐진 두 가지 기술을 모두 습득해야하는 복합적인 기술이다. 특히 제어 프로그램은 거의 대부분 C언어를 사용하고 있으므로 기본적인 C언어 프로그래밍 능력이 필수적으로 갖추어야 하며, 마이컴 회로 구성을 비롯하여 센서 및 액추에이터를 구동하기 위한 인터페이스회로를 설계하고 제작하는 기술도 갖추어야 하므로 많은 사람들이 배우는데 어려움을 격고 있으나 마이크로컨트롤러를 잘 활용하기 위해서는 이 두 가지 요소를 모두 갖추어야 진정한 엔지니어라 할 수 있다.

본 교재에서는 많은 실습 예제를 두어 전기전자 기초지식과 약간의 C언어 기초 지식만 갖고 있으면 무리 없이 쉽게 이해가 되도록 간단한 예제부터 알고리즘을 구현 및 제어 프로그램 작성 능력을 단계적으로 발전해 갈 수 있도록 구성하였으며 다양한 인터페이스 회로를 제시하여 회로에 대해 이해를 돕고 설계 능력을 갖추도록 구성하였다.

본 교재의 예제를 하나씩 따라하며 인터페이스 회로 및 제어 알고리즘을 이해하도록 하여 책에 주어진 활용과제를 해결해 보면서 쉽고 빠르게 실력을 쌓을 수 있다.

이 책을 출판하기 위해 노력해준 복두출판사 관계자 여러분께 감사의 말씀을 전해 올린다.

- 저자 씀

차 례

Contents

Chapter 1. 마이크로프로세서 개요

Chapter 2. ATmega128 마이크로컨트롤러

Chapter 3. C언어 기초 다지기

Chapter 4. LED 점등 제어

Chapter 5. FND 숫자 표시 실습

Chapter 6. 캐릭터 LCD 표시 제어

Chapter 7. 키 매트릭스 제어

Chapter 8. 인터럽트

Chapter 9. 타이머/카운터 제어

Chapter 10. 모터 제어

Chapter 11. A/D 변환기 활용

Chapter 12. 시리얼 통신

마이크로프로세서 개요

이 장에서는 마이크로프로세서와 마이크로컨트롤러에 대한 개념을 정의하고, 기본적인 구조와 동작원리를 이해하여 우리가 앞으로 배워야 할 부분 중에서 하드웨어적인 기초 지식을 갖도록 구성하였다.

CHAPTER 01

1.1 마이크로프로세서(Microprocessor) 개요

(1) 마이크로프로세서란

마이크로프로세서란 단일 칩으로 구성되어 주어진 프로그램에 의해 데이터의 입력, 가공, 출력을 수행하는 장치를 말한다. 즉 사용자의 명령어들(프로그램)에 의해 주어진 대로 동작하도록 만든 것이 마이크로프로세서이다. 명령어가 필요 없는 칩은 마이크로프로세서가 아니다.

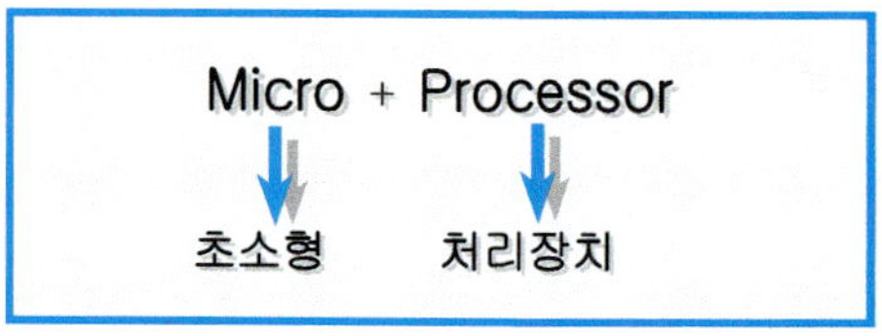

프로그램에 의해 데이터를 처리하는 단일 칩으로 만들어진 다목적용 IC이며 기억장치로부터 가져온 명령을 해독하여 명령에 따라 데이터를 연산, 가공 처리하고 다른 장치를 제어하는 역할을 한다.

최초의 마이크로프로세서는 70년대 초 미국 인텔사에서 탁상 계산기용으로 개발된 4비트 마이크로프로세서인 4004이다.

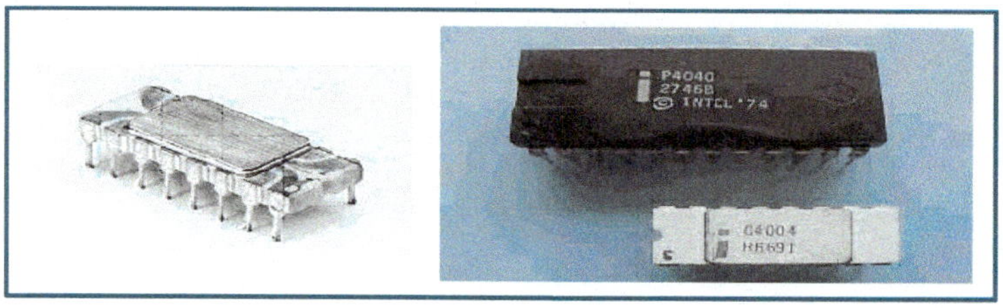

그림 1-1. 최초의 마이크로프로세서 인텔 4004와 4040

그림 1-2. 현대의 초고성능 초고집적 마이크로프로세서

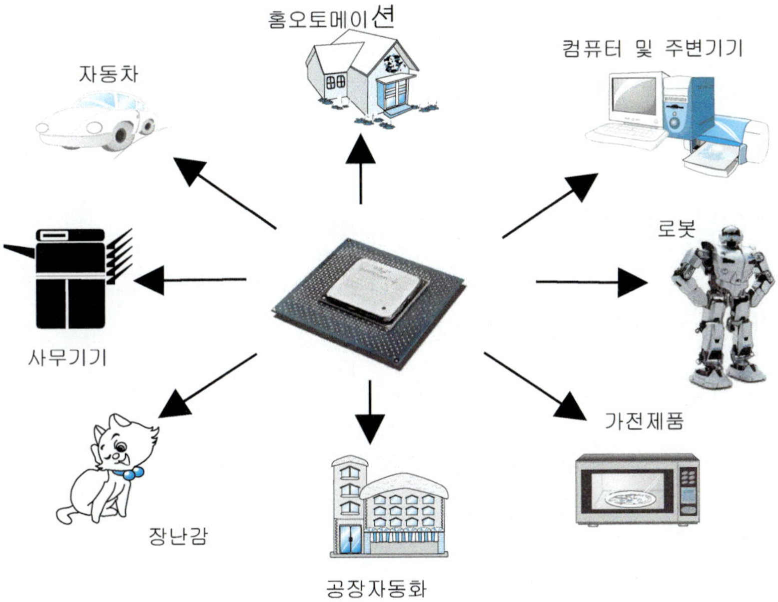

그림 1-3. 마이크로프로세서 응용분야

이 마이크로프로세서는 그림에서 보이듯이 여러 분야의 제어장치에서 핵심 두뇌역할을 수행을 하며, 이 마이크로프로세서에 의해 감지가 되고 동작 제어 명령이 출력이 되어 각종 장치들을 제어를 하게 된다.

어떤 장치를 프로그램에 따라 스스로 움직이게 하는 자동화를 실현하기 위해서는 반드시 마이크로프로세서가 필요로 하다.

(2) 로직 IC와 마이크로프로세서

외형상으로는 로직 IC와 마이크로프로세서용 IC를 구분하기는 어려우나 동작면에서 보면 큰 차이가 있다. 로직 IC는 입력 데이터에 따라 출력 논리가 내부 회로가 고정되어 있어 입력 논리에 따른 출력이 미리 정해져 있으며 입력단과 출력단이 명확하게 구분되어져 있다. 다음 그림은 논리 IC의 예를 나타내었다.

그림에서 보이듯이 TTL 로직 IC 중 7400은 4개의 AND 로직게이트가 내장되어 있다. 1, 2번핀은 논리 입력핀이고 3번핀은 AND논리 출력핀으로 할당되어 있다. 이렇게 입력과 출력 및 내부 논리가 명확하게 정해져있는 것이 논리 IC라고 한다.

그러나 마이크로프로세서는 프로그램으로 주어진 명령에 따라 데이터를 수집, 가공하여 출력을 하므로 입력단과 출력단 및 입력에 따른 출력은 모두 명령어에 의해 처리되어짐으로 입출력은 사용자가 프로그램에서 명령으로 할당하여 사용되어지므로 특수한 경우를 제외하고는 입력과 출력의 구분을 할 수 없고 논리연산 또한 프로그램에 의해 주어진 대로 처리하게 된다.

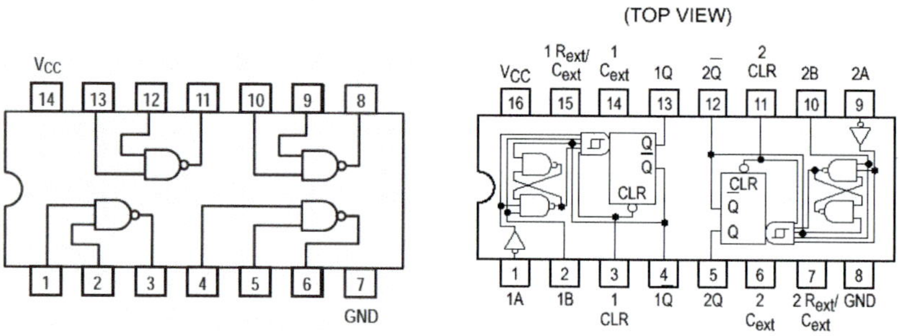

(a) TTL 로직 IC 7400 (b) TTL 로직 IC 74221

그림 1-4. 디지털 로직 IC의 예

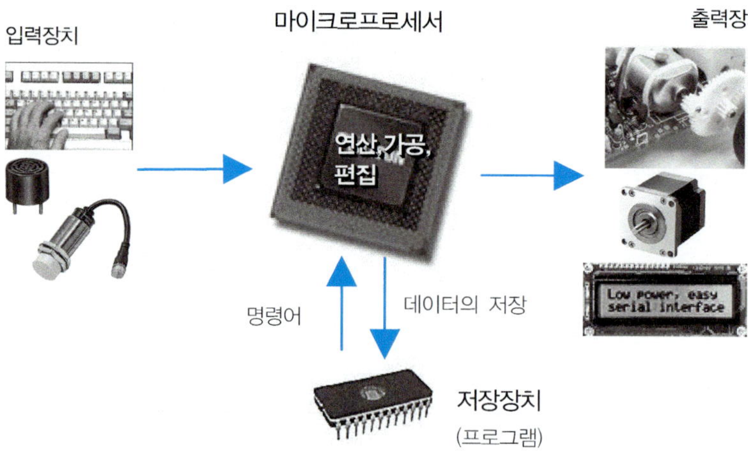

그림 1-5. 마이크로프로세서의 동작

(3) 마이크로프로세서의 종류

마이크로프로세서는 사용 용도에 따라 범용 마이크로프로세서와 전용 마이크로프로세서로 나눈다. 다목적으로 사용하는 범용 마이크로프로세서는 우리가 사용하는 컴퓨터의 펜티엄프로세서처럼 CPU(중앙처리장치) 또는 MPU(주처리장치)로 사용되는 것이 있고 마이크로컨트롤러라고 불리는 자동화기기를 제어하는 프로세서가 있다.

[표 1-1] 마이크로프로세서 종류

<table>
<tr><th>분 류</th><th colspan="2">종 류</th></tr>
<tr><td rowspan="2">범용
마이크로프로세서</td><td>컴퓨터 중앙처리장치용</td><td>CPU(Central Processing Unit)
MPU(Main Processing Unit)</td></tr>
<tr><td>자동화기기 제어용</td><td>마이크로컨트롤러
= 원칩 마이크로프로세서
= 원칩 마이크로컨트롤러
= 싱글칩 마이크로컴퓨터
= 원칩 마이크로컴퓨터
= 원칩 마이컴
= 마이컴</td></tr>
<tr><td>전용
마이크로프로세서</td><td colspan="2">신호처리프로세서, 통신제어프로세서, 비디오프로세서 등</td></tr>
</table>

여기서 우리가 배우려고 하는 것은 바로 자동화기기를 제어하는 목적으로 사용되는 마이크로프로세서인 마이크로컨트롤러에 대해 배우고자 한다. 마이크로컨트롤러는 다른 말로 원칩 마이크로프로세서, 원칩 마이크로컨트롤러, 싱글칩 마이크로컴퓨터, 원칩 마이크로컴퓨터라고도 부르며, 그냥 줄여서 일반적으로 "마이컴" 이라고도 한다.

1.2 마이크로프로세서와 마이크로컴퓨터

(1) 마이크로컨트롤러란?

> 마이크로컨트롤러 = 원칩 마이크로프로세서 = 원칩 마이크로컨트롤러
> = 싱글칩 마이크로컴퓨터 = 원칩 마이크로컴퓨터

마이크로컨트롤러는 범용 CPU 중에서 자동화기기를 제어하기에 최적으로 구현한 프로세서를 말한다. 우리가 사용하는 PC의 펜티엄프로세서처럼 초고속, 초고성능과 대용량 메모리를 지원하는 것은 아니지만 자동화기기 장치를 제어하기에는 약간의 메모리 용량과 기본적인 연산처리 및 성능만 있으면 충분히 만족할만한 컨트롤 구현이 가능하다.

따라서 마이크로컨트롤러는 자동화기기 제어에 최적화하고 경박 단소한 사이즈로 마이크로로봇이나 소형기기를 제어하는 것으로 부터 규모가 큰 자동화시스템제어도 가능하도록 설계되어 있다.

컴퓨터의 중앙처리기(CPU)가 가진 기능의 대부분을 하나 또는 몇 개의 반도체 칩에 집적한 것을 마이크로프로세서(microprocessor)라고 하고, 이것을 중심으로 ROM, RAM, I/O 장치 등으로 구성된 작은 규모의 컴퓨터 시스템을 마이크로컴퓨터(microcomputer) 또는 줄여서 마이컴(micom)이라고 한다.

마이크로컴퓨터 중에서 그 부품들을 한 장의 기판 위에 배치해 놓은 것을 단일 보드 마이크로컴퓨터(single board microcomputer)라고 하고, 단일 보드 마이크로컴퓨터에 들어가는 모든 부품들을 하나의 반도체 칩(VLSI)에 집적하기에 이르렀는데, 이것을 단일 칩 마이크로컴퓨터(single chip microcomputer) 또는 원칩 마이컴(one-chip micom)이라고 한다.

단일 칩 마이크로컴퓨터는 주로 제어용에 사용되는데 이처럼 제어에 사용되는 단일 칩 마이크로컴퓨터를 마이크로컨트롤러(microcontroller)라고 한다.

(2) 마이크로컨트롤러의 특징

마이크로컨트롤러는 제어용 컴퓨터를 고집적화하여 하나의 칩으로 만든 것이므로, VLSI로서의 장점과 컴퓨터로서의 장점을 다 갖추고 있다. 장점은 다음과 같다.

- 제품이 소형화되고, 경량화 된다.
- 제품의 가격이 저렴해진다.
- 융통성이 커서 기능 변경이나 확장이 용이해진다.
- 신뢰성이 향상된다.

(3) 마이크로컨트롤러 종류들

전 세계적으로 마이크로프로세서를 생산하는 반도체기업들은 많이 있으나 우리가 익숙하게 많이 알려져 있고 세계적으로 많은 시장을 점유하고 있는 몇몇 회사들의 제품에 대해 알아보도록 하자.

[표 1-2] 일반적으로 우리에게 잘 알려진 마이크로프로세서들

회사명	종류	비고
Intel 계열	MCS-51계열(8비트)	8031, 8051, 8951 등
	MCS-96계열(16비트)	8096, 80196, 80296 등
Motollor	68HCXX 계열	
Micro Chip	PIC16XX 계열	범용 제어용
	PIC17XX 계열	고성능 정밀 제어용
ATMEL	AT TintyXX 계열	간단한 제어용
	AT megaXX 계열	고성능 제어용
	AT XmegaXX 계열	고성능 고속 정밀 제어용
Texas Instruments	DSP320CXX 계열	고속 신호처리용

(4) 마이컴의 구성과 원칩 마이크로컨트롤러

마이컴(=마이크로컴퓨터)의 3대 구성요소는 CPU, 주기억장치, 입출력제어장치이다. 이 3가지 요소만 있으면 컴퓨터로서의 기본적인 수행이 가능하다.

CPU는 명령어의 해독과 연산처리를 비롯하여 컴퓨터시스템의 프로그램 수행을 제어하는 핵심역할을 담당하고, 주기억장치는 수행 프로그램 및 데이터의 저장역할을 한다. 입출력제어장치는 포트(PORT)를 통하여 마이컴과 주변기기간의 데이터 입출력 제어를 담당한다.

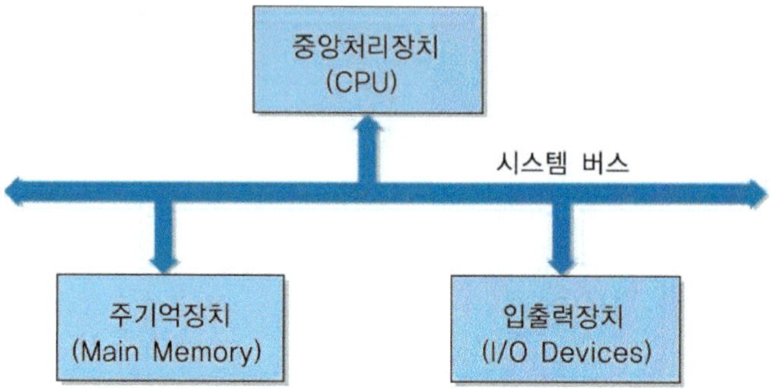

그림 1-6. 마이크로컴퓨터의 기본 구성요소

각 장치간 연결은 장치 주소를 지정하는 어드레스버스(address bus)와 데이터 전송 통로인 데이터버스(data bus), 데이터 입출력 및 장치제어를 수행하는 컨트롤버스(control bus)로 연결되는데 이 3가지 버스를 시스템버스라 부른다.

원칩(One-chip)이라 함은 기본 3가지 구성요소 뿐만이 아니라 그 외에 여러 가지 주변장치 제어 기능들을 하나의 칩으로 구현한 것을 말한다. 즉 하나의 반도체 칩상에 마이컴 구성요소들을 집적하여 초소형 제어용 컴퓨터 시스템의 구현이 가능하여 소형 전자기기나 제어기기 및 마이크로로봇 등 여러 분야에 탑재가 되어 사용되고 있다.

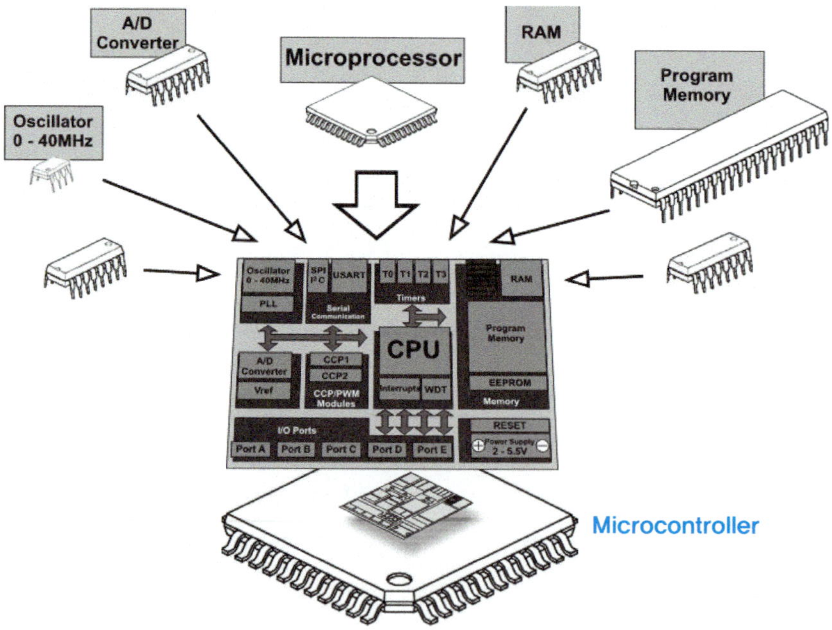

그림 1-7. 마이컴 기본구성요소가 하나의 칩에 구현한 원칩마이크로컨트롤러

(5) CPU(Central Processing Unit : 중앙처리장치)

CPU의 기본 기능

- 명령 인출 : 메모리에서 명령어를 읽어온다.
- 데이터 처리 : 명령을 해독 및 실행을 행한다.
- 처리물의 저장 및 출력 : 실행 결과물을 출력 또는 저장한다.

컴퓨터시스템의 두뇌 CPU는 크게 ALU(Arithmetic Logic Unit : 산술논리 연산장치)와 레지스트부, 제어부로 나뉜다. ALU는 명령에 따라 산술연산 및 논리연산동작을 수행하고 레지스트부는 데이터의 임시 저장하는 역할을 하고, 제어부는 명령을 해독하고 실행제어 신호를 발생시킨다. CPU 내부의 각 장치들은 내부의 어드레스버스, 데이터버스, 컨트롤버스로 연결되어 있는데 이를 내부버스(internal bus)라고 한다

레지스터부는 CPU 내부의 적은 수량의 기억공간이다. 컴퓨터의 기억장치들 중에서 액세스 속도가 가장 빠르고 처리과정에 임시로 데이터를 보관한는 범용 레지스트와 CPU 수행을 제어하는 특수목적용 레지스트가 있다.

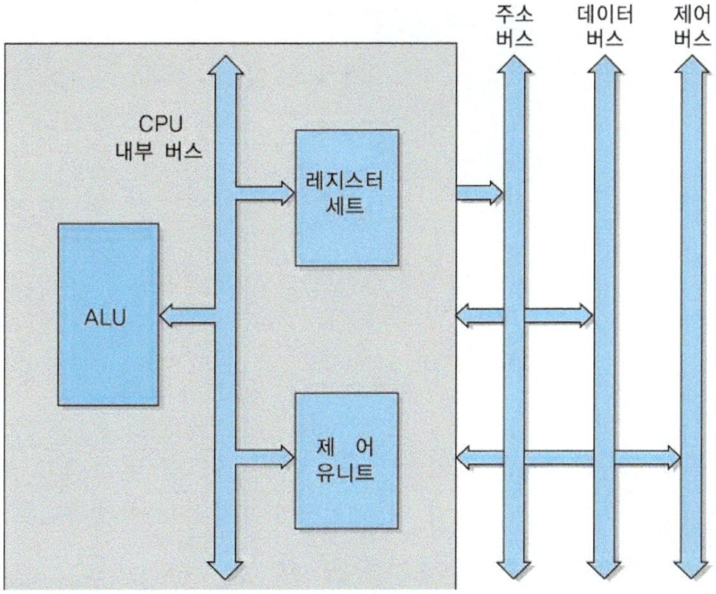

그림 1-8. CPU구조와 시스템버스

범용 레지스트 중 가장 많이 사용되는 것은 ALU에서 연산 후 결과가 저장되는 레지스터인 누산기(Accumulator)가 있다. 이는 보통 줄여서 ACC 또는 A 레지스트라고도 부른다.

특수 목적용 레지스터에는 메모리에 있는 명령어 수행순서를 지시하는 PC(Program Counter)와 스택에 들어 있는 데이터량을 지시하는 SP(Stack Pointer), 그리고 연산동작 후 상태 정보를 나타내는 플래그(Flag) 레지스트 또는 상태(Status) 레지스트 등이 있다.

산술논리연산장치인 ALU는 산술연산과 논리연산등과 같이 모든 연산동작을 수행한다.

- 산술연산 : 가감승제, 비교, 증가, 감소, 등
- 논리연산 : AND, OR, NOT, XOR, SHIFT, ROTATE 등

제어장치는 메모리에서 읽어온 명령어코드를 명령레지스터에 임시 저장한 후 명령디코드에서 해독하게 된다. 해독 결과는 제어호 발생부로 보내어 여기서 명령 수행에 필요한 제어신호가 출력되어 마이컴이 동작하게 된다.

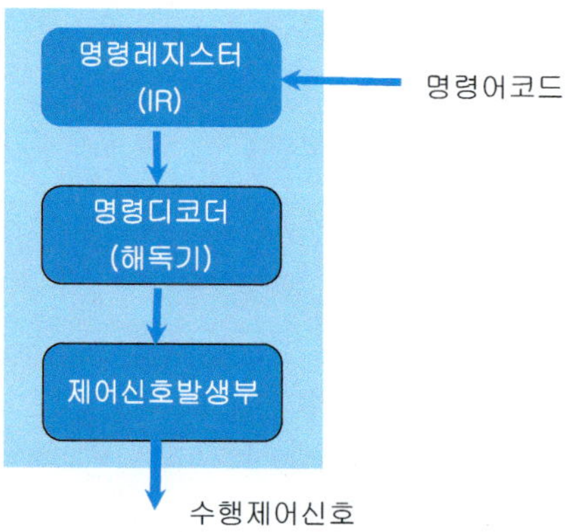

그림 1-9. 제어장치 구조

(6) 주기억 장치

흔히 메모리(memory)라 부르는 주기억장치는 수행프로그램 및 실행에 필요한 데이터를 저장하여 CPU가 수행에 필요한 명령어 및 데이터를 인출하여 수행하도록 한다. 실행도중 임시로 발생하는 데이터를 일시 보관하는 역할도 한다.

메모리 소자는 크게 휘발성 소자인 RAM(Random Access Memory)과 전원이 없어도 데이터 보존이 가능한 불휘발성 소자인 ROM(Read Only Memory)으로 구분된다.

[표 1-3] RAM 종류와 특징

종 류	특 징
SRAM	■ Static RAM (정적 RAM) ■ 기억소자가 Flip-Flop으로 구성 → 고집적화가 어렵다 ■ 전기가 공급되는 동안 저장된 데이터 안정유지 ■ 억세스 속도가 빠르다 → 내부 레지스터, 캐시메모리로 이용 ■ 인터페이스 설계가 간단 → 마이크로컴퓨터 주기억 소자로 이용
DRAM	■ Dynamic RAM (동적 RAM) ■ 전하충전방식의 정보 저장 → 고집적화, 대용량화가 가능 ■ 기록 유지를 위해 주기적 재충전작업(reflash) 필요. ■ 비트당 단가가 저렴 → 범용컴퓨터 주기억소자로 사용 ■ 속도가 느리고, 인터페이스 설계가 복잡하다.

[표 1-4] ROM 종류와 특징

종 류	특 징
MASK-ROM	■ 칩 제조 공정 도중에 데이터를 고정하여 생산되는 ROM ■ 주문생산용, 대량생산시 단가 저렴.
P-ROM	■ Programmable ROM ■ 단 1회에 한해 기록 가능한 ROM, 소거는 불가능
EP-ROM	■ Erasable Programmable ROM ■ 자외선에 의해 소거가 가능한 ROM → 자외선 소거기가 필요 ■ 여러 번 지우고 쓸 수 있다
EEP-ROM	■ Electrically Erasable PROM, ■ 전기적 신호로 지울 수 있는 ROM
Flash-ROM	■ Block 단위로 소거가 가능한 EEP-ROM ■ RAM과 ROM의 장점을 적용한 ROM ■ EEP-ROM보다 삭제 시간이 빠르고 고집적, 가격이 저렴 ■ 마이컴 및 소형 멀티미디어 전자기기에서 많이 사용

메모리 내부에는 명령어와 데이터를 저장할 많은 공간들이 있는데 각각의 공간에는 주소(address)를 부여하여 CPU가 어드레스 버스로 주소를 지정하여 지정된 메모리 공간으로 데이터를 억세스하는 동작을 수행한다.

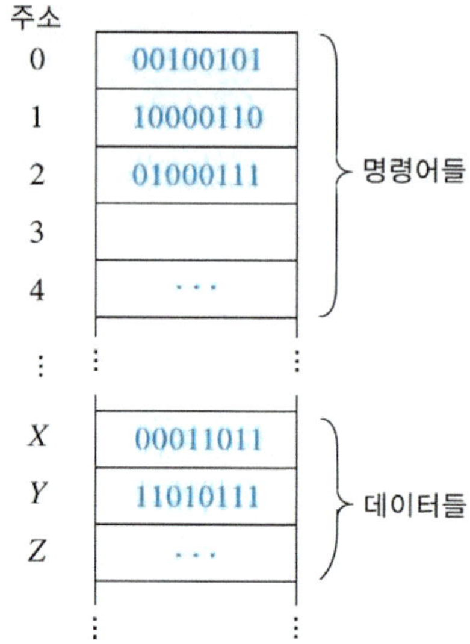

그림 1-10. 메모리 개념도

CPU와 메모리 간에는 기억공간의 주소를 지정하는 어드레스버스와 데이터 전송경로인 데이터 버스, 그리고 제어버스 중 메모리 읽기 및 쓰기 동작을 제어하는 신호가 연결된다.

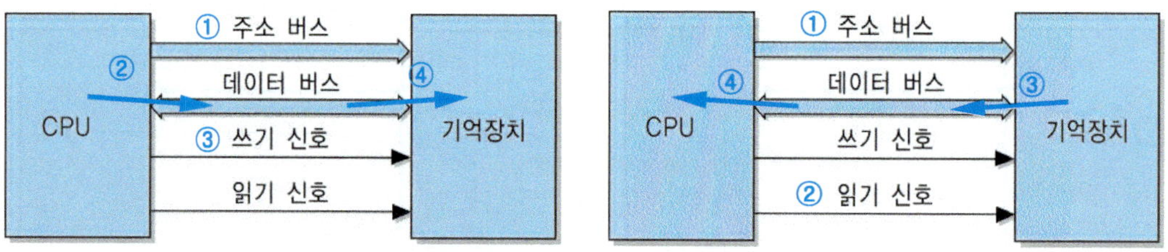

(a) 쓰기(write)동작 순서 (b) 읽기(read) 동작 순서

그림 1-11. CPU와 기억장치간의 읽기와 쓰기 동작 순서

(7) 입출력 제어장치

입출력 제어장치는 마이컴 내부와 외부의 입력 및 출력 장치들간에 데이터 및 신호의 연결 제어를 하는 통로 역할을 한다. 제어장치의 포트(port)를 통하여 입력 및 출력 장치가 연결이 된다.

포트는 마이컴 내부회로와 외부 장치간의 신호변환기능과 고저항(High Impedance) 기능이 있는 3 State 버퍼로서의 기능도 수행할 수 있다. 각 포트에는 데이터 입출력을 제어하는 제어 레지스트와 입출력 데이터의 버퍼 레지스터가 있다.

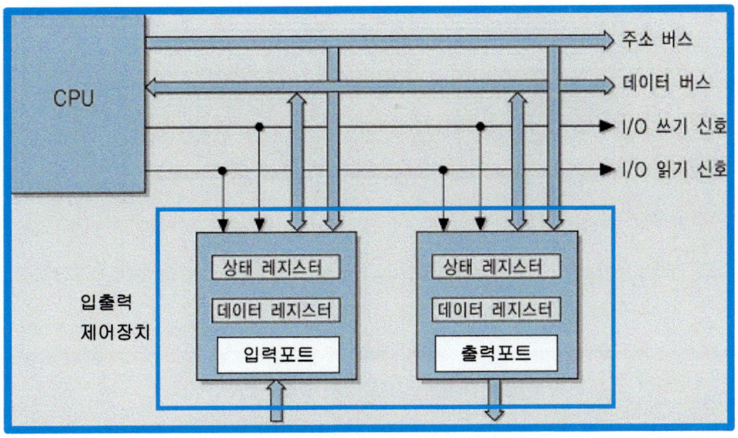

그림 1-12. 입출력 제어장치 구조와 연결

(8) 마이크로컴퓨터의 동작원리

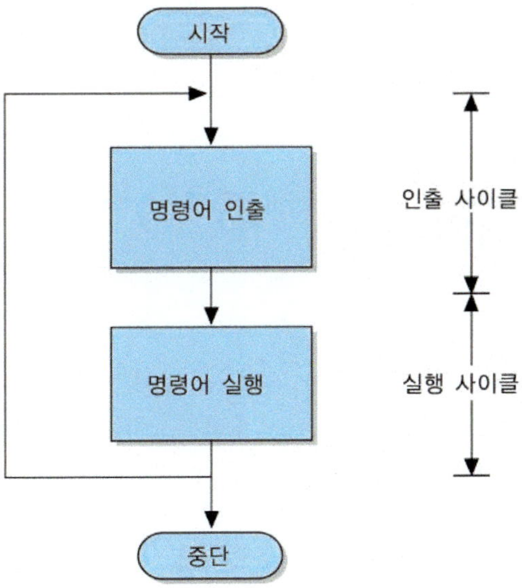

그림 1-13. 마이컴의 동작

프로그램이 실행되기 위해서는 주기억 장치 내에 실행할 프로그램이 적재되어 있어야 한다. 실행이 시작되면 CPU는 메모리에서 첫번째 명령어 하나를 인출(fetch)하여 해독해서 실행하고, 실행이 끝나면 그 다음에 있는 명령어 하나를 인출해서 실행하는 식으로 명령어 코드를 하나씩 인출하면서 실행하는 순차적인 동작을 수행함으로서 컴퓨터가 움직인다.

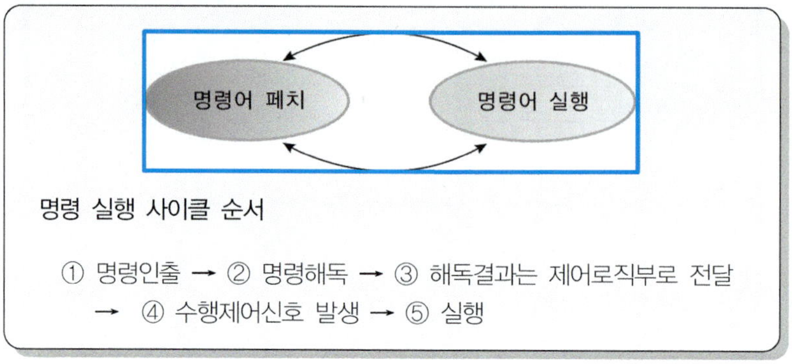

그림 1-14. 명령어 실행 사이클

명령어 페치(fetch)는 주기억 장치에 기억되어 있는 프로그램 명령어를 호출하는 동작을 말하며 명령어 페치 사이클은 명령어를 페치하는 시간, 즉 프로그램 카운터가 지시하는 명령을 명령 레지스터에 페치하는 과정이다. 명령어를 해석하여 데이터에 대한 유효주소를 생성한다. 명령어 실행사이클은 명령어의 내용에 따라 수행되는 시간으로서 데이터를 페치하고 명령어를 실행하는 과정이다.

1.3 데이터의 표현

(1) 2진 정보의 단위

2진 정보는 보통 비트(bit)와 바이트(byte)로 표현을 한다.

- bit : 2진수의 한 자릿수 단위
- nibble : 1nibble = 4bit
- byte : 1byte = 8bit
- word : 1word = 2byte (혹은 프로세서가 한 번에 처리 가능한 비트수)

[표 1-5] 2진 논리의 다양한 표현방법

2진수	전압	논리	영어	스위치
0	0 [V]	FALSE	LOW	OFF
1	5 [V]	TRUE	HIGH	ON

메모리 각각의 공간에는 8비트(1byte) 크기의 데이터가 저장이 된다.

1Kbyte라 함은 2^{10}byte(1024byte)를 의미하며 따라서 메모리 용량이 1kbyte이라고 하면 메모리의 저장 공간이 1024개가 있다는 것을 말한다. 그리고 1024개의 공간을 주소지정하기 위해서는 10bit의 어드레스가 필요하게 된다.

바꾸어 말해서 10비트 어드레스가 있다면 2^{10}개(=1024개) 방을 지정가능하며, 즉 1024 Byte(=1Kbyte)의 정보를 저장할 수 있는 것이다.

즉, 2^{10}개 = 1024byte = 1kbyte

- 11비트 어드레스 : 2^{11}개 = 2048byte = 2kbyte
- 12비트 어드레스 : 2^{12}개 = 4096byte = 4kbyte
- 13비트 어드레스 : 2^{13}개 = 8192byte = 8kbyte

  :　　　　　　:

- 20비트 어드레스 : 2^{20}개 = 1024×1024 = 1024kbyte = 1Mbyte
- 30비트 어드레스 : 2^{30}개 = 1024×1024×1024byte = 1024Mbyte =1Gbyte

(2) 2진수, 10진수, 16진수

[표 1-6] 2진수, 10진수, 16진수와의 관계

10진수	2진수	16진수
0	0000	0
1	0001	1
2	0010	2
3	0011	3
4	0100	4
5	0101	5
6	0110	6
7	0111	7
8	1000	8
9	1001	9
10	1010	A
11	1011	B
12	1100	C
13	1101	D
14	1110	E
15	1111	F

컴퓨터는 디지털 장치이므로 명령어 및 데이터가 8비트 혹은 16비트, 32비트 크기의 2진 코드화 되어 의해 움직인다. 그러나 프로그래밍시 데이터의 표현을 2진 코드로 기술하면 길이가 길어져 알아보기가 힘들어 진다. 따라서 2진수 표현을 데이터 표현 길이를 줄이기 위해 주로 16진수로 줄여서 표현한다.

즉, 2진수는 $01001010_2 \rightarrow 4A_{16}$로 짧은 숫자의 16진수로 변환되어진다.

(3) 2진수의 음수 표현

2진수를 정수연산에서 음수표현하는 방법은 다음과 같은 3가지 방법이 있다. 컴퓨터 시스템에서는 이 중에서 2의 보수 표현법을 가장 많이 사용한다.

- ► 부호화–크기 표현법(signed–magnitude representation)
- ► 1의 보수 표현법(1's complement representation)
- ► 2의 보수 표현법(2's complement representation)

① 부호화 크기 표현법

맨 좌측 최상위 비트는 부호비트로서 0이면 양수, 1이면 음수로 표현한다, 나머지 비트들은 수의 크기(magnitude)를 나타낸다.

+9 = 0 0001001	+35 = 0 0100011
−9 = 1 0001001	−35 = 1 0100011

② 1의 보수 표현법

모든 비트들을 0과 1을 반전하여 표현한다.

+9 = 00001001	+35 = 00100011
−9 = 11110110	−35 = 11011100

③ 2의 보수 표현법

1의 보수 표현에서 +1한 것을 말한다.

+9 = 00001001	+35 = 00100011
−9 = 11110111	−35 = 11011101

(4) 컴퓨터에서 연산 범위

컴퓨터 시스템에서는 데이터를 처리하기 위한 비트수가 8비트 단위, 16비트 단위 등 특정 비트 단위로 자릿수가 고정되어 있어 사용자는 정확한 정수 연산 결과를 얻기 위해서는 비트 자릿수가 표현 가능한 범위에 대해 알고 있어야 한다.

8비트 부호있는 정수연산에서 표현 가능한 범위는 −128~127이며, 부호 없는 연산에선 0~255가 된다. 반드시 연산 결과가 이 범위 내에 있어야 정확한 결과를 얻을 수 있다.

[표 1-7] 8비트 2의 보수법에 의한 정수 연산의 범위

+127	0111 1111
:	:
5	0000 0101
4	0000 0100
3	0000 0011
2	0000 0010
1	0000 0001
0	0000 0000
−1	1111 1111
−2	1111 1110
−3	1111 1101
−4	1111 1100
−5	1111 1011
:	:
−128	1000 0000

10비트의 경우 부호없는 정수연산 범위는 0~1023이고, 부호있는 연산은 −512~511이다. 16비트의 경우 부호없는 연산은 0~65535이고 부호있는 연산은 −32768~32767까지이다.

1.4 마이크로프로세서를 이용한 시스템 개발

(1) 시스템 개발 순서

마이컴을 이용하여 응용 시스템을 개발하는 순서는 다음과 같다.

(a) 시스템 구상 —전체 구상 및 마이크로프로세서 종류와 구동장치 선정
(b) 하드웨어설계 — 구동장치 인터페이스설계, 입력설계, 출력설계 (CAD 이용)
(c) 회로제작 — PCB제작 또는 만능기판에 조립
(d) 프로그래밍 — 어셈블리어 또는 C언어 이용
(e) 디버깅 — 작동 점검 및 에러 수정
(f) 프로그램 라이팅 — 하드웨어에 프로그램 이식
(g) 시스템 완성 — 운용

(2) 개발에 꼭 필요한 것들

① 하드웨어 부분 : 마이크로프로세서 에뮬레이터 툴 혹은 트레이닝 킷트, 범용 ROM 라이터, 회로제작에 필요한 부품 및 도구
② 소프트웨어부분 : 어셈블러 혹은 C언어 컴파일러, 또는 시뮬레이션 프로그램

ATmega128 마이크로컨트롤러

이 장에서는 바로 우리가 배워야 할 마이크로컨트롤러인 ATMEL 사의 AVR 계열 컨트롤러 중 ATmega128 에 대해 기초 지식을 갖도록 구성하였다. 마이크로컨트롤러를 사용하기 위해 무엇을 공부해야 하는지 어떻게 공부해야 하는지에 대해 설명하였고 내부적 특징을 비롯하여 포트를 통한 외부 신호 체계에 대해 설명하였다.

CHAPTER 02

2.1 AVR이란?

(1) AVR 개요

◆ AVR : Alf Egil Bogen, Vegard Wollan – RISC

ATMEL사에서는 플래시 메모리 기술과 ISP(In system programming) 기술을 사용하여 사용자로 하여금 단시간에 손쉽게 최소의 비용으로 개발할 수있는 저전력 8비트 RISC타입의 AVR 마이크로컨트롤러 시리즈를 내놓고 있다.

이 마이크로컨트롤러는 한 사이클 당 한 명령씩 실행되는 싱글 사이클 명령 구조를 갖는 유사 RISC 아키텍처로 되어 있다. RISC는 Reduced Instruction Set Computer의 약자로, 복합 명령어를 쓰지 않고 극히 간단한 명령어만을 사용함으로써 명령어의 수를 필요한 최소한으로 줄이고, 주소지정방식 또한 필요한 최소한에 국한하는 컴퓨터 구조인데로서 고속 마이크로컨트롤러이다. 일반 프로세서보다 동일 클록당 4~12배 빠른 처리를 한다. 이것은 CISC와 대치된다. CISC(Complex Instruction Set Computer)는 복합 명령어를 포함해서 명령어의 수와 주소지정 방식의 수를 많이 두는 컴퓨터 구조이다. 우리가 PC에서 사용하고 있는 인텔사의 펜티엄 프로세서가 이에 해당된다.

ATLEM사의 AVR 계열 프로세서 특징은 자사의 Flash ROM 기술 및 EEP-ROM 기술을 적용하여 칩 내부의 많은 용량의 메모리를 탑재하여 외부 메모리가 필요 없이 칩 하나로만 구성된 마이크로컴퓨터 시스템 구축이 가능하여 저렴한 비용의 초소형 크기의 컨트롤러 개발이 가능하다.

AVR 계열 마이컴 특징은 요약하면 다음과 같다.

- 발진주파수가 곧 내부클럭이다. 즉, ATmega128은 16MHz까지 쓸 수 있다.
- 기본명령의 실행 시간은 1클럭이다. 다만 로드/스토어 명령 및 분기명령의 실행시간은 2~4클럭 시간이어서 평균 CPI(Clock Per Instruction)는 1.3클럭이다.
- 32개의 범용 레지스터가 ALU(Arithmetic Logical Unit)에 직접 연결되어 있어서 모든 연산 및 전송이 레지스터에서 레지스터로(Register to register)의 방식으로 이루어진다.
- 명령어의 길이가 16비트 1워드로 고정이어서 해독(decoder)하기가 쉽다.
- 속도는 종래 CISC 구조 마이크로컨트롤러의 수배~10여배에 달한다.

- 프로그램 메모리와 데이터 메모리가 확연히 구분되어 있다.
- 프로그램 메모리가 플래시 메모리로 되어 있어서 전원이 없어도 기록된 프로그램은 지워지지 않는다.
- ISP(In System programming) 기능이 있어 회로에 장착된 상태에서도 기록이 가능하다.
- C언어에 최적화한 설계이다.

참고) RISC와 CISC

RISC (Reduced Instruction Set Computer) : 축약 명령 컴퓨터
- 사용빈도가 높은 최소한의 명령어만 채용
- 한 클럭당 한 명령씩 처리 → 슈퍼스칼라 구조 채용
- 하위 호환성이 떨어진다. → 전문 작업형 컴퓨터에 적합
- 예) 알파칩, UltraSparc, PowerPC

CISC(Complex Instruction Set Computer) : 복합 명령 컴퓨터
- 다양한 명령어가 있어 프로세서를 정밀하게 제어가 가능
- 프로그램 길이가 작다..
- 회로설계가 복잡하고 많은 부품이 필요
- 하위 호환성이 높다.
- 예) 인텔 80계열 프로세서, 모토롤라 68계열 프로세서들

(2) 왜 우리는 AVR을 배워야 하는가?

AVR은 타사 마이크로컨트롤러에 비해 처리속도가 빠르고 ATMEL사에서 무상 공개로 제공되는 리소스가 풍부하며, 간단한 제어부터 고성능 제어를 수행할 수 있는 다양한 컨트롤러 제품군들이 있다.

사용자가 자신의 응용에 최적의 컨트롤러를 쉽게 구할 수 있다는 장점이 있으므로 날이 갈수록 AVR 컨트롤러의 시장 점유율이 커지고 있다.

① ISP(In System Programming) 기능

타사의 컨트롤러에 비해 매우 뛰어난 기능으로서 AVR컨트롤러를 기판상에 실장된 상태에서 내부 Flash ROM과 EEPROM에 프로그래밍이 가능한 기능이다. 이것은 별도의 ROM Writer 및 ROM Eraser 장치가 없이 간단하게 프로그래밍 및 디버깅이 가능하게 해줌으로

서 사용자로 하여금 이들 장비의 구입이 필요없으므로 저렴한 비용으로 컨트롤러 응용 개발이 가능하도록 해준다.

② C언어 처리에 최적화된 설계

가장 범용적이고 강력한 프로그래밍 도구인 C언어 개발환경에 최적화 되도록 설계되어 있어 개발기간의 단축과 유지보수가 용이하다.

③ 다양한 제품군이 있어 용도에 최적의 제품을 선정

8핀으로 된 초소형 컨트롤러 부터 고성능 컨트롤러까지 다양한 모델이 있어 사용자가 개발하고자 하는 용도에 최적의 컨트롤러를 선정 구입할 수 있다.

(3) AVR 제품군의 종류와 특징

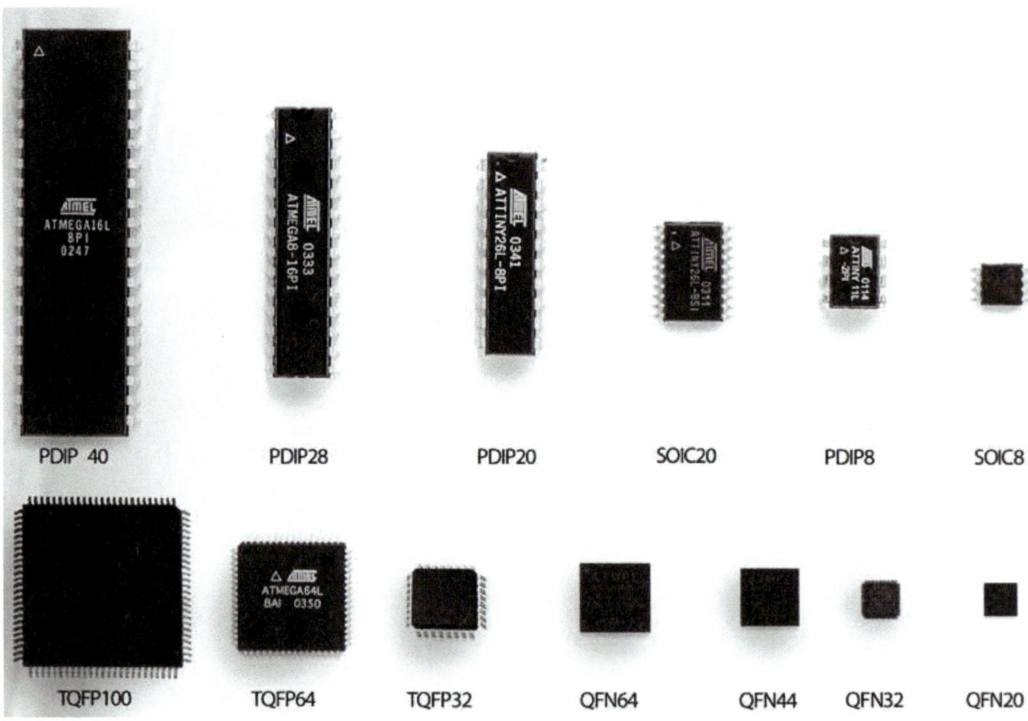

그림 2-1. 여러 가지 형태의 AVR 패키지 모양

Atmel사의 AVR 범용 마이컴 제품군은 초기에는 간단한 응용에 적합한 Tiny시리즈, 8051계열과 비슷한 성능의 AT90S시리즈, 고성능 컨트롤러인 Mega 시리즈로 3분류로 한동안 출시되었으나 현재 AT90S시리즈 중 범용 컨트롤러는 단종시키고 Tiny계열과 Mega계열, XMEGA계열 3대 제품계열 군으로 시판되고 있다. 그 특징은 다음과 같다.

- AT_Tiny 시리즈 : RAM이 없거나 적은 모델이 대부분이며 핀 수 또한 적어서 간단한 어플리케이션에 적합하다.
- AT_Mega 시리즈 : 플래시 메모리와 램의 용량이 크고 핀 수 또한 많아서 복잡한 고성능이 필요한 어플리케이션에 적합하다
- AT_Xmega 시리즈 : 고속의 CPU와 큰 용량의 메모리가 있어 고성능 고정밀 어프리케이션에 적합하다.

패키지 모양은 DIP형으로부터 표면실장형까지 다양한 패키지를 제공하고 있어 개발시 용이함을 주고 콤팩트한 크기로 상품화가 가능하다는 장점이 있다. 그림 2-1은 여러 모양의 AVR 컨트롤러를 보여주고 있으며, 그림 2-2는 Mega 시리즈 마이컴들 종류를 일부 나타내었다.

Product	Status c)	Flash (KB)	EEPROM (Bytes)	RAM (Bytes)	I/O pins	UART/USART	USI	SPI	Two Wire Interface	8-bit Timers	16-bit Timers	PWM (channel)	10-bit A/D (channel)	Analog Gain Stage	debugWIRE/OCD	JTAG/OCD	Vcc Range (V)	Clock
ATmega48	P	4	256	512	23	1		1	1	2	1	6	8 b)		Y		1.8 - 5.5	10
	P	4	256	512	23	1		1	1	2	1	6	8 b)		Y		2.7 - 5.5	20
ATmega8	P	8	512	1K	23	1		1	1	2	1	3	8				2.7 - 5.5	8
	P	8	512	1K	23	1		1	1	2	1	3	8				4.5 - 5.5	16
ATmega88	P	8	512	1K	23	1		1	1	2	1	6	8 b)		Y		1.8 - 5.5	10
	P	8	512	1K	23	1		1	1	2	1	6	8 b)		Y		2.7 - 5.5	20
ATmega8515	P	8	512	512	35	1		1	1	1	1	3					2.7 - 5.5	8
	P	8	512	512	35	1		1	1	1	1	3					4.5 - 5.5	16
ATmega8535	P	8	512	512	32	1		1	1	2	1	4	8				2.7 - 5.5	8
	P	8	512	512	32	1		1	1	2	1	4	8	Y			4.5 - 5.5	16
ATmega168	P	16	512	1K	23	1		1	1	2	1	6	8 b)		Y		1.8 - 5.5	10
	P	16	512	1K	23	1		1	1	2	1	6	8 b)		Y		2.7 - 5.5	20
ATmega16	P	16	512	1K	23	1		1	1	2	1	4	8	Y		Y	2.7 - 5.5	8
	P	16	512	1K	23	1		1	1	2	1	4	8	Y		Y	4.5 - 5.5	16
ATmega162	P	16	512	1K	35	2		1		2	2	6				Y	1.8 - 5.5	8
	P	16	512	1K	35	2		1		2	2	6				Y	2.7 - 5.5	16
ATmega164P	F	16	512	1K	32	2		1	1	2	1	6	8	Y		Y	1.8 - 5.5	10
	F	16	512	1K	32	2		1	1	2	1	6	8	Y		Y	2.7 - 5.5	20
ATmega165P	F	16	512	1K	53	1	1	1		2	1	4	8			Y	1.8 - 5.5	8
	F	16	512	1K	53	1	1	1		2	1	4	8			Y	4.5 - 5.5	16
ATmega165	I	16	512	1K	53	1	1	1		2	1	4	8			Y	1.8 - 5.5	8
	I	16	512	1K	53	1	1	1		2	1	4	8			Y	4.5 - 5.5	16
ATmega32	P	32	1K	2K	32	1		1	1	2	1	4	8	Y		Y	2.7 - 5.5	8
	P	32	1K	2K	32	1		1	1	2	1	4	8	Y		Y	4.5 - 5.5	16
ATmega324P	F	32	1K	2K	32	2		1	1	2	1	6	8	Y		Y	1.8 - 5.5	10
	F	32	1K	2K	32	2		1	1	2	1	6	8	Y		Y	2.7 - 5.5	20
ATmega325	I	32	1K	2K	54	1	1	1		2	1	4	8			Y	1.8 - 5.5	8
	I	32	1K	2K	54	1	1	1		2	1	4	8			Y	4.5 - 5.5	16
ATmega3250	I	32	1K	2K	69	1	1	1		2	1	4	8			Y	1.8 - 5.5	8
	I	32	1K	2K	69	1	1	1		2	1	4	8			Y	4.5 - 5.5	16
ATmega64	P	64	2K	4K	53	2		1	1	2	2	6+2	8	Y		Y	2.7 - 5.5	8
	P	64	2K	4K	53	2		1	1	2	2	6+2	8	Y		Y	4.5 - 5.5	16
ATmega640	I	64	4K	8K	86	4		1	1	2	4	12+4	16	Y		Y	1.8 - 5.5	8
	I	64	4K	8K	86	4		1	1	2	4	12+4	16	Y		Y	2.7 - 5.5	16
ATmega644	I	64	1K	4K	32	1		1	1	2	1	6	8	Y		Y	1.8 - 5.5	10
	I	64	1K	4K	32	1		1	1	2	1	6	8	Y		Y	2.7 - 5.5	20
ATmega645	I	64	2K	4K	54	1	1	1		2	1	4	8			Y	1.8 - 5.5	8
	I	64	2K	4K	54	1	1	1		2	1	4	8			Y	4.5 - 5.5	16
ATmega6450	I	64	2K	4K	69	1	1	1		2	1	4	8			Y	1.8 - 5.5	8
	I	64	2K	4K	69	1	1	1		2	1	4	8			Y	4.5 - 5.5	16
ATmega128	P	128	4K	4K	53	2		1	1	2	2	6+2	8	Y		Y	2.7 - 5.5	8
	P	128	4K	4K	53	2		1	1	2	2	6+2	8	Y		Y	4.5 - 5.5	16
ATmega1281	I	128	4K	8K	54	2		1	1	2	4	6+4	8	Y		Y	1.8 - 5.5	8
	I	128	4K	8K	54	2		1	1	2	4	6+4	8	Y		Y	2.7 - 5.5	16
ATmega1280	I	128	4K	8K	86	4		1	1	2	4	12+4	16	Y		Y	1.8 - 5.5	8
	I	128	4K	8K	86	4		1	1	2	4	12+4	16	Y		Y	2.7 - 5.5	16
ATmega2561	I	256	4K	8K	54	2		1	1	2	4	6+4	8	Y		Y	1.8 - 5.5	8
	I	256	4K	8K	54	2		1	1	2	4	6+4	8	Y		Y	2.7 - 5.5	16
ATmega2560	I	256	4K	8K	86	4		1	1	2	4	12+4	16	Y		Y	1.8 - 5.5	8
	I	256	4K	8K	86	4		1	1	2	4	12+4	16	Y		Y	2.7 - 5.5	16

그림 2-2. 주요 ATmega 시리즈 종류 예

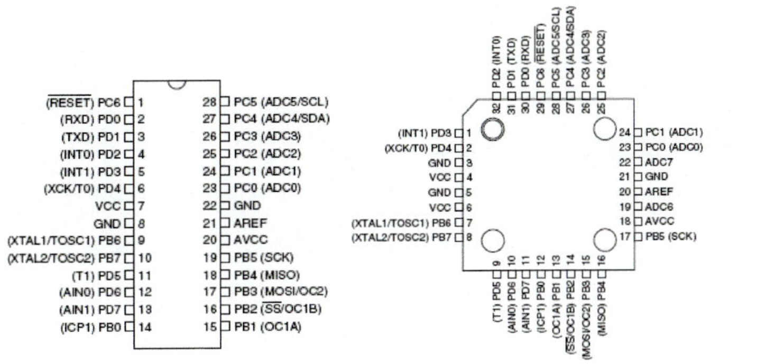

(a) ATmega8 핀 배치도

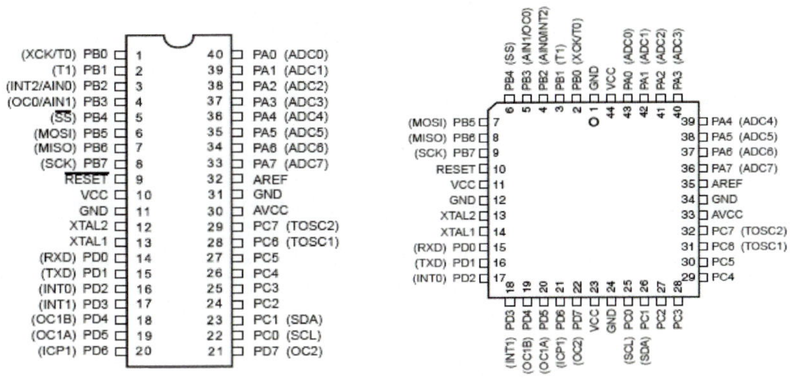

(b) ATmega8535 핀 배치도

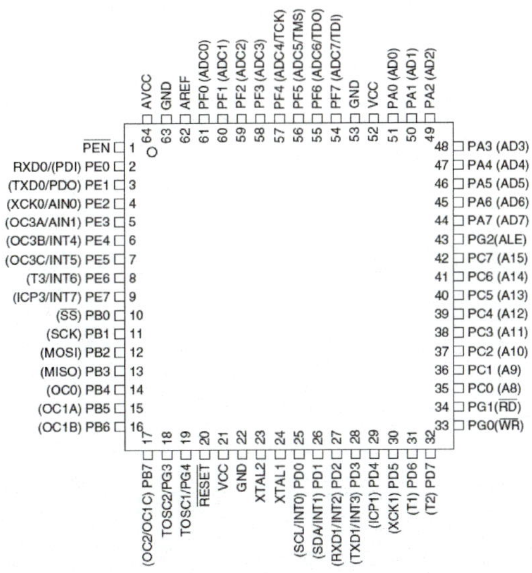

(c) ATmega128 핀 배치도

그림 2-3. 주요 ATmega 칩 핀 배치도

(4) AVR을 공부하기 전 준비사항

ATmega128을 공부하기 전에 준비해야 할 사항들이 있다.

먼저 ATmega128을 실행시키기 위해서는 프로그램을 작성할 수 있는 도구와 이를 다운로드 하여 동작을 확인할 수 있는 만들어진 마이컴 회로가 있어야 한다.

프로그램을 작성하는 방법은 C 언어나 어셈블리 언어를 이용하게 된다. 그리고 이 프로그램을 ATmega128이 인식할 수 있는 기계어(ex. 헥사코드)로 바꿔주는 컴파일러를 구해야 할 것이다.

그리고 기계어 코드(헥사코드)를 ATmega128 안에 다운로드(쓰기)위해 다운로드 프로그램과 다운로드 시킬 수 있는 ISP 케이블이 준비되어야 한다.

■ 컴파일러(프로그램을 헥사코드로 바꿔주는 프로그램) 종류들

① AVR Edit

AVR GCC 기반의 WinAVR을 포함하고 편집, 컴파일 할 수 있는 통합환경을 구축된 프로그램이다. AVR GCC 기반의 프로그램이기 때문에 무료이고 사용상의 어떤 제약도 없고 용량제한도 없다.

② AVR Studio 4

ATmel에서 무료로 제공되는 프로그램으로 AVR GCC 기반의 WinAvr을 포함하고 편집, 컴파일 할 수 있는 통합환경을 구축된 프로그램이다. 어셈블리 컴파일러는 내장되어 있고 WinAvr을 따로 설치하여야 한다. AVR GCC 기반의 프로그램이기 때문에 무료이고 사용상의 어떤 제약도 없고 용량제한도 없다.

③ IAR Embedded Workbench

IAR사에서 만든 컴파일러이다. 상용프로그램이기 때문에 프로그램을 구입해서 사용해야 하고 데모버전은 용량제한이 있다.

④ CodeVision

상용프로그램이기 때문에 프로그램을 구입해서 사용해야 하고 데모버전은 용량제한이 있다. 컴파일러 내부에 다운로드 프로그램이 내장되어 있다. 사용하기가 편리하고 소스 프로그램 자동생성 기능이 있으며 가장 강력하다는 평을 받고 있다.

■ 다운로드 프로그램(컴파일되어 만들어진 헥사코드 ATmega128에 쓰기 위한 프로그램)

① ToastProg 2005

AVR과 AT89S 칩등에 프로그램을 쓸 수 있는 프로그램 PonyProg2000에 비해 다운로드 속도가 빠르고 최근에 발표된 칩들도 지원한다.

② PonyProg 2000

주로 AVR칩 등에 프로그램을 쓸 수 있는 프로그램 최근에 발표된 칩들은 지원하지 않는다.

■ AVR 마이컴 모듈

프로그램을 다운로드 받아 실행해 볼 수 있는 AVR 마이컴이 장착된 컨트롤 모듈이 있어야 한다. LED, 스위치, 센서, 모터 등 많은 주변장치가 내장된 값비싼 실습용 장치가 있지만, 다음 그림과 같이 마이컴 동작을 위한 기본적인 부분만 내장된 저렴한 모듈이 있어 직접 주변장치 회로를 결선해 가며 실험 해보는 것이 마이컴을 배우는데 효과적이다.

그림 2-4. 국내 시판 중인 여러 가지 AVR MPU 모듈들

■ ISP 모듈과 다운로드 케이블

(AVR, AT89S51, AT89S52 등에 프로그램 다운로드 하기 위해 사용)

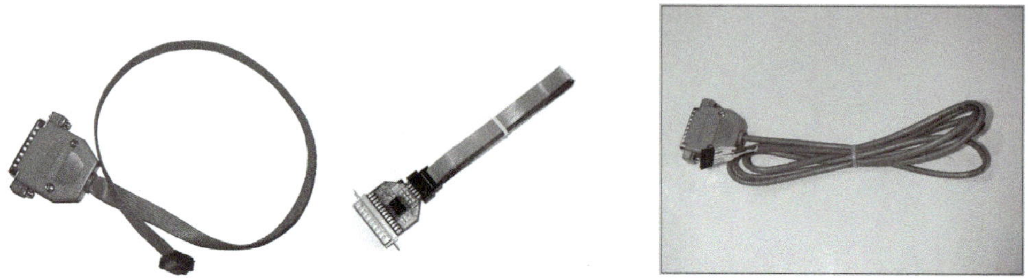

(a) ISP 케이블 들

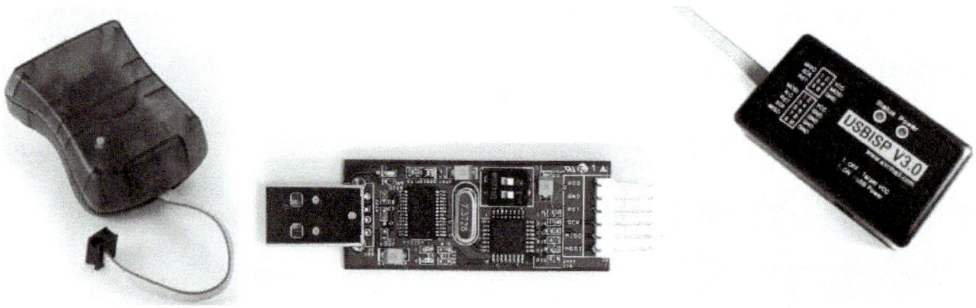

(b) ISP 모듈 들

(c) AVR용 다목적 개발 장비(제조사 : ATMEL)

그림 2-5. 개발 장비들 예

참고 ISP 케이블 제작

일반적으로, 롬라이터라는 장비를 사용해서 프로그램을 라이팅하는 것이 정상적이나 ATMEL사 마이크로컨트롤러에는 앞서 설명하였듯이 ISP라는 편리한 기능을 제공하고 있어, AVR 마이컴을 지원하는 롬라이터라는 장비가 있는 독자들은 이 장비를 이용해서 사용할 수 있지만, 장비가 없는 분들은 장비를 구입하지 않고도 ISP기능을 이용해 AVR 컨트롤러에 프로그램을 라이팅할 수 있다.

우리가 일반적으로, ISP 케이블, AVR 프로그래머라고도 하는데, ATMEL사에서는 이 ISP회로를 공개하고 유저들이 사용할 수 있는 관련 정보를 제공해 주고 있다. 우리는 이 회로를 보고 ISP프로그래머를 손수 제작하여 사용할 수도 있다. 하지만 제작시 납땜 및 배선에 주의를 기울여 제작해야 하고 만일 실수 등으로 인한 잘못된 배선 및 납땜으로 인해 PC본체의 프린터 포트가 손상될 위험이 있다는 것에 주의해야 한다.

저자가 추천하는 바는 납땜 경험이 풍부하지 않다면 직접 제작하지 말고 시중에서 구입하여 사용하는 것이 좋다고 생각된다.

손수 제작을 한다면 프린트포트용 ISP케이블을 다음 그림과 회로를 참고하여 제작하면 값싸게 프로그래머를 사용할 수 있다.

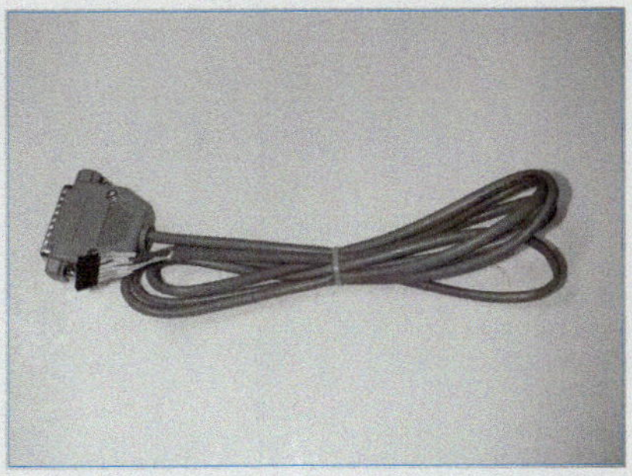

그림 2-6. ISP 케이블의 회형도

우선, 케이블 제작하기 전에 준비물 25PIN 커넥터, 74HC245, 다이오드, 저항, 콘덴서, LED, 케이블 및 5핀 커넥터 등등을 준비하면 제작이 가능하다. [그림 3.28] ISP케이블의 회로도를 나타내고 있다.

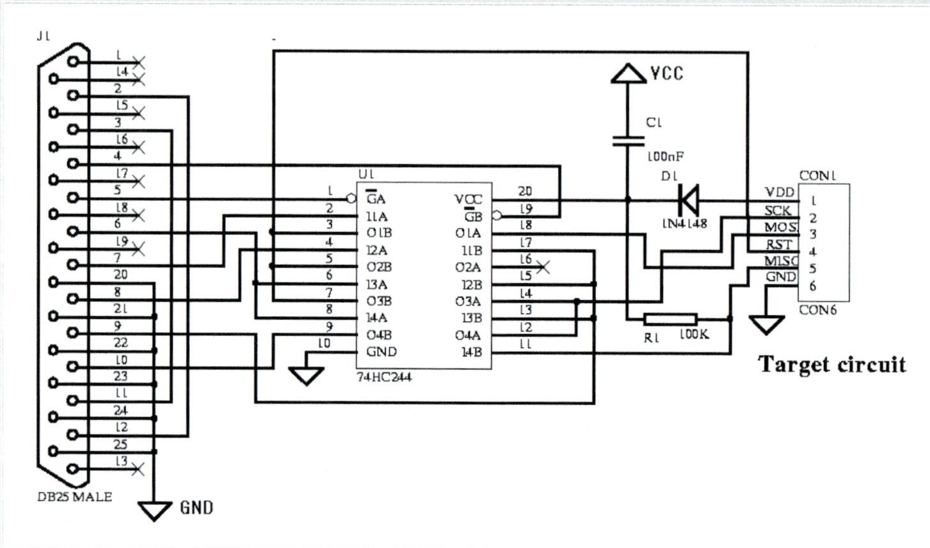

그림 2-7. ISP 케이블의 기본 회로도(74HC244용)

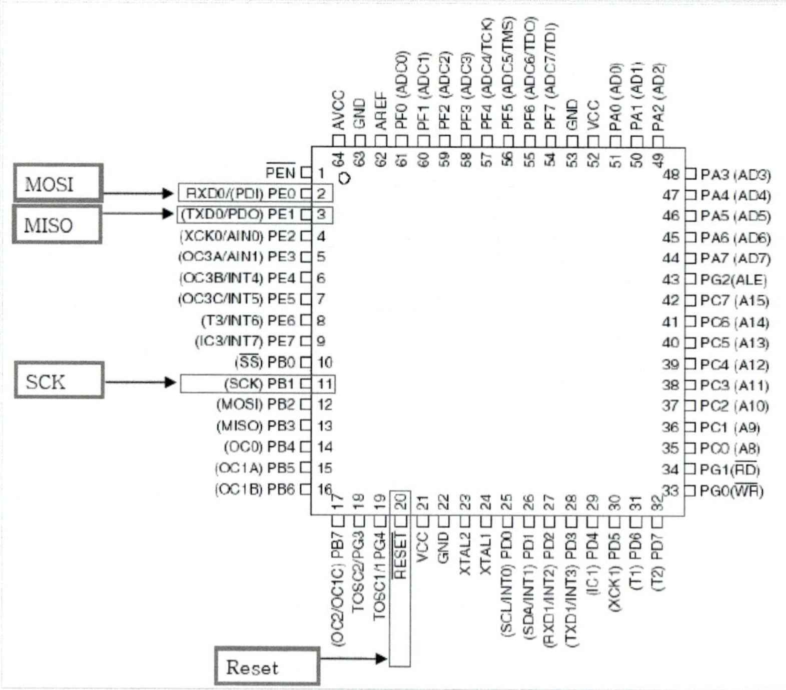

그림 2-8. AVR(mega128)의 연결핀

또한, 74HC244을 사용한 ISP케이블을 제작할 수 있다. 준비물은 25PIN 커넥터, 74HC244, 다이오드(1N4148), 저항(100K), 콘덴서(100nF), 케이블 및 5핀 커넥터 등등이 필요하다. [그림 2-7]에 74HC244를 이용한 ISP케이블의 회로도를 나타내고 있다.

이제, ISP 케이블 제작이 완료되었으면 이제 마이컴 보드에 그림 2-8처럼 마이컴 단자와 ISP 컨텍터 단자를 배선한다. 단자 배치도를 아래 그림 2-9에 나타내었다.

앞에서 배웠던 CodeVision C 컴파일러, AVR Prog.EXE 등을 실행한다.

그 다음, 여러분들이 만든 xxx.hex, xxx.rom, xxx.bin 파일 등을 읽어온 다음에, 다운로딩을 수행하면 된다. 이때, 일반적으로 CodeVision, AVR Prog에서는 xxx.rom, xxx.hex 등을 사용할 수 있다.

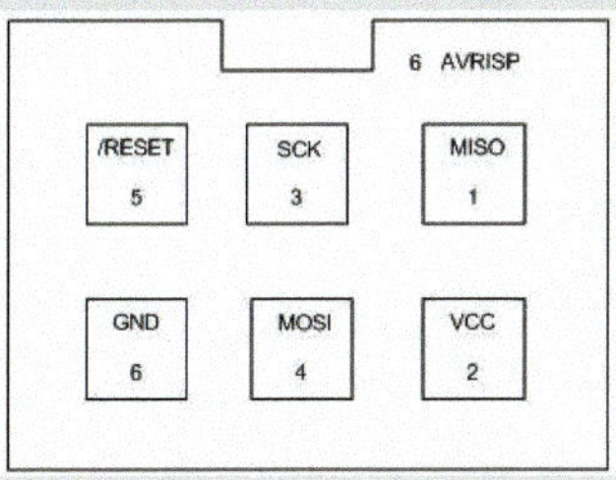

(a) 6PIN STK200/300 ISP

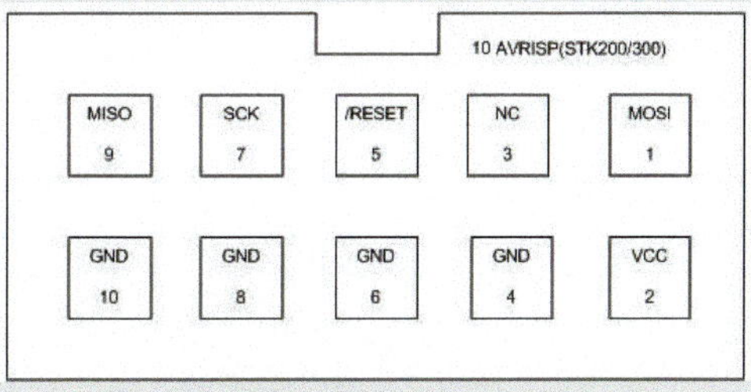

(b) 10PIN STK200/300 ISP

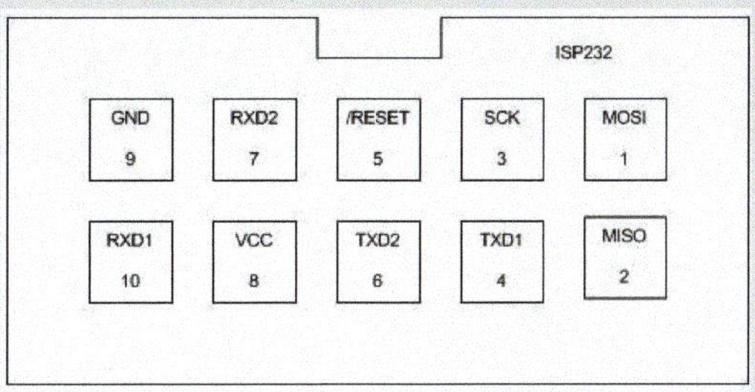

(c) RS-232C용 10PIN 시리얼 ISP

그림 2-9. ISP 컨넥터 종류와 핀배치도

2.2 ATmega128 개요와 외부신호

(1) ATmega128의 특징

ATmega128은 ATMEL사가 개발한 64핀 TQFP형의 저전력 8비트 고속 CMOS 마이크로 컨트롤러로, 다음과 같은 특징을 가진다. ATMEL사의 제품은 다만 다음과 같은 점을 중시하여 유사 RISC구조라고 한다. 특징 및 성능을 다음과 같이 요약하였다.

① CPU

- 고성능 저전력의 RISC구조
- 32개의 범용레지스터
- 내장된 2사이클 동작의 Multiplier
- 파워 절약을 위한 idel 및 power down mode
- 하버드 구조

② 메모리

- 128kbyte의 내부 프로그램 메모리
- 4kbyte의 내부 SRAM
- 4kbyte의 in-system program 기능의 EEPROM 데이터 메모리
- 최대 64kbyte의 외부 메모리 장착 가능
- in-system program을 위한 SPI 인터페이스

③ 명령어 세트

- 133개의 강력한 명령어
- 단일 사이클의 명령어(단 분기명령은 2사이클)

④ 인터럽트

- 외부 및 내부 인터럽트
- 30개의 인터럽트 소스
- 단순화한 인터럽트 벡터 및 우선순위

⑤ 병렬포트

- 53개의 범용 양방향성 I/O라인
- LED를 직접 구동할 수 있는 높은 싱크 전류

⑥ 타이머/카운터

- 독립된 발진기가 내장된 RTC
- 독립된 프리스케일러와 compare 모드를 가진 2개의 8비트 타이머/카운터
- 독립된 프리스케일러와 compare, capture 기능을 갖는 2개의 16비트 타이머/카운터

⑦ PWM 등 파형발생

- 두 개의 8비트 PWM채널
- 6개의 16비트 정밀도의 프로그래머블 CTC, PWM 등 파형발생

⑧ 위치독 타이머(WDT)

- 내장 발진기를 가진 프로그램 가능의 워치독 타이머

⑨ 직렬포트

- 2선 직렬 인터페이스
- 2개의 전이중 방식 USART
- 주종 SPI직렬 인터페이스

⑩ 아날로그 비교기

- 두 아날로그 전압의 크기를 비교하는 내장된 아날로그 비교기

⑪ A/D변환기

- 8채널 10비트 AD변환기

⑫ 코드보호

- Flash 프로그램 및 EEPROM 데이터 보호를 위한 프로그램 록(lock)

⑬ 전력소비 및 동작온도 범위

- 정상동작에서 : 5.5mA
- idle 모드에서 : 1.6mA
- power-down 모드에서 : < 1uA
- 동작온도 범위 : -40도 ~ +85도

⑭ 동작 전압 범위

- 2.7V ~ 5.5V(ATmega128L)
- 4.5V ~ 5.5V(ATmeag128)

⑮ 속도

- 0 ~ 8MHz(ATmega128L)
- 0 ~ 16MHz(ATmega128)

(2) ATmega128 핀 배치

ATmega128 CPU는 AVR 마이크로프로세서 중에 기능과 핀수를 많이 가지고 있는 마이크로프로세서이다. 8비트로 제어할 수 있는 6개의 포트, 5개 비트를 가지고 있는 1개 포트를 가지고 있다. 각각의 포트는 포트A, 포트B, 포트C, 포트D, 포트E, 포트F, 포트G라고 하며, 범용입출력 포트로 사용이 가능하다. 또한, 어떠한 포트들은 특수한 기능을 가지고 있기 때문에 사용자가 원하는 기능에 따라서 사용이 가능하다.

[그림 2-10]는 ATmega128의 핀 배치도를 나타내고 있으며 다양한 기능들을 표시하고 있다. TQFP타입으로 64개의 핀수를 갖고 있고, 인덱스 코너를 기점으로 반시계방향으로 번호가 시작된다.

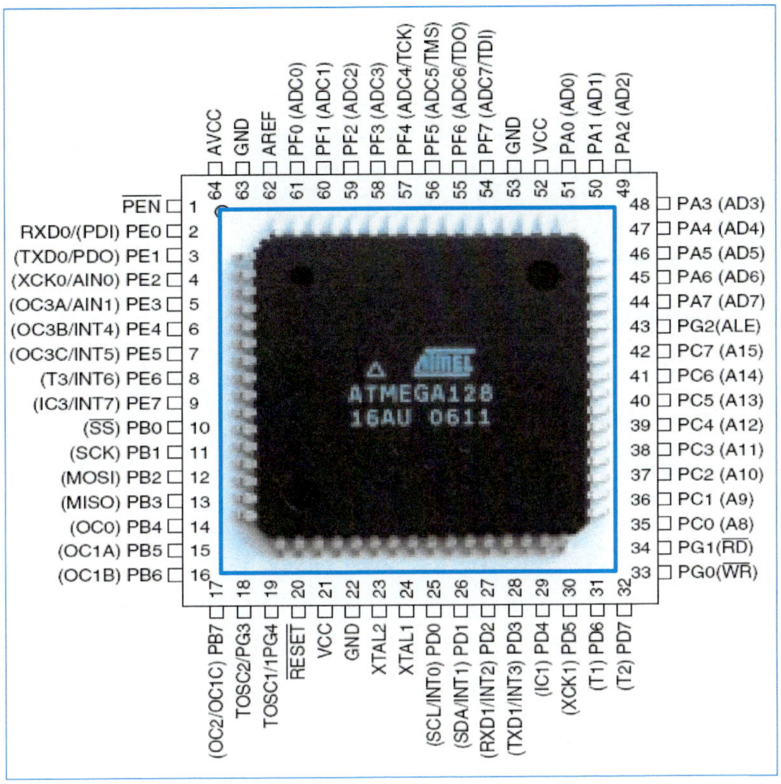

그림 2-10. ATmega128의 외형과 외부 신호

(3) 범용 I/O 포트

내부 풀업 저항을 가지는 8비트 양방향성 I/O 포트가 6개와 5비트 양방향성 I/O포트가 1개(포트 G)가 있어 전체 53비트의 양방향성 I/O포트가 있다.

포트들이 독립적으로 내부 풀업 저항을 가지고 있으며, 각각의 포트를 제어하기 위해서는 3개의 I/O레지스터를 사용해서 제어가 가능하다. 출력 버퍼의 높은 소스(source) 전류 출력으로 LED를 직접 구동이 가능하다.

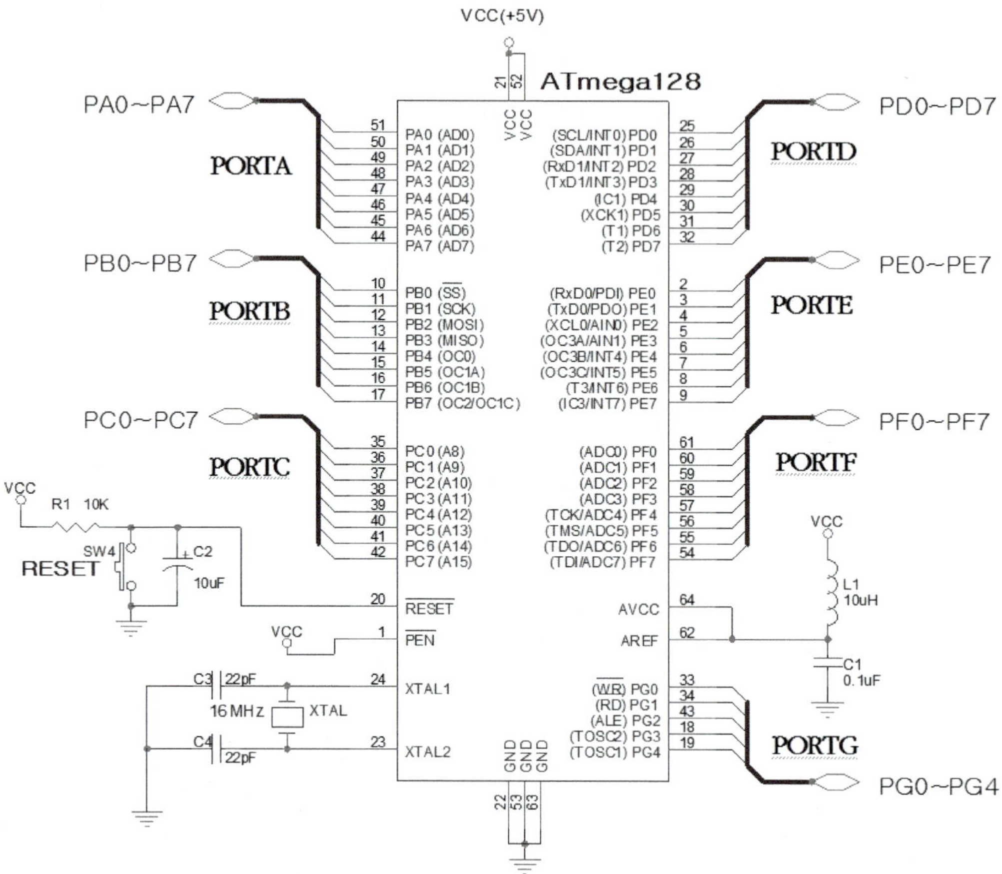

그림 2-11. 포트 배치와 기본 회로 구성

각각의 레지스터는 데이터의 방향을 결정하는 DDRn, 입력핀으로 사용하는 PINn, 데이터출력을 위한 PORTn 레지스터로 구성되어 있다.

- PORT A : PA0~PA7 (8비트 양방향성)
- PORT B : PB0~PB7 (8비트 양방향성)
- PORT C : PC0~PC7 (8비트 양방향성)
- PORT D : PD0~PD7 (8비트 양방향성)
- PORT E : PE0~PE7 (8비트 양방향성)
- PORT F : PF0~PF7 (8비트 양방향성, 각 비트별 동작 불가)
- PORT G : PG0~PG4 (5비트 양방향성, 각 비트별 동작 불가)

[표 2-1] 관련 레지스터

레지스트명	설 명	사용 예
DDRz	(Data Direction Register) 입출력 방향설정하는 레지스트이다 (1: 출력, 0:입력)	■ DDRA = 0xff ■ DDRC = 0x0f ■ DDRF = 0x00
PORTz	(PORT data register) 포트가 출력으로 설정되어 있으면 데이터 출력 버퍼 레지스트로 동작	■ PORTA = 0x99 ■ PORTC = 0x07
PINz	(Port Input register) 이것은 레지스트라고 부를 수는 없고 포트가 입력으로 설정되면 각 핀에 걸린 전압의 논리값을 읽어 들이게 해준다.	■ DDRB = 0x00 ■ Variable = PINB

(z : A, B, C, D, E, F, G)

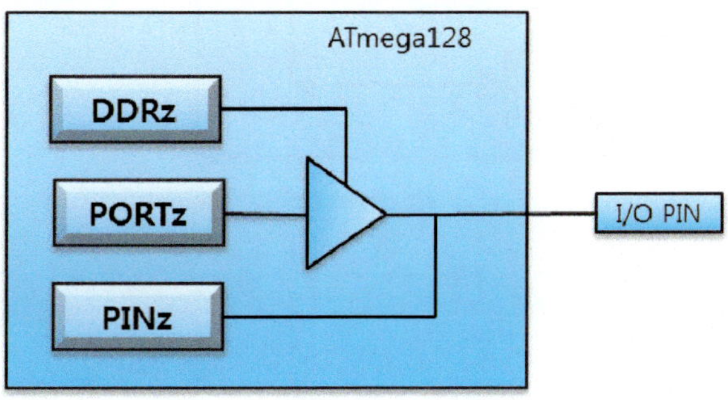

그림 2-12. I/O 포트 구조 개략도

DDR 레지스터의 비트가 "1"로 설정되면 해당 포트의 해당 비트는 출력으로 설정되어 PORT 레지스터 값이 외부 핀으로 출력되고, 반대로 DDR 레지스터의 비트가 "0"로 설정되면 해당 포트의 해당 비트는 입력으로 설정되어 외부 핀에 걸린 전압의 논리값을 PIN으로 입력된다.

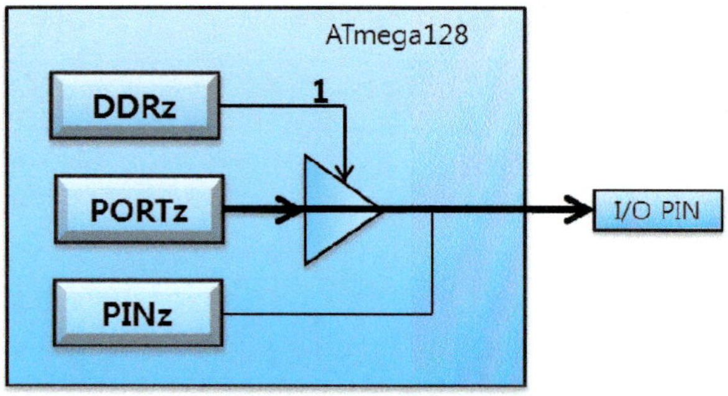

그림 2-13. 포트가 출력으로 설정되었을 경우

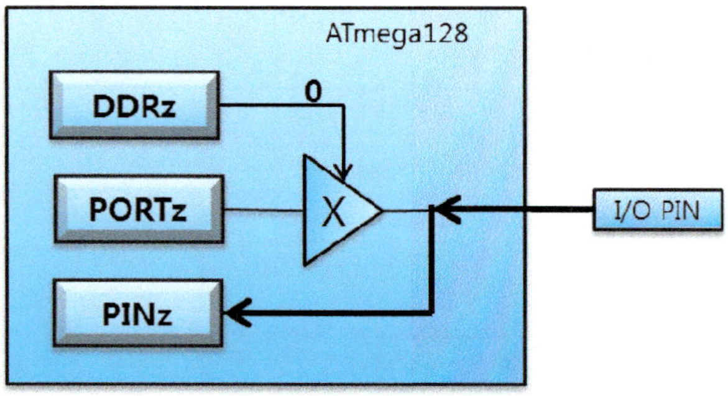

그림 2-14. 포트가 입력으로 설정되었을 경우

(4) 포트의 특수 기능

① 포트 A의 특수기능

포트 A(PORTA)은 외부에 SRAM(데이터 메모리)를 사용하는 경우에는 어드레스/데이터 신호 라인(AD0~AD7)으로 사용이 된다. 외부 메모리로 사용할 경우에는 I/O 포트로는 사용이 불가능하다.

[표 2-2] 포트 A의 특수 기능

포트 핀	특수기능	설 명
PA0	AD0	외부메모리 인터페이스용, 어드레스/데이터 비트0
PA1	AD1	외부메모리 인터페이스용, 어드레스/데이터 비트1
PA2	AD2	외부메모리 인터페이스용, 어드레스/데이터 비트2
PA3	AD3	외부메모리 인터페이스용, 어드레스/데이터 비트3
PA4	AD4	외부메모리 인터페이스용, 어드레스/데이터 비트4
PA5	AD5	외부메모리 인터페이스용, 어드레스/데이터 비트5
PA6	AD6	외부메모리 인터페이스용, 어드레스/데이터 비트6
PA7	AD7	외부메모리 인터페이스용, 어드레스/데이터 비트7

② 포트 B(PB0 ~ PB7)의 특수 기능

SPI 전용 포트(/SS, SCK, MOSI, MISO)로 사용고, 비교 매칭 출력, PWM 출력으로 사용됨(OC0, OC1A, OC1B, OC1C/OC2).

[표 2-3] 포트 B의 특수 기능

포트 핀	특수기능	설 명
PB0	/SS	SPI 슬레이브 선택 입력
PB1	SCK	SPI 버스 시리얼 클럭
PB2	MOSI	SPI 버스 마스터 출력, 슬레이브 입력
PB3	MISO	SPI 버스 마스터 입력, 슬레이브 출력
PB4	OC0	타이머/카운터0 비교매칭 출력, PWM 출력 단자
PB5	OC1A	타이머/카운터1 비교매칭 출력A, PWM 출력 단자
PB6	OC1B	타이머/카운터1 비교매칭 출력B, PWM 출력 단자
PB7	OC2/OC1C	타이머/카운터2 비교매칭 출력 / 타이머/카운터1 비교 매칭 출력 PWM 출력단자

③ 포트 C(PC0 ~ PC7)의 특수기능

포트 C는 외부 메모리(SRAM)을 연결할 경우에 상위 어드레스(A8~A15) 전용 핀으로 사용된다.

[표 2-4] 포트 C의 특수 기능

포트 핀	특수기능	설 명
PC0	A8	외부메모리 인터페이스용, 어드레스/데이터 비트0
PC1	A9	외부메모리 인터페이스용, 어드레스/데이터 비트1
PC2	A10	외부메모리 인터페이스용, 어드레스/데이터 비트2
PC3	A11	외부메모리 인터페이스용, 어드레스/데이터 비트3
PC4	A12	외부메모리 인터페이스용, 어드레스/데이터 비트4
PC5	A13	외부메모리 인터페이스용, 어드레스/데이터 비트5
PC6	A14	외부메모리 인터페이스용, 어드레스/데이터 비트6
PC7	A15	외부메모리 인터페이스용, 어드레스/데이터 비트7

④ 포트 D(PD0 ~ PD7)의 특수기능

PD0, PD1, PD2, PD3번은 외부 인터럽트 입력 단자로 사용하고, 시리얼 버스(SCL, SDA)로 사용로 사용된다. 또한 RXD1, TXD1은 시리얼 통신할 경우 외부 신호를 송, 수신하는 핀으로 사용된다.

[표 2-5] 포트 D의 특수 기능

포트 핀	특수기능	설 명
PD0	INT0/SCL	외부인터럽트0 / 시리얼 클럭 단자
PD1	INT1/SDA	외부인터럽트1 / 시리얼 데이터 단자
PD2	INT2/RXD1	외부인터럽트2 / 시리얼 통신 수신단자.
PD3	INT3/TXD1	외부인터럽트3 / 시리얼 통신 송신단자.
PD4	IC1	입력 캡처 인터럽트 입력핀
PD5	XCK1	동기 클럭 신호 단자
PD6	T1	타이머1 클럭 입력.
PD7	T2	타이머2 클럭 입력.

⑤ 포트 E(PE0 ~ PE7)의 특수기능

PE0, PE1은 시리얼 통신0번 입출력 단자이며 또한 ISP로 내부에 프로그램을 라이팅하는 핀으로 사용도 된다. PE2번은 동기식 통신을 할 경우에 클럭이 발생되는 핀이나 아날로그 비교기 입력 핀으로 사용된다. PE3번은 출력비교 매칭시 출력 신호가 발생되는 핀이나 아날로그 비교기 입력핀으로 사용된다. PE4, PE5, PE6, PE7번은 외부 인터럽트4~7입력단자로 사용되기도 하며 또한 출력비교매칭 신호가 출력되거나, 타이머3번의 입력 단자로 사용하기도 한다.

[표 2-6] 포트 E의 특수 기능

포트 핀	특수기능	설 명
PE0	RXD0	시리얼 통신 수신
PE1	TXD0	시리얼 통신 송신
PE2	AIN0	동기 클럭 발생 / 아날로그 비교기 입력.
PE3	OC3A/AIN1	비교매칭 출력A / 아날로그 비교기 입력
PE4	OC3B/INT4	비교매칭 출력B / 외부인터럽트4 입력.
PE5	OC3C/INT5	비교매칭 출력 / 외부인터럽트5 입력.
PE6	T3/INT6	타이머3 입력 / 외부인터럽트6입력
PE7	IC3/INT7	입력캡쳐 입력단자 / 외부인터럽트7입력

⑥ 포트 F(PF0 ~ PF7)의 특수기능

[표 2-7] 포트 F의 특수 기능

포트 핀	특수기능	설 명
PF0	ADC0	A/D변환기 입력채널0번
PF1	ADC1	A/D변환기 입력채널1번
PF2	ADC2	A/D변환기 입력채널2번
PF3	ADC3	A/D변환기 입력채널3번
PF4	ADC4/TCK	A/D변환기 입력채널4번 / JTAG Test Clock
PF5	ADC5/TMS	A/D변환기 입력채널5번 / JTAG Test Mode Select
PF6	ADC6/TOD	A/D변환기 입력채널6번 / JTAG Test Data Output
PF7	ADC7/TDI	A/D변환기 입력채널7번 / JTAG Test Data Intput

포트 F는 아날로그 신호를 디지털 신호로 변경하기 위한 전용 핀으로 8개 채널로 8, 10비트A/D 변환기로 구성되어 있다. A/D변화기 뿐만 아니라 JTAG 에뮬레이터를 사용하기 위한 전용 포트(TCK, TMS, TDO, TDI)로도 사용이 가능하다.

⑦ 포트 G(PG0 ~ PG4)

포트 G 특수기능은 외부메모리 억세스시 Read/Write 제어를 하고 타이머 외부 클록 입력으로 사용된다.

[표 2-8] 포트 G의 특수 기능

포트 핀	특수기능	설 명
PG0	/WR	외부 메모리에 데이터를 쓰는 제어신호
PG1	/RD	외부 메모리에서 데이터를 읽는 제어신호
PG2	ALE	어드레스 래치 인에이블 신호
PG3	TOSC2	타이머카운트0 RTC Oscillator2
PG4	TOSC1	타이머카운트0 RTC Oscillator1

(5) 기타 기본 회로

① Reset 회로

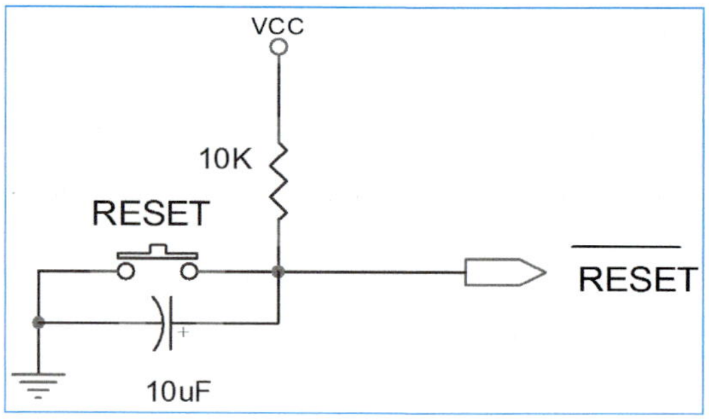

그림 2-15 리셋 회로

입력은 액티브 LOW이므로 이 신호가 입력되면 마이크로프로세서는 모든 작업을 중지하고 초기의 상태로 돌아가서 처음부터 모든 작업이 다시 시작된다. 즉 RESET 입력단에 LOW가 입력되면 마이크로프로세서는 리셋된다. 클록이 구동하지 않을지라도, 50ns 이상 low level을 유지하여 리셋기능을 제공된다.

② AVCC

AVCC는 포트 F와 A/D 변환기를 위한 전압을 공급하기 위한 핀이다. 만약, ADC을 사용한다면 Low-Pass Filter을 통해서 VCC 전원에 연결해야 한다.

③ AREF

AREF는 A/D 변환기을 위한 아날로그 기준 전압 핀이다.

④ XTAL1

입력 단자이며, 발진기 증폭기가 인버팅 되어서 입력된다.(내부 클록 동작회로의 입력)

⑤ XTAL2

출력 단자이며, 발진기 증폭기가 인버팅 되어서 출력된다.

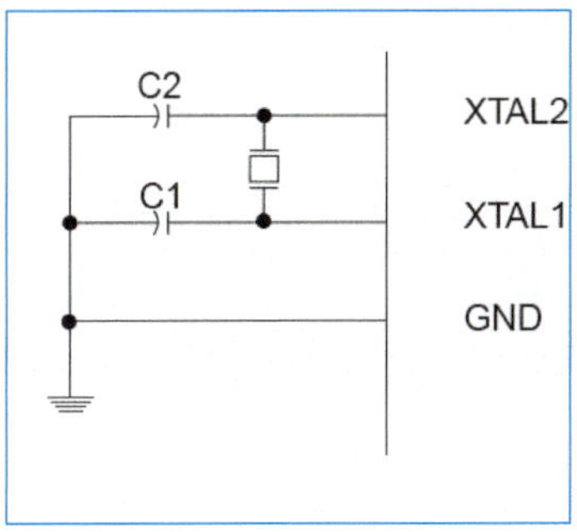

(a) 크리스털 발진기 연결

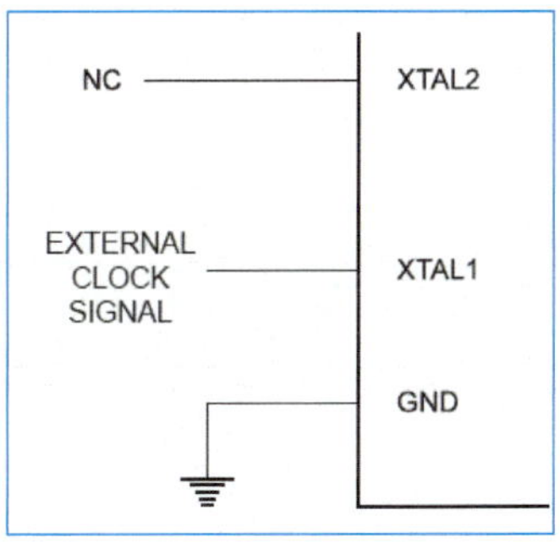

(b) 외부 클럭 발생기 연결

그림 2-16. 클록 회로

XTAL1과 XTAL2는 [그림 2-16(a)]와 같이 칩 내부의 오실레이터를 사용하기 위해 구성될 수 있는 인버팅 증폭기의 입력과 출력으로 각각 사용된다.

수정 크리스탈 또는 세라믹 공진기(resonator) 둘 중 한 가지를 사용할 수 있다. 외부클록 소스로부터 디바이스를 구동하기 위해서는 XTAL2는 연결하지 않은 상태(NC, unconnected)로 하고, XTAL1은 [그림2-16(b)]과 같이 외부 오실레이터 신호를 넣어주면 된다.

⑥ VCC

전원 단자. +5[V] 전원에 연결한다.

⑦ GND

접지 단자. GND에 연결한다.

2.3 ATmega128 내부구조

(1) 내부 구조 개요

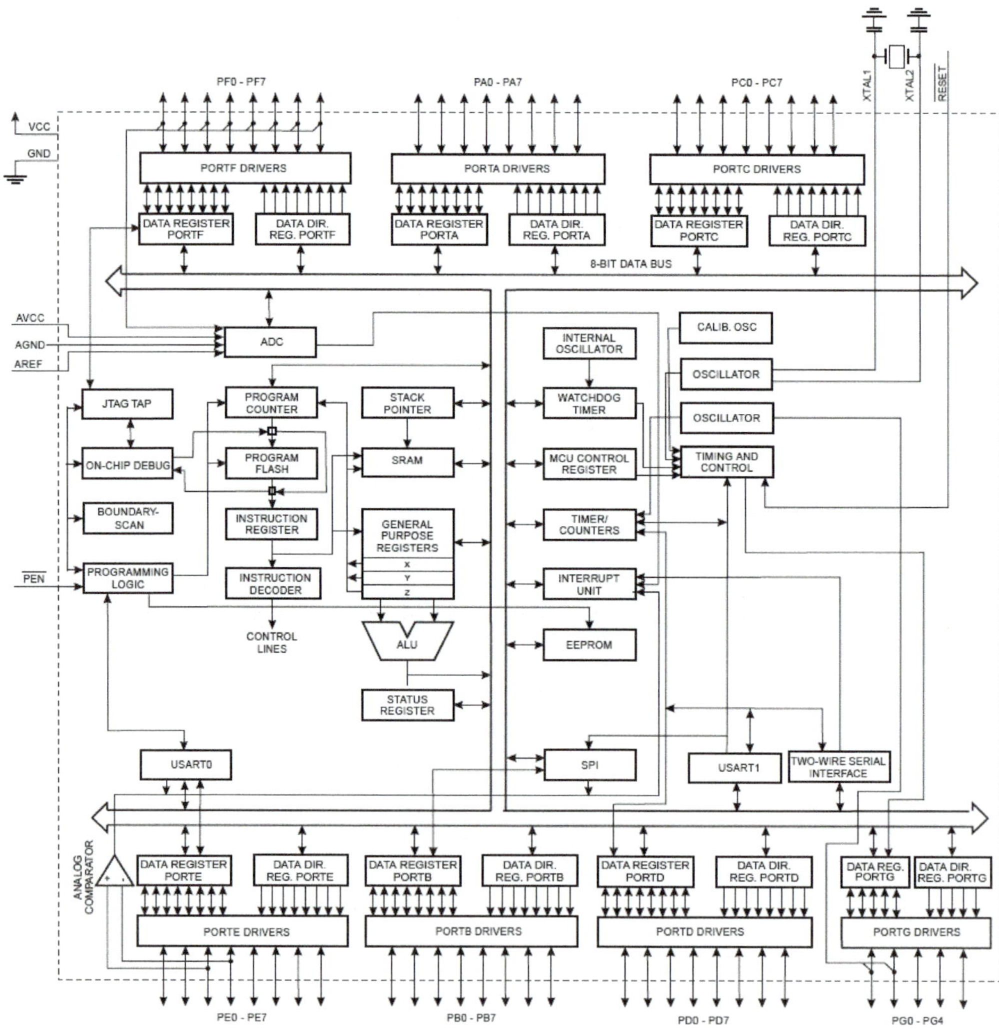

그림 2-17. ATmega128 내부구조

ATmega128의 내부 구조를 자세한 블록도로 보이면 [그림 2-17]와 같다. 이 마이크로컨트롤러는 하버드 구조라는 특징을 가지므로 내부 버스가 2가지로 구성되어 있다. ATmega128의 프로그램 메모리는 소자의 내부에만 존재하므로 이를 위한 버스도 내부에만 있게 되는데, 이 그림에서 프로그램 카운터(Program counter), 프로그램 플래시(Program flash), 명령레지스터(instruction register), 명령어 해독기(instruction decoder) 등을 연결하는 버스가 바로 프로그램 엑세스용 버스에 해당한다.

또한 이 그림에서 굵은 버스선으로 표시된 것이 데이터 엑세스용 버스인데, 이것은 내부에서 범용 레지스터, SRAM이나 EEPROM과 같은 데이터 메모리는 물론이고 각종 내장 I/O들을 모두 연결하고 있으며, 외부에 데이터 메모리를 확장할 수 있도록 시스템 버스에 접속되어 있다.

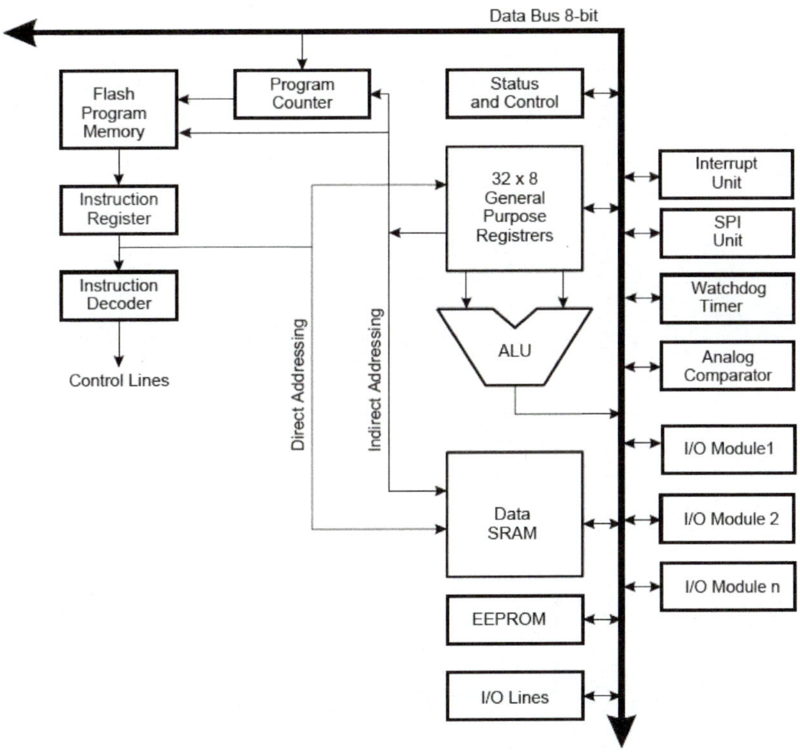

그림 2-18. ATmega128의 CPU 코어 블록도

ATmega128의 내부구성에서 CPU 코어 부분을 [그림 2-18]에 나타내었다. 이 CPU코어는 ATmega128의 핵심 부분으로서 프로그램 카운터가 지시하는 플래시 메모리 번지에서 명령을 인출하고 해독하는 부분과 ALU(Arithmetic and Logical Unit), 32개의 범용 레지스

터, 상태 레지스터, 스택 포인터 등의 명령처리 관련 부분, 그리고 데이터 메모리 및 인터럽트 처리기 등으로 구성된다.

(2) 범용 레지스터

ATmega128은 레지스터 중심형의 진보된 RISC 마이크로프로세서이므로 누산기(accumulator)가 없으며 [그림 2-19]에 보인 바와 같이 32개의 8비트 범용 레지스터 R0~R31을 가지고 있다. 이들 32개의 레지스터는 모두 대등한 자격으로 기본적인 사칙연산을 수행할 수 있으며, 즉치 데이터를 사용하는 일부의 연산명령은 R16~R31에서만 수행된다.

32개의 범용 레지스터 중에서 마지막의 6개인 R26~R31은 각각 2개씩 합해져서 3개의 16비트 레지스터인 X레지스터, Y레지스터, Z레지스터로 사용될 수 있다. 이러한 16비트 레지스터들은 주로 데이터 메모리의 16비트 어드레스를 간접 지정하는 어드레스 포인터로 사용되며, 또한 Z레지스터는 LPM/ELPM/SPM 명령에서 프로그램 메모리 영역의 상수를 엑세스하는데 사용되기도 한다.

7 0	Addr.
R0	$00
R1	$01
R2	$02
...	
R13	$0D
R14	$0E
R15	$0F
R16	$10
R17	$11
...	
R26	$1A
R27	$1B
R28	$1C
R29	$1D
R30	$1E
R31	$1F

그림 2-19. 범용 작업 레지스터

(3) RAMPZ 레지스터

RAMPZ 레지스터(RAM Page Z Select Register)는 ATmega128 내부의 플래시 프로그램 메모리에서 64KB 단위로 구분되는 2개의 페이지 중에서 어느 것을 사용하지를 지정하는 역할을 수행한다. 프로그램 메모리 번지의 상수를 액세스할 때는 ELPM 및 SPM 명령에 의하여 Z 레지스터가 사용되는데 이는 16비트 레지스터이므로 64KB의 영역만을 처리할 수 있기 때문에 RAMPZ 레지스터을 이용하여 현재의 액티브 페이지(active page)가 페이지 0인지 페이지 1인지를 미리 지정해야만 하는 것이다.

이 레지스터는 단지 최하위 비트 1개만을 사용하는데. 이를 RQMPZ0=0으로 설정하면 프로그램 메모리는 페이지 0 즉 0x0000~0x7FFF 영역의 하위 64KB가 엑세스되고, RQMPZ0=1로 설정하면 프로그램 메모리는 페이지 1즉 0x8000~0xFFFF 영역의 상위 64KB가 엑세스된다. 그러나 LPM 명령은 이 RAMPZ 레지스터의 설정에 관계없이 동작한다는 점에 유의하여야 한다.

Bit	7	6	5	4	3	2	1	0
RAMPZ	-	-	-	-	-	-	-	**PAMPZ0**
R/W	R/W	R/W	R/W	R/W	R/W	R/W	R/W	R/W
Initial Value	0	0	0	0	0	0	0	0

그림 2-20. RAMPZ(RAM Page Z Select Register) 레지스터

(4) ATmega128의 메모리 구조

ATmega128의 메모리 구조는 하바드 구조(harvard architecture)로 되어 있어, 프로그램 메모리와 데이터 메모리로 분할되어 있다. 사용자가 프로그램을 작성하여 ISP나 JTAG을 이용하여 다운로드하면 이 프로그램 메모리에 적재된다.

프로그램에서 변수를 생성한다면 변수의 영역은 데이터 메모리인 SRAM에 생성되어 여기에 상수가 저장된다. 만일 EEP-ROM에 데이터를 저장하고자 한다면 제어레지스터를 설정하여 사용해야 한다.

만일 외부에 메모리를 추가한다면 64KByte 용량의 메모리를 연결할 수 있으나 약 60KByte 정도만 사용할 수 있다.

① 프로그램 메모리

ATmega128은 내부에 프로그램 메모리로 사용하는 128KB의 플래시 메모리를 가지고 있다. ATmega128은 8비트 마이크로컨트롤러지만 이 프로그램 메모리는 각 번지가 16비트 구조로 되어 있어서 64KB×16의 용량을 갖는다. 따라서 모든 명령이 16비트 또는 32비트 구조로 되어 있으므로 각 명령은 프로그램 메모리에서 1~2개의 번지를 차지하게 된다. 프로그램 메모리는 부트 프로그램 섹션(또는 부트로더 섹션)과 응용 프로그램 섹션으로 나뉘어 사용될 수 있다.

이 플래시 메모리는 SPI 통신방식을 이용한 ISP(In-System Programing) 기능을 가지고 있어서 사용자가 작성한 프로그램을 쉽게 라이팅 할 수 있다. 사용자 프로그램은 플래시 메모리에 10,000까지 재기입이 가능(repogrammable)하다. 플래시 메모리에 프로그램을 기입하는 방법은 ISP이외에도 JTAG에뮬레이터를 사용하는 방법과 병렬 프로그래밍(Parallel Programming) 모드를 이용하는 방법이 있다.

이러한 프로그램 메모리의 액티브 지정에는 RAMPZ 레지스터를 사용한다.

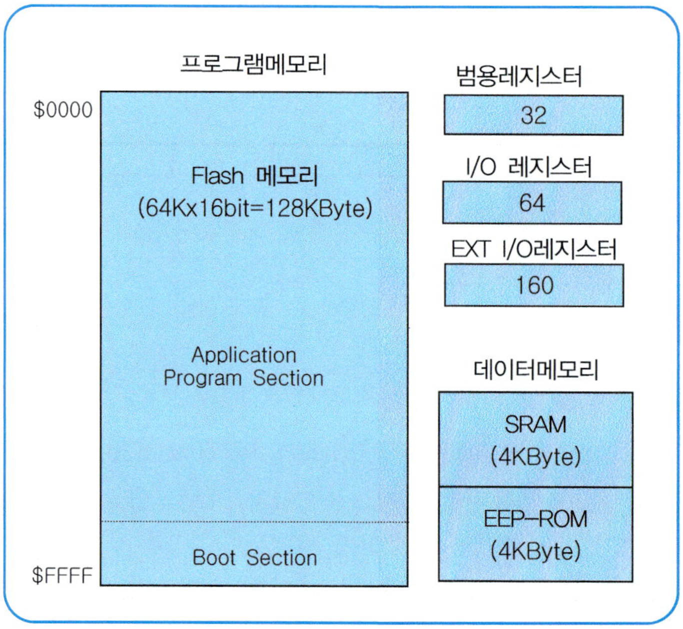

그림 2-21. Mega128의 내부 메모리

② 데이터 메모리

ATmega128의 데이터 메모리는 크게 3가지 종류로 나누어 생각 할 수 있다. 내부 데이터 메모리로서의 SRAM, 외부 데이터 메모리 그리고 내부 EEPROM이다.

이중에서 EEPROM은 별도의 레지스터를 통하여 특별한 방식으로 엑세스하며, 나머지는 모두 64KB의 데이터 메모리 영역에 맵핑되어 있다. 즉 EEPROM을 제외한 모든 데이터 메모리는 데이터 메모리 엑세스용 어드레스 0x0000~0xFFFF번지에 맵핑되어 있으며, 〈그림 2-22〉에 보인 바와 같이 최하위 영역은 레지스터로 사용되고, 그 다음 영역이 내부 SRAM이며, 그 윗부분이 외부 확장을 위한 데이터 메모리 영역이다.

그림에서 우측 B타입은 ATmega103 호환 모드로 사용할 경우의 맵이다.

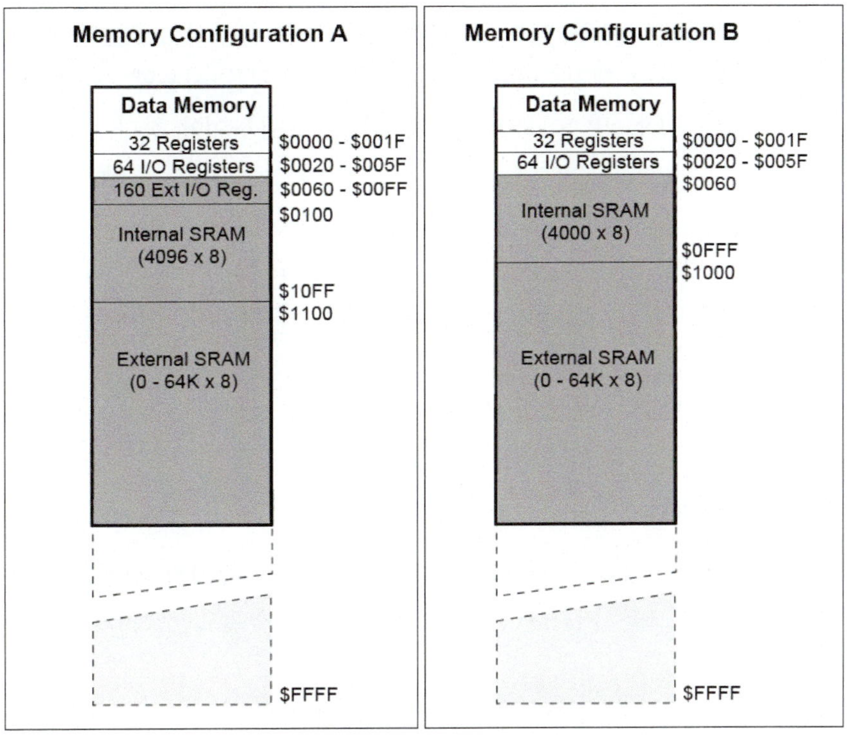

그림 2-22. 데이터 메모리 맵

(5) 레지스터

① I/O 레지스터

I/O 레지스터는 ATmega128에 내장된 각종 I/O 디바이스들을 제어하기 위한 레지스터로서 이것들을 엑세스하는데는 IN/OUT 명령을 사용한다. 그런데, 이들 I/O 레지스터는 실제로 0x0020~0x005F의 번지 영역에 존재하지만 IN/OUT 명령에서는 이것들은 0x00~0x3F의 번호로 지정한다는데 유의해야 한다.

이들 I/O 레지스터 중에서 아래쪽의 0x00~0x1F에 위치하는 32개의 CBI/SBI 명령 및 SBIC/SBIS 명령을 사용하여 비트 어드레싱이 가능하다. 그러나, 아쉽게도 이들 32개의 I/O레지스터를 제외하고는 비트 어드레싱이 사용될 수 없다.

② 확장 I/O 레지스터

확장 I/O 레지스터는 기존의 AVR 모델들에 비하여 ATmega128에 새로 추가된 각종 I/O 디바이스들을 제어하기 위한 레지스터로서 0x0060~0x00FF의 160개 번지에 존재하며, 이것들을 액서스하려면 I/O 레지스터와 달리 IN/OUT 명령을 사용할 수 없고 외부 데이터 메모리처럼 LD/LDS/LDD 및 ST/STS/STD 명령만을 사용하여야 한다.

이것은 확장 I/O 레지스터들의 번지는 반드시 16비트로 지정하여야 한다는 것을 의미한다. 이중에서 LDS 명령 및 STS 명령에서는 확장 I/O 레지스터의 번지를 16비트의 즉치 데이터로 지정하지만, 나머지 명령들에서는 X, Y, Z 레지스터를 사용하여 간접지정으로 처리한다.

내부의 자세한 영역 할당은 부록에 나타내었다.

(6) 전원 관리와 Sleep 모드

Sleep 모드는 전력을 절감하기 위해 사용하지 않는 내부 장치의 전원을 차단하는 기능이다. 6종류의 Sleep 모드를 지원하여 사용자로 하여금 불필요한 모듈의 전원을 차단할 수 있도록 해준다.

MCU Control Register로 설정하며 SLEEP 명령에 의해 Sleep 모드로 들어가고 인터럽트가 발생하면 Sleep 모드에서 깨어나 4사이클 지난 후 인터럽트를 처리하고 나면 다시 Sleep 모드로 들어간다.

7	6	5	4	3	2	1	0
SRE	SRW10	SE	SM1	SM0	SM2	IVSEL	IVCE

그림 2-23. MCUCR (MCU Control Register)

Sleep 모드를 제어하는 비트는 2, 3, 4, 5번 비트이다.

- Bit 5 : SE(Sleep Enable) :

Sleep 모드를 활성화 하기위해서는 "1" 로 설정해야 한다.

- Bit 4, 3, 2 : SM(Sleep Mode select 4, 3, 2) :

Sleep 모드 선택 비트로서 6가지 모드를 지원한다.

[표 2-9] MCUCR

SM2	SM1	SM0	Sleep Mode	설명
0	0	0	Idle	CPU는 정지, SPI, USART, ADC, TWI, 타이머/카운터, WDT, 인터럽트는 계속 동작
0	0	1	ADC Noise Reduction	ADC 동작시 잡음영향을 줄이기 위해 사용
0	1	0	Power-down	외부 오실레이터는 정지, TWI, 인터럽트는 동작
0	1	1	Power-save	슬립모드 중에서 타이머/카운트2 동작 가능
1	0	0	미사용	
1	0	1	미사용	
1	1	0	Standby	오실레이터가 동작하는것을 제외하고는 Power-down 모드와 동일
1	1	1	Extended Standby	오실레이터가 동작하는것을 제외하고는 Power-save 모드와 동일

(7) 리셋(Reset)

프로세서가 리셋이 되면 모든 레지스터는 초기값으로 되며 프로그램은 리셋 백터부터 시작한다.

- ATmega128의 리셋 종류

① Power-on Reset

② 외부 리셋 : RESET 핀 "L" 인가 시

③ Watchdog timer Reset : Watchdog timer 인에이블 시

④ Brown-out Reset : Brown-out 검출기가 인에이블 시

⑤ JTAG AVR Reset

MEMO

C언어 기초 다지기

이 장에서는 C언어의 요약본이라 할 수 있도록 키 포인트만 넣어서 독자들이 쉽게 복습할 수 있도록 구성하였으며, 초보자 들도 쉽게 이해 할 수 있도록 구성하였으나 이해하기가 힘들면 C언어 기초 관련 책을 구입하여 책 중간까지 읽어 보도록 한다. 마이크로컨트롤러를 위한 C 프로그래밍을 위해 꼭 알아야 할 것들을 정리하였으니 반드시 읽어보고 넘어가도록 하자.

CHAPTER 03

3.1 프로그래밍 언어 개요

프로그래밍 언어(Programming language)는 사람이 컴퓨터에게 어떤 처리 작업을 수행시키기 위한 특정 형식을 갖춘 일련의 순차적인 작업지시서라고 볼 수 있다.

컴퓨터는 디지털논리로 동작하는 기계이기 때문에 2진 부호화된 기계어 코드에 의해 움직인다. 사람이 기계어 코드로 직접 컴퓨터에게 작업지시를 내리기란 여간 힘든 일이 아니므로 컴퓨터가 전자화 고성능화 되면서 편리하게 컴퓨터에게 작업지시를 내릴 수 있는 특정 문법 형식을 갖춘 프로그래밍 언어들이 탄생하게 되었고, 이것으로 작업 프로그램을 작성한 후에 기계어로 변환하여 컴퓨터로 하여금 수행하도록 하고 있다.

프로그래밍 언어는 기계어코드와 1:1로 번역할 수 있도록 기호화한 언어 어셈블리(assembly)어인 저수준(Low level)언어(또는 저급 언어)와 인간의 문법체계와 유사한 컴파일러(compiler) 언어들인 고수준(High level)언어(또는 고급 언어)가 있다.

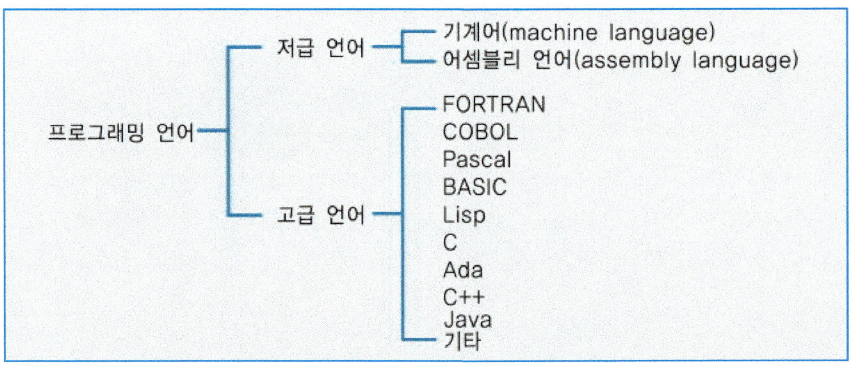

그림 3-1. 프로그래밍 언어의 종류

고급 언어에는 BASIC을 비롯하여 FORTRAN, COBOL, C언어 등이 포함되며 거의 대부분 컴파일러라는 번역기에 의해 기계어로 변환된다.

컴퓨터는 기계어만 실행 가능하기 때문에 우리가 사용하는 프로그래밍 언어로는 컴퓨터가 알지 못한다. 따라서 기계어로 변환시키는 번역 프로그램을 이용하여 기계어로 변환하고 운영체제와 연결(link)하여 실행 가능한 모드로 변환해서 실행을 시켜야 한다.

어셈블리어는 어셈블러(assembler)를 이용하여 번역하고, 고전적인 BASIC어는 인터프리터(interpreter)를 이용해서 번역하고, C언어를 포함하여 그 이외의 언어들은 컴파일러를 사용해서 번역된다.

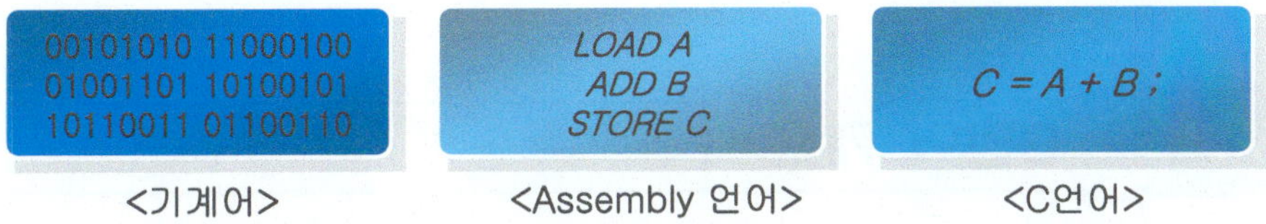

그림 3-2. 기계어와 어셈블리어, 고수준 언어의 표현 차이 예

우리가 사용하는 C언어처럼 많은 고수준 언어들은 컴파일러를 통해 기계어로 변환되기 때문에 이들을 흔히 컴파일러 언어라고도 부른다. C언어의 표현방법(문법)에 맞추어 PC 에디트로 프로그램을 작성한 후 이를 원시파일(source file)이라 한다. 컴파일러를 실행되면 기계어로 일차 번역된 목적파일(object file)이 생성되며, 그 후 링크(link)과정을 통하여 실행 가능한 기계어 실행파일(execution file)이 생성된다. 그 동작을 아래 그림에 나타내었다.

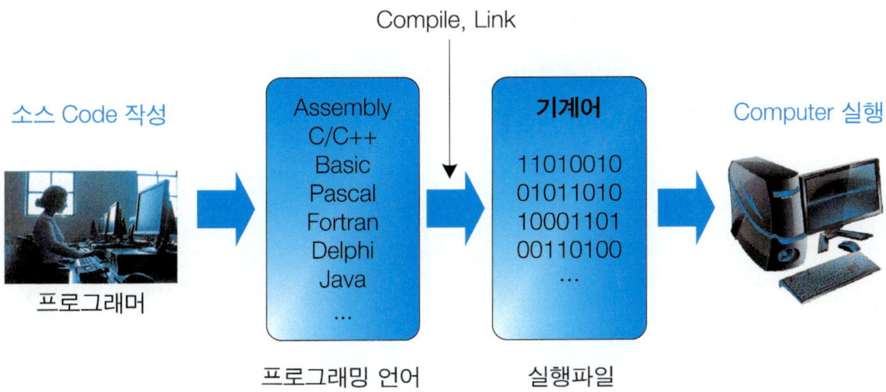

그림 3-3. 프로그래밍 작업 순서

3.2 C언어 개요

C언어는 모듈화를 지향하는 프로그램 언어이기 때문에 프로그램은 다수의 함수(Function)들로 구성된 함수 언어이다.

(1) C언어의 특징

① C언어는 고수준 언어이면서 저수준 언어의 기능을 갖고 있다.
② C언어는 다목적 언어로서 다양한 분야에 활용될 수 있다.
③ 간편한 제어구조와 다양한 연산자를 제공하여 효율성이 높다.
④ 모듈화된 함수(Function)를 기본으로 프로그래밍방식이다.
⑤ 이식성 및 호환성이 높고 디버깅이 쉽다.
⑥ 간결하고 일관된 데이터처리를 한다.

(2) C언어의 기본 구조

함수란 특정기능을 수행하는 소규모 단위 프로그램 모듈을 의미한다. 어떤 의미로는 다른 프로그래밍 언어의 서브루틴(subroutine)과 유사하다고 볼 수 있으나 이것보다는 C에서 함수는 훨씬 유연하고 강력한 모듈화 기능을 제공하고 있다.

프로그램을 모듈화하면 여러 가지 장점이 있는데 우선 프로그램 관리가 쉽고, 유지보수가 매우 용이해진다. 그리고 함수 모듈은 다른 프로그램에서도 활용이 가능하여 이식성이 좋아 프로그램 개발시 매우 빠르게 처리할 수 있다.

프로그램은 이 main()함수에 기술된 명령들이 순차적으로 수행한다. main()은 함수이기 때문에 ()가 필요하고, 브레이스(brace) "{", "}"는 함수의 시작과 끝의 유효범위를 표시한다.

소스프로그램의 선두에는 선언문 및 초기화 명령들로 이루어져 있으며 몸체는 main() 함수와 필요에 따라 사용자가 만들은 사용자 정의함수 들로 구성된다. 즉, 다음 그림 3-4처럼 소스프로그램은 선언부, main() 함수, 사용자 정의함수로 세 부분으로 나눌 수 있다.

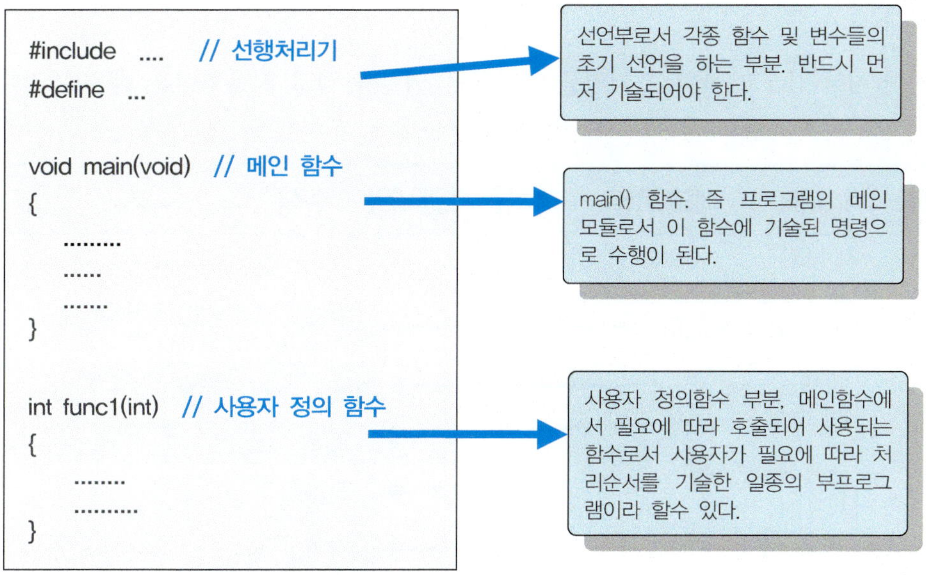

그림 3-4. 소스프로그램의 구조

(3) 선행(예비)처리기

선행처리기(preprocessor)는 컴파일보다 먼저 처리하는 것으로 #include와 #define 등이 있다. 이것은 효율적으로 프로그램을 하기 위하여 사용된다.

❶ #include

컴파일러가 소스코드를 컴파일 하기 전에 이 부분에 정의한 헤더파일(*.h) 먼저 처리하게 된다. 헤더파일에는 함수의 정의와 각종 선언부가 있다.

[표 3-1] #include 사용법

형 식	사 용 예	설 명
#include 〈파일명〉	#include 〈stdio.h〉	default directory에서 검색 컴파일러가 제공하는 파일을 사용시
#include "파일명 "	#include "mylib.h"	current directory에서 검색 사용자가 정의한 파일을 사용시

❷ #define

지정어(지시어)라고 하며 문저열을 치환하는 역할을 하고 사용형식은 다음과 같다.

형식 : #define 매크로명 대치문자열 또는 수식

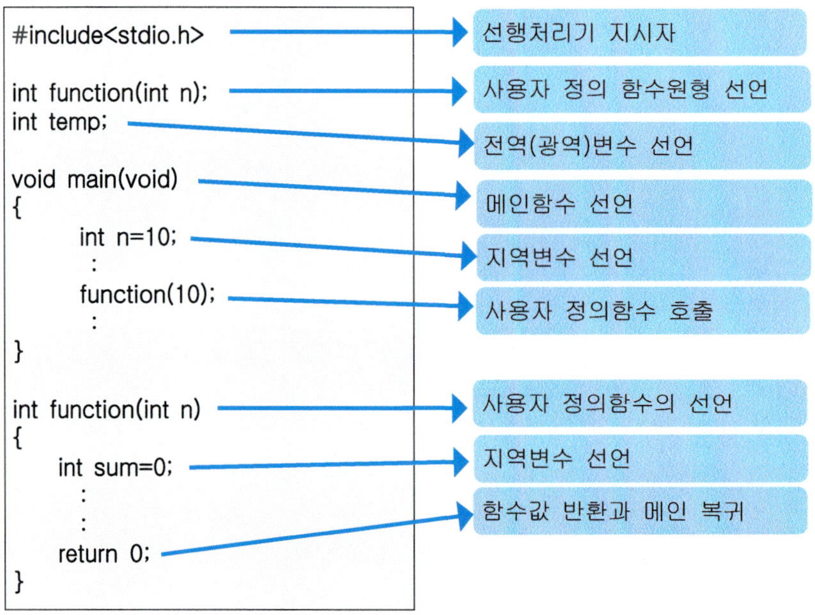

그림 3-5. 소스프로그램의 구조 예

(4) C언어 프로그래밍 기본 규칙

① C언어는 대문자와 소문자를 구별한다.
int A와 int a에서 "A"와 "a"는 다르게 사용된다.

② 각종 자료형으로 선언한 선언문이나 실행문의 끝에는 ;(세미콜론)을 붙인다.

③ 실행 단위별로 중괄호 '{ }'로 묶는다.

④ 각각의 변수 명은 ,(comma)와 ;로 구분한다.
int a, b;와 int a; int b;는 동일하다.

⑤ 주석문은 "//"로 시작하여 한 줄만 주석을 달 수 있고, "/*"로 시작하여 끝나는 부분은 "*/"로 하면 여러 줄 블록 단위로 주석문을 사용할 수 있다.

(5) C언어의 명령어(키워드)

모든 프로그래밍 언어에서는 컴파일러가 미리 정의한 명령어(키워드) 들이 있는데 프로그래밍시 사용자가 변수명, 함수명 등에 임의로 사용하여서는 안된다. C언어에서 사용하는 주요 키워드들을 아래 표에 나타내었다.

[표 3-2] C언어에서의 키워드 예

분류	키워드
반복(Loop)	for, while, do
판단 / 선택	if, else, switch, case, default
분기(Jump)	break, continue, goto
데이터 형태(type)	char, int, short, long, unsigned, float, double, struct, union
변수 형식	auto, extern, register, static
기타	return, sizeof

프로그램을 잘 작성하려면......

❶ 처리 단위별로 들여쓰기를 하여 소스프로그램을 알아보기 쉽게 작성한다.

❷ 변수명 첫글자는 가급적 대문자로 하고 알아보기 쉬운 단어를 사용한다.
(좋은 예 : int Total; 나쁜 예 : int t;)

❸ 주석을 많이 사용하여 프로그램 분석을 용이하게 한다.
주석이 없는 프로그램은 나중에 보면 작성한 본인도 해석하기가 어렵다.

❹ 에러메시지를 두려워하지 말자. 평소에 에러메시지를 분석해 보고 대처 방법에 대해 잘 이해를 해두자.

❺ 百聞이 不如一見이요 百見이 不如一行이다.
스스로 직접 프로그램을 작성하여 실행해보는 것 외에 왕도가 없다.

❻ 모방에서 창조로 이끌어라.
책의 예제를 모방하여 스스로 새로운 예제를 창조하여 실행해 보라.

3.3 변수와 데이터형

(1) 변수(Variables)와 상수(Constants)

컴퓨터 프로그램은 일반적으로 여러 가지 종류의 데이터를 다루는데 이들 데이터를 저장하기 위한 수단이 필요하다. 이러한 데이터 값은 숫자나 문자가 될 수 있다. 프로그래밍 언어들에서는 숫자나 문자를 저장하기 위한 두 가지 방법으로 변수(variables)와 상수(constants)를 제공한다.

변수란 데이터를 저장할 기억 장소(메모리)에 붙여진 독특한 이름을 가지고 있는 데이터 저장 영역을 말하며. 영역의 이름들은 서로 구별되는 이름을 사용한다.

상수란 프로그램에서 사용되어지는 자료(data)들을 통칭하여 상수라 하며 크게 수치상수와 문자 상수가 있다.

수치상수 : 정수나 실수를 포함한 수를 말한다.
정수형 → 1, –35, 9999
실수형 → 1.0, –234.67, 0.0987, 3.14E14
문자상수 : 어떤 수치를 기호로 이용하여 표시한 상수이다.

★변수 정의 규칙

❶ 변수명은 영문자 (a – z, A – Z)와 숫자(0 – 9)를 사용
❷ 첫 글자는 반드시 영문자이어야 하고 최대 32문자까지 가능.
❸ _ (underscore)도 영문자로 취급함
❹ 대문자와 소문자는 구별되어 사용된다.
❺ KEY WORD는 변수명으로 사용할 수 없다.
❻ 모든 변수는 사용되기 전에 반드시 선언되어야 한다.

(2) 데이터형

데이터형은 데이터의 성격과 수치의 범위를 규정한다.
기억장소의 크기와 저장 형태의 기준으로 구분한다.

[표 3-3] 데이터형의 종류

분 류	종 류
기본형	문자형(char), 정수형(int), 실수형(float)
합성형 (또는 유도형)	배열형(array), 함수형(function), 포인터형(Pointer), 구조체형(Structure), 공용체형(union)

[표 3-4] 기본 데이터형의 범위

데이터형	키워드	메모리크기	값의 저장범위
문자형	char	1 바이트	-128 ~ 127
정수형	int	2 바이트	-32768 ~ 32767
		4 바이트	-1.2E-38 ~ 3.4E38
단정도 실수형	float	4 바이트	-1.2E-38 ~ 3.4E38
배정도 실수형	double	8 바이트	2.2E-308 ~ 1.8E308

[표 3-5] 확장된 기본 데이터 형 범위

데이터형	키워드	메모리크기	값의 저장범위
부호 없는 문자	unsigned char	1 바이트	0 ~ 255
부호 없는 정수	unsigned int	2 바이트	0 ~ 65535
		4 바이트	0 ~ 4,294,967,295
긴 정수형	long int	8 바이트	-2,147,483,648 ~ 2,147,483,647

[표 3-6] ATmega128의 데이터 표현

데이터의 형식		표현범위	어셈블리 언어	C언어
8비트	양의 정수 표현	0 ~ 255	BYTE	unsigned char
	2의 보수 표현	−128 ~ +127	BYTE	char
16비트	양의 정수 표현	0 ~ 65,535	WORD	unsigned int
	2의 보수 표현	−32,768 ~ +32,767	WORD	int
32비트	양의 정수 표현	0 ~ 4,294,967,295	−	unsigned long
	2의 보수 표현	−2,147,483,648 ~ +2,147,483,647	−	long

(3) 변수의 선언과 상수 저장 예

[표 3-7] 변수 선언과 상수의 저장 방법

분 류	종 류
char abc;	문자변수 abc 선언
char abc ='A';	문자변수 abc 선언과 동시에 상수 'A' 저장
unsigned char JANG;	부호없는 문자변수 JANG 선언
int A123;	정수형 변수 A123 선언
int aa, bb=50, cc=100;	정수형 변수 선언과 초기 상수값 저장
float A1=1.23, A2=3.14, A3=8.21;	실수형 변수선언과 실수 상수 저장
char abc; : abc = 'A';	char형 변수 abc를 선두에 선언 후 프로그램 내에서 상수 저장 예
int sum, SUM; : sum = 55; SUM = 80;	변수 sum과 SUM은 서로 다르다.

3.4 연산자(Operator)

(1) 산술연산자

산술연산자는 가.감.승.제와 관련 있는 연산자이다.

산술연산자는 한 개의 항만 연산 가능한 증감연산자와 2개항을 연산하는 이항 연산자가 있다.

[표 3-8] 산술 연산자 종류

종류	기호	사용예	기 능
증감 연산자	++	a++;	a의 값을 출력한 후, a의 값에 1을 증가
		++a;	a의 값에 1을 증가시킨 후, a를 출력.
	--	a--;	a의 값을 출력한 후, a의 값에 1을 감소.
		--a;	a의 값에 1을 감소시킨 후, a를 출력.
이항 연산자	+	c = a+b;	a와 b를 더한 값을 c에 대입.
	-	c = a-b;	a에서 b를 뺀 값을 c에 대입.
	*	c = a*b;	a와 b를 곱한 값을 c에 대입.
	/	c = a/b;	a에서 b를 나눈 값을 c에 대입.
	%	c = a%b;	a에서 b를 나누고 나머지 값을 c에 대입.

(2) 대입(치완) 연산자

기본적인 대입연산자는 "=" 기호이다. 오른쪽에 있는 변수 또는 상수를 왼쪽의 변수에 대입하는 연산자이다.

[표 3-9] 대입(치완) 연산자 종류

종 류	기호	사용예	기 능
대 입 연산자 (=)	=+	a+=b;	a = a+b; 과 동일
	-=	a-=b;	a = a-b; 과 동일
	*=	a*=b;	a = a*b; 과 동일
	/=	a/=b;	a = a/b; 과 동일
	%=	a%=b;	a = a%b; 과 동일

(사용 예)

```
int a=10, b=20;
int c, d;
c = a+b;
d +=a;
```

에서 변수 c와 d 값은 모두 같은 값 30이 저장된다.

(3) 관계연산자

이 연산자는 두 항의 대소 판단을 하는 연산자로서 결과는 "참(TRUE)"와 "거짓(FALSE)" 2가지로 된다. 주로 제어문에서 사용된다.

[표 3-10] 관계 연산자 종류

종 류	기호	사용예	기 능
관 계 연산자	〉	c = a〉b;	a가 b보다 크면 참(c=1)이고 b보다 작거나 같으면 거짓(0).
	〈	c = a〈b;	a가 b보다 작으면 참이고 b보다 크거나 같으면 거짓.
	〉=	c = a〉=b;	a가 b보다 크거나 같으면 참이고 b보다 작으면 거짓.
	〈=	c = a〈=b;	a가 b보다 작거나 같으면 참이고 b보다 크면 거짓.
	==	c = a==b;	a와 b가 같으면 참이고 같지 않으면 거짓.
	!=	c = a!=b;	a와 b가 다르면 참이고 같으면 거짓.

(4) 논리 연산자

두 항을 논리적으로 비교한다. 주로 제어문에서 사용한다.

[표 3-11] 논리 연산자 종류

<table>
<tr><th>종 류</th><th>기호</th><th>사용예</th><th>기 능</th></tr>
<tr><td rowspan="3">논 리
연산자</td><td>&&</td><td>c = a&&b;</td><td>a와 b가 모두 참이면 c는 참(1)이고 그 외에는 거짓(0).</td></tr>
<tr><td>||</td><td>c = a||b;</td><td>a와 b가 모두 거짓이면 c는 거짓(0)이고 그 외에는 참(1)</td></tr>
<tr><td>!</td><td>a= !b;</td><td>b가 거짓이면 a는 참(1)이고 b가 참이면 a는 거짓(0).</td></tr>
</table>

(사용 예)

```
:: while(A 〈= 0 || B 〈= 0)
```

위 조건식에서 보면 변수 두 조건 "A〈=0"라는 조건과 "B〈=0"라는 조건을 따져서 논리 OR 연산을 수행하므로 중 둘 중 하나 이상이 참이면 결과는 참이 된다. 두 조건 모두 거짓일 때만 거짓이라는 결과가 된다.

(5) 비트 연산자

비트 연산자는 2진 연산에서 주로 사용된다. 2진 부호의 각 비트와 비트끼리 연산을 수행한다.

[표 3-12] 비트연산자의 종류

<table>
<tr><th>종 류</th><th>기호</th><th>사용예</th><th>기 능</th></tr>
<tr><td rowspan="4">논 리
연산자</td><td>&</td><td>c = a&b;</td><td>a와 b를 각 비트를 AND하여 c에 대입.</td></tr>
<tr><td>|</td><td>c = a|b;</td><td>a와 b를 각 비트를 OR하여 c에 대입.</td></tr>
<tr><td>^</td><td>c = a^b;</td><td>a와 b를 각 비트를 XOR하여 c에 대입.</td></tr>
<tr><td>~</td><td>a = ~b;</td><td>b의 각 비트를 NOT하여 a에 대입.</td></tr>
<tr><td rowspan="2">시프트
연산자</td><td>〈〈</td><td>c = a〈〈b;</td><td>a의 값을 b의 수만큼 좌 시프트 한 값을 c에 대입.</td></tr>
<tr><td>〉〉</td><td>c = a〉〉b;</td><td>a의 값을 b의 수만큼 우 시프트 한 값을 c에 대입.</td></tr>
</table>

(사용 예)

```
char a= 0xaa;       // 10101010
char b= 0x58;       // 01011001
char c, d, e;

c = a&b;            // 변수 a와 b를 비트-비트 AND연산
d = ~b;             // 변수 b를 NOT(반전)하여 d 저장
e = a<<1;           // 변수 a를 왼쪽으로 1 비트 시프트
```

위 예에서 변수 C에는 다음 두 변수를 비트와 비트간 AND 연산한다.

변수 a : 10101010
변수 b : 01011001

결과 c : 00001000

변수 d에는 변수 b를 NOT연산하여 저장된다.

변수 b : 01011001

결과 d : 10100110

e = a<<1; 명령문에서 변수 e에는 변수 a값을 비트 1자리씩 왼쪽으로 시프트 된다.

변수 a : 10101010

결과 e : 01010100

C언어에서의 연산자는 여러 가지의 형태로 나누어지는데, 이들은 크게 산술연산자, 논리 연산자, 관계 연산자로 구분된다. 이들 연산자는 산술식, 논리식 등에 적용되어 우선순위에 따라서 사용된다.

[표 3-13] 연산자의 우선순위

분 류	순위	연산자	결합순서	분 류	순위	연산자	결합순서
괄 호	1	( ), [ ]	→	상등연산자	7	==, !=	→
부호 연산자	2	+, −	←	bit AND 연산자	8	&	→
논리부정 연산자	2	!	←	bit XOR 연산자	9	^	→
1의 보수 연산자	2	~	←	bit OR 연산자	10	|	→
증감 연산자	2	++, --	←	논리곱 연산자	11	&&	→
포인트 연산자	2	*	←	논리합 연산자	12	||	→
주소 연산자	2	&	←	조건 연산자	13	?, :	←
산술연산자	3	*, /, %	→	대입 연산자	14	=	←
	4	+, −	→		14	*op*=	←
시프트 연산자	5	〈〈, 〉〉	→	쉼표 연산자	15	,	→
관계 연산자	6	〈,〈=,〉,〉=	→				

op= : +=, −=, *=, /=, %=, 〈〈=, 〉〉=, &=, ^=, |=

3.5 제어문의 구조와 사용법

(1) 제어문이란?

프로그램을 잘 작성하려면

제어문은 조건을 따져서 프로그램의 흐름을 제어하는 것을 말한다. 컴퓨터 프로그램은 바로 제어문에 의해 처리되어 출력되므로 거의 대다수 작업이 제어문으로 이루어진다고 할 수 있다.

그러므로 프로그램을 잘 작성한다는 것은 바로 제어문을 어떻게 잘 활용하느냐 하는 것이다. 여러 제어문들을 용도에 맞게 활용할 수 있도록 충분한 연습을 해 두자.

프로그램의 실행은 일반적으로 한 문장씩 실행되는데, 조건에 따라서 실행순서의 흐름을 변경하고자 할 때 제어문을 이용한다. 이런 실행순서의 흐름을 변경하기 위한 조건에 따라서 여러 가지로 나누어지는데, 이러한 제어문의 종류를 아래 [표 3-14]에 나타내었다.

[표 3-14] 제어문의 종류

분 류	종 류	기 능
반복제어문	○ for문 ○ while 문 ○ do-while문	지정한 횟수만큼 반복 조건이 참일 동안 반복 조건이 참일 동안 반복
조건에 따른 흐름제어문	○ if문 ○ if-else문 ○ if - else if - else if - ... else문 ○ switch-case문	조건이 참일 때 처리 참일때와 거짓일때 각기 다른처리 판단 조건이 둘 이상일 경우 여러 개 조건 중 맞는것만 수행
비 조건 흐름 제어문	○ break문 ○ continue 문 ○ return 문 ○ goto 문	반복 루프의 강제 종료 루프를 다시 실행한다. 호출한 함수로 제어를 넘겨준다. 라벨이 표시된 곳으로 무조건 분기

(2) if문

if문은 조건 값이 참인지 거짓인지에 따라서 제어가 결정되다. 조건식에 비교하는 대상이 참이면 수행문을 실행하고 거짓이면 실행하지 않고 다음 문으로 넘어간다.

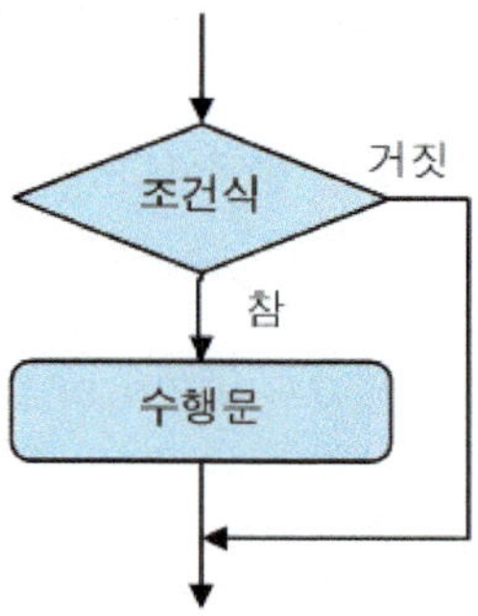

형식	사용 예

if(조건식)
수행문;
	main()
	{
	❶ int a =2, b=1 ;
	❷ int sum, result;
	❸ sum = a+b;
	
	❹ if(sum>2)
	❺ result = sum * 10;
	}

❶행 : 정수형 변수 a와 b를 선언하면서 정수값을 각각 2와 1을 저장한다.

❷행 : 정수형 변수 sum과 result 를 선언하였다.

❸행 : 변수 sum에 변수 a값과 b값을 더하여 결과 3이 저장된다..

❹행 : if문의 조건(sum>2)에서 sum에는 3이 저장되어 있으므로 "참"이므로 ❺행이 실행되어 변수 result에는 30이 저장된다.

만일 ❹행의 조건이 맞지 않는다면 ❺행은 실행되지 않고 프로그램이 종료된다.

3.5.2 if-else 문

조건식의 문이 참이면 수행문1이 실행한 후에 다음 문으로 넘어가고, 거짓이면 수행문2로 넘어가서 실행을 한 후에 다음 문으로 넘어간다.

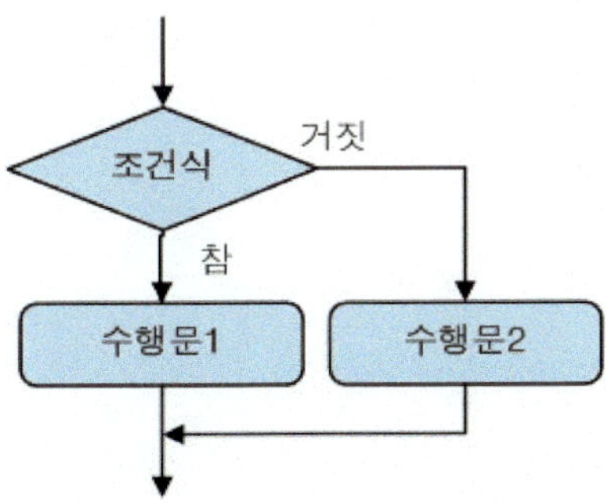

다음 사용 예에서는 변수 c값이 10보다 크면 "참"이므로 10이 더해져서 sum에 저장되고 c값이 10 이하면 10이 빼져서 sum에 저장된다.

변수 sum에는 어떤 값이 되는지 분석해 보라.

형식	사용 예

if (조건식)
    수행문1;
else
    수행문2;
	main()
	{
	❶ int sum, c;
	
	❷ int a = 5, b = 4;
	❸ c = a + b;
	❹ if(c 〉10)
	❺ sum = c + 10;
	❻ else
	❼ sum = c - 10;
	}

❶행 : 정수형 변수 sum, c를 선언한다.

❷행 : 정수형 변수 a와 b를 선언하면서 각각 초기값 5와 4를 저장한다.

❸행 : 정수변수 c에는 변수 a와 b값이 더해져서 9가 저장된다.

❹행 : if 조건문(c〉10)에서 c값이 9이므로 결과가 "거짓"이 되어 ❺행 문장은 실행되지 않고 ❻행 else 문으로 가서 ❼행 문장이 실행된다.
따라서 변수 sum에는 연산 "9-10" 즉, -1이 저장된다.

(3) if - else if - else if - ... - else 문

조건식1의 문이 참이면 수행문1을 실행 후에 if문을 빠져나오고, 거짓이면 조건식2를 계산한다. 조건식2가 참이면 수행문2를 실행하고, 거짓이면 다음 조건식을 계산한다. 이러한 절차에 의해서 주어진 마지막 조건식 n을 계산한 후 참이면 수행문n을 수행하고 거짓이면 마지막 문을 처리하고 if문을 빠져나온다.

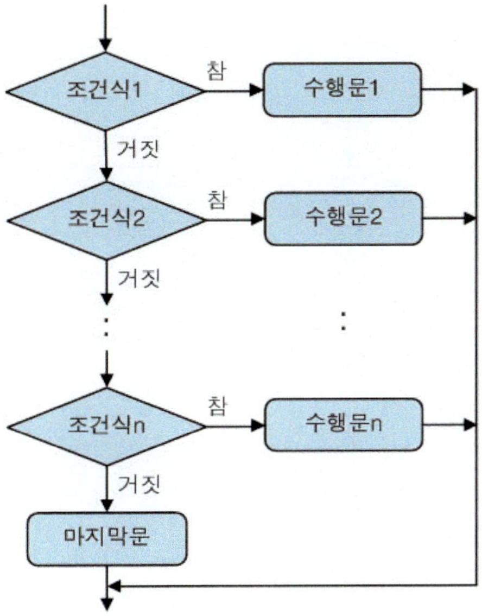

형식	사용 예

if (조건식1)
  수행문1;
else if(조건식2)
  수행문2;
    :
 else if(조건식n)
   수행문n;
 else
   마지막 문;
	main()
	 {
	    int sum, data=1;
	    scanf("%d", &data);
	     if(data <0) sum = 1;
	       else if (data<20) sum = 2;
	       else if (data<50) sum = 3;
	       else if (data<70) sum = 4;
	       else sum = 5;
	       sum = sum + data;
	  }

위의 예는 키보드로부터 정수 하나를 입력받아 각 정수의 크기 조건을 따져서 처리하는 프로그램이다. 만약 키보드로 55를 입력하였다면 변수 sum에는 어떤 값이 저장되는지 각자 알아보기 바란다.

(4) switch - case문

다중선택의 구조를 갖는 문중에서 if - else if 문보다도 간단하게 프로그램을 구성할 수 있는 문으로서, 수식이 평가되어 그 값을 주어진 상수와 비교하여 같은 값과 만나면 수행 문장을 처리를 시작하게 되고, 값이 없으면 default를 수행한다.

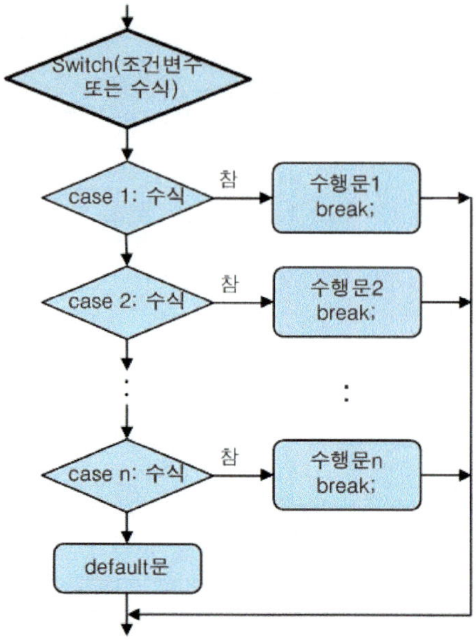

형식	사용 예

switch(변수){
    case 상수1 : 수행문1;
      break;
    case 상수2 : 수행문2;
      break;
    case 상수3 : 수행문3;
      break;
        :
    case 상수n : 수행문n;
      break;
    default : 마지막 문;
}
	main()
	{
	  int data, sum;
	  data = 0x03;
	  switch(data)
	  {
	      case 0x01 : sum = 1;
	    break;
	      case 0x02 : sum = 2;
	    break;
	      case 0x03 : sum = 3;
	    break;
	      case 0x04 : sum = 4;
	    break;
	      default : sum = 0
	  }
	}

위의 예에서 변수 data 값이 해당되는 case 문의 조건을 찾아 처리를 한다. 즉, 실행결과 변수 sum에는 3이 저장된다.

(5) while 문

while 문은 어떤 조건을 만족시키는 경우(참)에 수행하는 문들을 반복시키는 기능을 가긴다.

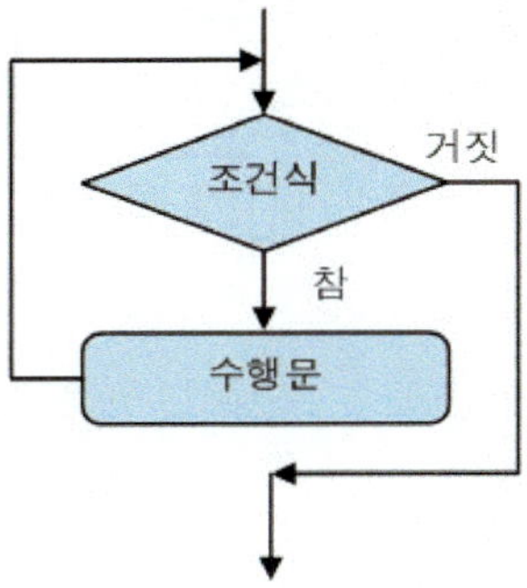

형식	사용 예

while(조건식) {
    수행문
}
	main()
	{
	    int i=0 ;
	    while(i<10){
	        i++;
	    }
	}

위의 예는 변수 i값을 0부터 시작하여 i가 10보다 작을 동안 1씩 증가하는 프로그램이다. 조건은 값이 10보다 작을 동안 i값을 1씩 증가 동작을 반복하게 된다. i값이 얼마일 때 while 루프에서 빠져나오는가?

(6) do ~ while 문

이이 문은 while문과 같은 성격을 갖고 있으나, 먼저 수행문이 실행하고 조건을 따져서 참일 경우에 다시 문장이 반복수행이 된다. 수행된 뒤에 조건이 계산된다는 것이 다르다. 만일, 그 값이 참이면 문장이 다시 수행되고 거짓이면 loop가 끝난다.

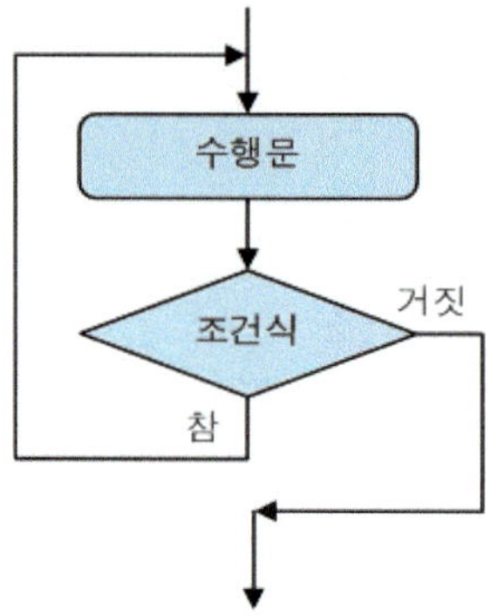

형식	사용 예

do{
    수행문;
}while(조건식);
	main()
	{
	    int a=0, b=0;
	    do{
	        ++a;
	        b+=a;
	    }while(b<500);
	    P1 = b;
	}

위 예제는 변수 a를 초기값 0부터 시작하여 1씩 증가해 가면서 변수 b에 누적 합을 구하고 변수 b값이 500보다 작을 동안 반복 수행이 된다.

(7) for문

대표적인 반복수행 제어문으로서 증감치에 따라서 초기치가 변화하기 시작하는데 이때, 조건식에 만족되면 수행문을 처리하고 조건식이 거짓이면 for문을 빠져 나온다.

보통 일정 횟수만큼 반복 수행하는데 사용된다. for문의 지정 형식으로는 for(초기값; 최종조건; 증분)으로 이루어져 있는데, 증분 변수를 설정하여 이 변수 초기값을 주고 최종조건을 주면 한번 수행할 때마다 변수가 증분치만큼 증가되어 최종 조건 도달할 때 가지 반복 수행이 된다.

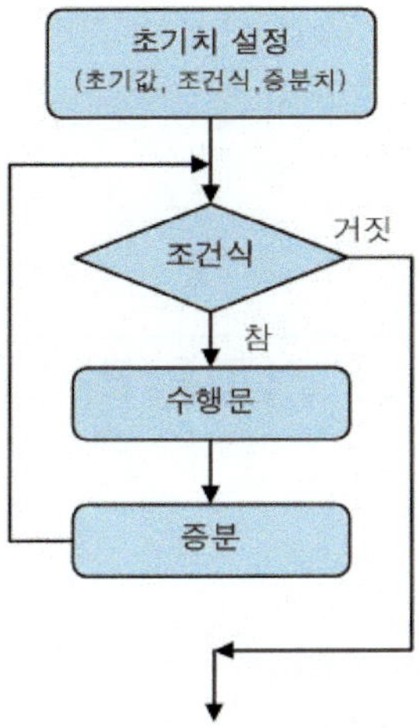

<table>
<tr><th>형식</th><th colspan="2">사용 예</th></tr>
<tr><td>for(초기치; 조건식; 증감치)
{
    수행문;
}</td><td>

❶

❷

❸</td><td>main()
{
    int i, sum=0;
    for(i =1; i<=100; i++)
    {
        sum = sum+i ;
    }
    printf("%d \n", sum);
}</td></tr>
</table>

이 예제에서 1에서 100까지의 누적합을 구하여 출력하는 프로그램이다.

❶행 : 정수변수 i값이 초기값 1부터 시작하여 조건인 100이 될 때까지 증감치 1씩 증가해 가면서 반복수행 하므로 100회 반복수행하도록 한다.

❷행 : ❶행의 조건에 의해 100번 반복 수행한다.

변수i 값	처리내용 sum = sum + i	sum에 저장된 값
1	sum = 0 + 1	1
2	sum = 1 + 2	3
3	sum = 3 + 3	6
4	sum = 6 + 4	10
:	:	:
100	sum = 4950+100	5050

따라서 변수 sum에는 1에서 100까지의 누적합 즉, 5050이 저장된다.
❸행 : 화면에 정수형 변수 sum값 5050이 출력한다.

3.6 코드비젼 C 컴파일러

(1) AVR 개발 툴의 개요

AVR 마이크로프로세서를 이용하여 개발할 경우에 필요한 개발 툴은 wavrasm, wavrsim, AVR Studio, CodeVision AVR-C 컴파일러, ImageCraft C 컴파일러 등이 있다. 이 개발 툴 중 wavrasm, wavrsim, AVR Studio 등은 아트멜(Atmel)사에서 무료로 제공되고 있으며, CodeVisionAVR C 컴파일러는 HPinfoTech사에서 제공하고 있으나, 국내 대리점인 (주)로보블럭시스템사의 홈페이지에서 다운 받을 수 있다. 정식버전과 데모용으로 나뉘고 있으나, 데모용은 프로그램 작성에 제한적인 양을 제공하고 있으나, 초보자들이 사용하는데는 무리가 없는 듯하다. 반면에, 전문적으로 사용할 경우에는 라이센서를 구입하여 사용하는 것이 좋다.

(2) CodeVisionAVR 특징

① Atmel AVR용 통합 환경 C 컴파일러. 통합 환경 내에 여러 가지 ISP 기능 포함. 통합 환경 내에 비동기 통신 터미널 기능 내장.
② 생성된 COFF파일은 AVR Studio를 사용하여 소스 레벨 디버깅 가능.
③ 표준 라이브러리 외에 아래의 여러 가지 주변 소자 라이브러리 포함
- 문자형 LCD 모듈
- Philips I^2C 버스
- 온도 센서 소자(LM75, DS1820)
- 실시간 Clock 소자 지원(PCF8563, PCF8583, DS1302, DS1307)
- Thermometer/Thermostat (DS1621)
- SPI
- Delay 함수 지원
- Power management

④ 자동 소스 생성 기능 내장

(3) 특수 기능

① EEPROM 액세스

AVR 내부의 EEPROM 사용은 전역 변수 앞에 eeprom 키워드를 사용하여 가능하다. eeprom 프로그래밍 예를 들면 다음과 같다.

```
 eeprom int alfa=1;                  // Chip 프로그램 시에 EEPEOM에 1값 저장
 eeprom char beta;
 eeprom long array1[5];
 eeprom char string[]=" Hello" ;     // Chip 프로그램 시에 EEPEOM에 문자열 저장
void main(void)
{
        int i;
        int eeprom *ptr_to_eeprom;   // EEPROM 포인터
         …
        alfa = 0x55;                 // EEPROM에 0x55 값 직접 쓰기
        ptr_to_eeprom=&alfa;
        ptr_to_eeprom=0x55;          // 포인터 사용하여 간접적으로 쓰기
        i=alfa;                      // EEPROM에서 직접적으로 값 읽기
        i=*ptr_to_eeprom;            // EEPROM에서 간접적으로 값 읽기
}
```

② 인터럽트 사용법 예

```
interrupt [EXT_INT0] void external_int0(void)  // 외부 인터럽트
{
        /* 여기에 처리 코드를 넣는다 */
}
interrupt [TIM0_OVF] void tim0_over(void)      // 타이머0 오버플로 인터럽트
{
        /* 여기에 처리 코드를 넣는다 */
}
```

인터럽트 처리 시작 부분에서 자동적으로 레지스터를 스택에 저장하고 인터럽트 종료 시 다시 스택에서 레지스터로 회복해 놓는다. 자동적으로 저장하는 레지스터는 R0, R1, R22 ~ R31, SREG이다. 만일 레지스터를 대피하는 인터럽트 처리 시간을 조금이라도 단축하고자 하는 경우 #pragma savereg 지시자를 사용한다.

예:

```
#pragma savereg-                 // 레지스터 저장 기능 OFF
   interrupt [1] void my_irq(void){
 /* 사용하는 레지스터 만 저장 예: R30, R31, SREG 만 사용하는 경우 */
 #asm
         push r30
         push r31
         in r30, SREG
         push r30
#endasm
  /* 여기에 C 코드를 놓음 */

#asm                             // 레지스터 SREG, R31, R30 회복
         pop r30
         out SREG, r30
         pop r31
         pop r30
#endasm
 }
#pragma savereg+                 /* 레지스터 저장 기능 ON */
```

③ 어셈블리 언어 첨가

C 컴파일러에 어셈블러가 참가가능하며, 필요시 어셈블러를 사용하면 된다.

* #asm과 #endasm 사용한 예 :

```
void delay(unsigned char i)
{
    while(i--){
       #asm
            nop
            nop
       #endasm
    }
}

/* 다음과 같이 한 줄로 표현할 수도 있다. */
#asm( "sei" )        // 인터럽트 인에이블
#asm ( "cli" )       // 인터럽트 디스어블
```

어셈블리 루틴에서 R0, R1, R22 ~ R31은 자유롭게 사용할 수 있다. 단 인터럽트 루틴 안에서 사용 시에는 스택에 저장 및 회복을 해야 한다.

(4) 프로그램의 시작

사용자의 컴퓨터에 CodeVision AVR이 정상적으로 설치되어 있다면, 컴퓨터의 바탕 화면에서 "시작" 버튼을 눌러 프로그램 그룹 창을 활성화 시킨 다음 CodeVision AVR 그룹을 선택한다. 이 때, 실행 프로그램은 CodeVision AVR C Compiler와 CodeVison AVR Help의 실행 파일이 나타난다. 여기서 CodeVision AVR C Compiler를 클릭한다.

프로그램의 실행 버튼을 누르면 다음 그림과 같은 로고 화면이 나타난다.

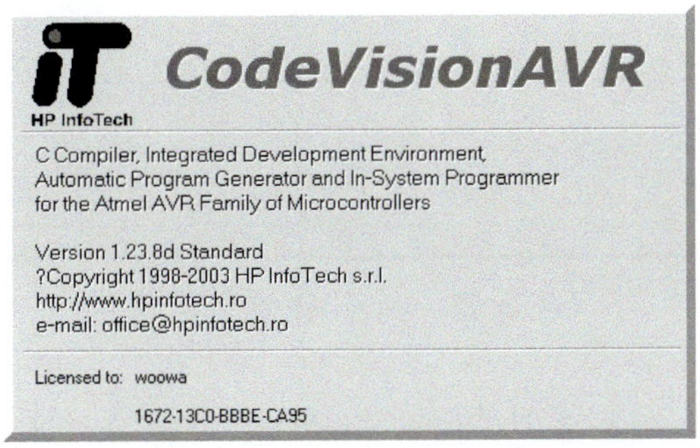

그림 3-6. CodeVison AVR 로고 표시

로고가 표시된 후 나타나는 CodeVision AVR C 컴파일러의 메인 화면 구성은 다음과 같이 된다.

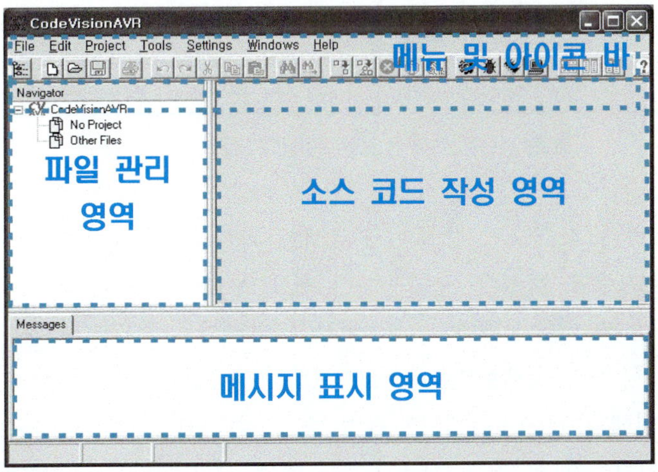

그림 3-7. CodeVision AVR C 컴파일러의 메인 화면 구성

그림 3-7에서 알 수 있듯이 CodeVision AVR C 컴파일러의 메인 화면은 메뉴 및 아이콘 바 영역, 파일 관리 영역, 소스 코드 작성 영역, 그리고 메시지 표시 영역으로 나누어져 있다.

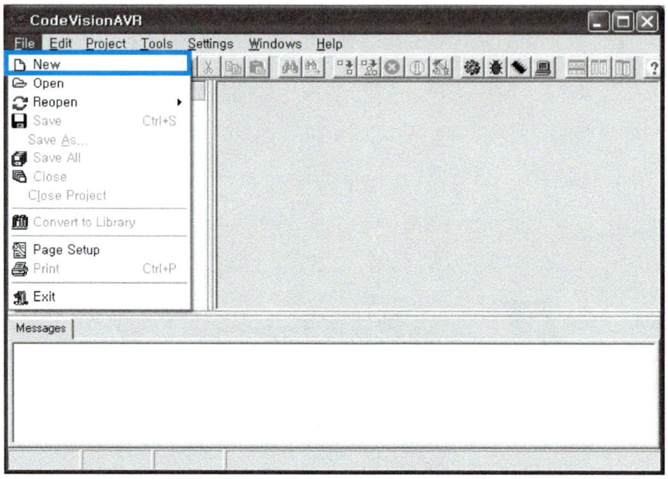

그림 3-8. File-New 메뉴의 조작

그림 3-8과 같이 메인 메뉴에서 File을 클릭하면, 파일 조작과 관련된 메뉴들이 풀다운 방식으로 나타난다. 여기에서 New 메뉴를 클릭하면 그림 2-5와 같이 작업할 파일의 유형을 설정하는 팝업 창이 나타난다.

그림 3-9. File Type 선택과 실행 여부 확인

작업 파일의 유형은 소스코드 작업과 프로젝트 파일 작업 중에서 한 가지를 선택할 수 있다. 최초에 프로그램을 작성할 때에는 프로젝트(Project) 파일부터 구성해야 한다. 그림 3-9의 팝업창에서 Project를 선택하고 OK 버튼을 누른다.

작업 파일의 유형을 프로젝트(Project)로 선택하면 그림과 같이 소스코드 작성 마법사(CodeWizard)를 실행할 것인지를 묻는 팝업 창이 나타난다. CodeVision AVR C 컴파일러의 경우 AVR 마이크로컨트롤러를 이용하여 구현할 수 있는 기본 기능에 대하여 소스 코드 루틴을 미리 정의해 놓았으므로 코드 위저드를 사용하면 간편하게 프로그램을 완성할 수 있다.

학습자가 코드 위저드의 실행을 선택하면 그림 2-7과 같은 CodeWizard AVR 작업 창이 나타난다. 이 창에서는 학습자가 사용할 프로세서의 종류, 클럭 속도를 설정할 수 있으며, 입출력 포트의 속성 및 인터럽트의 속성을 정의할 수 있고, 특히 학습자가 사용하게 될 각종 응용 회로에 대한 기본 루틴을 생성시킬 수 있는 기능을 갖고 있다. 그리고 이러한 설정 내용을 파일로 별도로 관리할 수 있으므로, 여러 기종의 프로세서를 사용하게 될 경우에 편리하다.

(5) CodeVision 소스 자동생성

코드 위저드를 실행시켜 CPU를 ATmega128로, clock을 16MHz로 설정한다. 포트 A의 출력 제어를 위해 그림 3-9과 같이 코드 위저드 상단의 탭에서 Ports 탭을 클릭한 다음 제어하고자 하는 포트의 속성을 설정한다.

여기서, PortA의 8개의 단자에 대한 입력 또는 출력을 설정할 수 있는데 데이터 방향(Data Direction) 부분을 각각 클릭하면 IN 또는 OUT으로 선택할 수 있다. 이 때, IN은 포트로 데이터를 입력한다는 의미이고, OUT은 데이터를 출력한다는 의미이다.

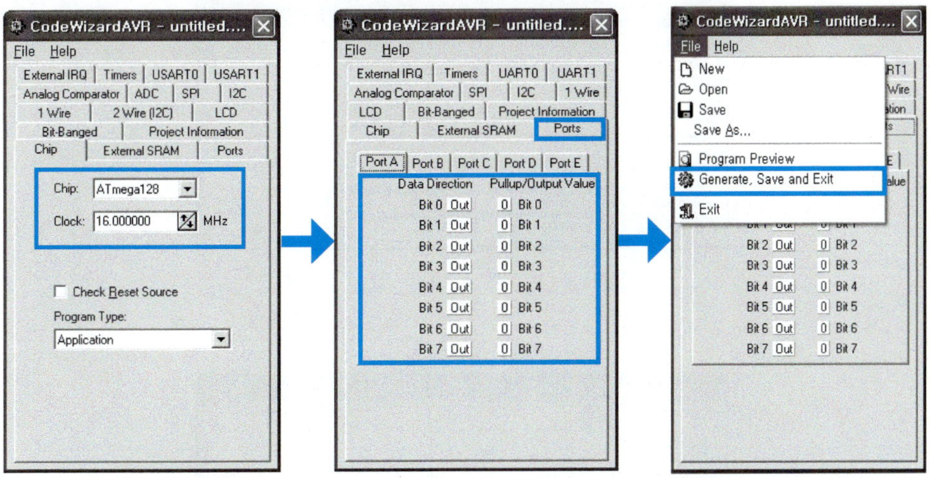

그림 3-10. CodeWizard AVR의 실행 창과 속성 설정 및 소스 생성

또한, Pullup/Output Value 설정 기능을 통해 포트의 각 비트 단자에 대한 풀업(pull-up) 여부를 설정할 수 있다. 이는 데이터가 출력 또는 입력 상태일 때 데이터 버스의 기본 값을 정할 수 있는 기능으로서, 만일 풀업으로 설정하였다면, 데이터 버스의 정

상상태의 값은 정 논리(High) 상태를 유지한다. 이 기능은 포트의 초기상태를 정할 수 있다는 의미이기도 하다.

풀업 상태를 사용하려면 각 비트 항목을 마우스로 클릭하여 "1"로 설정한다. 포트에 대한 입출력 속성 설정이 완료되었으면, 코드 위저드 창의 File 메뉴를 선택하여 Generate, Save and Exit 메뉴를 클릭한다. 이 메뉴는 학습자가 설정한 속성을 바탕으로 소스 코드를 생성시킨 다음 확장자를 *.C로 하여 저장한 후, 코드 위저드를 종료시킨다.

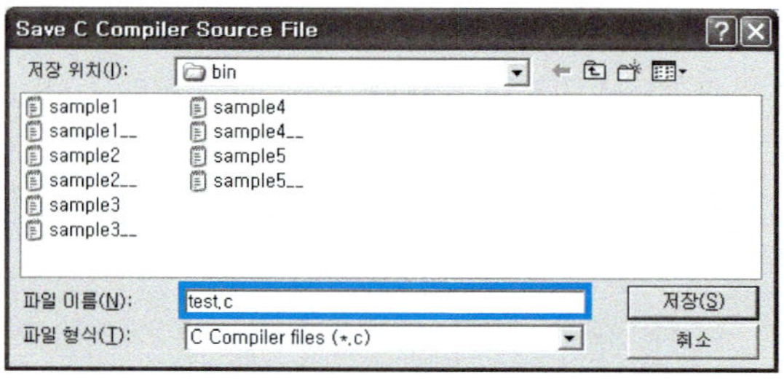

그림 3-11. 소스 코드 저장

그림 3-11과 같이 소스 코드 파일을 저장한 다음 저장(S) 버튼을 누르면 다음으로 그림 3-12와 같이 프로젝트 파일을 저장하는 창이 나타난다.

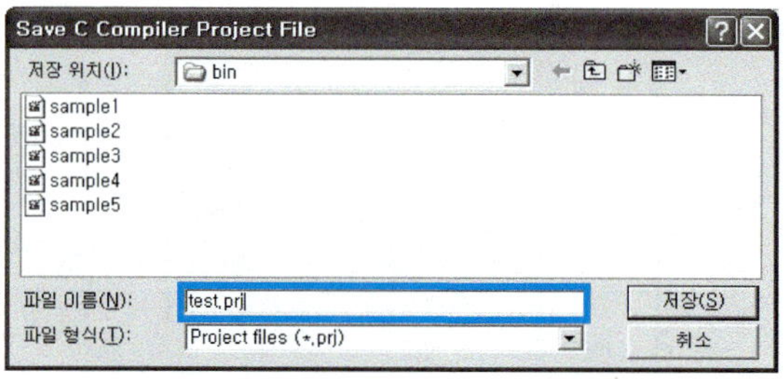

그림 3-12. 프로젝트 파일 저장

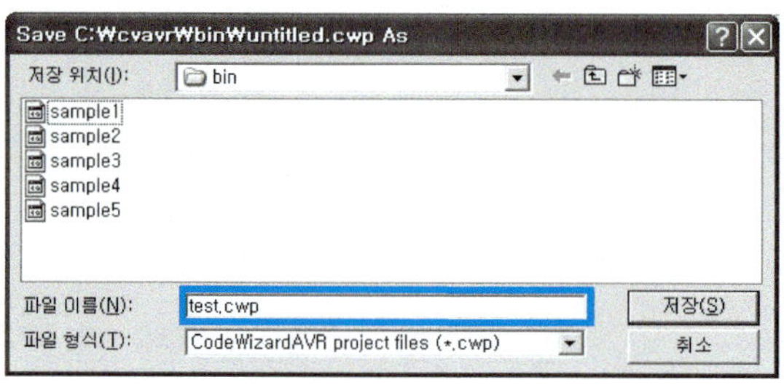

그림 3-13. 코드 위저드 프로젝트 파일 저장

그림 3-12와 같이 프로젝트 파일을 저장하면 이어서 코드 위저드의 프로젝트 환경을 저장하는 창이 그림 3-13과 같이 나타난다.

위와 같이 소스 코드 파일(*.c)과 프로젝트 파일(*.prj) 및 코드 위저드 프로젝트 파일(*.cwp)의 저장이 완료되면 다음과 같이 메인 화면에 파일의 명칭과 생성된 소스 코드가 나타난다.

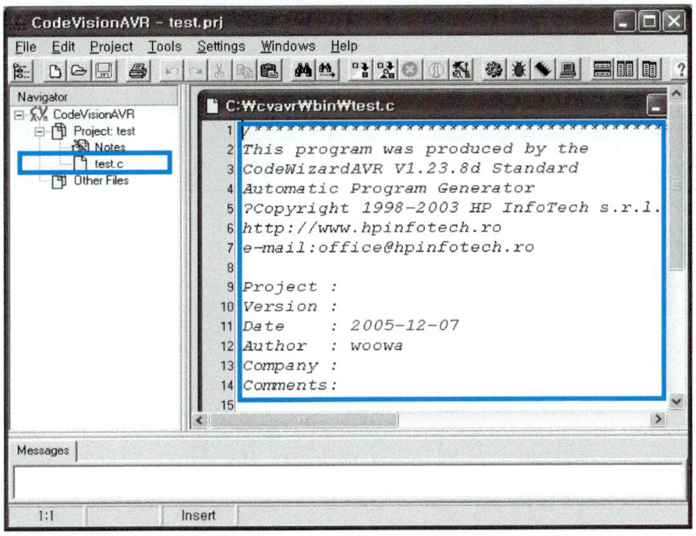

그림 3-14. 코드 위저드의 실행에 의한 코드 생성

학습자가 제어하고자 하는 Port A에 대한 상세한 프로그램은 코드 위저드가 생성한 소스 코드에 추가해야 하며, 추가할 위치는 그림 3-15와 같이 주석문으로 표시되어 있다.

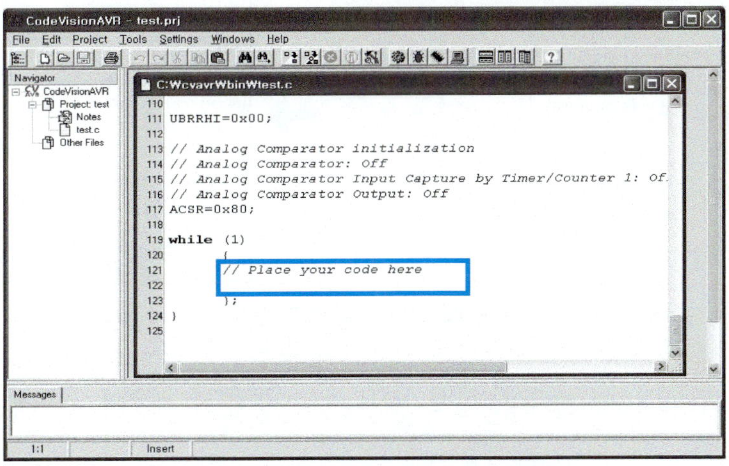

그림 3-15. 프로그램의 삽입 위치

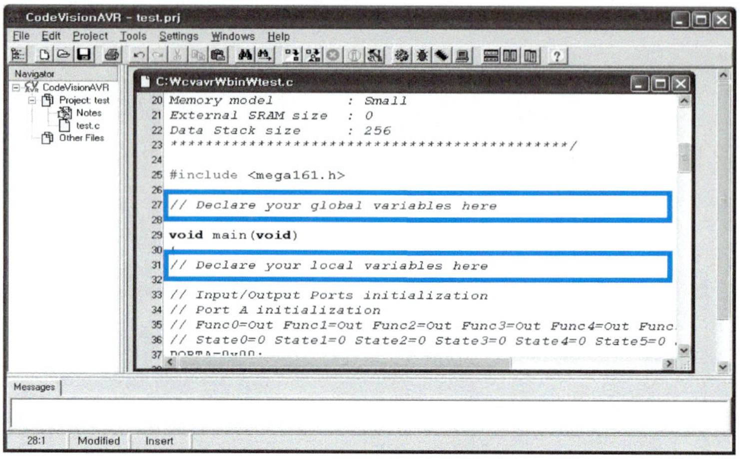

그림 3-16. 전역변수 및 서브 함수와 지역 변수의 삽입 위치

이상의 과정이 본 프로그램을 작성하기 위한 준비과정이며 사용자가 필요한 부분에 소스 코드를 추가하여 동작을 구현할 수 있다.

소스 코드의 작성이 끝났으면, 컴파일 링크 및 실행 코드를 생성시키기 위해 메인 화면에서 Project 메뉴를 클릭한다. 이 때 그림 3-17과 같은 Project의 하위 메뉴가 나타나며, 여기서 Make : Shift+F9 메뉴를 선택하면 그림 3-17과 같은 메시지 창이 나타난다.

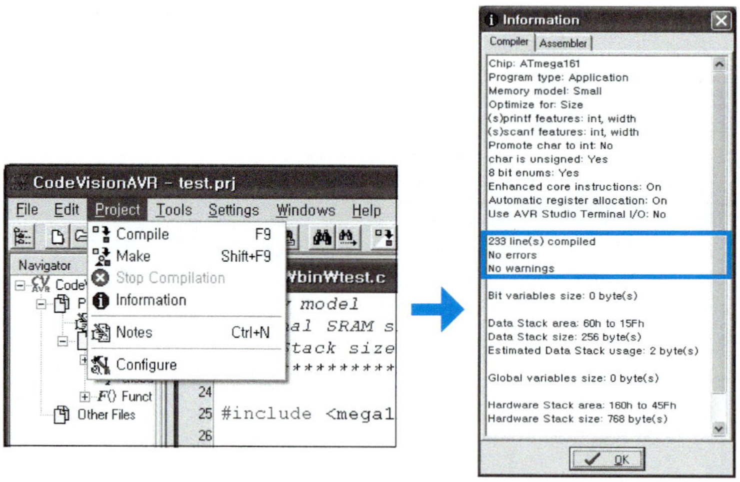

그림 3-17. 프로젝트 메뉴 실행과 실행결과 리포트 창

그림 3-17과 같이 Make(컴파일, 링크, 헥사 코드 생성)의 과정이 성공적으로 끝나면 에러나 경고가 없다는 메시지가 표시된다.

(6) 헥사 코드의 다운로드

먼저 다운로드 과정이 이루어지기 위해서는 장비와 ISP tool을 장비에 연결을 한다. 그리고 Codevision 에서 프로그래머 툴을 설정을 해야 한다.

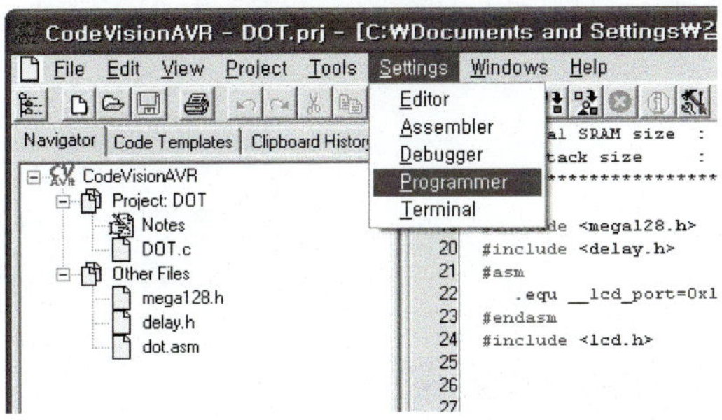

메뉴에서 Settings → Programmer 선택한다.

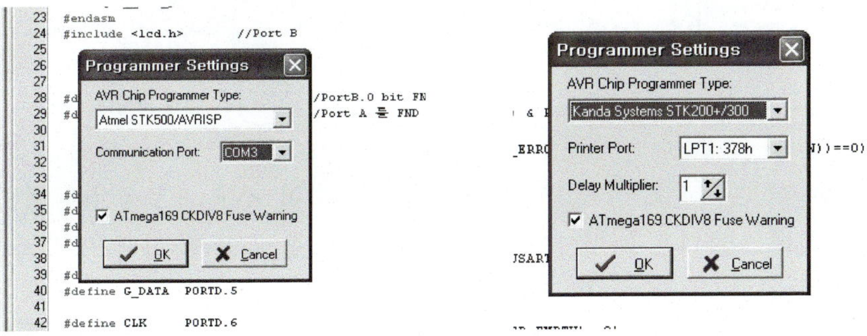

그림 3-18. 시리얼포트 설정방법(좌)과 패러럴포트 설정방법(우)

시리얼 포트 방식인 Atmel STK500/AVRISP를 선택하고 연결된 시리얼포트를 설정하고 [OK] 클릭한다. 하지만 최근 시리얼포트가 없는 PC를 위해서 USB to Serial 방식도 이 설정을 이용하면 된다.

하지만 페러럴 방식의 다운로드 방식을 사용한다면 위의 그림과 같이 설정하면 된다. 설정이 끝났다면 컴파일/링크가 성공적으로 끝나면 샐행 코드인 헥사 파일(*.Hex)이 생성된다. 헥사 파일은 프로세서의 EEPROM 영역으로 라이트(write)된 후에 실행될 수 있으므로 다운로드 과정이 필요하다. 그림 3-19와 같이 메인 화면에서 Tools 메뉴를 선택하여 Chip Programmer를 선택한다.

CodeVision AVR C 컴파일러에서 AVR 프로세서의 EEPROM에 헥사 코드를 라이트할 수 있도록 하는 기능은 그림 3-19와 같은 형태이다. 이 창의 메뉴 바에서 Program을 선택하면 하위 메뉴가 나타나며 이 하위 메뉴들은 EEPROM에 라이트를 하는 전체의 과정이 순서대로 나열되어 있다. ALL 메뉴는 라이트 과정의 단계를 일괄적으로 자동 실행하는 기능이다. 여기서 ALL 메뉴를 클릭하면 별도의 메시지 없이 AVR 마이컴의 포트 A에 데이터가 출력되어 학습자가 프로그래밍한 내용이 실행되기 시작한다.

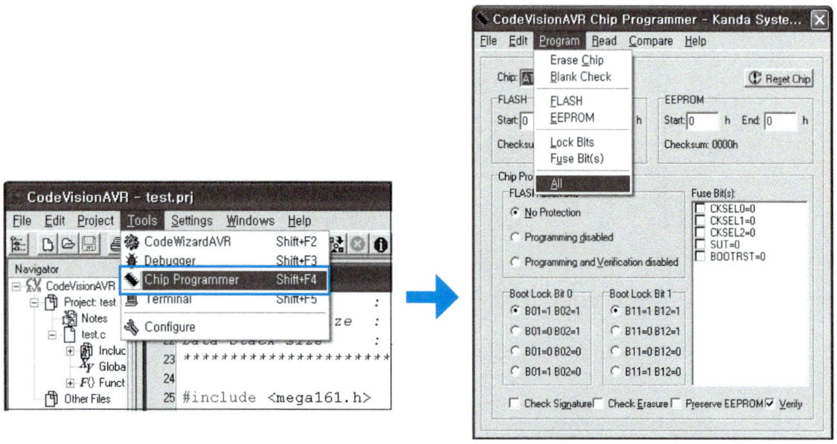

그림 3-19. EEPROM 프로그래밍을 메뉴의 실행과 프로그래밍 환경

이상의 과정이 CodeVision AVR 컴파일러를 이용하여 AVR 프로세서에 대한 제어 프로그램을 작성하여 실행하는 과정이다. 프로그램 컴파일을 수행후 칩에 프로그래밍 하기 위해서는 다음과 같이 설정을 하면 쉽게 사용할 수 있다.

After Maker 탭에서 Program the Chip 체크하고[OK] 클릭하고 그림 3-20과 같이 설정이 끝났다면 다음과 같이 수행하면 된다.

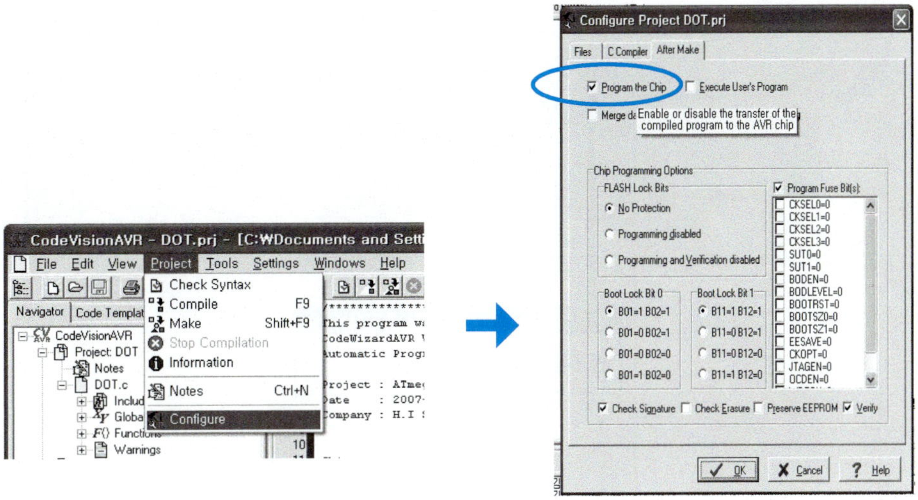

그림 3-20. Project → Configrue를 선택한다.

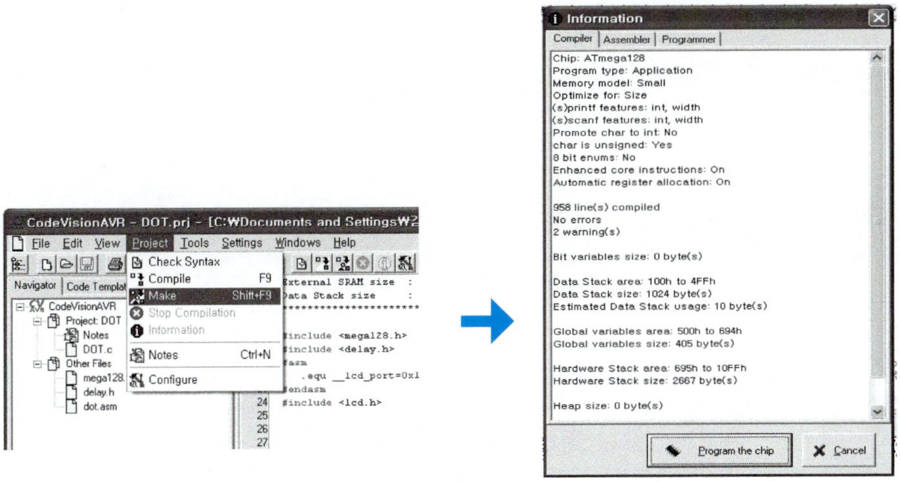

그림 3-21. hex파일 생성과 칩 전송

Project → Make 또는 단축키로 Shft+F9를 수행한 후 Program the chip 버튼을 클릭한다.

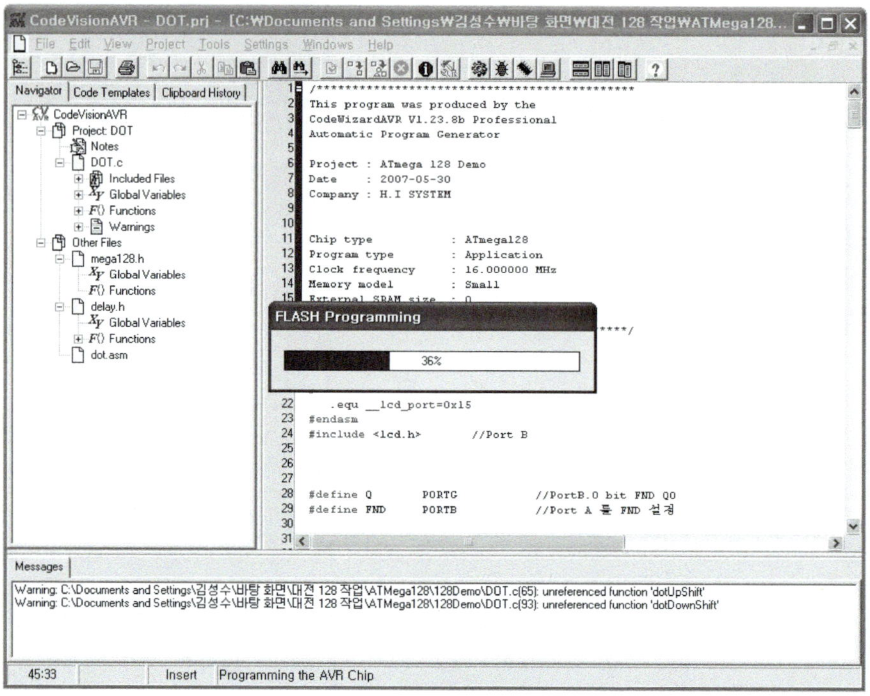

그림 3-22. 칩에 프로그래밍이 바로 된다.

프로그래밍을 하고 위와 같은 방법을 컴파일 메이크 칩 프로그래밍 과정을 한 번에 수행할 수 있다.

3.7 AVR Studio 사용법

AVR Studio는 ATMEL사에서 무료로 제공되고 있는 통합 개발 툴이다. 이 툴을 사용하려면 WinAVR과 함께 설치하여야 한다. 물론 둘 다 무료로 다운로드가 가능하다. AVR Studio는 Atmel 홈페이지의 http://www.atmel.com/products/avr/에서 Tools & Software에서 다운 받을 수 있다.

AVR Studio는 Atmel사의 8bit MCU인 AVR용의 통합개발환경툴(Integrated Development Environment(IDE) tool)이며 프로그램 내부에 어셈블러, 시뮬레이터, 에뮬레이터를 사용한 디버거, AVR용 개발툴용 소프트웨어가 포함되어 있다. 여기에서는 최근 디바이스가 포함된 AVR Studio 4.0x 버전을 사용한 디버깅과 툴 사용법을 소개하고자 한다.

① AVR Studio를 실행시키면 다음과 같이 창이 나오며 새로 프로그램을 개발한다면 [New Porject] 버튼을 클릭한다.

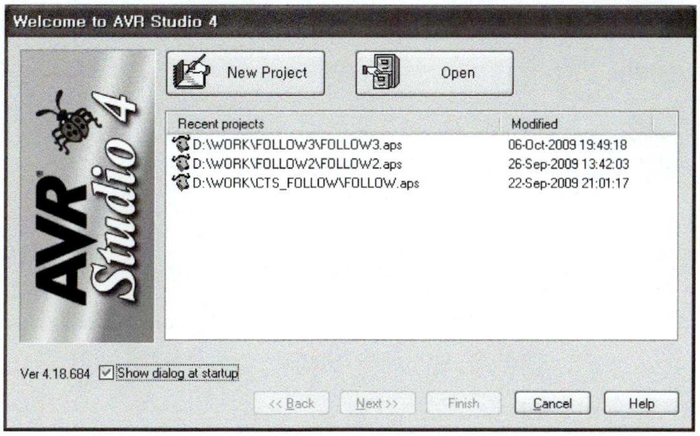

그림 3-23. AVR Studio 실행시 나오는 화면

② 하드디스크상의 프로젝트가 저장될 경로를 "Location :" 설정항에 지정하고 "Project name :" 항에 프로젝트이름을 입력한 후 [Next〉〉] 버튼을 클릭한다.

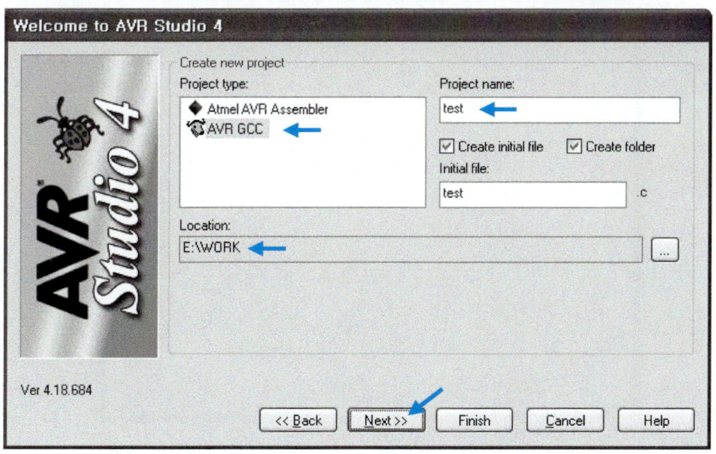

그림 3-24. AVR Studio 실행시

③ 디버거로 사용될 에뮬레이터를 설정하는 곳이다. 현재 디버거는 사용하지 않으므로 Device에서만 ATmega128를 선택한 후 [Finish]를 클릭한다.

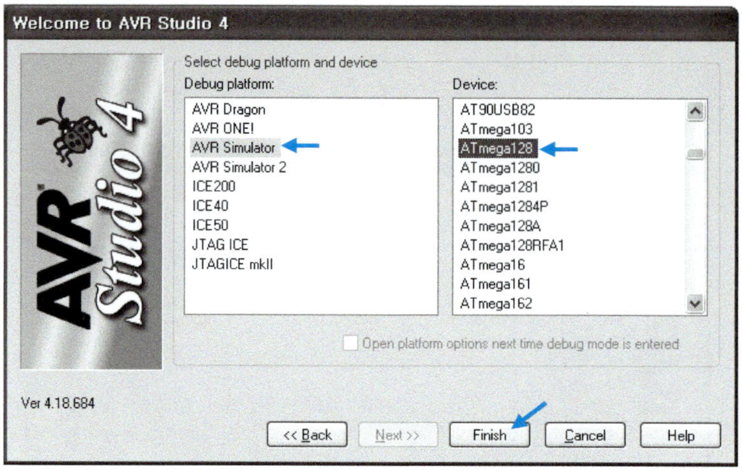

그림 3-25. AVR Studio 설정 완료

④ 다음과 같이 새 프로젝트 창에 나온다.

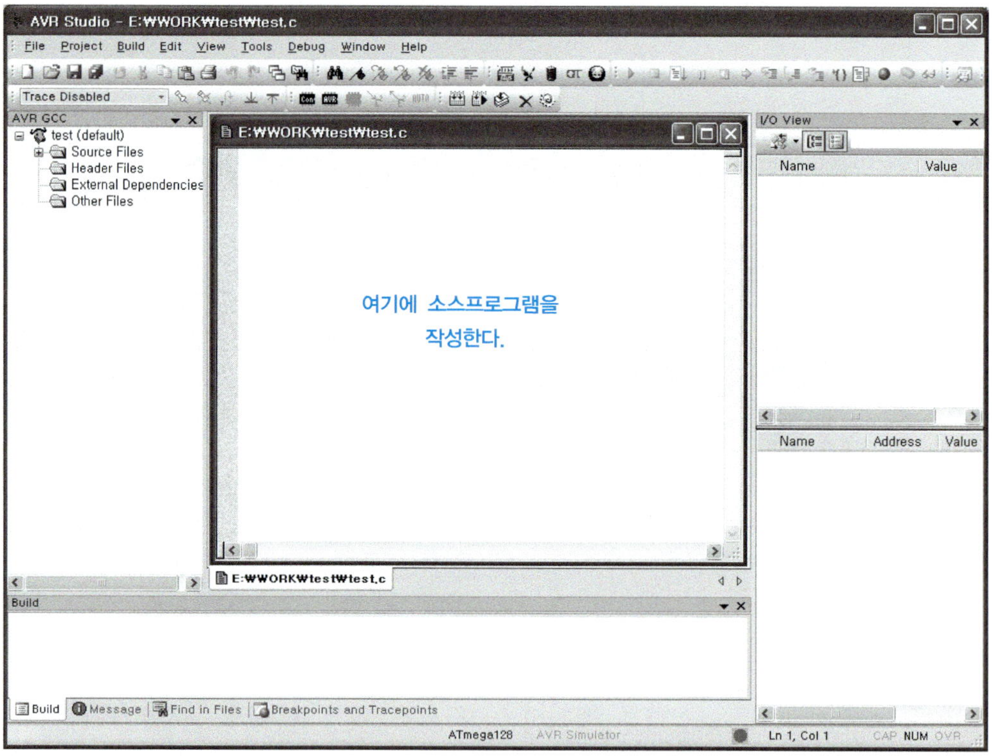

그림 3-26. AVR Studio 프로젝트 실행 화면

메모리 Lock bit 설정법

메모리 락 비트는 메모리 프로그래밍에 관련된 보호기능을 설정하는데 사용된다. 락 비트가 설정되면 설정되는 옵션에 따라서 디바이스 내부에 쓰여진 데이터를 읽어 올 수 없게 하거나 더 이상 프로그램을 할 수 없게 하여 프로그램에 대한 보안을 설정하는 기능을 한다. 표 3-15처럼 1바이트 중에서 6개의 비트만 사용되고 이 비트들은 모두 디폴트로 1(unprogrammed)로 되어 있으며, 프로그램하면 0(programmed)으로 설정된다. 즉 1로 되어 있으면 락이 설정되지 않는 것이고 0으로 되어 있으면 락이 설정되어 내부 메모리를 읽을 수 없게 된다.

메모리 락 비트는 칩 지우기(chip erase)명령을 수행하면 이 비트들은 설정되지 않는 상태인 1로 된다.

[표 3-15] ATmega128 LOCK 비트

비트번호	비트명	기능	디폴트 값
7	–	–	1
6	–	–	1
5	BLB12	Boot lock bit	1(unprogrammed)
4	BLB11	Boot lock bit	1(unprogrammed)
3	BLB02	Boot lock bit	1(unprogrammed)
2	BLB01	Boot lock bit	1(unprogrammed)
1	LB2	Lock bit	1(unprogrammed)
0	LB1	Lock bit	1(unprogrammed)

[표 3-16] 각 비트의 기능

메모리 락 비트			메모리 보호 기능
LB 모드	LB2	LB1	외부에서 메모리에 있는 데이터를 읽어 올 수 없게 하여 프로그램에 대한 보안을 설정하는 기능
1	1	1	메모리 전체 락 기능이 설정되지 않는다.
2	1	0	플래시나 EEPROM을 병렬모드나 SPI/JTAG 직렬모드로 프로그래밍하는 것을 금지시킨다. 퓨즈비트도 프로그래밍이 금지된다.
3	0	0	플래시나 EEPROM을 병렬모드나 SPI/JTAG 직렬모드로 프로그래밍하거나 Verity를 금지시킨다. 퓨즈비트도 프로그래밍이 금지된다.
BLB0 모드	BLB 02	BLB 01	실행 프로그램으로 응용프로그램 섹션을 엑세스하는데 대한 보호 설정
1	1	1	LPM/ELPM/SPM 명령을 사용하여 프로그램 메모리의 응용 프로그램 섹션을 액세스하는데 아무 제한이 설정도지 않는다.
2	1	0	SPM 명령으로 프로그램 메모리의 응용 프로그램 섹션을 라이트하는 것이 금지된다.
3	0	0	SPM 명령으로 프로그램 메모리의 응용프로그램 섹션을 라이트하는 것이 금지되고, 부트로더 섹션에서 실행되는 LPM/ELPM 명령으로 프로그램 메모리 인터럽트 벡터가 위치한다면 응용 프로그램 섹션이 실행되는 동안에 모든 인터럽트는 금지된다.
4	0	1	부트로더 섹션에서 실행되는 LPM/ELPM 명령으로 프로그램 메모리의 응용 프로그램 섹션을 리드하는 것이 금지된다. 만약 부트로더 섹션에 인터럽트 벡터가 위치한다면 응용 프로그램 섹션이 실행되는 동안에 모든 인터럽트는 금지된다.
BLB1 모드	BLB 12	BLB 11	실행되는 프로그램으로 부트로더 섹션을 액세스하는데 대한 보충 설정
1	1	1	LPM/ELPM/SPM 명령을 사용하여 프로그램 메모리의 부트로더 섹션을 액세스하는데 아무 제한이 설정되지 않는다.
2	1	0	SPM 명령으로 프로그램 메모리의 부트로더 섹션을 라이트하는 것이 금지된다.
3	0	1	SPM 명령으로 프로그램 메모리의 부트로더 섹션을 라이트하는 것이 금지되고, 응용 프로그램 섹션에서 실행되는 LMP/EMPM 명령으로 프로그램 메모리의 부트로더 섹션을 리드하는 것이 금지된다. 만약 응용 프로그램 섹션에 인터럽트 벡터가 위치한다면 부트로더 섹션이 실행되는 동안에 모든 인터럽트는 금지된다.
4	0	0	응용 프로그램 섹션에서 실행되는 LPM/ELPM 명령으로 프로그램 메모리의 부트로더 섹션을 리드하는것이 금지된다. 만약 응용프로그램 섹션에 인터럽트 벡터가 위치한다면 부트로더 섹션이 실행되는 동안에 모든 인터럽트는 금지된다.

LED 점등 제어

이 장에서는 LED를 이용하여 점등 제어를 위한 프로그램의 구성과 제어 알고리즘을 익힌다. 원하는 출력값을 생성하여 출력하고 입력을 이용하여 출력을 결정하는 것이야 말로 제어 프로그램의 가장 기초적인 부분이다. 이 장의 내용만 잘 이해한다면 앞으로의 응용 과제도 쉽게 해결할 수가 있다.

CHAPTER 04

4.1 알아야 할 관련 지식들

(1) 스위치와 LED 부품들

① Tick Tack 스위치

- Kit에서 스위치의 기본값은 Logic 'H'이며, 스위치를 누르면 Logic 'L'가 된다.

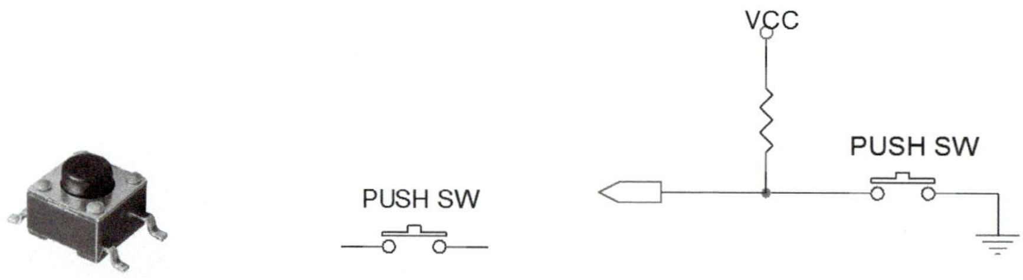

(a) 부품 외형 (b) 회로도 기호 (c) 구동 회로

그림 4-1. 스위치 외형과 회로

② Toggle 스위치

- 스위치 특성 중 상태 유지를 위해 쓰이는 스위치이다. Kit에서 스위치는 아래로 내리면 Logic 'L', 위로 올리면 Logic 'H'가 연결된다.

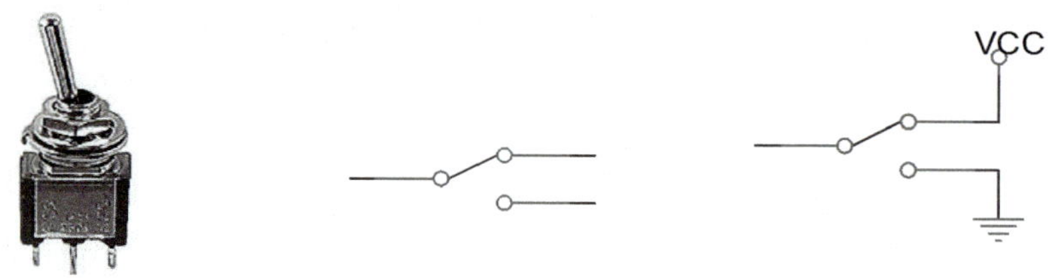

(a) 부품 외형 (b) 회로도 기호 (c) 구동 회로

그림 4-2. 토글스위치 외형과 회로

③ LED(Light Emitting Diode)

- 전기적인 신호를 빛에너지로 변환하는 소자이다.

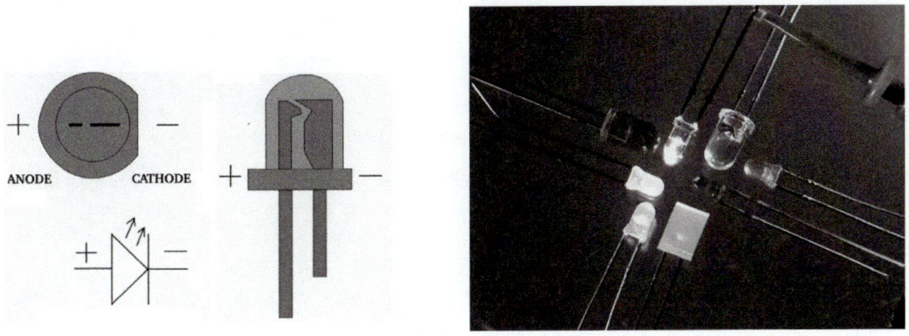

그림 4-3. LED 기호와 여러가지 외형

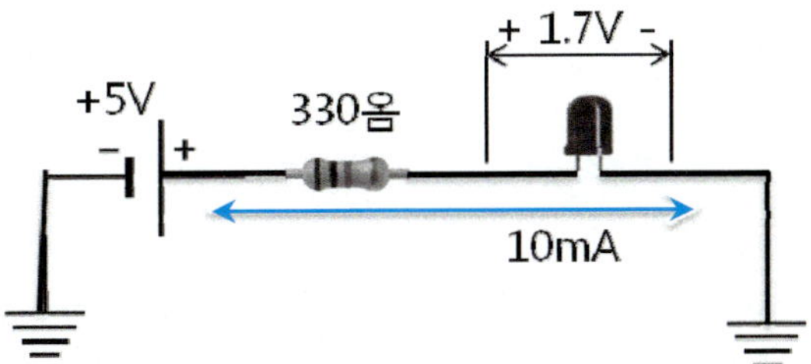

그림 4-4. LED 구동회로

LED를 동작시키기 위해서는 일반적으로 1.7V의 전압과 10mA의 전류가 공급되어야 한다. 이러한 동작 특성을 가지고 있으므로 그림에서와 같은 회로에서 R값은 옴의 법칙에 의해서

$$R = \frac{VCC - 1.7[\mathrm{V}]}{10[\mathrm{mA}]}$$

와 같다. 그러므로 330옴을 직렬로 연결해야 한다.

(2) 병렬 I/O 관련 레지스터

ATmega128에는 6개의 양방향성 병렬 I/O 포트(PORTA, PORTB, PORTC, PORTD, PORTE, PORTF)와 1개의 5비트 양방향성 병렬 I/O 포트(PORTG)로 구성되어 있으며, 아래 표 4-1에 나타내었듯이 3개의 병렬 I/O와 관련한 레지스터가 있다.

[표 4-1] 포트 I/O 레지스터 종류와 기능

레지스터	기 능	용 도
PORTn	Port Data Register	포트 출력에 사용. 포트가 출력으로 설정되어 있으면 이 레지스터에 write 하면 포트 PIN으로 출력된다.
DDRn	Port Data Direction Register	포트 입출력 방향 설정. 해당비트에 "1" 은 출력으로, "0" 은 입력으로 설정된다.
PINn	Port Input Pin Register	포트 입력에 사용. 포트가 입력으로 설정되면 포트 PIN에 걸린 논리값을 읽는다.

n=포트 A, B, C, D, E, F, G

[표 4-2] 포트의 초기화 및 사용법 예

출력의 경우	PORTA = 0xff; DDRA = 0xff; PORTA = 0x3A;	포트 초기값 설정 포트A 8비트 모두 출력으로 설정 포트A에 논리 0011 1010 이 출력
입력의 경우	PORTC = 0xff; DDRC = 0x00; buff = PINC;	초기값 설정 포트C 8비트 모두 입력으로 설정 포트C 핀에 입력 논리를 변수 "buff"에 저장

[포트 출력 예]

포트에 연결된 LED에 데이터를 출력하여 점등해 보자. 논리 "1"을 출력한다고 하면 회로에서는 "5V"의 직류 전압이 출력되는 것이 됨을 잊지 말자.

소스프로그램 예 :

```
❶ DDRA = 0xff;
❷ PORTA = 0x00;
❸ unsigned char var;
❹ var = 0x95;
❺ PORTA = var;
```

❶행에 의해 포트A가 8비트 모두 출력으로 설정된다.

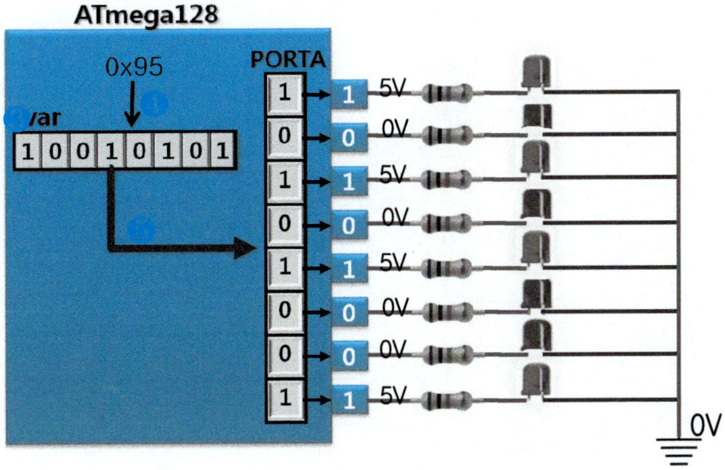

그림 4-5. 포트 출력의 개념

❷행에 의해 초기 출력값이 논리 "0"를 출력한다.

❸행에 의해 8비트 변수 "var"이 만들어진다.

단순한 8비트 코드를 다룰 때는 주로 "unsigned char" 형으로 선언한다.

❹행에 의해 상수 0x95가 변수 var에 저장된다.

❺행에 의해 포트A로 변수 var에 저장된 값(0x95)이 출력된다.

즉 0x95는 2진수로 "10010101" 이 포트로 출력되어 회로에서 논리 "1" 은 5V가 인가되므로 LED로 전류가 흘러 켜지게 된다.

[포트 입력 예]

다음 그림처럼 포트에 스위치를 연결하고 스위치의 ON-OFF의 결과로 입력되는 논리값을 변수에 저장해보자.

소스프로그램 예 :

```
❶ DDRA = 0x00;
❷ PORTA = 0xff;
❸ unsigned char var;
❹ var = PINA;
```

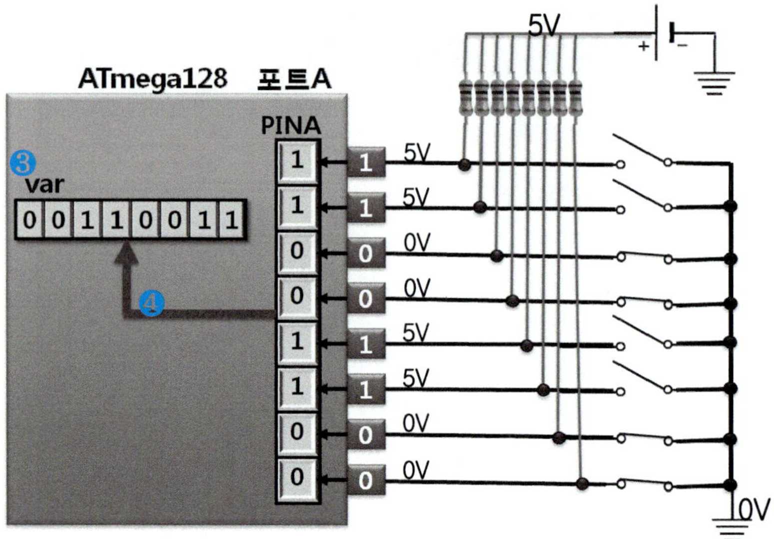

그림 4-6. 포트 입력의 개념

❶행에 의해 포트A가 8비트 모두 입력으로 설정된다.

❷행에 의해 포트를 입력으로 설정하면 초기 출력값을 논리 "1" 를 출력하도록 한다. 이렇게 하면 내부 풀업저항이 연결되어 외부 풀업 저항이 없어도 된다.

❸행에 의해 8비트 변수 "var" 이 만들어진다. 단순한 8비트 코드를 다룰 때는 주로 "unsigned char" 형으로 선언한다.

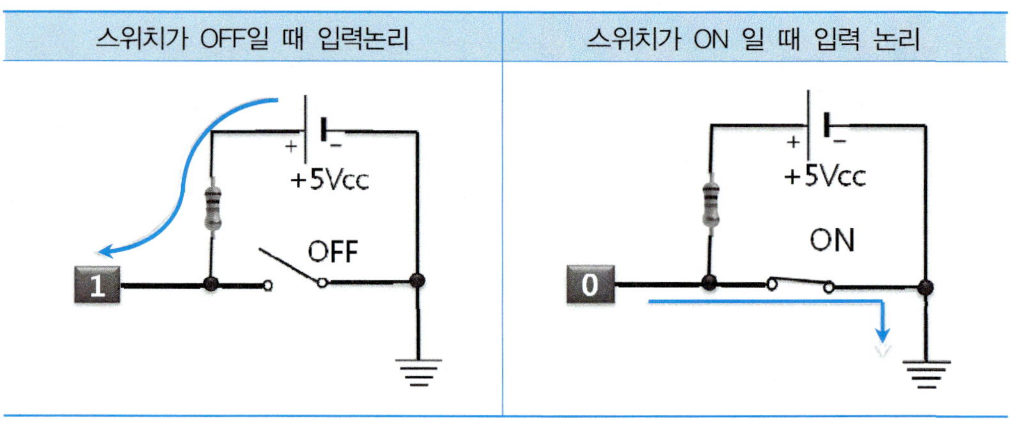

그림 4-7. 스위치 조작과 입력 논리

❹행에 의해 포트A의 핀에 걸린 전압의 논리값이 변수 var에 저장이 된다.
스위치가 ON이 되면 포트 핀에는 전압 0V가 인가되어 논리 "0"로 읽어지게 되고, 스위치가 OFF이면 전압 5V가 인가되어 논리 "1"이 읽어지게 된다.

그림 4-7을 보면 스위치 인터페이스 회로에서는 스위치가 OFF 상태일 때는 포트 핀에 VCC 전압이 걸리므로 논리 "1"이 입력되고, 스위치가 ON일 때는 포트 핀이 접지에 연결되므로 핀에는 0V 즉, 논리 "0"가 입력이 된다.

(3) 실습을 위한 I/O 포트의 LED와 스위치의 접속

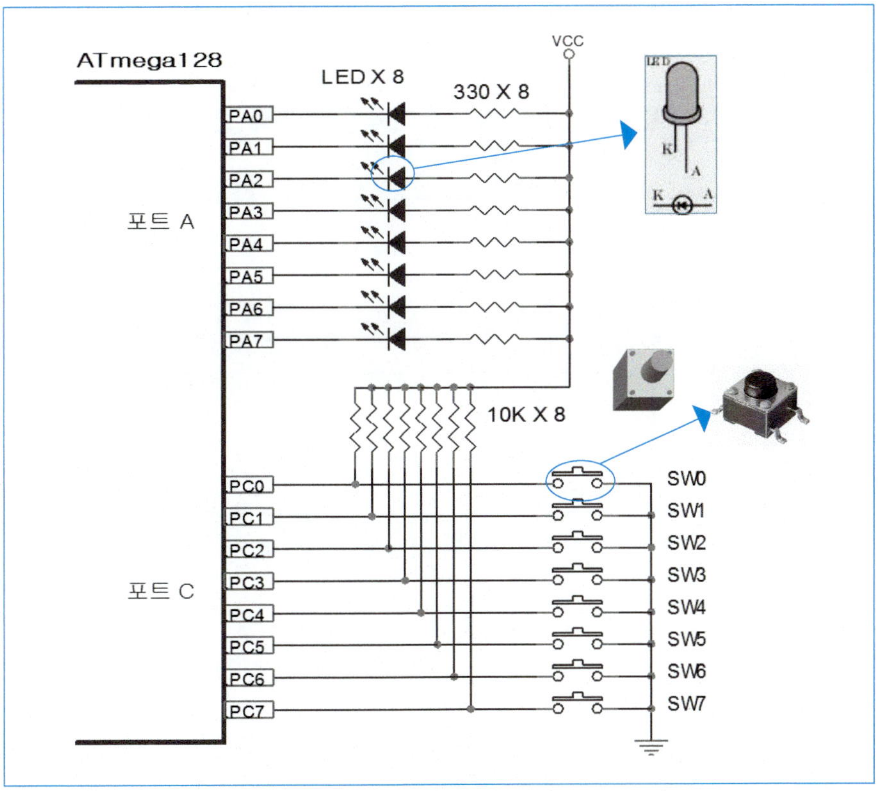

그림 4-8. 실습을 위한 회로도 예

여기에서는 LED와 스위치를 이용하여 다음 회로와 같이 구성한다. 포트 A는 LED점등을 위한 데이터를 출력하는 기능을 하고, 포트 C는 입력장치인 푸시버튼을 부착하여 스위치 데이터를 입력을 받는 기능을 하도록 한다.

LED 인터페이스 회로에서 애노드 단자는 VCC에 연결되어 있으므로 논리 "1" 이 연결되어 있다. 따라서 그림 4-7에 보이듯이 포트 출력이 논리 "0" 일 때만 전류가 포트로 흘러 들어오게 되어 LED가 점등 된다.

그러나 만일 포트 출력이 "1" 일 때 LED를 점등하고자 한다면 그림 4-10처럼 NOT 논리를 거쳐 LED를 접속하면 된다.

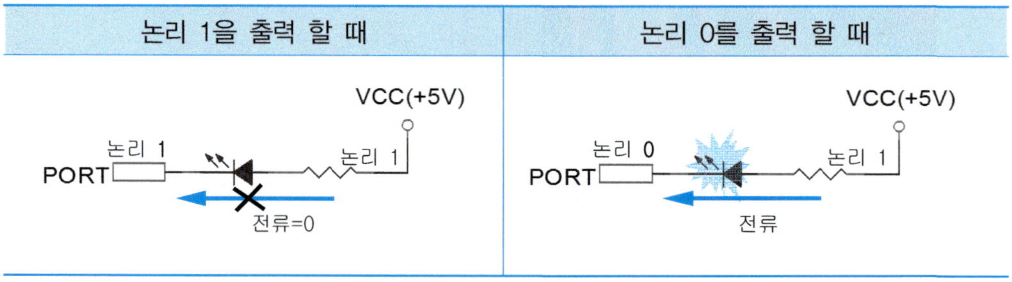

그림 4-9. 포트 출력 논리에 따른 전류 변화

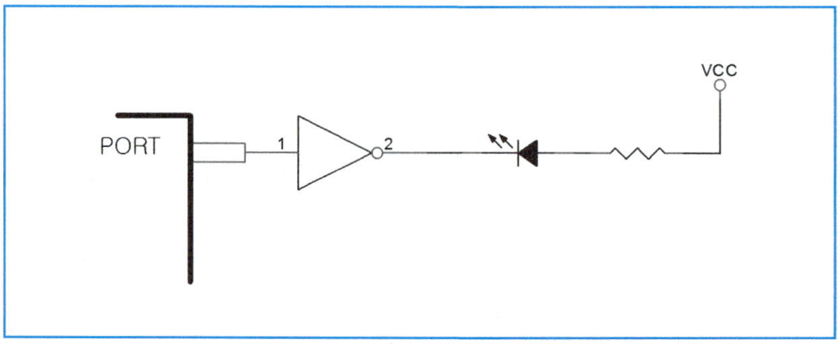

그림 4-10. 정논리 점등 회로 예

[참고 : mega128.h 헤더파일 내용]

```
// CodeVisionAVR V2.0 C Compiler
// (C) 1998-2009 Pavel Haiduc, HP InfoTech S.R.L.
// I/O registers definitions for the ATmega128

#ifndef _MEGA128_INCLUDED_
#define _MEGA128_INCLUDED_

#pragma used+
sfrb PINF    =0;
sfrb PINE    =1;
sfrb DDRE    =2;
sfrb PORTE   =3;
sfrb ADCL    =4;
sfrb ADCH    =5;
sfrw ADCW    =4;       // 16 bit access
sfrb ADCSRA=6;
sfrb ADMUX   =7;
sfrb ACSR    =8;
sfrb UBRR0L  =9;
sfrb UCSR0B  =0xa;
sfrb UCSR0A  =0xb;
sfrb UDR0    =0xc;
sfrb SPCR    =0xd;
sfrb SPSR    =0xe;
sfrb SPDR    =0xf;
sfrb PIND    =0x10;
sfrb DDRD    =0x11;
sfrb PORTD   =0x12;
sfrb PINC    =0x13;
sfrb DDRC    =0x14;
sfrb PORTC   =0x15;
sfrb PINB    =0x16;
sfrb DDRB    =0x17;
sfrb PORTB   =0x18;
sfrb PINA    =0x19;
sfrb DDRA    =0x1a;
sfrb PORTA   =0x1b;
sfrb EECR    =0x1c;
sfrb EEDR    =0x1d;
sfrb EEARL   =0x1e;
sfrb EEARH   =0x1f;
sfrw EEAR    =0x1e;    // 16 bit access
sfrb SFIOR   =0x20;
sfrb WDTCR   =0x21;
sfrb OCDR    =0x22;
sfrb OCR2    =0x23;
sfrb TCNT2   =0x24;
sfrb TCCR2   =0x25;
sfrb ICR1L   =0x26;
sfrb ICR1H   =0x27;
sfrw ICR1    =0x26;    // 16 bit access
sfrb OCR1BL  =0x28;
sfrb OCR1BH  =0x29;
sfrw OCR1B   =0x28;  // 16 bit access
sfrb OCR1AL  =0x2a;
sfrb OCR1AH  =0x2b;
sfrw OCR1A   =0x2a;  // 16 bit access
sfrb TCNT1L  =0x2c;
sfrb TCNT1H=0x2d;
sfrw TCNT1   =0x2c;  // 16 bit access
sfrb TCCR1B  =0x2e;
sfrb TCCR1A  =0x2f;
sfrb ASSR    =0x30;
sfrb OCR0    =0x31;
sfrb TCNT0   =0x32;
sfrb TCCR0   =0x33;
sfrb MCUCSR=0x34;
sfrb MCUCR   =0x35;
sfrb TIFR    =0x36;
sfrb TIMSK   =0x37;
sfrb EIFR    =0x38;
sfrb EIMSK   =0x39;
sfrb EICRB   =0x3a;
sfrb RAMPZ   =0x3b;
sfrb XDIV    =0x3c;
sfrb SPL     =0x3d;
sfrb SPH     =0x3e;
sfrb SREG    =0x3f;
#pragma used-
```

```
#define DDRF (*(unsigned char *) 0x61)
#define PORTF (*(unsigned char *) 0x62)
#define PING (*(unsigned char *) 0x63)
#define DDRG (*(unsigned char *) 0x64)
#define PORTG (*(unsigned char *) 0x65)
#define SPMCSR (*(unsigned char *) 0x68)
#define EICRA (*(unsigned char *) 0x6a)
#define XMCRB (*(unsigned char *) 0x6c)
#define XMCRA (*(unsigned char *) 0x6d)
#define OSCCAL (*(unsigned char *) 0x6f)
#define TWBR (*(unsigned char *) 0x70)
#define TWSR (*(unsigned char *) 0x71)
#define TWAR (*(unsigned char *) 0x72)
#define TWDR (*(unsigned char *) 0x73)
#define TWCR (*(unsigned char *) 0x74)
#define OCR1CL (*(unsigned char *) 0x78)
#define OCR1CH (*(unsigned char *) 0x79)
#define TCCR1C (*(unsigned char *) 0x7a)
#define ETIFR (*(unsigned char *) 0x7c)
#define ETIMSK (*(unsigned char *) 0x7d)
#define ICR3L (*(unsigned char *) 0x80)
#define ICR3H (*(unsigned char *) 0x81)
#define OCR3CL (*(unsigned char *) 0x82)
#define OCR3CH (*(unsigned char *) 0x83)
#define OCR3BL (*(unsigned char *) 0x84)
#define OCR3BH (*(unsigned char *) 0x85)
#define OCR3AL (*(unsigned char *) 0x86)
#define OCR3AH (*(unsigned char *) 0x87)
#define TCNT3L (*(unsigned char *) 0x88)
#define TCNT3H (*(unsigned char *) 0x89)
#define TCCR3B (*(unsigned char *) 0x8a)
#define TCCR3A (*(unsigned char *) 0x8b)
#define TCCR3C (*(unsigned char *) 0x8c)
#define UBRR0H (*(unsigned char *) 0x90)
#define UCSR0C (*(unsigned char *) 0x95)
#define UBRR1H (*(unsigned char *) 0x98)
#define UBRR1L (*(unsigned char *) 0x99)
#define UCSR1B (*(unsigned char *) 0x9a)
#define UCSR1A (*(unsigned char *) 0x9b)
#define UDR1 (*(unsigned char *) 0x9c)
#define UCSR1C (*(unsigned char *) 0x9d)

// Interrupt vectors definitions

#define EXT_INT0     2
#define EXT_INT1     3
#define EXT_INT2     4
#define EXT_INT3     5
#define EXT_INT4     6
#define EXT_INT5     7
#define EXT_INT6     8
#define EXT_INT7     9
#define TIM2_COMP   10
#define TIM2_OVF    11
#define TIM1_CAPT   12
#define TIM1_COMPA 13
#define TIM1_COMPB 14
#define TIM1_OVF    15
#define TIM0_COMP   16
#define TIM0_OVF    17
#define SPI_STC     18
#define USART0_RXC 19
#define USART0_DRE 20
#define USART0_TXC 21
#define ADC_INT     22
#define EE_RDY      23
#define ANA_COMP    24
#define TIM1_COMPC 25
#define TIM3_CAPT   26
#define TIM3_COMPA 27
#define TIM3_COMPB 28
#define TIM3_COMPC 29
#define TIM3_OVF 30
#define USART1_RXC 31
#define USART1_DRE 32
#define USART1_TXC 33
#define TWI          34
#define SPM_RDY      35
```

4.2 LED 점멸 제어 실습

실습 1. LED 점멸제어 프로그래밍 따라하기

실습 2. 스위치 입력 제어 실습

실습 3. 스위치 입력에 따른 LED on–off 제어

실습 4. 스위치 입력에 따른 LED on–off 제어 2

실습 5. LED 순차 점등제어 1

실습 6. LED 순차 점등제어 2

실습 7. LED 순차 왕복 점멸 제어

실습 8. 16비트 LED의 순차 점멸 제어

실습 9. 16비트 LED의 순차 점멸 제어 2

실습 10. 스위치 입력에 따른 LED 순차 점등 제어

실습 1. LED 점멸제어 프로그래밍 따라하기

[실습과제] LED의 무한반복 점멸제어

포트A에 연결된 LED가 다음과 같은 패턴으로 무한반복 점멸동작을 한다.

[실습 회로]

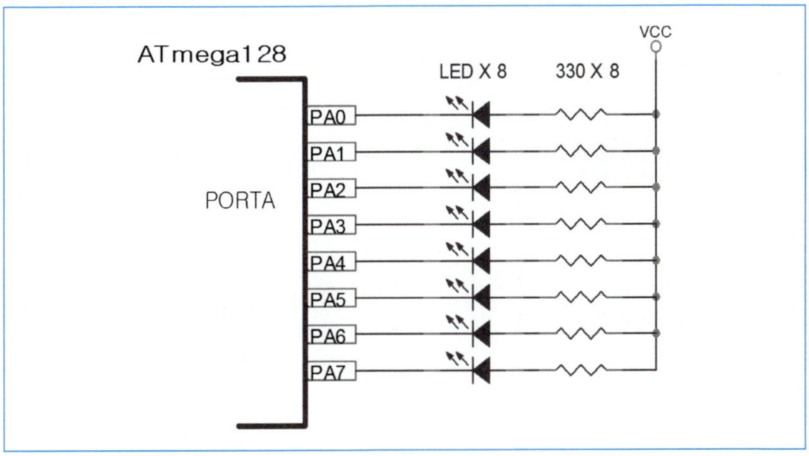

위 회로와 같이 포트A에 8개의 LED와 8개의 저항을 접속한다. 그러면 LED의 캐소드 단자가 포트에 접속되므로 포트 출력이 "0"일 때 LED에 전류가 흘러 점등이 된다.

이렇게 LED를 부논리("0")에서 점등시키도록 구성하는 이유는 포트 출력 논리 "1" 일 때 출력되는 전류용량보다 논리 "0" 일 때 유입 전류용량이 더 크기 때문이다.

참고로 포트 출력 논리 "1" 일 때 점등되도록 하겠다면 다음 회로와 같이 NOT 게이트를 추가하여 사용하면 된다.

[작업순서]

① CodeVision 을 실행한다.

② 주메뉴 [File]- “New”를 선택한 후 “Project”를 선택한 후 [OK] 버튼을 클릭한다. CodeWizardAVR을 사용할 것인가 묻는 창에 [Yes] 버튼을 클릭한다.

③ 다음의 CodeWizardAVR 설정 창에서 자신이 사용하는 AVR Chip 타입과 클록 주파수를 정확하게 입력한 후 주메뉴의 [File] - “Generate, Save and Exit”를 선택

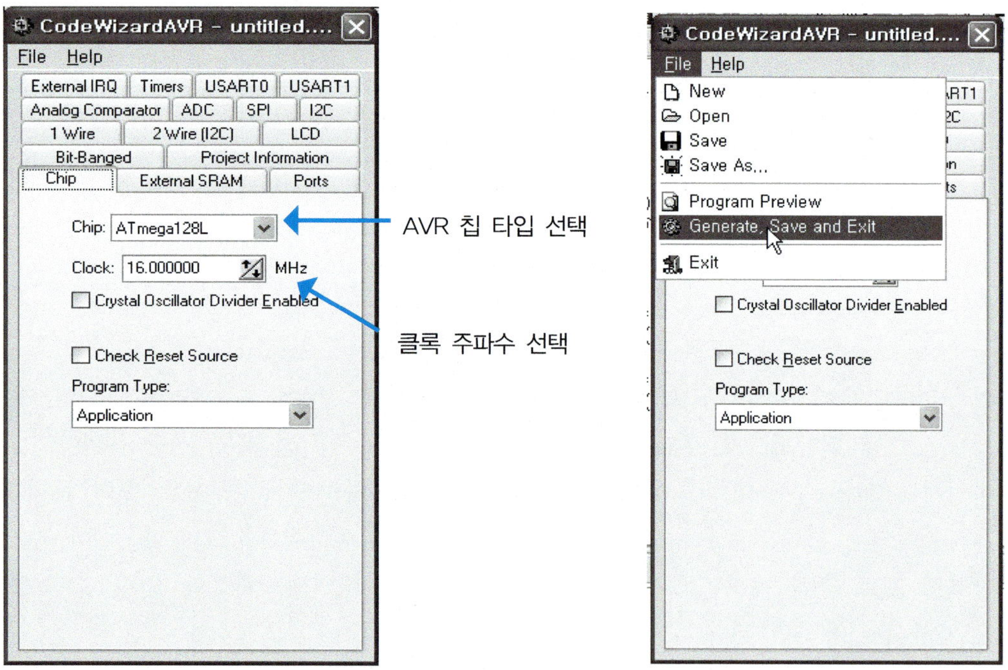

④ 프로젝트가 저장될 폴더를 지전한 후 소스파일명, 프로젝트파일명, cwp파일명을 동일한 이름으로 설정한다.

⑤ 다음과 같이 실행 창이 나오며 소스코드가 생성이 된다.

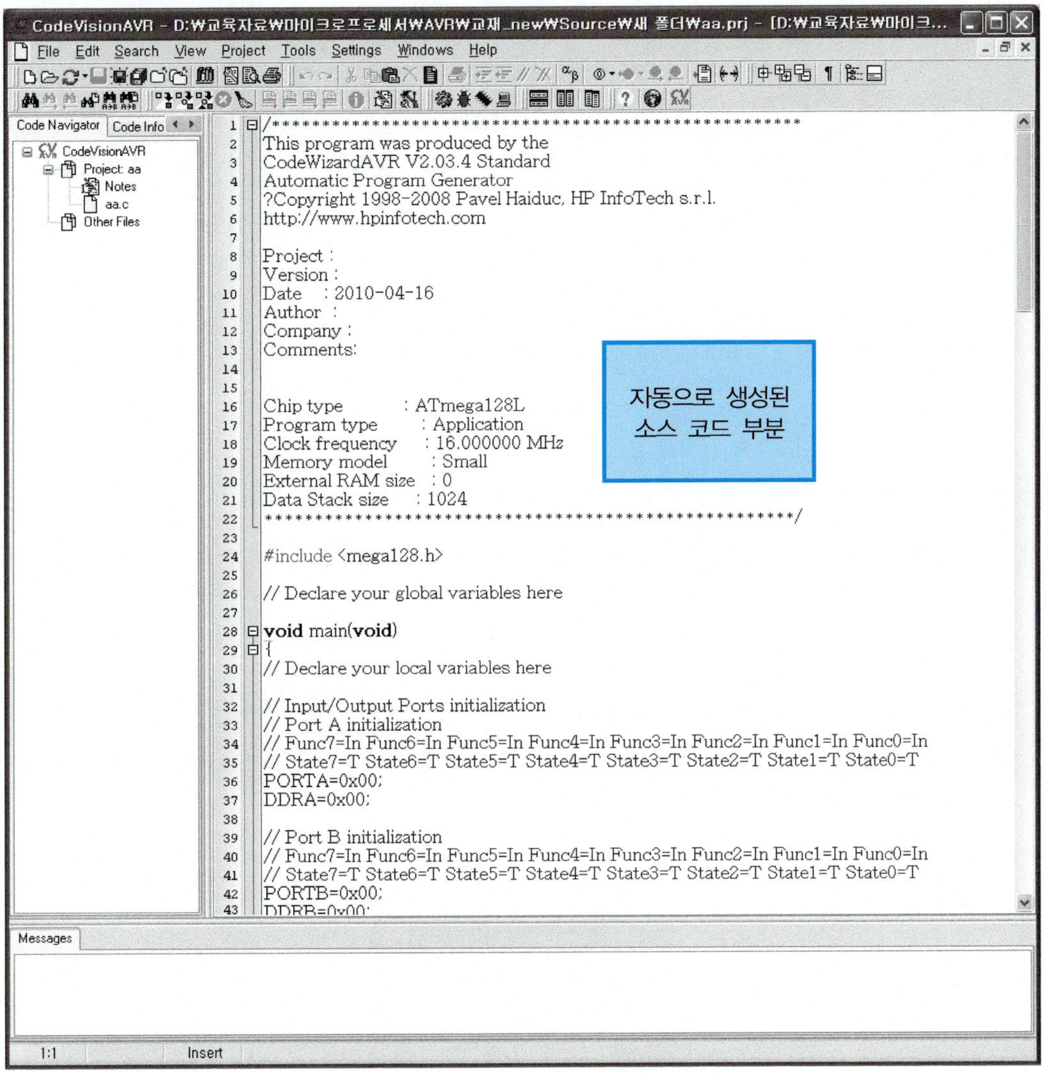

⑥ 주메뉴 [Project] - "Configure"를 선택한 후 다음 창에서 "After Build" 탭의 "Program the Chip"을 선택한 후 [OK] 버튼을 클릭한다.

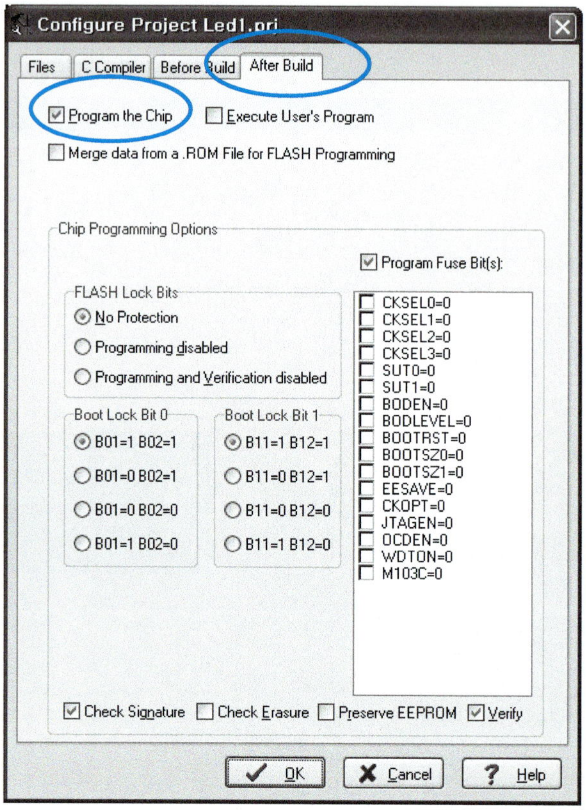

⑦ 주메뉴 [Setting] - "Programmer"를 선택한 후 PC와 접속된 자신이 사용하는 프로그래머 타입을 선택한다.

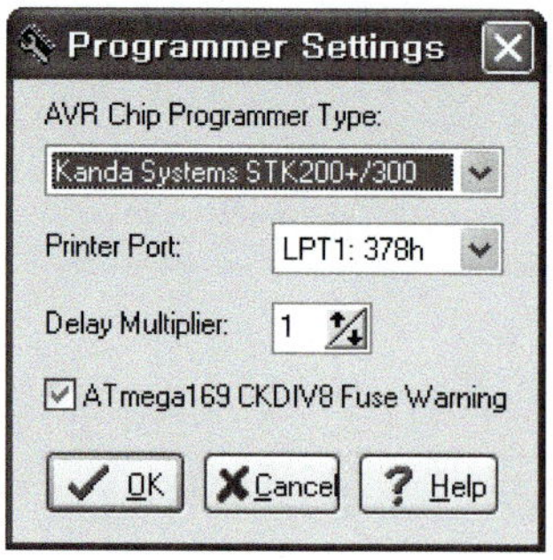

⑧ 자동으로 생성된 소스 프로그램을 필요한 부분만 남기고 모두 지운 후 다음과 같이 프로그램을 작성한다.

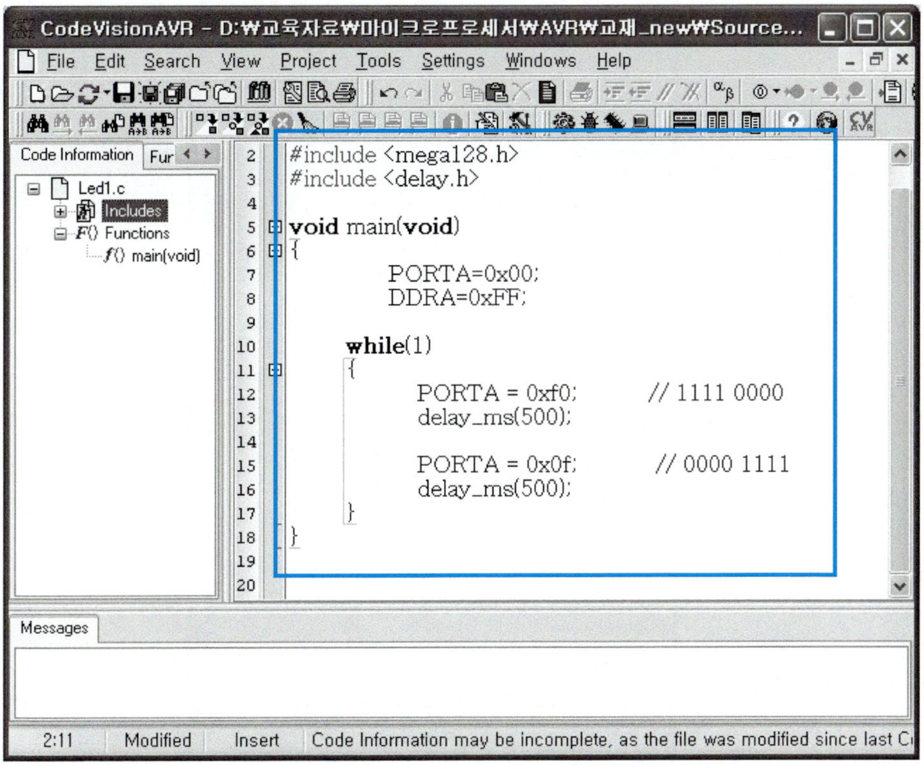

⑨ Ctrl - [F9] 또는 "Build All Project" 아이콘을 클릭하여 컴파일과 링크과정을 수행하도록 한다.

⑩ 정보 창에서 "No errors", "No warnings" 메시지를 확인하고 하단의 [Program the Chip] 버튼을 클릭하여 동작을 확인해 보자

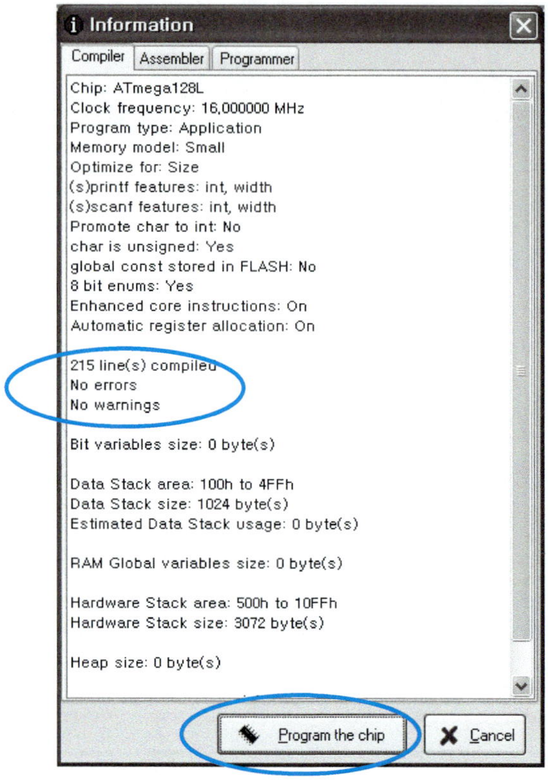

만약 2개의 에러가 발생되면 "2 errors"라고 표시되며 이때는 [Program the Chip] 버튼이 나타나지 않는다. 소스코드 창에서 에러 메시지를 확인해 가며 수정하여 다시 Build 한다.

"warnings"라고 표시되는 것은 일종의 경고 에러로서 프로그램이 실행하는 데에는 문제가 없으나 원칙에 약간 벗어난 경우를 말한다. 가급적 "No warnings"가 나오도록 원칙대로 프로그램을 작성한다.

[소스 프로그램]

```
1  #include 〈mega128.h〉                  // ATmega128 헤더파일
2  #include 〈delay.h〉                    // 시간지연 헤더파일
3  void main(void)
4  {
5    PORTA=0x00;                          // Port A 초기값
6    DDRA=0xFF;                           // Port A 설정, 출력으로 사용
7
8         while(1)                        // 무한 반복 루틴
9         {
10             PORTA = 0xf0;              // PORTA에  1111 0000 을 출력
11             delay_ms(500);             // 시간 지연 함수- 0.5초
12
13             PORTA = 0x0f;              // PORTA에  0000 1111 을 출력
14             delay_ms(500);             // 시간 지연 함수 - 0.5초
15        }
16 }
```

[소스 프로그램 해설]

• 1행 : #include 〈mega128.h〉

*.h는 선행처리기(header)을 의미하며 이 파일은 각종 함수 및 변수와 레지스트명 등을 선언 및 초기화를 갖고 있다. 컴파일 시 컴파일러는 #include로 선언된 헤더파일의 초기화 선언을 참고하여 진행한다. 〈mega128.h〉에는 ATmega128칩과 관련한 레지스터 등의 기호에 대한 초기화 및 선언부가 있다. 자세한 사항은 mega128.h 파일을 참고하기 바란다.

• 2행 : #include 〈delay.h〉

다음과 같은 시간지연 함수의 선언부가 있다.

delay_ms() : mSec 단위의 시간지연 처리를 한다.
delay_us() : μ Sec 단위의 시간지연 처리를 한다.

• 3행 : void main(void)

메인 함수 선언부분이다. 프로그램에서 반드시 한 개만 존재해야 하며 특수한 경우를 제외하고 "void main(void)"로 선언한다.

- 5행, 6행 : 포트A 초기화

포트A를 출력으로 초기화 하고 초기값을 설정하였다.

DDRA는 포트A의 방향 레지스트(Data Direction Register)로서 입력 및 출력 방향을 결정한다. 각 비트에 "0"이면 입력으로, "1"이면 출력으로 설정된다.

여기서는 8비트 모두 "1" 즉 0xff를 주었으므로 포트A의 8비트 모두 출력으로 사용된다.

- 8행 ~ 15행 : while(1) { .... } .

while(1){..... }은 조건부가 "1"이므로 항상 "TRUE"가 되어 무한 반복을 수행한다.

while(1) 대신에 for 문을 사용하여 다음과 같이 무한반복을 할 수 있다

```
for(;;)
{
    무한반복
}
```

- 10행, 11행 : PORTA에 데이터 출력하고 시간지연

포트 A에 11110000을 출력한 후 0.5초 유지한다.

- 13행, 14행 : PORTA에 데이터 출력하고 시간지연

포트 A에 00001111을 출력한 후 0.5초 유지한다.

실습 2. 스위치 입력 제어 실습

[실습과제]

아래 실습 회로 그림과 같이 포트A는 LED, 포트C에는 스위치가 접속되어 있다.

포트C에 접속된 스위치를 누르면 스위치에 대응한 LED가 점등 되도록 하는 프로그램을 작성한다.

즉, 예를 들어 SW0를 누르면 LED0가 점등, SW4를 누르면 LED4가 점등된다.

[실습 회로의 구성]

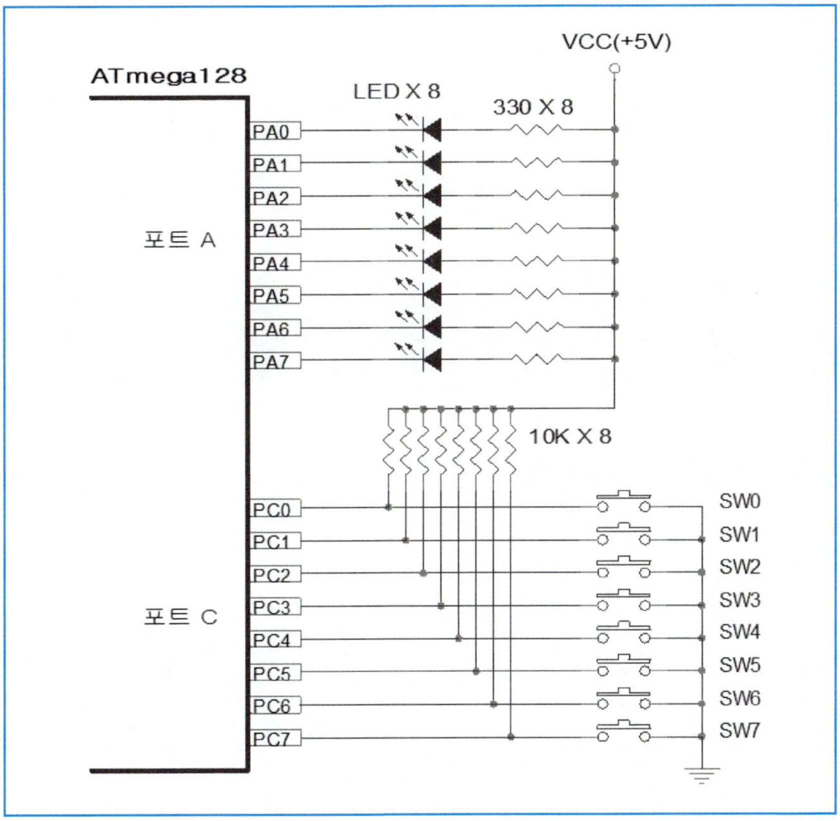

[소스 프로그램]

```
1   #include <mega128.h>        // ATmega128 헤더파일
2   #include <delay.h>          // 시간지연 헤더파일

3   void main(void)
    {
4     unsigned char buff;       // LED 점등 데이터가 저장될 8BIT 변수 선언

5     PORTA=0xff;               // Port A 초기값
6     DDRA=0xff;                // Port A 출력으로.

7     PORTC = 0xff;             // Port C 초기값
8     DDRC = 0x00;              // Port C 입력으로.

      while(1) //-------------- 무한 반복 ------------------
      {
9          buff = PINC;         // Port C로부터 입력 논리 저장

10         PORTA = buff;        // LED 출력
      } // ------------------------------------------------
    }
```

[소스 프로그램 해설]

- 4행 : unsigned char buff;

LED 점등 데이터가 저장되는 변수이다. "unsigned char"형으로 선언한 이유는 단순한 디지털 8비트 코드를 다루기 때문이다.

- 5행, 6행 :

PORTA 초기화이다. 8비트 모두 출력으로 설정하였다. 5행에서 PORTA 초기값을 0xff를 준 이유는 프로그램 시작이 LED를 모두 OFF가 되도록 하기 위함이다.

- 7행, 8행 :

PORTC = 0xff;	포트C 초기값 설정부분이다. 내부 풀업저항을 사용할 수 있으므로 외부에 접속된 10KΩ 저항은 접속하지 않아도 된다.
DDRC = 0x00;	포트C 8비트 모두 입력으로 설정한다.

• 9행 : buff = PINC;

포트C 핀에 입력된 논리값을 변수 buff에 저장한다.

• 10행 :

변수 buff 값이 포트A로 출력되어 buff값에 따라 LED가 점등된다.
9행과 10행을 다음과 같이 한 줄로 줄여서 표현해도 된다.

```
buff = PINC;
PORTA = buff;
```

→

```
PORTA = PINC;
```

[활용] 만일 아래 그림처럼 LED에 NOT 논리를 통해 연결되었다면 데이터를 반전시켜 출력해야한다.

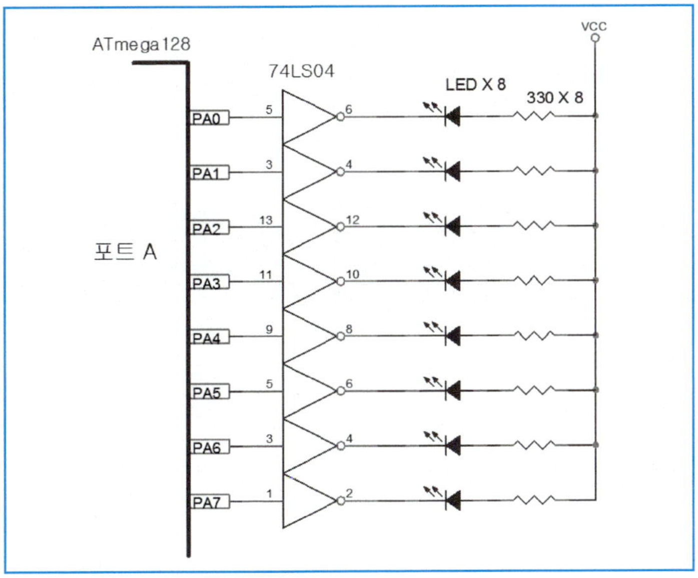


```
buff = PINC;
PORTA = ~buff;
```

또는 줄여서

```
PORTA = ~PINC;
```

로 할 수 있다.

★ 반전 비트논리 연산자 "~" : "1" → "0", "0" → "1" 로 비트 값이 반전된다.

실습 3. 스위치 입력에 따른 LED on-off 제어

[실습과제]

아래 실습 회로 그림과 같이 포트A는 LED, PORTC.0에는 SW0가, PORTC.1에는 SW1이 접속되어 있다.

포트C에 접속된 푸시 스위치 SW0를 누르면 LED 8개 모두 ON 되고, SW1을 누르면 LED는 모두 OFF 된다. 즉, SW0는 ON 스위치, SW1은 OFF 스위치이다.

[실습 회로]

LED는 모두 OFF 된다. 즉, SW0는 ON스위치, SW1은 OFF 스위치이다.

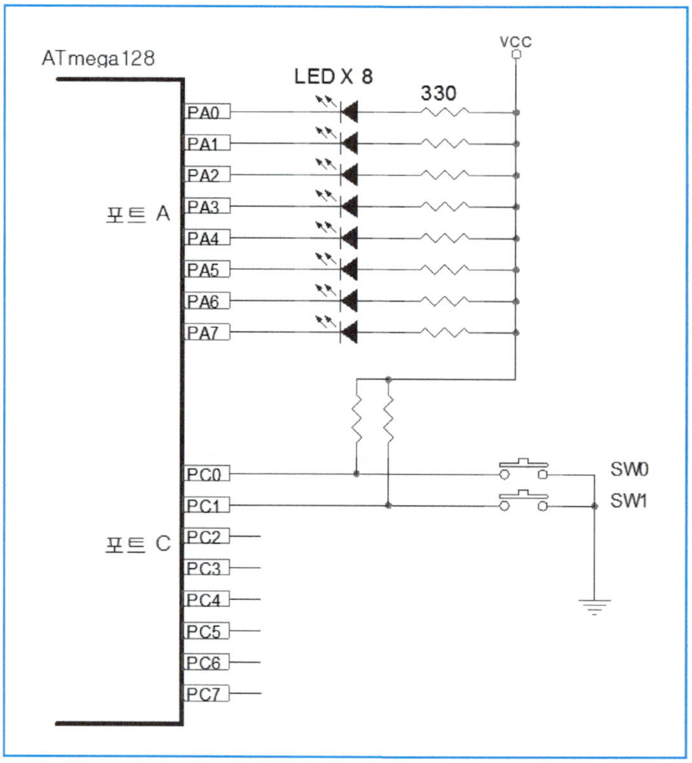

[소스프로그램]

```
#include <mega128.h>                 // ATmega128 헤더파일
#include <delay.h>                   // 시간지연 헤더파일

void main(void)
{

  PORTA=0xff;              // Port A 초기값
  DDRA=0xff;               // Port A 출력으로.

  PORTC = 0xff;            // Port C 초기값
  DDRC = 0x00;             // Port C 입력으로.

  while(1) //--------------- 무한 반복 ------------------
  {
        if(PINC.0 == 0)                // SW0 ON ?
            PORTA = 0x00;              // LED 모두 점등

        else if(PINC.1 == 0)           // SW1 ON?
            PORTA = 0xff;              // LED 모두 끔

  } // -------------------------------------------------
}
```

[소스 프로그램 해설]

- 프로그램 흐름도

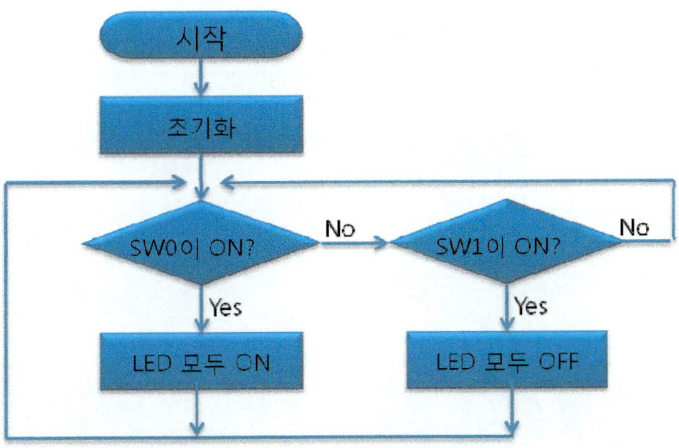

• 9행, 10행 :

SW0가 ON 되면 PORTC.0의 핀이 접지로 연결되어 "0"가 걸린다.

IF문의 조건 "PINC.0 == 0"은 PORTC.0 핀에 "0"가 입력되면 LED에 "0x00"가 출력되어 모두 켜지게 된다.

• 11행, 12행 :

SW1이 ON 되면 PORTC.1의 핀이 접지로 연결되어 "0"가 걸린다.

IF문의 조건 "PINC.1 == 0"은 PORTC.1 핀에 "0"가 입력되면 LED에 "0xff"가 출력되어 모두 꺼지게 된다.

else if() 문 대신 그냥 if() 문으로 해도 무방하다.

활용과제 스위치가 OFF되는 순간 동작하기

앞의 예제는 푸시버튼을 누름과 동시에 동작을 한다.

여기서는 푸시버튼을 눌렀다가 OFF되는 순간 동작하도록 프로그램을 수정해보자. 버튼이 눌려짐을 감지하면 뗄 때까지 대기하여야 한다.

• 프로그램 흐름도

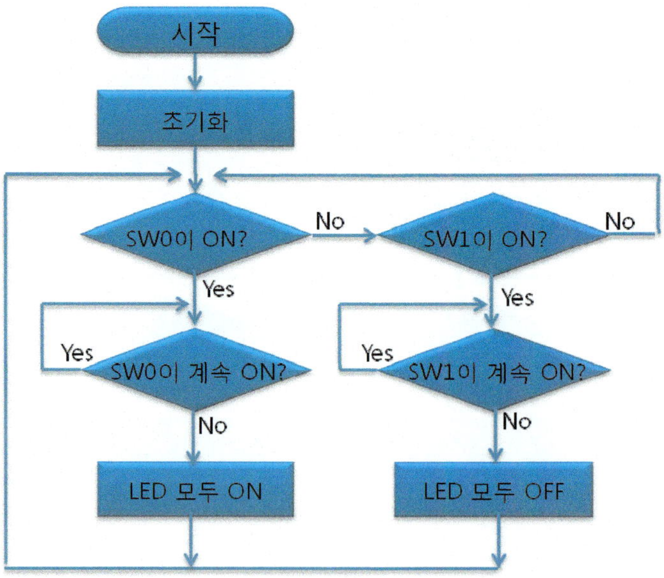

- while(1){ } 무한 루프 부분 소스 프로그램

```
1   while(1) //--------------- 무한 반복 -------------------
    {
2               if(PINC.0 == 0)               // SW0 ON ?
                {
3                       while(PINC.0 == 0); // SW0 가 OFF 될때 까지 대기
                        PORTA = 0x00;
                }

4               else if(PINC.1 == 0)          //      SW1 ON?
                {
5                       while(PINC.1 == 0);  // SW1 이 OFF 될때 까지 대기
                        PORTA = 0xFF;
                }
    } // while 끝 -----------------------------------------------
```

3행과 5행은 스위치가 OFF 될 때까지 대기하는 루프이다.

3행의 예를 보면 WHILE문의 조건(PINC.0 == 0) 즉, 스위치0가 눌려져 있다면 계속 WHILE 루프가 반복될 것이다. 스위치0가 OFF되는 순간 WHILE 루프가 끝나게 되고 포트A에 0x00을 출력한다.

위 프로그램을 실행해 보면 간혹 오동작이 발생하곤 하는데 이는 스위치 ON-OFF 시 발생하는 잡음신호인 채터링에 의해 발생되므로 스위치 양단에 0.01~0.1uF의 컨덴서를 붙이면 조금은 해결할 수 있다.

실습 4. 스위치 입력에 따른 LED on-off 제어 2

[실습 과제]

아래 실습 회로 그림과 같이 포트A는 LED, PORTC.0~PORTC.3에는 푸시스위치 SW0 ~SW3이 접속되어 있다.

각 스위치를 누를 때 다음과 같이 LED를 점등 되도록 프로그램을 구성한다.

스위치	LED 점등 패턴
	7 6 5 4 3 2 1 0
SW0 ON일 때	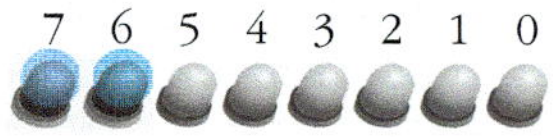
SW1 ON일 때	
SW2 ON일 때	
SW3 ON일 때	

[실습 회로]

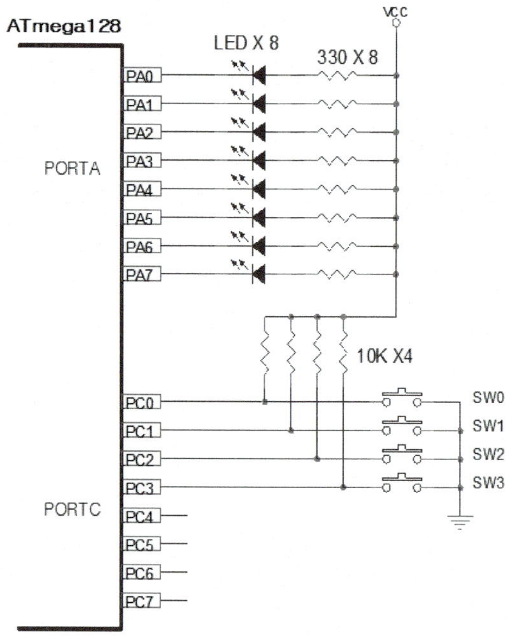

[소스 프로그램]

- 프로그램 흐름도

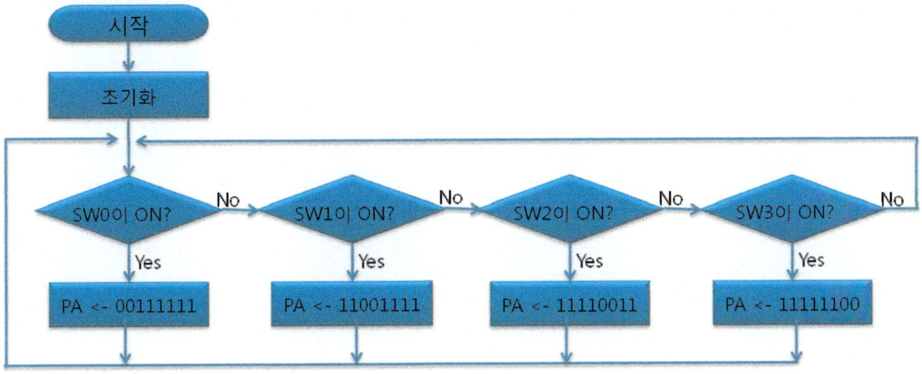

방법1 if – else if 문을 이용

```
#include 〈mega128.h〉        // ATmega128 헤더파일
#include 〈delay.h〉          // 시간지연 헤더파일

void main(void)
{

  PORTA=0xff;               // Port A 초기값
  DDRA=0xff;                // Port A 출력으로.

  PORTC = 0xff;             // Port C 초기값
  DDRC = 0x00;              // Port C 입력으로.

  while (1) //--------------- 무한 반복 -------------------
  {
          if(PINC.0 == 0)                 // SW0 ON ?
              PORTA = 0b00111111;         // 0x3f

          else if(PINC.1 == 0)             // SW1 ON?
              PORTA = 0b11001111;         // 0xcf

          else if(PINC.2 == 0)             // SW2 ON?
              PORTA = 0b11110011;         // 0xf3

          else if(PINC.3 == 0)             // SW3 ON?
              PORTA = 0b11111100;         // 0xfc
```

```
        } // ------------------------------------------------------
    }
```

[프로그램 해설]

- 10, 12, 14, 16행에서 2진수로 바로 처리하였다.
  16진수 상수 : "0x3F"를 2진수 상수로 표현하면 "0b00111111"로 한다.

[상수의 표현 예]

2진수	0b01011011
8진수	0o133
10진수	91
16진수	0x5b

방법2 switch – case 문을 이용

위의 문제를 switch - case 제어문으로도 표현할 수 있다.
여기서는 포트C의 8비트 전체를 입력받아 해당 입력을 검사하도록 구성하였다.

```
#include <mega128.h>
#include <delay.h>

void main(void)
{
   unsigned char keyin;      // 키 입력 버퍼 변수

   PORTA=0xff;               // Port A 초기값
   DDRA=0xff;                // Port A 출력으로.

   PORTC = 0xff;             // Port C 초기값
   DDRC = 0x00;              // Port C 입력으로.

   while (1) //-------------- 무한 반복 ------------------
   {
         keyin = PINC & 0x0f;              //  & 0000 1111

         switch(keyin)
```

```
        {
11      case   0x0e:                // 0000 1110 -> SW0가 ON의 경우
            PORTA = 0b00111111;
        break;

12      case   0x0d:                // 0000 1101 -> SW1이 ON의 경우
            PORTA = 0b11001111;
        break;

13      case   0x0b:                // 0000 1011 -> SW2가 ON의 경우
            PORTA = 0b111110011;
        break;

14      case   0x07:                // 0000 0111 -> SW3가 ON의 경우
             PORTA = 0b11111100;
        break;
15      }
    } // ----------------------------------------------------
  }
```

[프로그램 해설]

- 9행 : keyin = PINC & 0x0f;

포트C에서 8비트를 입력 받는데, 스위치는 PC.0~PC.3에 하위 4비트만 결선되어 있으므로 불필요한 상위 4비트는 "0" 마스크를 하도록 한다.

이를 비트 AND 연산자인 "&" 를 이용하여 처리한다.

비트	7	6	5	4	3	2	1	0
PINC	x	x	x	x	S3	S2	S1	S0
&	0	0	0	0	1	1	1	1
keyin	0	0	0	0	S3	S2	S1	S0

- 10행~15행 : switch – case 조건 제어문이다.

break 문은 switch - case 문과 함께 사용되며 해당 루프에서 탈출하는 명령이다.

• 11행 :

switch 문의 조건 변수 "keyin" 값이 0x0e의 경우에 포트A에 LED6, LED7을 ON 한 후 "break" 문에 의해 switch 문에서 빠져나오게 되며 while(1) 무한루프 처음으로 가서 다시 키 입력을 받게 된다.

방법3 사용자 정의 함수를 이용

위의 문제에서 초기화 부분을 사용자 정의 함수를 이용하여 처리해 보자.

"C언어는 함수언어이다." C언어를 C언어답게 사용하기 위해서는 사용자 함수를 잘 활용하는 것이 바람직하다.

```
1  #include <mega128.h>        // ATmega128 헤더파일
2  #include <delay.h>          // 시간지연 헤더파일

3  void Init(void)    // ——  포트 초기화 함수 ——
   {
     PORTA=0xff;               // Port A 초기값
     DDRA=0xff;                // Port A 출력으로.

     PORTC = 0xff;             // Port C 초기값
     DDRC = 0x00;              // Port C 입력으로.
4  }
5  void main(void)  // ——  메인함수 ——
   {
     unsigned char keyin;

6    Init(); // 초기화 함수 호출

     while (1) //-------------- 무한 반복 ------------------
     {
           keyin = PINC & 0x0f;          //  & 0000 1111

           switch(keyin)
           {
               case  0x0e:               // 0000 1110 -> SW0 가 ON 의 경우
                PORTA = 0b00111111;
                break;

               case  0x0d:               // 0000 1101 -> SW1 이 ON 의 경우
                PORTA = 0b11001111;
```

```
                    break;

                    case   0x0b:                // 0000 1011 -> SW2 가 ON 의 경우
                    PORTA = 0b111110011;
                    break;

                    case   0x07:                // 0000 0111 -> SW3 가 ON 의 경우
                    PORTA = 0b11111100;
                    break;
               }
     } // ------------------------------------------------
}
```

[프로그램 해설]

- 3행~4행 : 사용자 정의 함수 Init() - 포트 초기화 명령문이 있다.
- 5행 : main() 함수 시작
- 6행 : 사용자 함수 Init() 호출한다.

그러면 main() 함수 위에 있는 void Init(void) 함수가 실행이 되어 포트 초기화 동작이 실행되고, 4행에서 종료되면 다시 main()함수로 되돌아가서 while() 루프가 시작된다.

사용자 정의 함수 선언 방법에 대해서는 실습10에 상세히 설명하였다.

실습 5. LED 순차 점등제어 1

[실습 과제]

LED 점등 패턴	실 습 과 제
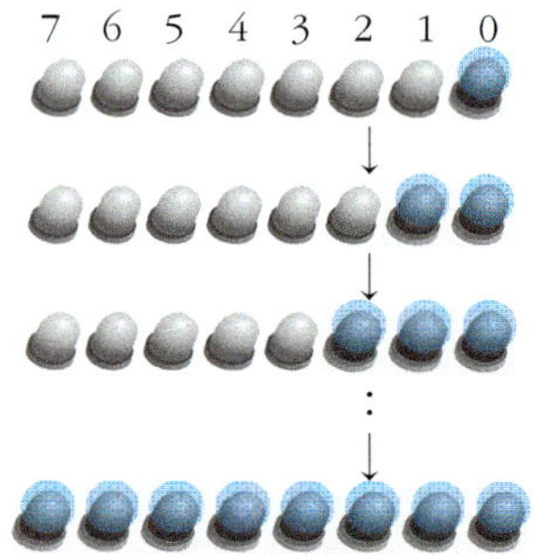	[실습1]의 회로에서 옆의 LED 점등 패턴이 무한 반복 점등이 되도록 한 프로그램이다. 프로그램을 입력하여 실행해 보면서 동작원리를 이해하도록 하자.

방법1 if 문 이용한 방법

- 프로그램 흐름도

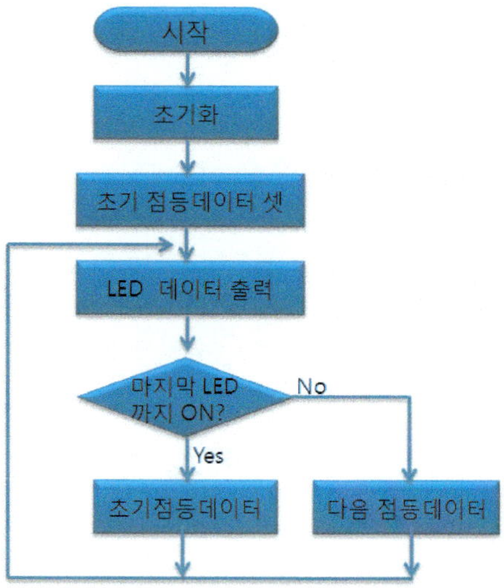

```
1   #include <mega128.h>                // ATmega128 헤더파일
2   #include <delay.h>                  // 시간지연 헤더파일

3   void main(void)
    {
4     unsigned char buff;        // LED 점등 데이터가 저장될 8BIT 변수 선언

5     PORTA=0xff;                // Port A 초기값
6     DDRA=0xff;                 // Port A 출력으로 사용

7     buff = 0xFE;               // 초기 점등데이터 저장 : buff ← 0b11111110

8     while (1) //--------------- 무한 반복 -------------------
      {
9           PORTA = buff;                // Port A로 buff data 출력: LED 점등
10          delay_ms(500);               // 0.5초 시간지연

11          if(buff == 0x00)             // buff0값이 0x00이면, 모든 LED가
            {                            // ON 되었다면
12                  buff = 0xFE;         // 점등데이터를 초기값으로 저장
            }
13          else                         // 아니면
            {
14                  buff = buff << 1;    // buff값 1bit left shift 하여
            }                            // 다음 점등데이터 준비
      } // --------------------------------------------------
    }
```

[소스 프로그램 해설]

- 7행 : buff = 0xFE;

0번 LED만 점등하는 점등 초기값, 즉 2진수 11111110을 저장한다.

- 9행~10행 : 변수 buff 값을 포트 A로 출력하고 0.5초 유지한다.
- 11행 : 만일 모든 LED가 점등 되었으면 변수에 다시 초기 점등값을 저장한다.
- 14행 : buff = buff << 1;

변수 buff값을 1 비트 왼쪽 시프트 동작을 수행한다.

이 문장을 줄여서 다음과 같은 표현을 자주 사용한다. : buff <<= 1;

방법2 for문을 이용한 방법

특정 자료처리를 반복하여 처리할 때 반복처리 횟수를 안다면 for 문을 사용하는 것이 효과적이다.

```
#include <mega128.h>                    // ATmega128 헤더파일
#include <delay.h>                      // 시간지연 헤더파일

void main(void)
{
  unsigned char buff;                   // LED 점등 데이터가 저장될 8BIT 변수 선언
  int i;

  PORTA=0x00;                           // Port A 초기값
  DDRA=0xFF;                            // Port A 출력으로 사용


  while (1) //-------------- 무한 반복 ------------------
  {
        buff = 0xFE;                    // 초기 점등데이터 저장 : buff ← 0b11111110

        for( i=1; i<=8; i++ )
        {
                PORTA = buff;           // Port A로 buff data 출력: LED 점등
                delay_ms(500);          // 0.5초 시간지연

                buff <<= 1;             // 다음 점등데이터 준비
        }
  } // ------------------------------------------------
}
```

[프로그램 해설]

```
for( i=1; i<=8; i++ )          // 8회 반복한다
{                              // i값이 1부터 1씩 증가하면서 8까지 반복한다
   PORTA = buff;
   delay_ms(500);
   buff <<= 1;                 // for문 형식 : for(초기값;조건;증분)
}
```

FOR 문은 반복횟수를 지정할 수 있어, 반복 처리할 횟수를 안다면 FOR 문을 사용하는 것이 좋다. 위 문장은 변수 i값이 1부터 시작하여 1씩 증가하면서 8이 될 때까지 반복 수행한다. 즉 8회 반복처리를 한다.

방법3 while문을 이용한 방법

while 문은 조건이 참일 동안 반복하는 제어문이다. 횟수에 구애받지 않고 조건으로 반복처리를 수행한다.

```
#include <mega128.h>                // ATmega128 헤더파일
#include <delay.h>                  // 시간지연 헤더파일

void main(void)
{
  unsigned char buff;               // LED 점등 데이터가 저장될 8BIT 변수 선언

  PORTA=0x00;                       // Port A 초기값
  DDRA=0xFF;                        // Port A 출력으로 사용

  while (1) //------------ 무한 반복 ------------------
  {
        buff = 0xFF;

        while(buff != 0x00)
        {
                buff <<= 1;         //  점등데이터 준비
                PORTA = buff;       //  LED 점등
                delay_ms(500);
        }
  } // -------------------------------------------
}
```

[프로그램 해설]

```
buff = 0xFF;
while(buff != 0x00)
 {
     buff  <<=  1;
     PORTA = buff;
     delay_ms(500);
 }
```

위 문장은 변수 buff 값이 0x00이 아닐 동안(즉, buff가 0x00이 될 때까지) 반복한다. 데이터를 시프트 하면

1111 1110 → 1111 1100 → 1111 1000 → .... → 1000 0000 → 0000 0000

마지막 LED가 켜진 후 시프트하며 0x00가 되므로 다시 처음 데이터부터 동작하도록 하면 된다.

활용과제 LED 순차 점등제어

LED 점등 패턴	과제
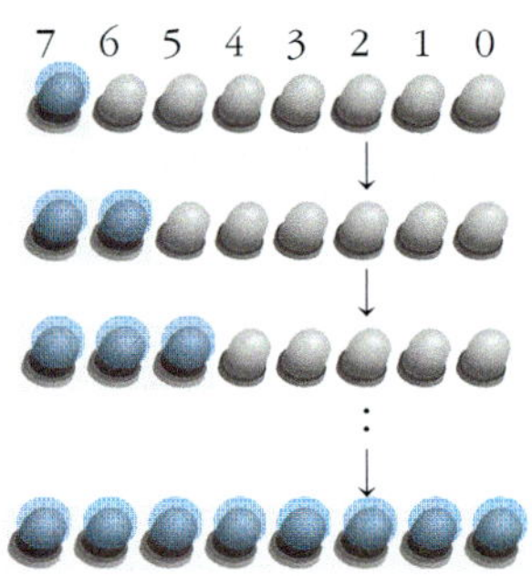	옆의 LED 점등 패턴이 무한 반복 점등이 되도록 프로그램을 작성하시오.

[1] IF문을 이용하여 작성하시오.
[2] FOR문을 이용하여 작성하시오.
[3] WHILE문을 이용하여 작성하시오.
[4] DO - WHILE문을 이용하여 작성하시오.

실습 6. LED 순차 점등제어 2

[실습 과제]

LED 점등 패턴	실습 과제
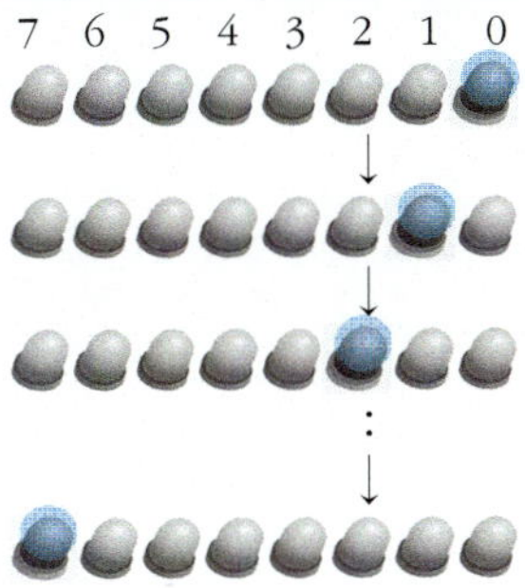	[실습1]의 회로에서 옆의 LED 점등 패턴이 무한 반복 점등이 되도록 프로그램을 구성한다.

방법1 if 문을 이용한 방법

```
#include 〈mega128.h〉
#include 〈delay.h〉

void main(void)
{
  unsigned char buff;

  PORTA=0xff;     // Port A 설정, 출력으로 사용
  DDRA=0xff;

  buff = 0xfe;    // 초기 점등데이터 : buff ← 0b11111110 저장

  while (1)
  {
        PORTA = buff;                  // LED ← buff : LED점등
        delay_ms(500);

        if(buff == 0x7f)               // 7번 LED까지 켜졌으면
        {
              buff = 0xfe;             // buff 값 초기 점등데이터로
```

```
        }
        else                                // 아니면 다음 점등데이터 준비
        {
                buff = buff << 1 ;          // 1bif shift left
                buff = buff | 0x01;         // 0번 비트를 "1"로 만듬 (0번 LED끔)
        }
    };
}
```

[프로그램 해설]

```
    while (1)
    {
1     PORTA = buff;                 // LED ← buff : LED점등
2     delay_ms(500);

3     if(buff == 0x7f)              // 7번 LED까지 켜졌으면
      {
4             buff = 0xfe;          // buff 값 초기 점등데이터로
      }
      else                          // 아니면 다음 점등데이터 준비
      {
5             buff = buff << 1 ;    // 1bif shift left
6             buff = buff | 0x01;   // 0번 비트를 "1"로 만듬 (0번 LED끔)
      }
    };
```

- 1행 : 변수값을 포트A로 출력하여 LED를 점등한다.
- 5행~6행 : 다음 점등패턴을 만드는 동작이다. 원리는 다음과 같다.

현재 buff값	11111110
왼쪽시프트 <<=1	11111100
비트 OR	00000001
새 buff 값	**11111101**

시프트 연산 수행 후 0번 비트가 "0"이 된 것을 비트 OR 연산을 이용해 강제로 "1"로 만들어 출력해야 한다. 줄여서 다음과 같이 표현할 수 있다.

```
buff  <<= 1  ;
buff  |= 0x01 ;
```

또는 한줄로

```
buff = ( buff <<= 1 ) | 0x01 ;
```

• 3행 : 마지막 LED(7번 비트)가 점등되었다면 변수 buff 값을 다시 초기 값으로 설정하여 출력한다.

방법2 for문을 이용한 방법

반복 횟수를 8회로 지정하여 처리한다.

```
#include <mega128.h>
#include <delay.h>

void main(void)
{
  unsigned char buff;
  int i;

  PORTA=0xff;
  DDRA=0xff;

  while (1)
  {
        buff = 0xfe;                      // 초기 점등데이터  : 1111 1110

        for( i=1; i<=8; i++ )
        {
                PORTA = buff;             // Port A로 buff data 출력: LED 점등
                delay_ms(500);

                buff  <<=  1;             // 다음 점등데이터 준비
                buff  |= 0x01;
        }
  };
}
```

방법3 정논리를 이용한 방법

프로그램 상에서는 "1"일 때 LED가 점등하도록 점등 데이터를 구성하여 출력시에 반전시켜 출력하면 된다. 즉 초기 값을 2진수로 00000001하여 시프트 후 출력시에 비트 NOT 연산자 "~"를 이용하여 반전시켜 출력한다.

```
#include <mega128.h>
#include <delay.h>

void main(void)
{
  unsigned char buff;
  int i;

  PORTA=0xff;     // Port A 설정, 출력으로 사용
  DDRA=0xff;

  while (1)
  {
        buff = 0x01;                        // 초기 점등데이터

        for( i=1; i<=8; i++ )
        {
              PORTA = ~buff;                // Port A로 변수 값을 반전 시켜 출력
              delay_ms(500);                // 0.5초 시간지연

              buff  <<=  1;                 // 다음 점등 데이터 준비
        }
  };
}
```

비트논리 NOT("~")을 이용하면 시프트 동작 후 OR 논리에 의한 하위 비트 "1"로 만들 필요가 없어진다.

~ (0000 0001) → 1111 1110

~ (0000 0010) → 1111 1101

~ (0000 0010) → 1111 1011

:　　　　　　:

~ (1000 0000) → 0111 1111

방법4 while 문을 이용한 방법

while문을 이용하여 조건이 참일 동안 반복하도록 한다.

```
#include <mega128.h>
#include <delay.h>

void main(void)
{
   unsigned char buff;

   PORTA=0xff;                          // Port A 출력
   DDRA=0xff;

   while (1)
   {
         buff = 0xfe;                   // 초기 점등데이터

         while(buff != 0xff)            // 변수값이 0xff가 아니라면 반복
         {                              // 즉, buff값이 0xffrk 될 때까지 반복
                   PORTA = buff;        // LED 출력
                   delay_ms(300);

                   buff <<= 1;          // 다음 점등 데이터 준비
                   buff |= 0x01;
         }
   };
}
```

방법5 배열(Array)을 이용한 방법

배열을 이용하여 배열변수에 점등 데이터를 고정하여 저장한 후 하나씩 불러와서 출력하는 방법이다.

순서	점등 데이터
0	1111 1110 : 0xfe
1	1111 1101 : 0xfd
2	1111 1011 : 0xfb
3	1111 0111 : 0xf7
4	1110 1111 : 0xef
5	1101 1111 : 0xdf
6	1011 1111 : 0xbf
7	0111 1111 : 0x7f

```
#include <mega128.h>
#include <delay.h>

void main(void)
{                          // 0     1     2     3     4     5     6     7
  unsigned char Led[8] ={0xfe, 0xfd, 0xfb, 0xf7, 0xef, 0xdf, 0xbf, 0x7f};
  int i;

  PORTA=0xff;              // Port A  출력
  DDRA=0xff;

  while (1)
  {
        for(i=0; i<=7; i++)
        {
                PORTA = Led[i];
                delay_ms(300);
        }
  };
}
```

[해설]

* 배열(Array)이란?

동일 이름의 변수가 여러 개 사용할 수 있는 방법을 말한다.

int abc; = 변수이름 "abc"로 1개가 생성된다.

int abc[4]; = 4개의 "abc" 이름의 변수가 만들어진다.

즉 메모리에는 다음과 같은 이름의 변수 4개가 생성된다.

	abc[0]	abc[1]	abc[2]	abc[3]
메모리 :				

* unsigned char Led[8] ={0xfe, 0xfd, 0xfb, 0xf7, 0xef, 0xdf, 0xbf, 0x7f};

변수 Led[0]~Led[7]의 8개의 배열 변수가 생성되며, 각각에 초기값을 순서대로 저장한다.

	Led[0]	Led[1]	Led[2]	Led[3]	Led[4]	Led[5]	Led[6]	Led[7]
Led[8] :	0xfe	0xfd	0xfb	0xf7	0xef	0xdf	0xbf	0x7f

* 배열 변수 Led[0]~Led[7]에 있는 데이터를 차례로 포트A로 출력한다.

```
for(i=0; i<=7; i++)
{
        PORTA = Led[i];
        delay_ms(300);
}
```

```
i = 0일 때  PORTA = Led[0]
i = 1일 때  PORTA = Led[1]
i = 2일 때  PORTA = Led[2]
   :          :
i = 7일 때  PORTA = Led[7]
```

활용과제

LED 점등 패턴	실습 과제
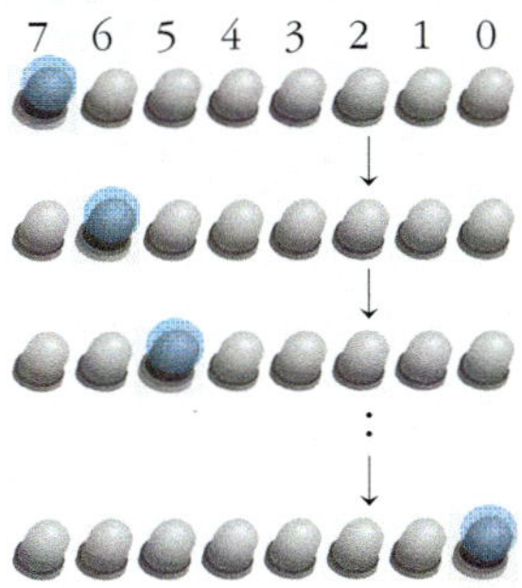	옆의 LED 점등 패턴이 무한 반복 점등이 되도록 프로그램을 작성하라.

[1] IF문을 이용하여 작성하시오.

[2] FOR문을 이용하여 작성하시오.

[3] WHILE문을 이용하여 작성하시오

[4] 정논리를 이용하여 작성하시오.

[5] 배열 변수를 이용하여 작성하시오.

실습 7. LED 순차 왕복 점멸 제어

[실습 과제]

LED 점등 패턴	실습 과제
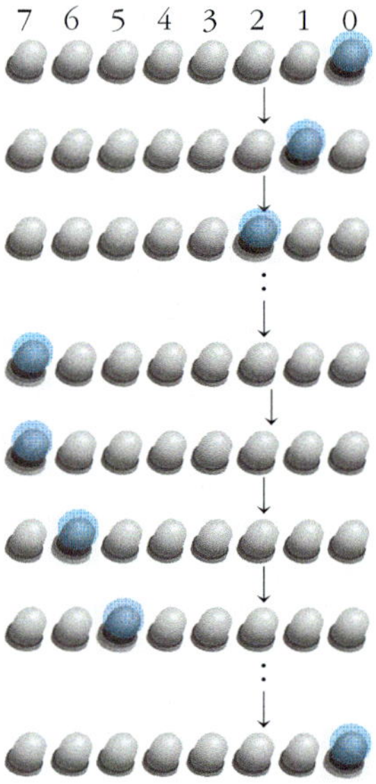	[실습1]의 회로에서처럼 포트A에 8개의 LED가 접속되어 있다. 좌측의 LED 점등 패턴이 무한 반복 점등이 되도록 프로그램을 작성하라.

[알고리즘]

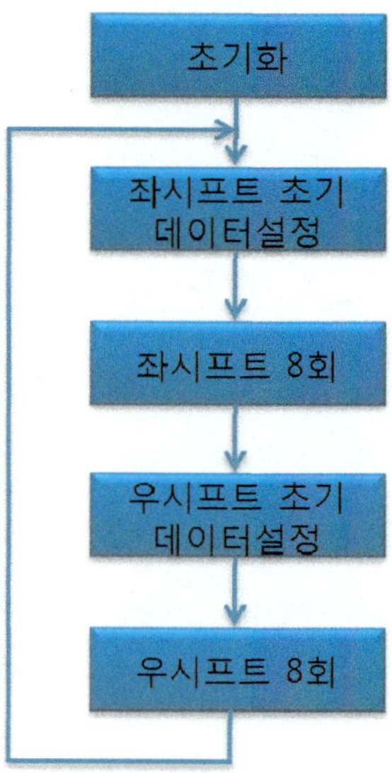

[소스 프로그램]

방법1 for문을 이용한 방법

```
#include <mega128.h>
#include <delay.h>

void main(void)
{
  unsigned char buff;
  int i;

  PORTA=0xFF;
  DDRA=0xFF;

  while (1)
  {
        buff = 0xfe;                    // 좌 시프트 초기값 : 11111110

        for(i=1; i<=8; i++)             // 좌시프트 8회
        {
                PORTA = buff;

                buff = (buff << 1) | 0x01;
                delay_ms(100);
        }

        buff = 0x7f;                    // 우 시프트 초기값 : 01111111

        for(i=1; i<=8; i++)             // 우시프트 8회
        {
                PORTA = buff;

                buff = (buff >> 1) | 0x80;
                delay_ms(100);
        }

  };
}
```

방법2 배열변수를 이용한 방법

```
#include <mega128.h>
#include <delay.h>

void main(void)
{
        unsigned char Led[8] ={0xfe, 0xfd, 0xfb, 0xf7, 0xef, 0xdf, 0xbf, 0x7f};
        int i;

        PORTA=0x00;
        DDRA=0xFF;

        while (1)
        {
                for(i=0; i<=7; i++)
                {
                        PORTA = Led[i];
                        delay_ms(300);
                }

                for(i=7; i>=0; i--)
                {
                        PORTA = Led[i];
                        delay_ms(300);
                }
        };
}
```

[해설]

<table>
<tr><td><pre>for(i=0; i<=7; i++)
{
    PORTA = Led[i];
    delay_ms(300);
}</pre></td><td>Led[0] → Led[1] → Led[2] → …
… → Led[7] → Led[0] → ….</td></tr>
</table>

<table>
<tr><td><pre>for(i=7; i>=0; i--)
{
    PORTA = Led[i];
    delay_ms(300);
}</pre></td><td>Led[7] → Led[6] → Led[5] → …
… → Led[0] → Led[7] → ….</td></tr>
</table>

활용과제

아래의 동작 패턴이 무한 반복하도록 프로그램을 작성하여 동작시키시오.

LED 점등 패턴

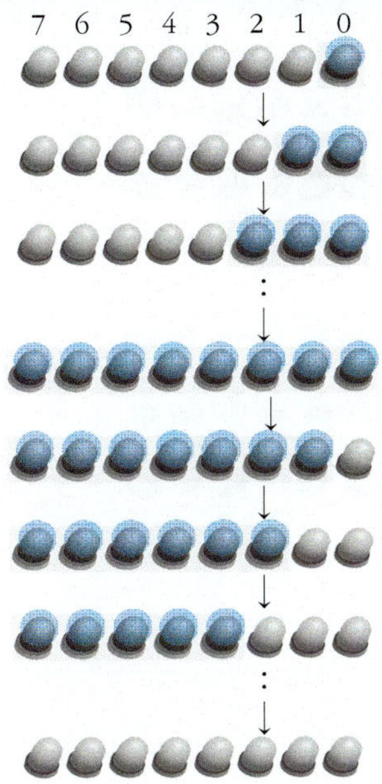

[1] for문을 이용하여 작성하시오.

[2] while문을 이용하여 작성하시오.

[3] 배열을 이용하여 작성하시오.

실습 8. 16비트 LED의 순차 점멸 제어

[실습 과제]

LED 점등 패턴	실습 과제
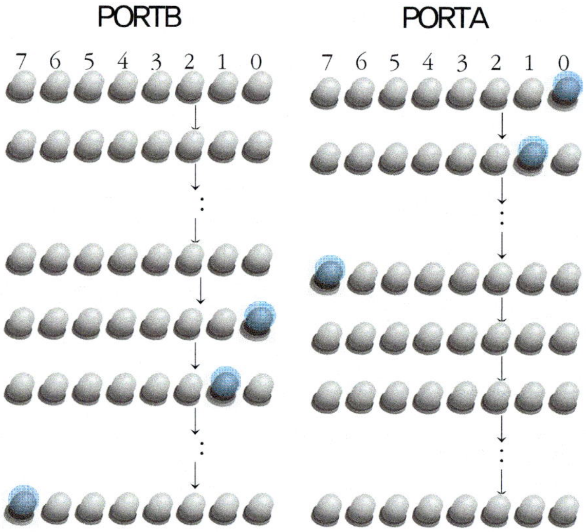	아래 실습 회로처럼 포트A와 포트 B에 16개의 LED를 접속한다. 옆의 LED 점등 패턴이 무한 반복 점등이 되도록 프로그램을 작성하라. 단, while 문과 정논리 데이터를 이용하라.

[실습 회로]

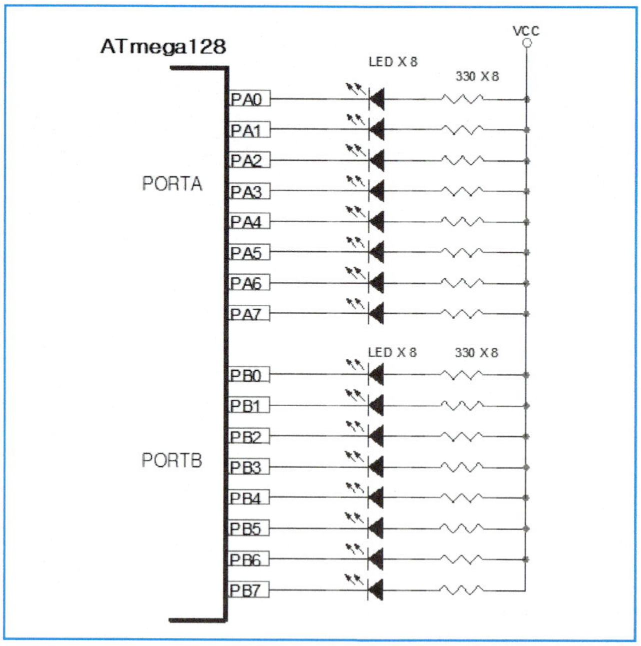

[소스 프로그램]

```
#include <mega128.h>        // ATmega128 헤더파일
#include <delay.h>          // 시간지연 헤더파일

void main(void)
{
    unsigned char buff;

  PORTA=0xFF;    DDRA=0xFF;         // Port A 초기화
  PORTB=0xFF;    DDRB=0xFF;         // Port B 초기화

  while (1)
  {
        buff = 0x01;                // 초기값 : 00000001
        while(buff  != 0x00 )       // 포트A 시프트
        {
              PORTA = ~buff;        // 반전하여 출력

              buff  <<=  1 ;
              delay_ms(100);
        }
        PORTA = ~buff;
        delay_ms(100);

        buff = 0x01;                // 초기값 : 00000001
        while(buff != 0x00)         // 포트B 시프트
        {
              PORTB = ~buff;        // 반전하여 출력

              buff   <<= 1  ;
              delay_ms(100);
        }
        PORTB = ~buff;
        delay_ms(100);

  };
}
```

활용과제

위의 예제를 FOR문을 이용하여 PORTB.7부터 PORTA.0으로 위와 반대 방향으로 LED가 순차 점등하도록 프로그램을 수정하시오.

실습 9. 16비트 LED의 순차 점멸 제어 2

[실습 과제]

LED 점등 패턴	실습 과제
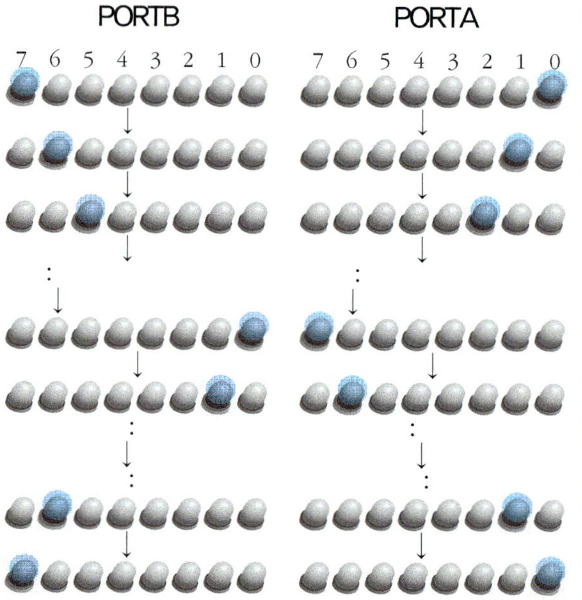	앞의 실습8 회로처럼 포트A와 포트 B에 16개의 LED를 접속한다. 옆의 LED 점등 패턴이 무한 반복 점등이 되도록 프로그램을 작성하라.

[알고리즘]

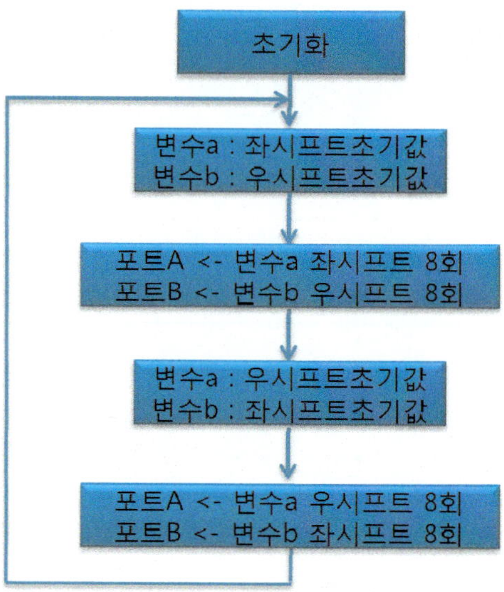

[소스 프로그램]

```
#include <mega128.h>
#include <delay.h>

void main(void)
{
   unsigned char buffa, buffb;
   int i;

   PORTA=0xFF;  DDRA=0xFF;
   PORTB=0xFF;  DDRB=0xFF;

   while (1)
   {
         buffb = 0b01111111;         //  PortB 우시프트 초기값
         buffa = 0b11111110;         //   PortA 좌시프트 초기값

         for(i=1; i<=8; i++)
         {
                PORTA = buffa;
                PORTB = buffb;
                delay_ms(80);

                buffb = (buffb >>1 ) | 0x80; // PortB 다음 점등데이터 준비
                buffa = (buffa <<1 ) | 0x01; // PortA 다음 점등데이터 준비
         }

         buffa = 0b01111111;         //  PortA 우시픈트 초기값
         buffb = 0b11111110;         //  PortB 좌시프트 초기값
         for(i=1; i<=8; i++)
         {
                PORTA = buffa;
                PORTB = buffb;
                delay_ms(80);

                buffa = (buffa >>1 ) | 0x80; // PortA 다음 점등데이터 준비
                buffb = (buffb <<1 ) | 0x01;    // PortB 다음 점등데이터 준비
         }
   };
}
```

활용과제

위 실습 회로에서 다음과 같은 패턴으로 LED가 순차 점등 되도록 프로그램을 작성하시오.

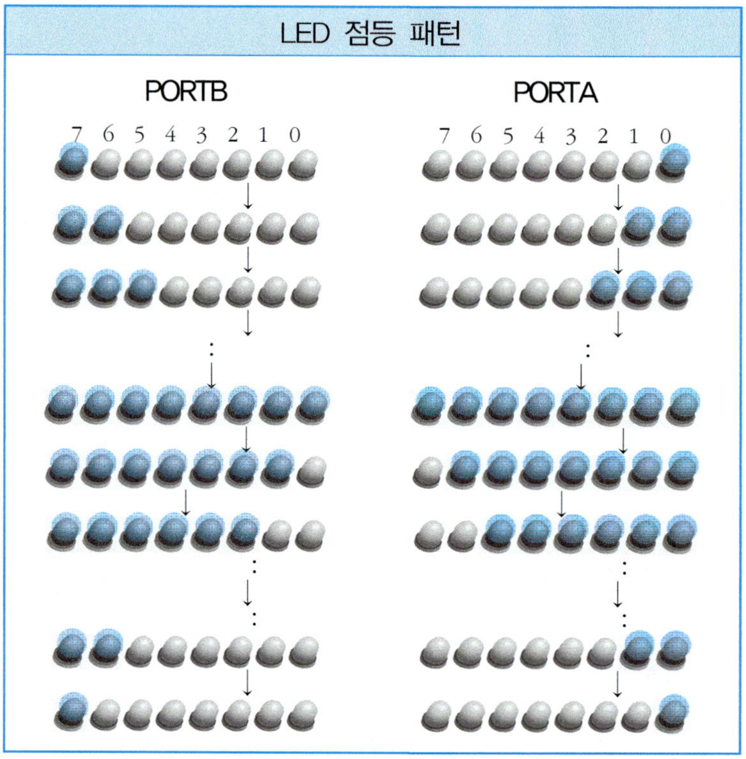

(1) 위의 과제를 배열 변수를 이용하여 동작시키시오.

(2) 위의 과제를 for 문을 이용하여 수정하여 동작시키시오.

(3) 위의 과제를 while 문을 이용하여 수정하여 동작시키시오.

실습 10. 스위치 입력에 따른 LED 순차 점등 제어

[실습 과제]

① 앞의 과제와 같이 포트A에 8개의 LED가 연결되어 있다.
② 프로그램 실행시 LED는 모두 OFF 상태이다.
③ PORTC.0에 연결된 스위치가 SW0가 ON이면 LED는 하나씩 왼쪽시프트 동작을 한다.
④ PORTC.1에 연결된 스위치가 SW1가 ON이면 하나씩 LED는 오른쪽시프트 동작을 한다.

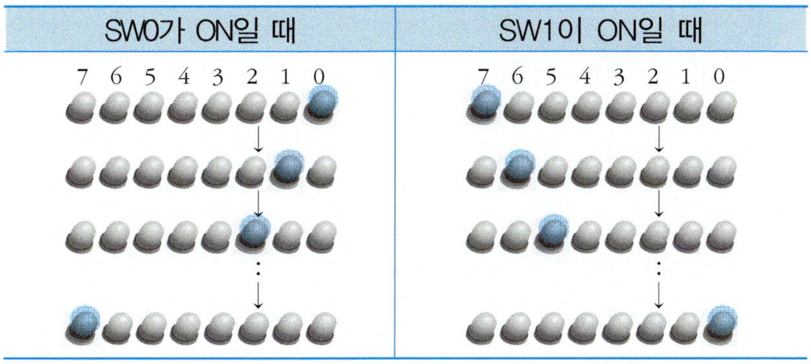

[실습 회로]

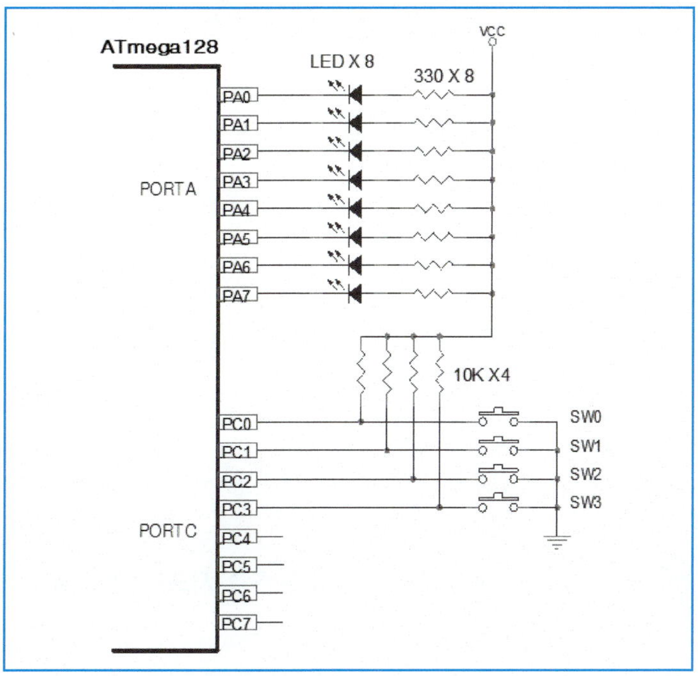

[소스 프로그램]

```
#include <mega128.h>
#include <delay.h>

void left_shift(void) ;        // SW0이 ON일 때 왼쪽 시프트 처리 함수 원형선언
void right_shift(void);        // SW1이 ON일 때 오른쪽 시프트 처리 함수 원형선언

 int LL=0x01;                  // Left Shift LED 초기 점등 데이터     0b00000001B
 int RR=0x80;                  // Right Shift LED 초기 점등 데이터    0b10000000B

void main(void) // ———— 메인 함수 ————
{
        PORTA = 0xff;    DDRA = 0xff;        //  포트 초기화
        PORTC = 0xff;    DDRC = 0x00;

        while(1)
        {
          if(PINC.0 == 0)              // SW0이 ON이면 왼쪽시프트 함수 실행
                  left_shift();
          else if (PINC.1 == 0)        // SW1이 ON이면 오른쪽 시스트 함수 실행
                  right_shift();
        }
}

void left_shift(void)   //———SW1이 ON일 때 왼쪽 시프트 처리 함수 ———
{

      do{
          PORTA = ~LL;                 // 왼쪽 시프트 LED 초기값 출력
          delay_ms(200);

          if (LL == 0x80)
                  LL=0x01;             // 마지막 LED ON 되었으면 다시 초기값으로
          else                         // 아니면 1bit 좌 시프트
                  LL <<= 1;

      }while( (PINC.0 != 0 ) && (PINC.1 != 0 )  );
                  // SW0,1 중 하나라도 ON이 아니면 계속 진행
}

void right_shift(void)   //—SW2가 ON일 때의 오른쪽 시프트 처리 함수 ——
{
```

```
    do{
        PORTA = ~RR;                    // 오른쪽  시프트  LED 초기값 출력
        delay_ms(200);
        if (RR == 0x01)
                RR=0x80;                // 마지막 LED ON 되었으면 다시 초기값으로
        else                            // 아니면 1 bit 우 시프트
                RR >>= 1;

     }while( (PINC.0 != 0 ) && (PINC.1 != 0 )   );
                // SW0,1 중 하나라도 ON 이 아니면 계속 진행
}
```

[프로그램 해설]

위 프로그램은 왼쪽 시프트와 오른쪽 시프트 동작을 사용자 정의 함수로 만들어 수행한다.

① 사용자 함수 원형 선언

앞서 설명하였듯이 C언어는 함수(Function)언어이다. 함수는 특정 기능을 하는 모듈 단위를 의미하며 C언어에서는 함수라는 모듈식 언어라는 특징이 있다.

따라서 사용자는 구현하고자 하는 프로그램을 기능별로 각각 분리하여 함수화 하여 프로그램을 구현하는 것이 바로 C언어답게 프로그래밍하는 것이다.

즉, 함수원형 선언이란 것은 사용자 정의함수의 머릿부분 정의 형식을 프로그램 선두부분에 한번 더 기술하여 컴파일러에게 정보를 알려주는 역할을 한다.

그래서 void initAvr(void);, void delay(int cc);는 소스프로그램 하단의 사용자 정의함수의 선언부를 소스 상단에 다시 한 번 선언해 주는 것이다.

- 함수의 정의 형식 : **리턴 데이터형 함수명(인수 데이터형)**
- void형 함수 : 메인함수로 되돌리는 값이 없는 함수를 말한다.
  (사전적 의미의 void : 없는, 빈, 공허한)

[표 4-3] 함수 형식과 사용 예

함수 형식 예	해 설	사 용 예

void 함수명(void)	메인에서 호출시 받는 인수도 없고 리턴값도 없는 함수	void delay(void)
		{
		int k=60000;
		while(--k);
		}

void 함수명(int cc)	메인으로부터 호출시 정수값을 정수변수 cc로 받는다. 결과를 리턴하지는 않는다.	void delay(int cc)
		{
		while(--cc);
		}

int 함수명(int j, int k)	메인으로부터 정수값을 두 개 받아 결과를 메인에 정수로 리턴한다.	int sum(int j, int k)
		{
		int ss;
		ss = j + k;
		return ss;
		}

[표 4-4] 함수 종류

함수 종류	설 명
main()함수	■ 프로그램 실행 주 함수 이므로 반드시 있어야 한다
라이브러리 함수	■ 컴파일러가 지원하는 일명 내장함수이다. ■ 사용하고자 하는 내장함수 선언이 들어있는 헤더파일을 include 시켜야 한다.
사용자 정의 함수	■ 사용자가 필요에 의해 구현하는 함수이다. ■ 리턴 및 인수 데이터 형과 함수명을 반드시 있어야 한다.

② 메인 함수 부분

```
if(PINC.0 == 0)
        left_shift();
else if (PINC.1 == 0)
        right_shift();
```

SW0가 ON이면 왼쪽시프트 사용자함수 "left_shift()"를 호출하고, SW1이 ON이면 오른쪽 시프트 사용자 함수 "right_shift()"를 호출한다.

③ 사용자 함수 부분

```
do{
  :
  :
}while( (PINC.0 != 0 ) && (PINC.1 != 0 )  );
```

do-while문으로서 while과는 반대로 먼저 처리 후 조건을 따진다.

시프트 동작을 수행하면서 while의 조건에는 "(PINC.0 != 0)"와 "(PINC.1 != 0)"의 두 조건이 논리 AND 연산자 "&&"로 연결되어 두 조건 모두 "참"일 경우만 while() 조건부가 "참"이 된다. 따라서 SW0, SW1 모두 ON이 아니라면 계속 WHILE 루프를 진행한다.

활용과제

위의 과제에서 PORTC.2에 푸시 스위치 SW2를 추가로 연결하여 SW2가 눌려지면 점멸 동작이 정지하도록 프로그램을 수정하시오.

MEMO

FND 숫자 표시 실습

이 장에서는 숫자표시장치 인 FND를 이용하여 스태틱 및 다이나믹 방식의 숫자를 점등제어 하는 방법을 배운다. 우선 FND 숫자 점등원리를 배우고 인터페이스 회로 구성 방법과 점등 프로그래밍 방법을 스태틱 구동방법과 다이나믹 구동 방법을 통해 배운다.

CHAPTER 05

5.1 알아야 할 관련 지식들

(1) FND란 무엇인가?

FND(Flexible Numeric Display)를 7-세그먼트라고도 하는데 주로 숫자를 표시하는데 사용된다. 그리고 FND는 그림 5-1과 같이 8개의 LED로 이루어져 있고 애노드(Anode) 공통인 A형과 캐소드(common cathode) 공통인 K형이 있다.

A형은 공통 단자에 VCC(5V)를 연결하여 신호는 저항을 통하여 연결하는데 Low(0V)신호를 입력하면 LED가 On되고 High(5V) 신호를 입력하면 LED가 Off 된다. 그리고 K형은 공통 단자에 GND(0V)를 연결하고 신호는 저항을 통하여 연결하는데 High(5V)를 입력하면 LED가 On 되고 Low(0V)를 입력하면 Off 된다.

A형은 전류가 VCC에서 공급되어 신호를 입력해 주는 소자로 흘러들어가는 형태이고 K형은 전류가 소자에서 공급되어 GND로 흘러가는 형태이다. 그래서 A형은 외부에서 전원이 공급되는 형태이기 때문에 모든 LED를 다 On 시켜도 전류 공급이 원활하여 빛의 밝기가 변하지 않고 밝은 반면에 K형은 소자에서 전원이 공급되는 형태이기 때문에 소자에서는 전류의 공급량이 한정되어 있기 때문에 모든 LED를 On 시킬 경우에는 빛의 밝기가 어두워지는 현상이 나타날 수 있다. 그래서 일반적으로 애노드공통형을 많이 사용되고 있다.

(a) 여러 모양의 FND들

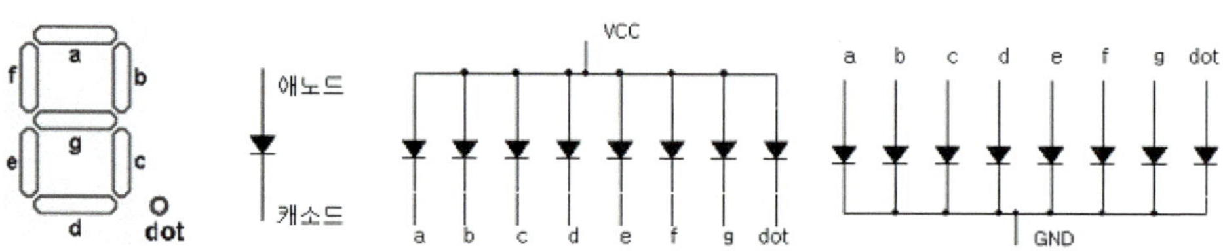

(b) 세그멘트 기호 (c) 다이오드 (d) 애노드 공통(A형) (e) 캐소드 공통(K형)

그림 5-1 FND 형태와 내부 회로

FND를 이용하여 숫자를 표시할 때는 필요한 숫자에 따라서 On시켜야 할 LED와 Off 시켜야 할 LED에 맞추어 신호를 입력하여 숫자를 표시하게 된다. 예를 들어 숫자 '1' 을 표시하고자 한다면 LED b와 c를 On하고 나머지는 모두 Off 해야 한다.

FND의 세그멘트로 10진수를 디스플레이 방법을 그림 5-2에 나타내었다.

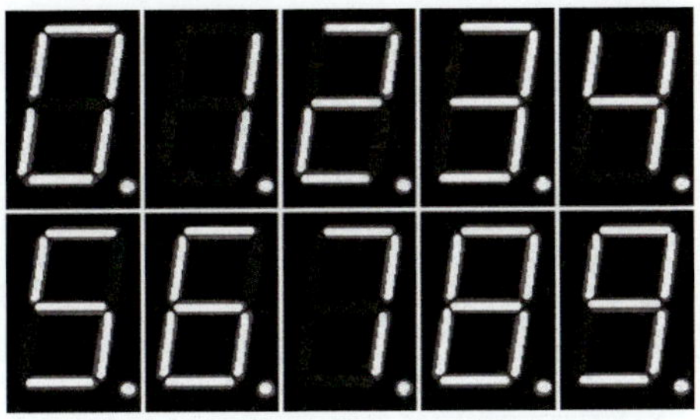

그림 5-2 FND 10진수 표시방법

(2) FND 인터페이스 회로들 예

① 세그멘트 직접 접속 회로

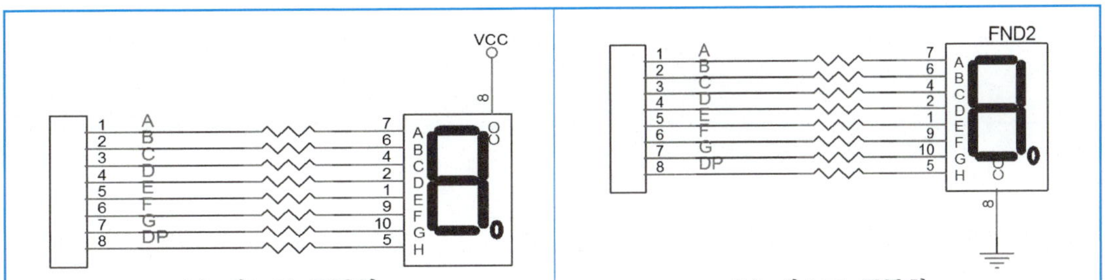

(a) 애노드 공통형 (b) 캐소드 공통형

그림 5-3 애노드 공통형과 캐소드 공통형 FND의 접속 회로

그림 5-2는 FND를 이용하여 숫자를 표시 방법을 보여준다. 그리고 표 5-1은 애노드 공통형과 캐소드 공통형 FND에 숫자를 표시하기 위해서 필요한 값들을 보여준다. 그리고 그림 5-3처럼 애노드 공통형은 공통단자를 Vcc에 접속해야하므로 세그멘트 입력이 0이면 On 되고, 캐소드 공통형은 공통단자를 접지에 연결해야 하므로 세그멘트 입력이 1이면 On 된다.

[표 5-1] FND에서 10진수를 표시하기 위한 신호

애노드 공통 (A형)										캐소드 공통 (K형)									
비트	D7	D6	D5	D4	D3	D2	D1	D0	16진수 데이터	비트	D7	D6	D5	D4	D3	D2	D1	D0	16진수 데이터
표시 숫자	h	g	f	e	d	c	b	a		표시 숫자	h	g	f	e	d	c	b	a	
0	1	1	0	0	0	0	0	0	0xC0	**0**	0	0	1	1	1	1	1	1	0x3F
1	1	1	1	1	1	0	0	1	0xF9	**1**	0	0	0	0	0	1	1	0	0x06
2	1	0	1	0	0	1	0	0	0xA4	**2**	0	1	0	1	1	0	1	1	0x5B
3	1	0	1	1	0	0	0	0	0xB0	**3**	0	1	0	0	1	1	1	1	0x4F
4	1	0	0	1	1	0	0	1	0x99	**4**	0	1	1	0	0	1	1	0	0x66
5	1	0	0	1	0	0	1	0	0x92	**5**	0	1	1	0	1	1	0	1	0x6D
6	1	0	0	0	0	0	1	0	0x82	**6**	0	1	1	1	1	1	0	1	0x7D
7	1	1	1	1	1	0	0	0	0xF8	**7**	0	0	0	0	0	1	1	1	0x07
8	1	0	0	0	0	0	0	0	0x80	**8**	0	1	1	1	1	1	1	1	0x7F
9	1	0	0	1	0	0	0	0	0x90	**9**	0	1	1	0	1	1	1	1	0x6F

② FND 디코더 IC 74LS47을 이용한 접속 회로 예

애노드공통형 FND의 전용 디코더 IC인 7447은 입력은 8421 즉, BCD 값이며 출력은 BCD 값에 대응하는 애노드 공통형 FND 점등 코드값을 출력한다.

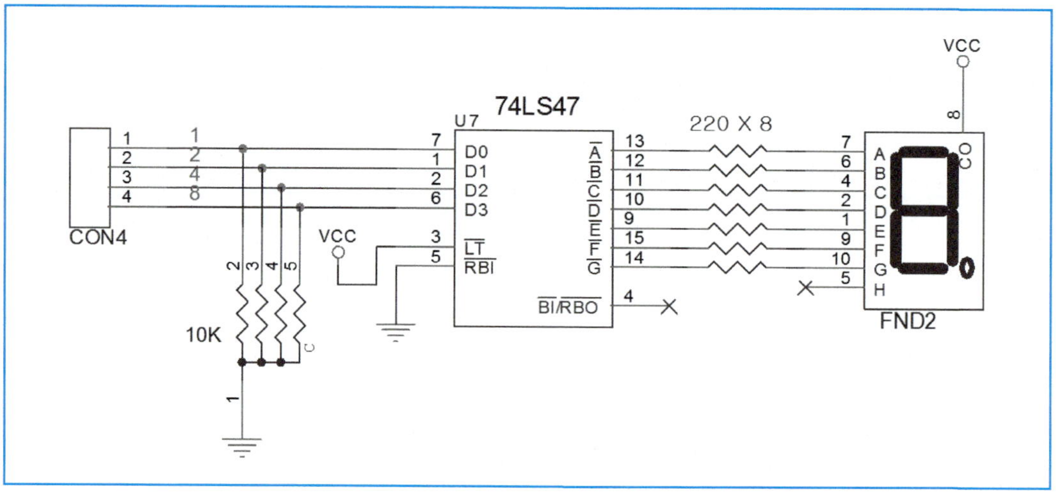

그림 5-4. 7447 디코더 IC를 이용한 인터페이스 회로

7447 IC를 이용하여 FND를 구동할 수 있는 회로를 그림 5-4에 나타내었으며 입력에 따른 출력 동작을 그림 5-5에 나타내었다.

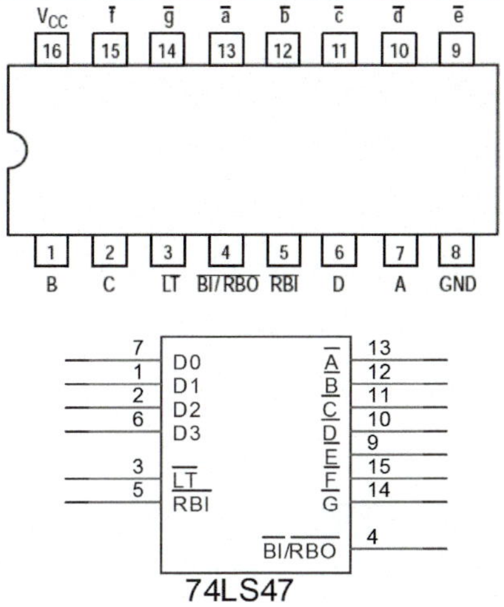

입력 D3 D2 D1 D0	FND 점등
0 0 0 0	0
0 0 0 1	1
0 0 1 0	2
0 0 1 1	3
0 1 0 0	4
0 1 0 1	5
0 1 1 0	6
0 1 1 1	7
1 0 0 0	8
1 0 0 1	9

그림 5-5. 7447 IC 핀배치도 및 동작 논리

③ 다이나믹 구동을 위한 회로 예

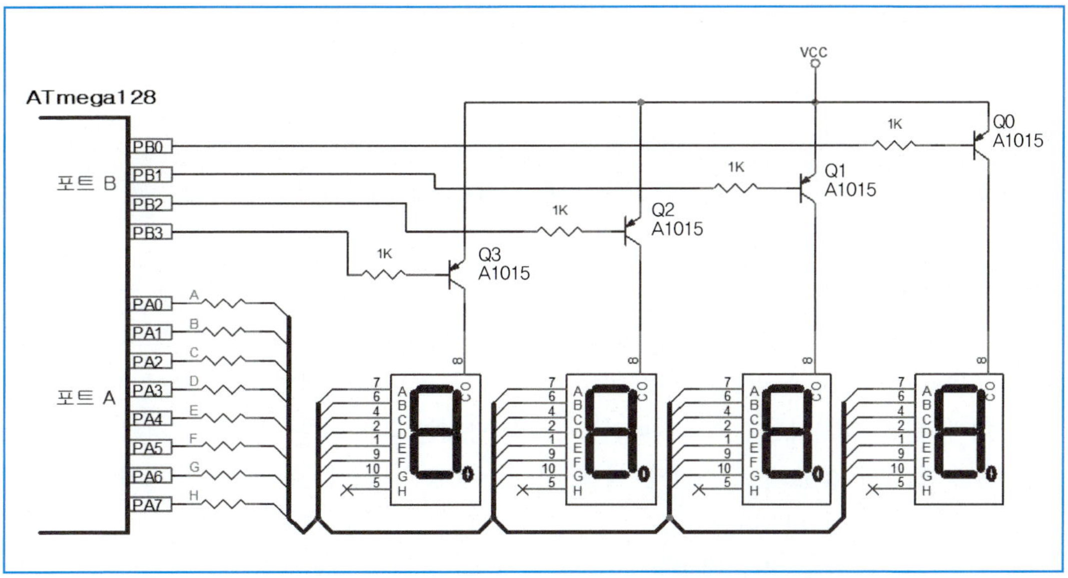

그림 5-6. FND 다이나믹 구동을 위한 인터페이스 회로 예

만일 그림 5-6처럼 4개의 FND에 숫자를 표시한다고 하면 세그멘트 직접 접속방법으로는 8비트 포트가 4개가 필요하게 되어 포트 낭비가 심하게 된다. 따라서 각 FND의 세그멘트를 병렬로 묶어 전원부를 적절히 스위칭하여 눈의 잔상효과를 이용하는 방법이 있는데 이를 다이나믹(dynamic) 구동이라 하고, 전자를 스태틱(static) 구동이라 한다.

④ 트랜지스터 (Transistor)

트랜지스터는 줄여서 TR이라고 하며, 구조에 따라 pnp형과 npn형이 있다. 이 두 형태의 트랜지스터는 동작 특성이 반대라는 것 정도만 알아두면 된다. TR의 기능은 전류 및 전압의 증폭하는 증폭회로에 사용되는 것과 스위치를 대신하여 신호의 ON-OFF 스위칭을 하는 디지털 회로에 사용이 된다. 여기서는 증폭기로 사용하는 것이 아니라 릴레이 스위치처럼 반도체 스위치로 사용한다. 따라서 TR은 단순히 릴레이와 비슷한 스위치로서 반도체 무접점 스위치라 생각을 하자.

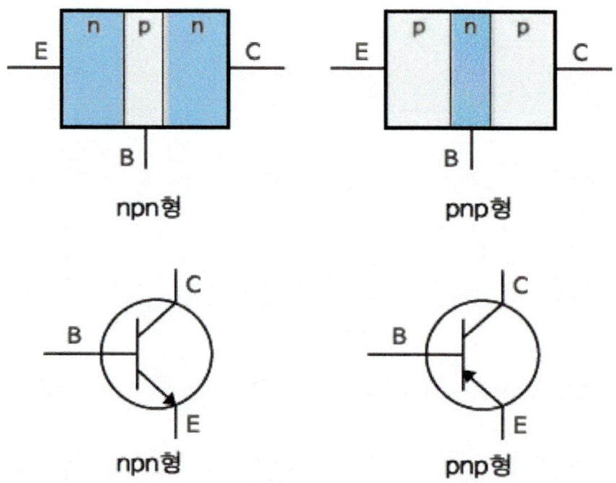

그림 5-7 TR 종류에 따른 구조와 기호

트랜지스터는 릴레이의 동작을 그대로 수행하면서도 반도체 물질을 이용해 만들었기 때문에 전력 소모가 적고 속도가 빠르며 열도 적게 발생한다. 무엇보다도 아주 작게 만들어 낼 수 있다. 커다랗고 느린 릴레이를 여러개 붙여서 만든 회로보다 작고 빠른 트랜지스터를 붙여서 만든 회로가 더 효율적이라는 것은 당연한 사실이다. 트랜지스터의 등장으로 릴레이는 고 전압 회로에서 스위치 역할 정도로 활용 영역이 축소되었고 디지털 세상은 트랜지스터의 세상이 되었다.

TR의 스위칭 동작에 대한 설명과 회로를 각각 [표 5-2]와 그림 5-8에 나타내었다.

[표 5-2] 트랜지스터의 스위칭 동작

PNP트랜지스터의 경우	NPN 트랜지스터의 경우
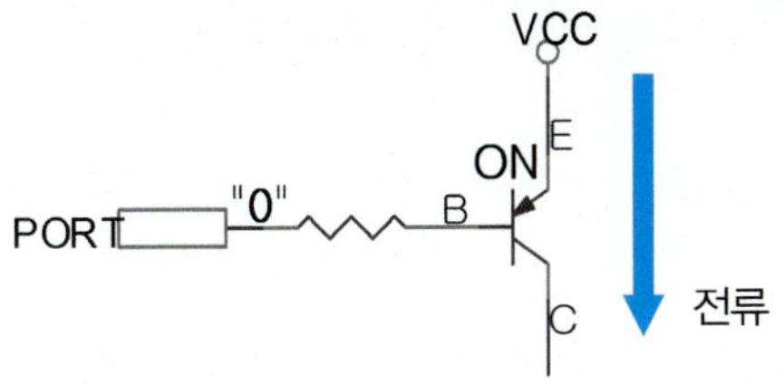	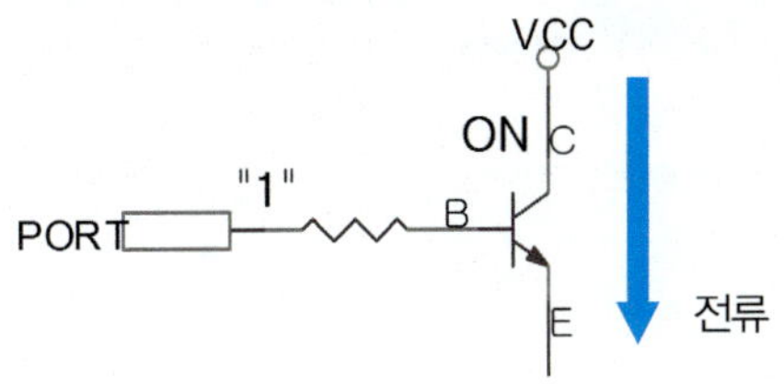
PNP의 경우 베이스단자 전압이 에미터 전압보다 작으면 ON상태로 된다. 그러므로 베이스에 0V(논리 "0")를 주면 ON되고 5V(논리 "1")을 주면 OFF 된다.	NPN의 경우 PNP와는 반대로 베이스단자 전압이 에미터 전압보다 크면 ON상태로 된다. 그러므로 베이스에 5V(논리 "1")를 주면 ON되고 0V(논리 "0")를 주면 OFF 된다..

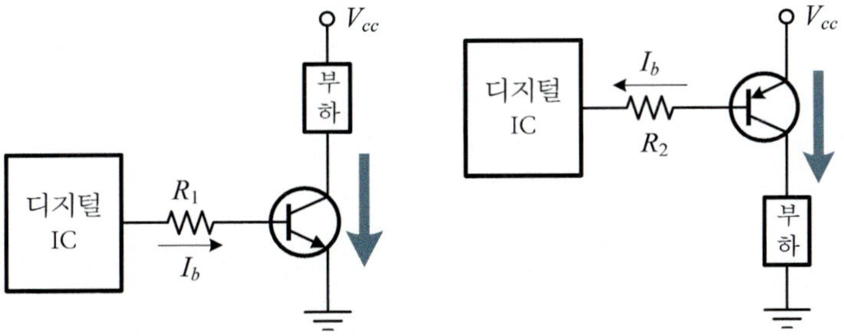

(a) HIGH 출력(전류유출) (b) LOW 출력(전류유입)

그림 5-8. TR 스위치 동작 원리

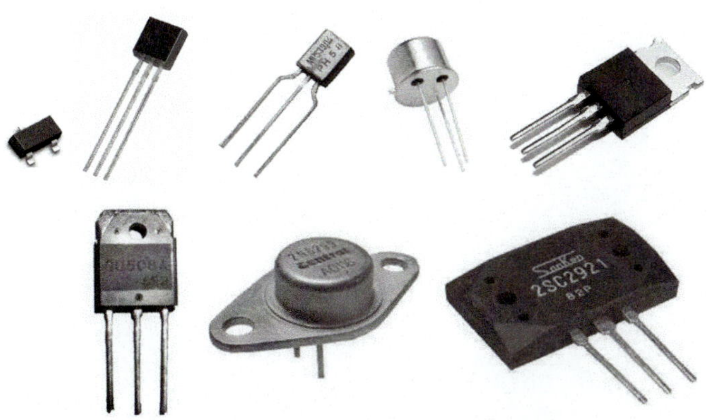

그림 5-9. TR의 여러 가지 모양들

5.2 FND표시 제어 실습

실습11. FND숫자 업카운트 표시
실습12. 스위치 입력에 따른 FND 숫자 업/다운 카운트 표시
실습13. 7447 디코더를 이용한 FND 숫자 표시 제어
실습14. 다이나믹 숫자 표시 제어 실습 1
실습15. 다이나믹 숫자 표시 제어 실습 2

실습 11. FND 숫자 업카운트 표시

[실습과제]

① 아래 실습 회로와 같이 포트A에 FND가 접속되어 있다.

② 프로그램 실행시 FND는 "0"부터 "9"까지 표시되고 다시 "0"부터 표시되는 동작이 무한 반복하도록 프로그램을 작성하라.

[실습 회로]

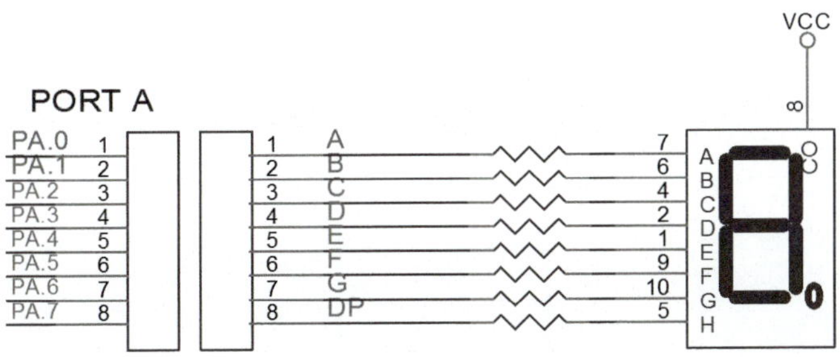

[소스프로그램]

```
#include <mega128.h>
#include <delay.h>

// FND Data           '0'    '1'  '2'    '3'    '4'    '5'    '6'    '7'    '8'    '9'
unsigned char fnd[10]={0xc0, 0xf9, 0xa4, 0xb0, 0x99, 0x92, 0x82, 0xd8, 0x80, 0x98};

void main(void)
{
      int i;

      PORTA=0xFF;
      DDRA=0xFF;

      while(1)
      {
```

```
                for(i=0 ; i <= 9 ; i++)        // FND 점등 data Array Fetch
                {
                    PORTA = fnd[i];            // FND data display '0' ~ '9'
                    delay_ms(1000);
                }
        }
}
```

[프로그램 해설]

■ unsigned char fnd[10]={0xc0, 0xf9, 0xa4, 0xb0, 0x99, 0x92, 0x82, 0xd8, 0x80, 0x98};

배열 변수를 만들어 각 변수에 숫자 점등데이터를 저장해 두고 처리하는 방식을 이용한다. 그러면 배열변수에는 다음과 같이 저장이 된다.

변수명	메모리	FND표시값
fnd[0]	0xc0	"0"
fnd[1]	0xf9	"1"
fnd[2]	0xa4	"2"
fnd[3]	0xb0	"3"
:	:	:
fnd[9]	0x98	"9"

[활용 과제]

[1] 짝수만 무한 반복 디스플레이 되도록 프로그램을 수정하시오.

"0" → "2" → "4" → … → "8" → "0" → …

[2] 홀수만 무한 반복 디스플레이 되도록 프로그램을 수정하시오.

"1" → "3" → "5" → … → "9" → "1" → …

[3] 위 프로그램을 수정하여 다운 카운트 동작으로 무한 반복하도록 프로그램을 수정하시오.

"9" → "8" → "7" → … → "0" → "9" → "8" → …

실습 12. 스위치 입력에 따른 FND 숫자 업/다운 카운트 표시

[실습 과제]

① 아래 실습 회로와 같이 포트A에 FND가 접속되어 있다.

② 프로그램 실행시 FND는 "0"를 표시하고 있다.

③ PORTC.0에 연결된 스위치(SW0)가 ON-OFF 할 때마다 FND는 1씩 증가하고, 9까지 증가한 후 다시 "0"부터 업카운트 한다.

④ PORTC.1에 연결된 스위치(SW1)가 ON-OFF 할 때마다 FND는 1씩 감소하고, 0까지 감소한 후 다시 "9"부터 다운카운트 한다.

⑤ PORTC.2에 연결된 스위치(SW2)가 ON-OFF 하면 FND는 초기 상태인 "0"를 표시하도록 한다.

[실습 회로]

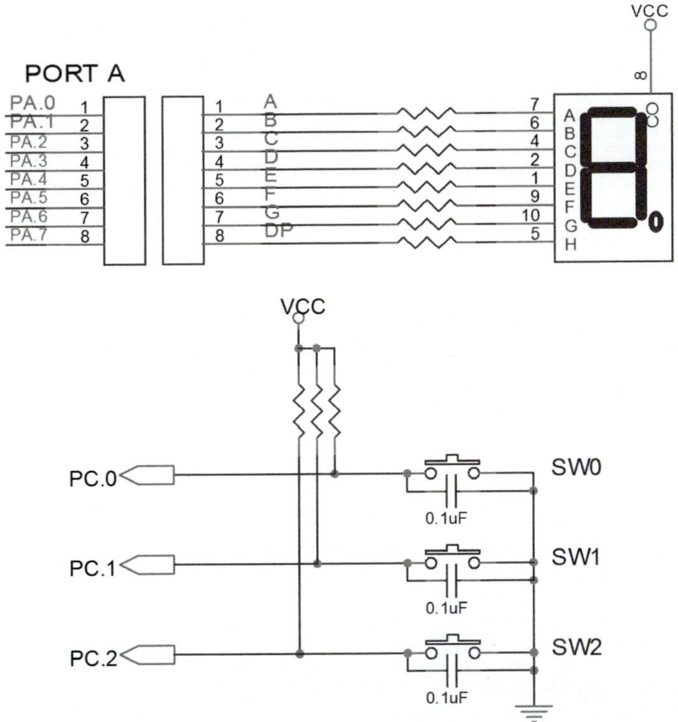

[소스프로그램]

```
#include <mega128.h>
#include <delay.h>

#define    SW0         PINC.0    // 사용자 정의. "PINC" 표현을 "SW" 표현으로 대치한다.
#define    SW1         PINC.1
#define    SW2         PINC.2

// FND Data             '0'    '1'    '2'    '3'    '4'    '5'    '6'    '7'    '8'    '9'
unsigned char fnd[10]={0xc0, 0xf9, 0xa4, 0xb0, 0x99, 0x92, 0x82, 0xd8, 0x80, 0x98};
int count = 0;

void UpCnt(void)                    // —— 증가 카운트 함수
{
      count++;                      // 카운터값 +1 증가
      if(count > 9)                 // 카운터가 9까지 표시되었으면 이상이면 다시 0부터
                count = 0;
}

void DownCnt(void)                  // —— 감소 카운트 함수
{
     count--;                       // 카운터값 -1 감소
     if(count < 0)                  // 카운터가 0까지 표시되었으면 이면 다시 9부터
          count = 9;
}

void main(void)
{
      PORTA=0xFF;      DDRA=0xFF;
      PORTC=0xFF;      DDRC=0x00;

      PORTA= fnd[0];

     while(1)
     {
          if(SW0 == 0)              // 스위치 SW0  ON?
          {
               delay_ms(1);         // 채터링 방지를 위해 약간 시간지연.
               while(SW0 != 1)      // OFF 될 때까지 대기
               {
                         delay_ms(1);
               }
               UpCnt();
```

```
            PORTA = fnd[count];             // 카운터값 FND 출력
        }

        if(SW1 == 0)                        // 스위치 SW1  ON?
        {
            delay_ms(1);
            while(SW1 != 1)                 // OFF 될 때까지 대기
            {
                    delay_ms(1);
            }
            DownCnt();
            PORTA = fnd[count];             // 카운터값 FND 출력
        }

        if(SW2 == 0)                        // 스위치 SW2 ON?
        {
            delay_ms(1);
            while(SW2 != 1)                 // OFF 될 때까지 대기
            {
                    delay_ms(1);
            }
            count = 0;                      // 카운트값 초기화
            PORTA = fnd[count];
        }
    }
}
```

[프로그램 해설]

```
1   if(SW0 == 0)
    {
2       delay_ms(1);
3       while(SW0 != 1)                 // OFF 될 때까지 대기
        {
            delay_ms(1);
        }
4       UpCnt();
5       PORTA = fnd[count];
    }
```

1행 : 만일 SW0가 눌려졌는지 체크한다.

2행 : 스위치가 눌려졌으면 접점의 채터링방지를 위해 약 1mSec 지연을 하도록 한다.

3행 : "while(SW0 != 1)" 1행에서 스위치가 눌려졌으면 다시 OFF가 될 때까지 기다린다.

4행 : 업카운트 사용자 함수 UpCnt()를 호출한다.

5행 : FND표시를 갱신한다.

[활용과제]

위 프로그램을 수정하여 다음과 같이 동작하도록 하시오.

① 프로그램 실행시 FND는 "0"을 표시한다.

② SW0를 ON-OFF 하면 FND는 0.5초 간격으로 1씩 증가하고, 9까지 증가한 후 다시 "0"부터 업카운트하는 동작이 무한 반복한다.

③ SW1를 ON-OFF 하면 FND는 0.5초 간격으로 1씩 감소하고, 0까지 감소한 후 다시 "9"부터 다운카운트하는 동작이 무한 반복한다.

④ SW2를 ON-OFF 하면 카운트 동작을 정지하고 FND는 현재 값을 표시한 상태로 정지가 된다. 다시 SW1, SW2 조작에 의해 업, 다운 카운트 동작이 일어나야 한다.

실습 13. 7447 디코더를 이용한 FND 숫자 표시 제어

[실습 과제]

① 아래 실습 회로와 같이 포트A에 FND가 접속되어 있다.

② 프로그램 실행시 FND는 "00"를 표시하고 있다.

③ PORTC.0에 연결된 스위치(SW0)가 ON 하면 FND는 연속으로 1씩 증가하고, "99"까지 증가한 후 다시 "00"부터 업카운트 한다.

④ PORTC.1에 연결된 스위치(SW1)가 ON 하면 FND는 연속으로 1씩 감소하고, 00까지 감소한 후 다시 "99"부터 다운카운트 한다.

⑤ PORTC.2에 연결된 스위치(SW2)가 ON 하면 FND는 초기 상태인 "00"를 표시하도록 한다.

[실습 회로]

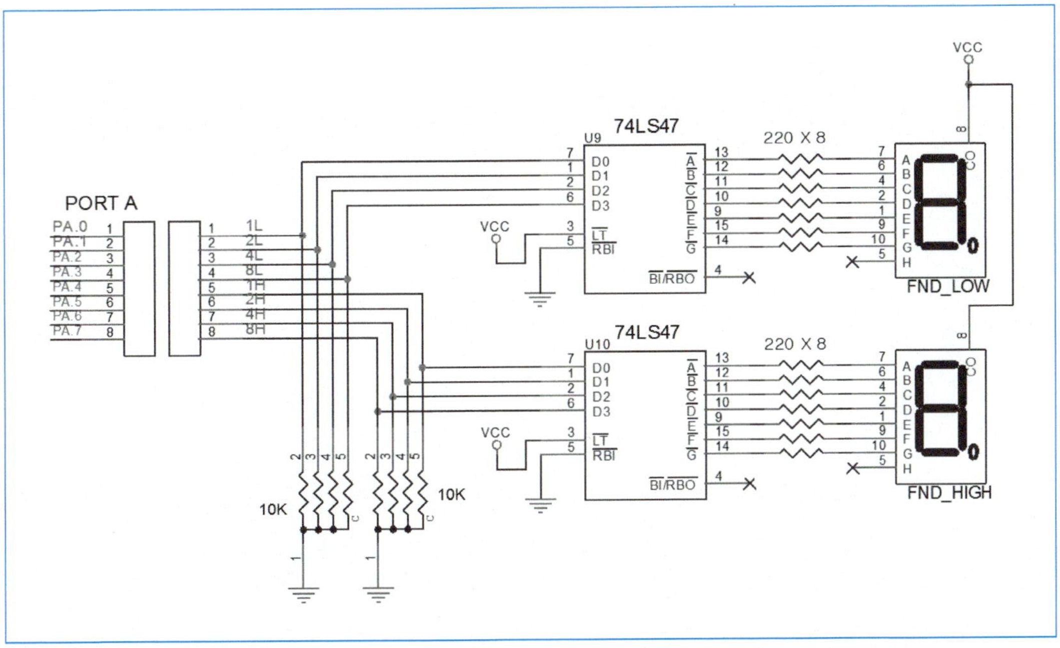

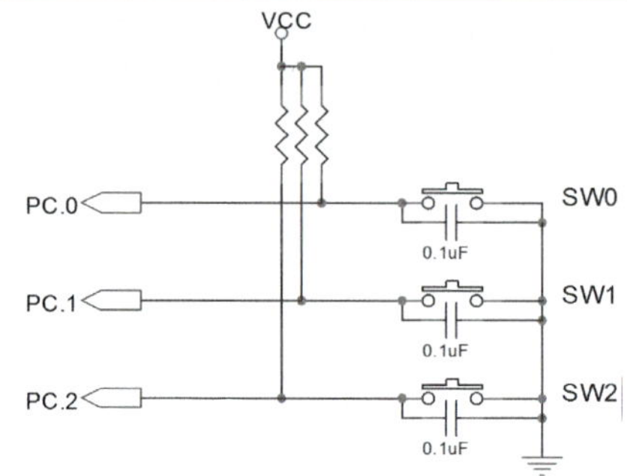

[소스 프로그램]

```
#include <mega128.h>
#include <delay.h>

int count = 0;                  // FND표시 데이터 저장 변수
int countL = 0;                 // FND 1단위 표시 숫자 저장
int countH = 0;                 // FND 10단위 표시 숫자 저장
unsigned char keyin;

void UpCnt(void)
{
    do{
            countL++;           // 1단위 카운터값 +1 증가
            if(countL > 9) {
                countL = 0;     // 1단위 숫자가 9 이상이면  다시 0 부터
                countH++;       // 10단위 숫자 1증가
                        }
            if(countH > 9)
                countH = 0;

            count = countH << 4; // count 상위 4비트 ← countH값(10단위) 저장
            count += countL;     // count 하위 4비트 ← countL값(1단위) 저장

            PORTA = count;       // FND출력
            delay_ms(100);

            keyin = PINC & 0x07; // 키가 눌려지지 않으면 계속 루프를 돈다.
    }while(keyin == 0x07 );
}

void DownCnt(void)
{
    do{
        countL--;               // 카운터값 -1 감소
            If(countL <0 ) {
```

```
                countL = 9;         // 0 까지 표시 되었으면 다시 9 부터
                countH--;
            }
            if(countH < 0)
                countH = 9;

            count = countH << 4;  // 상위 4비트 <- countH 값 저장
            count += countL;      // 하위 4비트 <- countL 값 저장

            PORTA = count;
            delay_ms(200);

            keyin = PINC & 0x07;  // 키가 눌려지지 않으면 계속 루프를 돈다.
        }while(keyin == 0x07 );
}

void main(void)
{
    PORTA=0xFF;     DDRA=0xFF;
    PORTB=0xFF;     DDRB=0xFF;
    PORTC=0xFF;     DDRC=0x00;

    PORTA= 0;

    while(1)
    {
        keyin = PINC & 0x07;

        switch (keyin)
        {
            case 0x06 :             // 0110  : SW0 ON일 경우
                UpCnt();
              break;

            case 0x05:              // 0101  : SW1 ON일 경우
                DownCnt();
              break;

            case 0x03:              // 0011  : SW2 ON일 경우
             {
                delay_ms(1);
                count = 0;
                PORTA = count;             // 카운터값 FND 출력
             }
              break;
        }
    }
}
```

[프로그램 알고리즘]

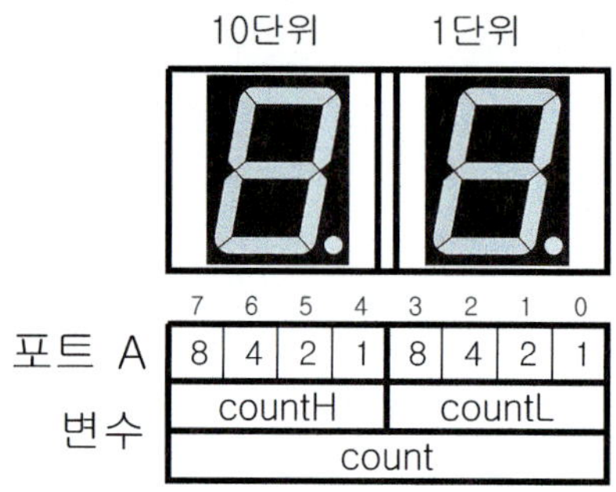

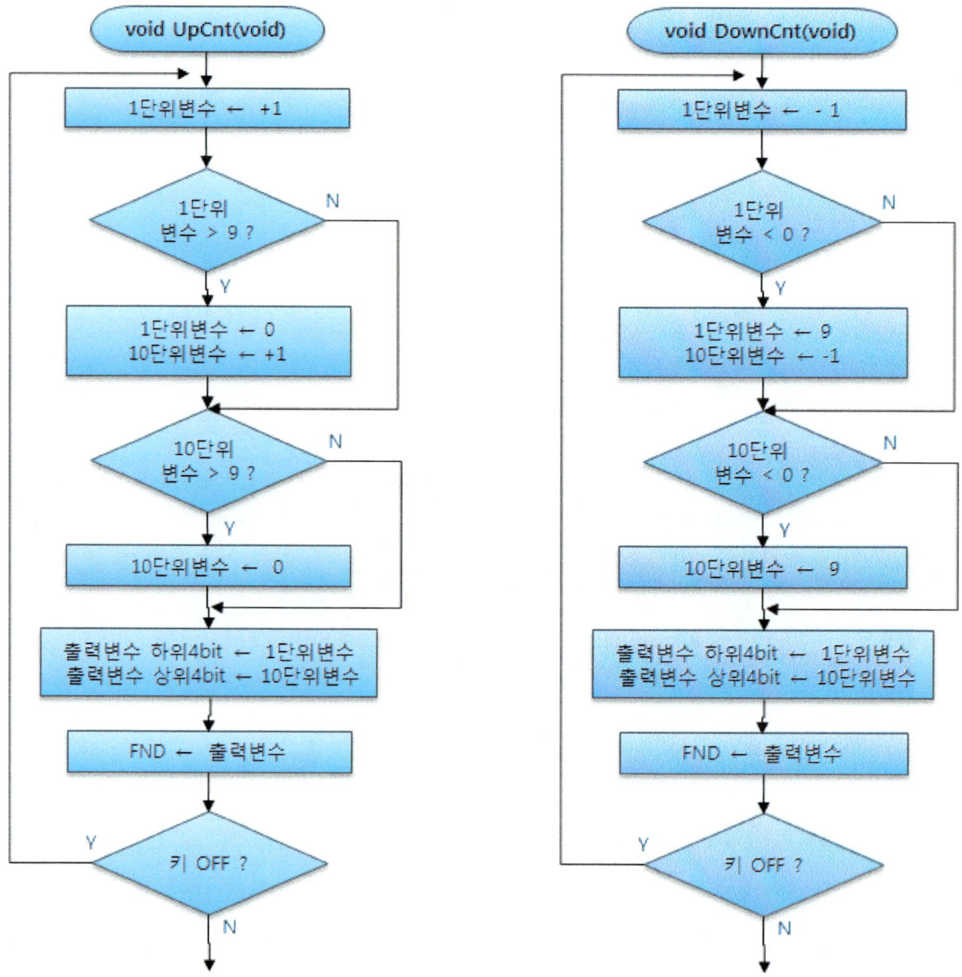

그림 5-10 UpCnt() 함수와 DownCnt() 함수의 처리 알고리즘

실습 14. 다이나믹 숫자 표시 제어 실습 1

[실습과제]

FND에 「4753」라고 표시되도록 프로그램을 작성한다.

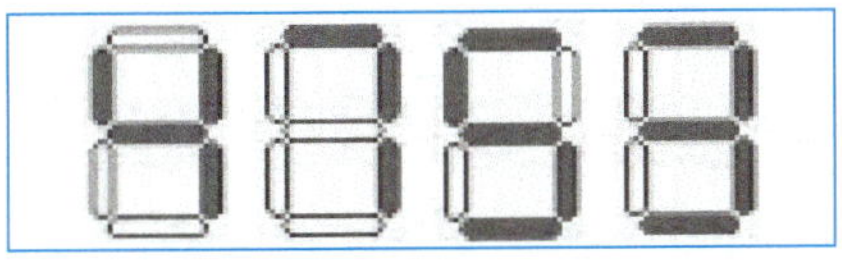

[실습 회로]

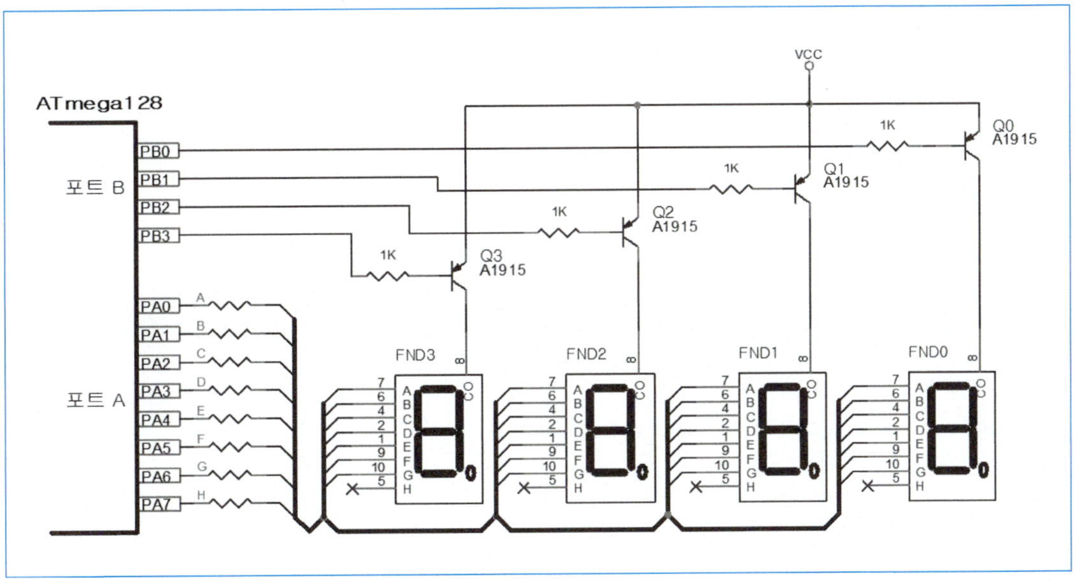

① FND는 4개의 Digit로 구성되어 있다.

FND3 FND2 FND1 FND0

② 4개의 FND Digit는 모두 포트A에 병렬로 연결되어 있다.

③ FND Digit COM단자는 pnp TR 스위치를 통해 연결되어 점등 Digit를 선택하도록 한다.

[소스 프로그램]

```
#include <mega128.h>
#include <delay.h>

#define Q0      PORTB.0         //PortB.0 bit : FND Q0
#define Q1      PORTB.1         //PortB.1 bit : FND Q1
#define Q2      PORTB.2         //PortB.2 bit : FND Q2
#define Q3      PORTB.3         //PortB.3 bit : FND Q3

// FND Data            '0'   '1'   '2'   '3'   '4'   '5'   '6'   '7'   '8'   '9'
unsigned char fnd[10]={0xc0, 0xf9, 0xa4, 0xb0, 0x99, 0x92, 0x82, 0xd8, 0x80, 0x98};

void main(void)
{
        int i;

    PORTA=0x00;
    DDRA=0xFF;

    PORTB=0x00;
    DDRB=0xFF;

   while(1)
   {
            PORTA = fnd[4];             // FND3 에만 "4" 점등
            Q0=1,Q1=1,Q2=1,Q3=0;
            delay_ms(5);
            PORTA = fnd[7];             // FND2 에만 "7" 점등
            Q0=1,Q1=1,Q2=0,Q3=1;
            delay_ms(5);

            PORTA = fnd[5];             // FND1 에만 "5" 점등
            Q0=1,Q1=0,Q2=1,Q3=1;
            delay_ms(5);

            PORTA = fnd[3];             // FND0 에만 "3" 점등
            Q0=0,Q1=1,Q2=1,Q3=1;
            delay_ms(5);
   }
}
```

[알고리즘 해설]

다음 표의 출력 값과 순서가 무한 반복 처리를 한다.

순서	FND 표시 출력값	점등 FND
1	"4"	FND3
2	"7"	FND2
3	"5"	FND1
4	"3"	FND0

① 먼저 "4"를 표시할 데이터를 포트A로 출력을 하고 "PORTB.3 = 0"을 출력하여 TR Q3만 ON이 되므로 FND3에 "4"가 점등이 된다.

② 그 다음 "7"를 표시할 데이터를 포트A로 출력을 하고 "PORTB.2 = 0"을 출력하여 TR Q2만 ON이 되므로 FND2에 "7"가 점등이 된다.

③ 다음 "5"를 표시할 데이터를 포트A로 출력을 하고 "PORTB.1 = 0"을 출력하여 TR Q1만 ON이 되므로 FND1에 "5"가 점등이 된다.

④ 다음 "3"을 표시할 데이터를 포트A로 출력을 하고 "PORTB.0 = 0"을 출력하여 TR Q0만 ON이 되므로 FND0에 "3"이 점등이 된다.

이 순서를 빠른 속도로 반복하면 눈의 잔상효과로 인해 FND에는 "4753"이 점등되어 있는 것으로 보인다.

실습 15. 다이나믹 숫자 표시 제어 실습 2

[실습과제]

FND에 「0000」→「0001」→「0002」→「0003」→ … →「9999」 업카운터 프로그램을 만든다.

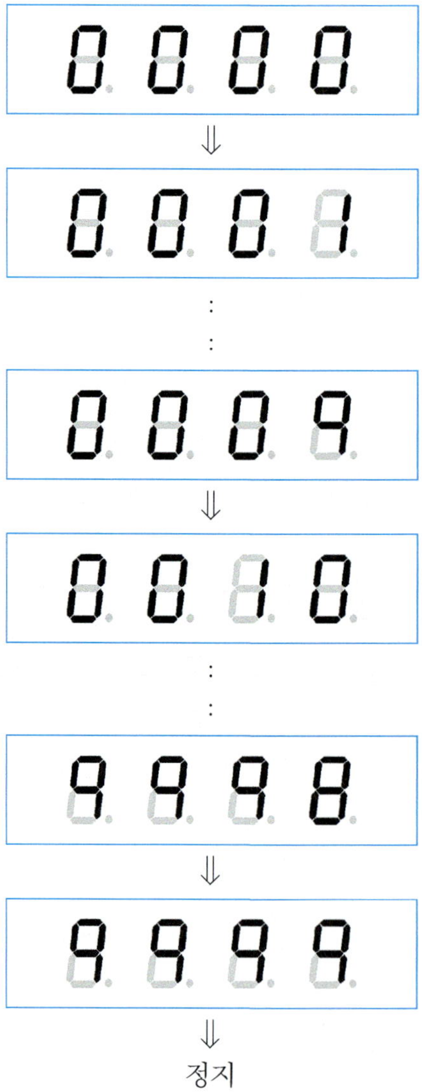

[실습 회로]

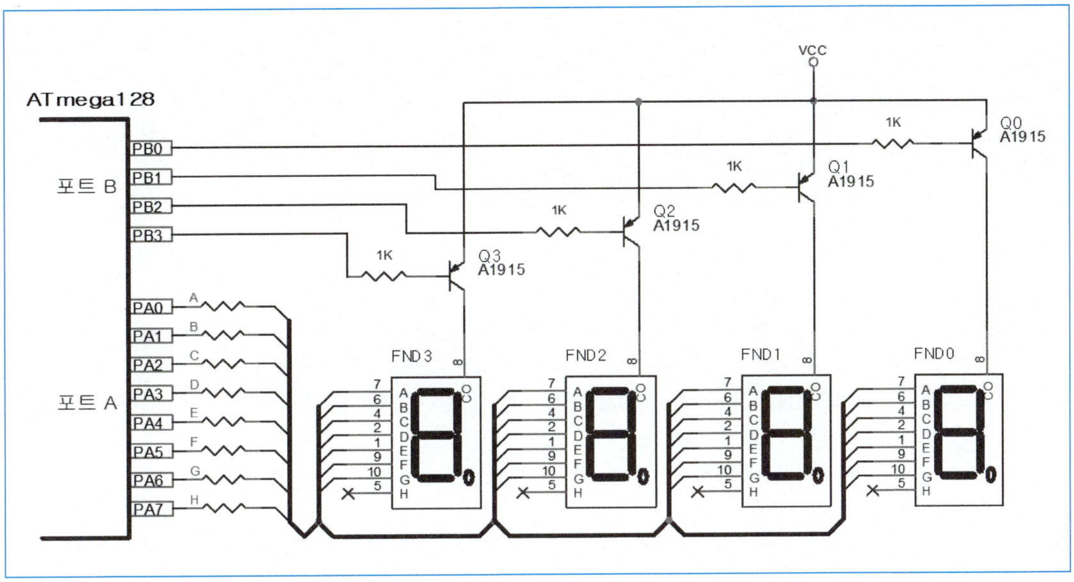

[소스프로그램]

```
#include <mega128.h>
#include <delay.h>

#define Q0   PORTB.0       //PortB.0 bit : FND Q0
#define Q1   PORTB.1       //PortB.1 bit : FND Q1
#define Q2   PORTB.2       //PortB.2 bit : FND Q2
#define Q3   PORTB.3       //PortB.3 bit : FND Q3


// FND Data              '0'   '1'   '2'   '3'   '4'   '5'   '6'   '7'   '8'   '9'
unsigned char fnd[10]={0xc0, 0xf9, 0xa4, 0xb0, 0x99, 0x92, 0x82, 0xd8, 0x80, 0x98};

void main(void)
{
      int i;

      PORTA=0x00;
      DDRA=0xFF;

      PORTB=0x00;
      DDRB=0xFF;
```

```
    while(1)
    {
        for(i=0 ; i <= 9999 ; i++)              // FND 점등 data Array Fetch
        {
                PORTA = fnd[i/1000];            // i 값 천 단위 계산 FND3 만 점등
                Q0=1,Q1=1,Q2=1,Q3=0;
                delay_ms(5);

                PORTA = fnd[i%1000/100];        // i 값 백 단위 계산 FND2 만 점등
                Q0=1,Q1=1,Q2=0,Q3=1;
                delay_ms(5);

                PORTA = fnd[i%100/10];          // i 값 십 단위 계산 FND1 만 점등
                Q0=1,Q1=0,Q2=1,Q3=1;
                delay_ms(5);

                PORTA = fnd[i%10/1];            // i 값 일 단위 계산 FND0 만 점등
                Q0=0,Q1=1,Q2=1,Q3=1;
                delay_ms(5);
        }
    }
}
```

[알고리즘 해설]

만일 표시데이터 변수 값이 "4753" 이라고 가정하면

1	4753 / 1000 % 1000	= 4 = 753	: 몫 (천단위 표시값) : 나머지
2	753 / 100 % 100	= 7 = 53	: 몫 (백단위 표시값) : 나머지
3	53 / 10 % 10	= 5 = 3	: 몫 (십단위 표시값) : 나머지 (일단위 표시값)

활용과제1

① FND0는 "0"을 표시하고 FND1~FND3은 OFF상태이다.
② PORTC.0에 연결된 푸시스위치 SW0가 한번 ON-OFF할 때마다 1씩 증가 카운트 동작을 한다. "9"까지 카운트 하고난 후 다시 "0"부터 시작한다.
③ PORTC.1에 연결된 푸시스위치 SW1가 한번 ON-OFF할 때마다 1씩 감소 카운트 동작을 한다. "0"까지 감소 카운트 하고난 후 다시 "9"부터 시작한다.

활용과제2

① FND0, FND1는 "00"을 표시하고 FND2, FND3은 OFF상태이다.
② PORTC.0에 연결된 푸시스위치 SW0가 한번 ON-OFF할 때마다 1씩 증가 카운트 동작을 한다.
③ "99"까지 카운트 하고난 후 다시 "0"부터 시작한다.

MEMO

캐릭터 LCD 표시 제어

이 장에서는 대표적인 디스플레이 장치인 캐릭터 LCD를 이용하여 문자를 출력하기 위한 방법과 하드웨어 인터페이스에 대해 배운다. 우선 초기화 원리를 배우고 코드비전에서 하드웨어 인터페이스 방법을 설명한 후 다양한 예제를 통해 사용법을 익히도록 하자.

CHAPTER 06

6.1 알아야 할 관련 지식들

(1) 캐릭터 LCD 구조

캐릭터 LCD는 일반적으로 구동을 위해 HD44780이라고 불리는 반도체 LCD 드라이버를 많이 사용하고 있는데, 각 제조회사마다 약간씩 차이가 있기는 하지만 대부분 유사한 구조와 동작을 하기 때문에 대부분의 캐릭터 LCD는 같은 구동방식으로 구현될 수 있다.

보통 마이컴에서는 16Font×2Line(16*2)가 가장 대중화 되어 있다. 4라인 LCD 또한 2라인 LCD와 비교해서 크게 다른 점은 없다. 밑에 그림은 16*2 LCD의 외형을 나타낸다.

그림 6-1 16X2 캐릭터 LCD외형

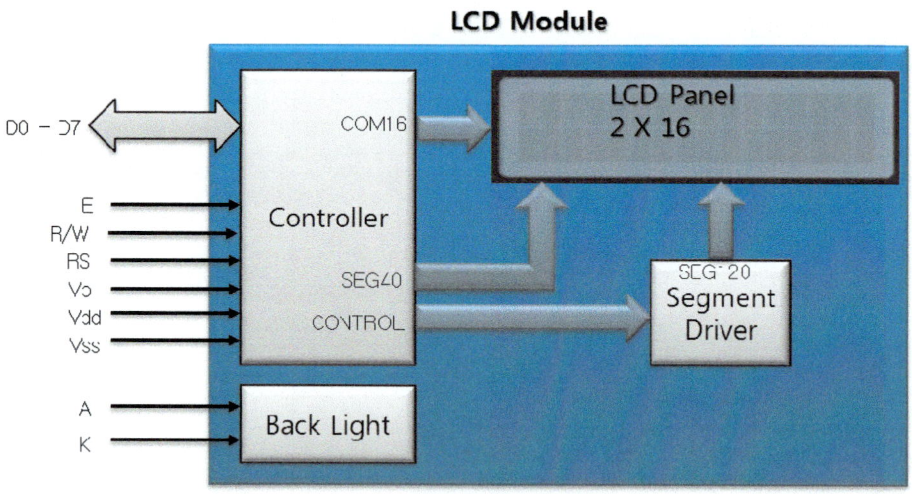

그림 6-2 LCD 내부 구조

1번과 2번핀은 LCD의 구동전원을 인가하는 단자이고, 3번 단자는 밝기를 조절하기 위한 단자이다. 4, 5, 6번 단자는 LCD의 제어부분을 담당하는 단자이고 각각 RS, R/W, E를 담당한다. 나머지 7번부터 14번 단자까지는 8비트 데이터 신호가 전달되는 단자이다. 만일 데이터버스를 4비트로 접속한다면 D4~D7을 사용하고 D0~D3은 사용하지 않는다. 15와 16번 단자는 LCD에 백라이트를 위한 단자이다

[표 6-1] 인터페이스 콘넥터 핀의 기능

<table>
<tr><th>핀번호</th><th>기호</th><th colspan="2">기 능</th></tr>
<tr><td>1</td><td>Vss</td><td>0V</td><td rowspan="2">전 원</td></tr>
<tr><td>2</td><td>V_{DD}</td><td>5V</td></tr>
<tr><td>3</td><td>V_L</td><td>3-13V</td><td>CONTRAST CONTROL</td></tr>
<tr><td>4</td><td>RS</td><td colspan="2">Register Select
H: 데이터 입력, L: 인스트럭션 입력</td></tr>
<tr><td>5</td><td>R/W</td><td colspan="2">Read/Write control
H: 데이터 리드, L: 데이터 라이트</td></tr>
<tr><td>6</td><td>E1</td><td colspan="2">Enable
H : enable, L : disable</td></tr>
<tr><td>7</td><td>D0</td><td colspan="2" rowspan="8">데이터 버스

★ 4비트 인터페이스 모드시
D4~D7을 사용.
(D0~D3을 사용불가)</td></tr>
<tr><td>8</td><td>D1</td></tr>
<tr><td>9</td><td>D2</td></tr>
<tr><td>10</td><td>D3</td></tr>
<tr><td>11</td><td>D4</td></tr>
<tr><td>12</td><td>D5</td></tr>
<tr><td>13</td><td>D6</td></tr>
<tr><td>14</td><td>D7</td></tr>
<tr><td>15</td><td>A</td><td colspan="2" rowspan="2">LCD 백 라이트 전원</td></tr>
<tr><td>16</td><td>K</td></tr>
</table>

(2) 내부 레지스터

① DD RAM(Display Data RAM : 표시 데이터 램)

DD RAM은 8비트 문자코드에 상응한 디스플레이 데이터를 저장한다. 이 메모리의 용량은 80x8 bit(80byte) 혹은 80문자이다. 16x2 LCD에서는 32byte만 사용하고 나머지는 일반적인 데이터 RAM 영역으로 사용할 수 있다.

■ DD RAM 어드레스와 디스플레이 부분과의 관계

열 / 행	1	2	3	4	5	6	7	8	9	10	11	12	13	14	15	16	LCD 표시 열수
1행	00	01	02	03	04	05	06	07	08	09	0A	0B	0C	0D	0E	0F	←DD RAM 어드레스
2행	40	41	42	43	44	45	46	47	48	49	4A	4B	4C	4D	4E	4F	←DD RAM 어드레스

■ 왼쪽 시프트한 DD RAM 어드레스와 디스플레이 부분과의 관계

열 / 행	1	2	3	4	5	6	7	8	9	10	11	12	13	14	15	16	LCD 표시 열수
1행	01	02	03	04	05	06	07	08	09	0A	0B	0C	0D	0E	0F	10	←DD RAM 어드레스
2행	41	42	43	44	45	46	47	48	49	4A	4B	4C	4D	4E	4F	50	←DD RAM 어드레스

■ 오른쪽 시프트한 DD RAM 어드레스와 디스플레이 부분과의 관계

열 / 행	1	2	3	4	5	6	7	8	9	10	11	12	13	14	15	16	LCD 표시 열수
1행	3F	00	01	02	03	04	05	06	07	08	09	0A	0B	0C	0D	0E	←DD RAM 어드레스
2행	7F	40	41	42	43	44	45	46	47	48	49	4A	4B	4C	4D	4E	←DD RAM 어드레스

② CG ROM (Character Generator ROM : 문자 제네레이터 ROM)

CG ROM은 8비트 문자 코드로부터 208개의 5x8 도트 혹은 32개의 5x10도트의 문자 패턴을 생성한다.

③ CG RAM (Character Generator RAM : 문자 제네레이터 RAM)

CG RAM은 사용자가 임의의 원하는 문자패턴을 만들어 저장할 때 사용하는 RAM 영역이다. 5x8 도트의 경우 8종류 문자 패턴을 만들고 5x10 도트의 경우 4종류 패턴을 만들 수 있다.

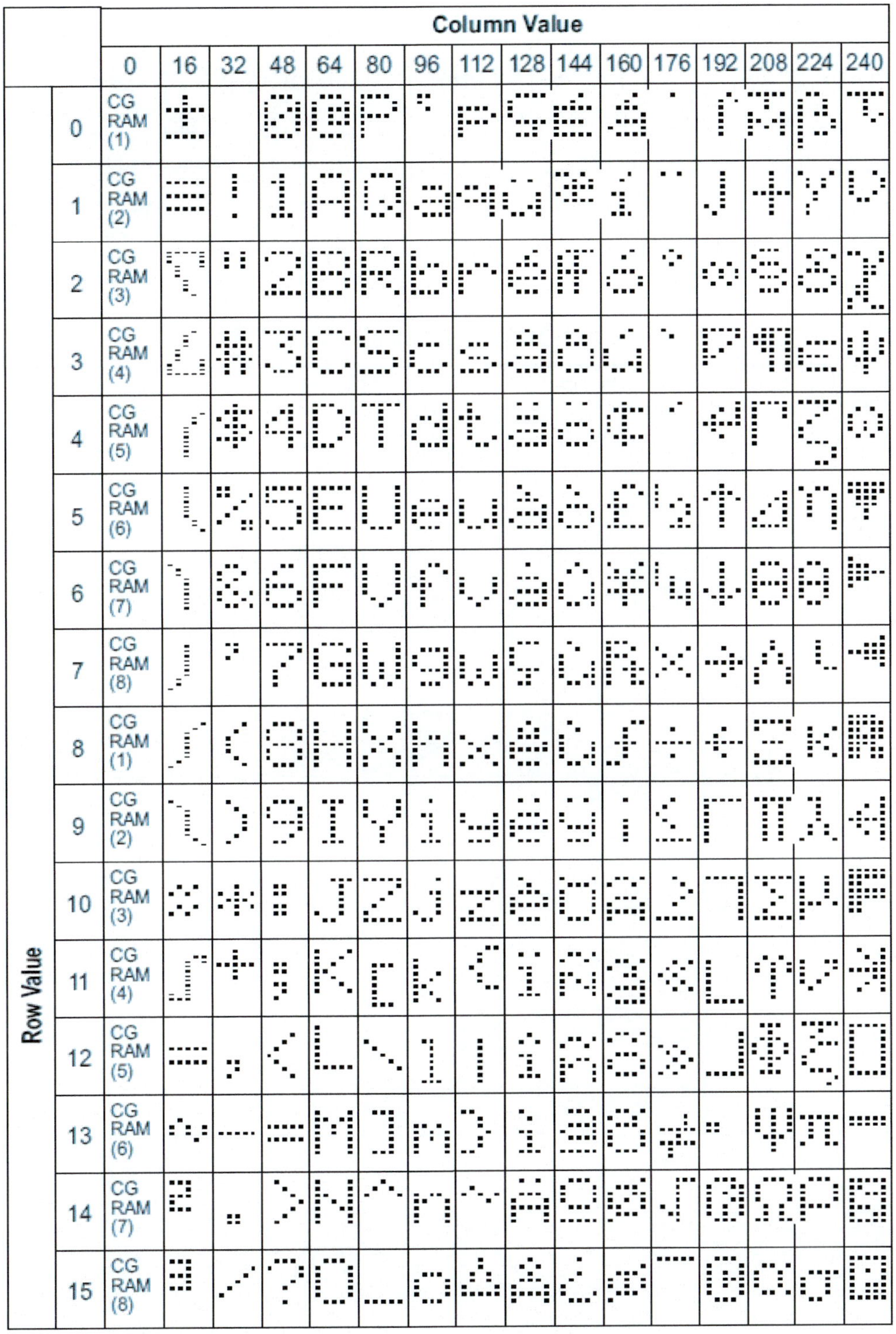

그림 6-3 영문 CG ROM 내용 예

(3) LCD 제어 명령

LCD제어를 위해서 사용자는 명령을 위한 인스트럭션의 내용을 숙지하여야 하지만, CodeVision AVR 에서는 4비트 LCD제어를 위한 라이브러리를 제공하고 있으므로 LCD제어에 대한 자세한 내용은 생략하기로 한다. 하지만 다른 컴파일러들은 이러한 라이브러리를 제공하지 않는 경우가 많으므로 LCD제어에 대한 내용을 개인적으로 학습하는 것을 추천하는 바이다. 밑에 표는 캐릭터 LCD의 명령어 요약 테이블을 보여준다.

[표 6-2] HD44780 LCD의 인스트럭션 구조

명령	코 드										기 능
	RS	R/W	DB7	DB6	DB5	DB4	DB3	DB2	DB1	DB0	
화면지움	0	0	0	0	0	0	0	0	0	1	화면을 클리어한 후 커서 홈위치(0번지)로 돌아감.
커서 홈	0	0	0	0	0	0	0	0	1	*	커서를 홈 위치로 돌아간다. DDRAM 내용은 변화 없다.
엔트리 모드 셋	0	0	0	0	0	0	0	1	ID	S	데이터 R/W시 동작모드 결정. 즉 커서진행방향과 자동시프트 할것인지 결정
화면 ON/OFF	0	0	0	0	0	0	1	D	C	B	D: 화면표시 (1:ON 0: OFF) C : 커서 ON/OFF (1 : ON 0 : OFF) B : 커서위치 문자 브링크 (1:ON 0: OFF)
커서/표시 시프트	0	0	0	0	0	1	SC	RL	*	*	화면 표시 변경없이 커서, 화면의 이동, 시프트 동작 설정
기능설정	0	0	0	0	1	DL	N	F	*	*	DL : 데이터길이(1 : 8BIT, 0 : 4BIT) N : 표시행수 (1: 2행, 0: 1행) F : 문자폰트 (1: 4x10, 0: 5x7 DOT)
CGRAM 주소설정	0	0	0	1	CGRAM 주소						CGROM 주소를 설정. 이후 전송데이터는 CGRAM 데이터이다.
DDRAM 주소설정	0	0	1	DDRAM 주소							DDRAM 주소를 설정. 이후 전송데이터는 DDRAM 데이터이다.
BF/ 주소설정	0	1	BF	어드레스 카운터							BF와 AC의 내용을 읽는다.
RAM쓰기	1	0	써넣을 데이터								DDRAM 또는 DGRAM 에 데이터를 써넣는다.
RAM읽기	1	1	읽을 데이터								DDRAM 또는 DGRAM 에 데이터를 읽는다.

6.2 인터페이스 회로와 초기화 방법

(1) 캐릭터 LCD 접속회로

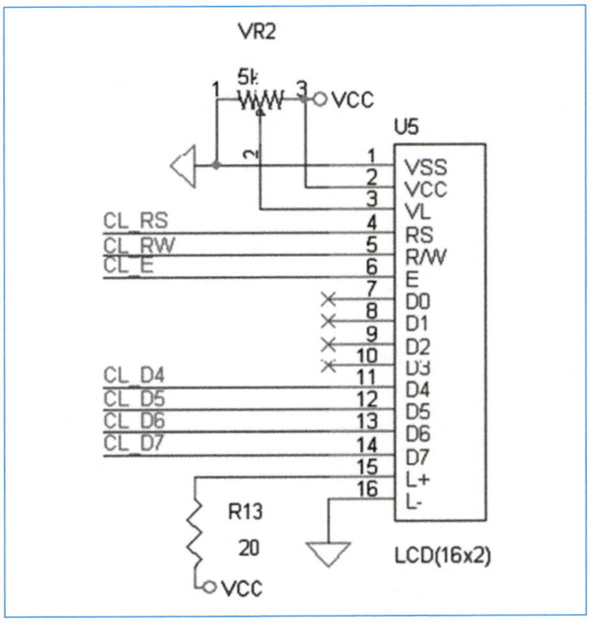

그림 6-4 LCD 단자 회로 구성

Text LCD는 8비트와 4비트 2가지 방식으로 제어될 수 있다. 8비트 제어는 마이크로프로세서가 어드레스와 데이터 버스를 사용할 때 사용하면 유리하게 적용할 수 있으며 4비트 제어는 버스방식으로 제어하지 않을 때 포트의 절약면에서 유리하게 적용될 수 있다. 8비트 제어는 7~14핀 모두를 사용하여 LCD와 명령을 주고받는 형태를 띄며, 4비트는 11~14번 핀만을 사용하고 7~10까지의 핀은 연결하지 않고 사용한다.

위 회로도에서 5K가변저항은 LCD의 도트 농도를 조절하는 역할을 한다.

저항 20옴의 역할은 LCD 백라이트의 전류제한용으로 사용되어지고 있다. 만약 이 저항이 존재하지 않고 직접 5V전원을 인가했을 경우, 백라이트는 엄청난 열을 발산할 것이다. 백라이트에는 보통 LED소자가 30개 이상 박혀있으며 고른 밝기를 위해 확산 시트지를 사용한다.

(2) CodeVision에서 LCD 모듈과 포트와의 결선 및 초기화 방법

① LCD모듈과 포트의 결선

LCD 모듈	AVR 포트
RS (pin4)	bit 0
RD (pin 5)	bit 1
EN (pin 6)	bit 2
No Connection	bit 3
D4 (pin 11)	bit 4
D5 (pin 12)	bit 5
D6 (pin 13)	bit 6
D7 (pin 14)	bit 7

② Character LCD 회로 구성도

Character LCD Part 회로 구성은 다음과 같다.

Digital Data를 시각적으로 표현하는 방법에는 여러 가지가 있다. 그중 범용적으로 사용되는 Character LCD를 사용하였다.

밑에 그림은 프로세서에 LCD가 연결되어 있는 부분의 회로를 보여준다. LCD는 마이컴의 PortC에 연결되어 있으며 PortC의 4번 핀부터 7번 핀을 데이터 전송용 핀으로 사용한다. PortC의 0번 핀은 LCD의 RS핀에, 1번 핀은 RD/WR핀에 그리고 2번 핀은 EN핀에 연결되어 있음을 숙지하면 회로의 이해에 도움이 될 것이다.

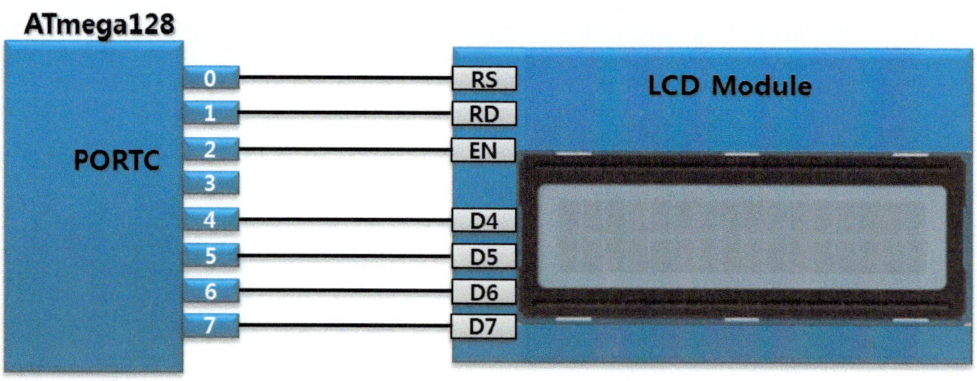

그림 6-5 LCD 연결 구성

[표 6-3] LCD 신호 접속

PORTC	내 용
PC_4~PC_7	LCD Data Line으로 사용, Data 입/출력을 수행한다.
PC_0~PC_3	LCD Control 신호로 사용한다.

③ 프로그램에서 선언부 초기화 방법

```
#asm
        .equ __lcd_port=0x15  // 포트C의 경우
#endasm
#include <lcd.h>
```

포트 B의 경우 두 번째 행에서 [.equ __lcd_port = 0x18]로 한다.

(3) CodeVision에서 제공하는 LCD 제어 함수들과 사용법 (LCD.H)

CodeVision 컴파일러에서는 사용자가 손쉽게 LCD를 활용할 수 있도록 라이브러리 함수 형식으로 제공하고 있으며, 이는 "LCD.H" 헤더파일에 선언되어 있다.

따라서 사용자가 일일이 제어 코드를 숙지하고 사용할 필요가 없어 프로그램시 상당한 편리성을 제공해 주고 있다.

```
void _lcd_ready(void)
```

LCD모듈이 데이터 수신 준비가 완료될 때까지 대기
이 함수는 다음의 lcd_write_data() 함수로 LDC에 데이터를 쓰기 전에 실행해야 한다.

```
void _lcd_write_data(unsigned char data)
```

LCD인스트럭션 레지스트에 LCD 초기화 Byte 코드를 라이트 한다.

```
Example:
/* enables the displaying of the cursor */

_lcd_write_data(0xe0);
```

```
void lcd_write_byte(unsigned char addr, unsigned char data)
```

LCD character generator 또는 display RAM에 Byte 데이터를 쓴다.

[고수준 함수들]

```
unsigned char lcd_init(unsigned char lcd_columns)
```

LCD 모듈의 초기화 함수. 디스플레이를 클리어 하고난 후 문자표시 위치를 row 0, column 0 위치로 설정한다. 커서는 표시하지 않는다.

이 함수는 LCD모듈이 정상적으로 연결이 되어 있으면 1, 아니면 0을 리턴한다.

다른 고수준 함수를 호출하기 전에 제일 먼저 수행되어야 한다.

```
unsigned char lcd_read_byte(unsigned char addr)
```

LCD character generator 또는 display RAM으로부터 한 Byte를 읽어온다.

```
void lcd_clear(void)
```

디스플레이를 클리어 하고난 후 문자표시 위치를 row 0, column 0 위치로 설정한다.

```
void lcd_gotoxy(unsigned char x, unsigned char y)
```

현재 디스플레이 위치를 column x와 row y로 설정한다.
(16*2 LCD의 경우 column x = 0~15, row y = 0~1)

```
void lcd_putchar(char c)
```

문자 변수에 저장된 문자를 현재 디스플레이 위치에 표시한다.

```
void lcd_puts(char *str)
```

SRAM에 있는 문자열을 현재 디스플레이 위치에 표시한다.

```
void lcd_putsf(char flash *str)
```

FLASH 메모리에 있는 문자열을 현재 디스플레이 위치에 표시한다.

[사용하는 방법 예]

```
#asm
.equ __lcd_port=0x15                // PORTC의 경우
#endasm

#include <lcd.h>                    // LCD 제어함수를 사용하기 위한 헤더파일

void main(void)
{
        lcd_init(16);               // initialize the LCD for 2 lines & 16 columns
        lcd_gotoxy(0,1);            // go on the second LCD line
        lcd_putsf("Hello world");   // display the message
```

6.3 캐릭터 LCD 실습

실습16. LCD 문자 표시 실습1
[활용 과제] 문자 표시응용
실습17. LCD 숫자 표시 실습1
실습18. LCD 문자 표시 실습2
실습19. LCD 문자 시프트 표시 실습
[활용 과제] 문자의 시프트
실습20. LCD 숫자 표시 실습2
[활용 과제] BCD 표현

실습 16. LCD 문자 표시 실습1

[실습 과제]

LCD에 다음과 같이 문자를 디스플레이 하라.

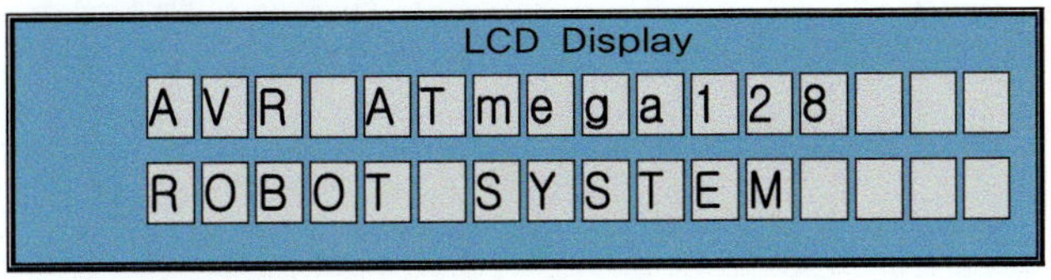

[실습 회로]

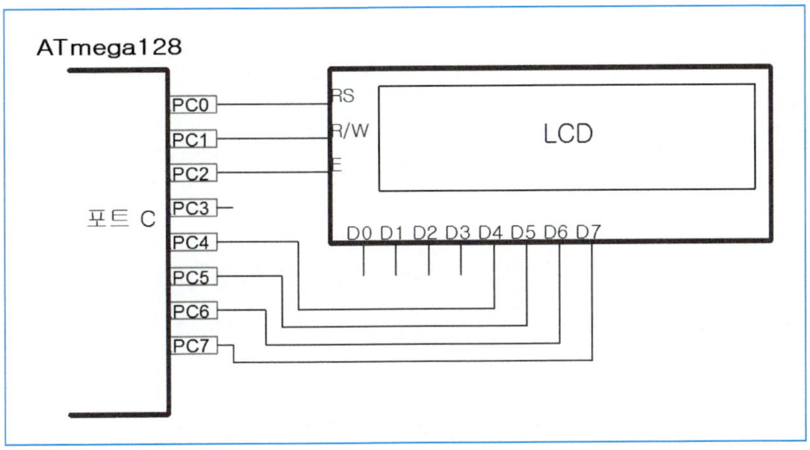

[소스 프로그램]

```
#include <mega128.h>
#include <delay.h>

#asm
    .equ __lcd_port=0x15    // LCD는 포트C 에 접속
#endasm
#include <lcd.h>

void main(void)
{
```

```
        char   buff[17]="AVR ATmega128 ";      // LCD 출력 Data 저장 변수 설정

        PORTC=0xff;
        DDRC=0xff;

        lcd_init(16);                          // Character LCD 16*2 사용 선언
        lcd_gotoxy(0,0);                       // LCD 1 line 선택 함수, x=0, y=0

        delay_us(500);                         // 시간 지연 함수
        lcd_puts(buff);                        // buff변수 Data를 LCD로 출력
        lcd_gotoxy(0,1);                       // LCD 2 line 선택 함수, x=0, y=1
        lcd_putsf("ROBOT SYSTEM");             // Data를 LCD로 출력

        while(1){ }
}
```

활용과제 문자 출력

한 문자를 출력하는 "lcd_putchar();" 함수를 이용하여 아래 그림과 같이 문자 "O"가 출력되도록 프로그램을 작성하시오

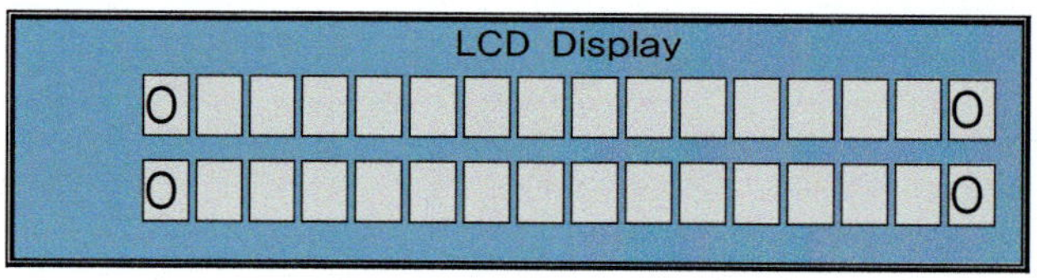

실습 17. LCD 숫자 표시 실습 1

[실습 과제]

1. LCD창에 0부터 1000까지 숫자를 증가시킨다.
2. 1000이 되었을 경우 다시 0으로 돌아간다.
3. 증가되는 시간은 약 0.1초로 한다.

* 앞 절의 실습 회로를 참고하시오.

[소스 프로그램]

```
#include <mega128.h>
#include <stdio.h>            // sprintf() 함수를 사용하기 위해

// Alphanumeric LCD Module functions
#asm
    .equ __lcd_port=0x15
#endasm
#include <lcd.h>
#include <delay.h>

int i = 0 ;
char sbuf[16] ;

void main(void)
{
    lcd_init(16);                           // LCD module initialization

    while (1)
    {
        lcd_gotoxy(0,0) ;                   // LCD X,Y Select
        lcd_putsf("Current Value");         // LCD Display

        for( i = 0 ; i <= 1000 ; i++ )
        {
            sprintf(sbuf, "DATA = %4d", i); // 변수 i값을 4자리로 출력하도록 하는 것을
            lcd_gotoxy(0,1) ;               // 변수 "sbuf"로 저장한다.
            lcd_puts(sbuf);
            delay_ms(100) ;                 // delay 100ms
        }
    };
}
```

실습 18. LCD 문자 표시 실습2

[실습 과제]

포트A의 0번 비트 ~ 3번 비트는 다음과 같이 푸시버튼이 연결되어 있다.

각 스위치가 ON일 때 아래 문자가 처럼 LCD에 디스플레이 되도록 프로그램을 작성하라.

- SW0 : ON일 때 "Switch 0 ON"
- SW1 : ON일 때 "Switch 1 ON"
- SW2 : ON일 때 "Switch 2 ON"
- SW3 : ON일 때 "Switch 3 ON"
- 모든 스위치가 off일 경우 : "No Switch"

[실습 회로]

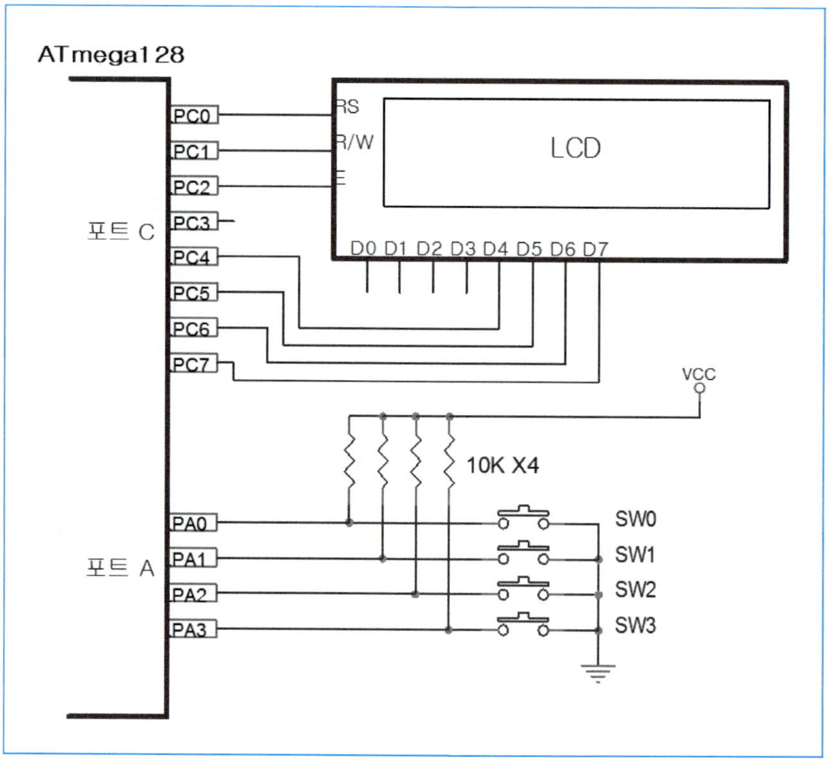

[소스 프로그램]

```
#include <mega128.h>
#include <delay.h>

#asm
    .equ __lcd_port=0x15
#endasm
#include <lcd.h>

void main(void)
{
        unsigned char buff;

        PORTA=0xff;                     // 스위치 입력
        DDRA=0x00;

        PORTC=0xff;
        DDRC=0xff;

        lcd_init(16);                   // Character LCD 16 * 2 사용 선언
        lcd_gotoxy(0,0);                // LCD 1 line 선택 함수, x=0, y=0
        lcd_putsf("No Switch");         // Data를 LCD로 출력

while (1)
        {
                buff = PINA;
                buff &= 0b00001111;
                delay_ms(100) ;

                switch(buff)
                {
                        case 0b00001110:        // SW0 ON 일 때
                                lcd_clear();
                                delay_ms(10);
                                lcd_putsf("Switch 0 ON");
                                break;

                        case 0b00001101:        // SW1 ON 일 때
                                lcd_clear();
                                delay_ms(10);
                                lcd_putsf("Switch 1 ON");
                                break;
```

```
                case 0b00001011:          // SW2 ON 일 때
                        lcd_clear();
                        delay_ms(10);
                        lcd_putsf("Switch 2 ON");
                        break;

                case 0b00000111:          // SW3 ON 일 때
                        lcd_clear();
                        delay_ms(10);
                        lcd_putsf("Switch 3 ON");
                        break;
                default :
                        lcd_clear();
                        delay_ms(10);
                        lcd_putsf("No Switch");
                        break;
            }
        };
}
```

실습 19. LCD 문자 시프트 표시 실습

[실습 과제]

LCD창에 문자 "O"가 다음과 같이 무한 반복 왕복 시프트 동작을 하도록 한다.

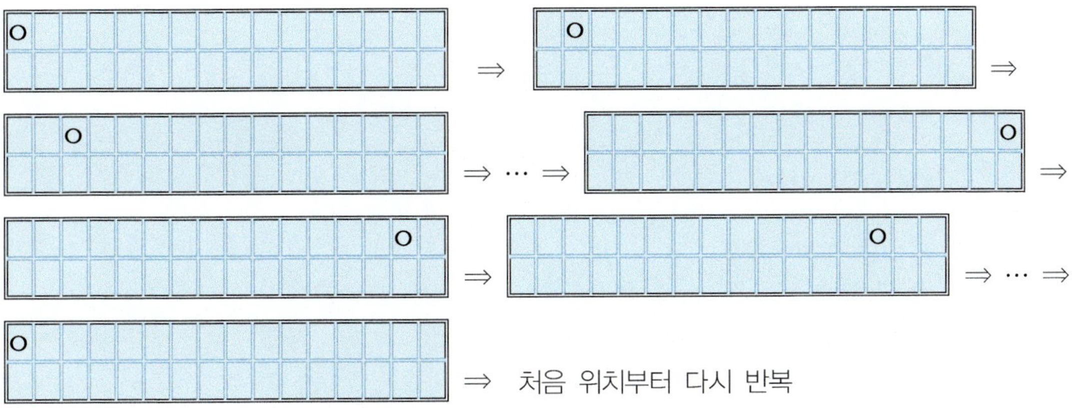

오른쪽 시프트 제어 코드	: 0x1c
왼쪽 시프트 제어 코드	: 0x18

★ 앞절의 실습 회로를 참고하시오.

[소스 프로그램]

```
#include <mega128.h>
#include <delay.h>

#asm
    .equ __lcd_port=0x15                    // LCD는 포트C 에 접속
#endasm
#include <lcd.h>

void main(void)
{
        int i;
        char  buff = 'O';                   // LCD 출력 Data 저장 변수 설정

        PORTC=0xff;
```

```
    DDRC=0xff;

    lcd_init(16);
    lcd_gotoxy(0,0);

    delay_us(500);
    lcd_putchar(buff) ;               // LCD (0,0) 위치 문자 "O " 출력

    while(1)
    {
        for(i = 1; i<=15 ; i++)       // 화면 오른쪽 시프트
        {
            _lcd_ready();
            _lcd_write_data(0x1c);    // 제어레지스터에 명령 입력
            delay_ms(200);
        }

        for(i = 1; i<=15 ; i++)       // 화면 왼쪽 시프트
        {
            _lcd_ready();
            _lcd_write_data(0x18);    // 제어 레지스터에 명령 입력
            delay_ms(200);
        }
    }
}
```

[활용 과제] 문자의 SHIFT

LCD창에 글자 "AVR"이 다음과 같이 왼쪽으로 시프트 동작을 하도록 프로그램을 작성하시오.

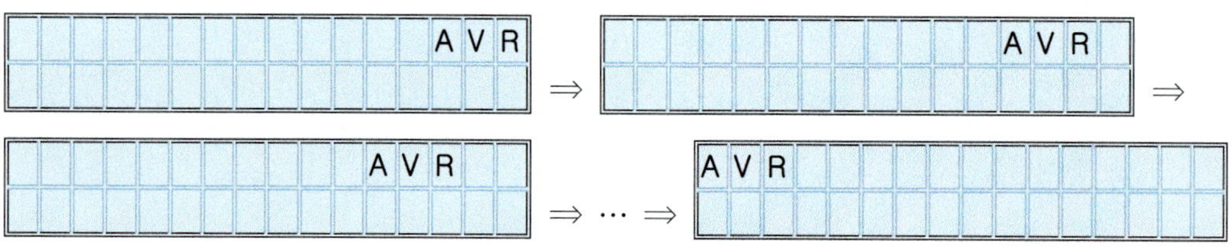

실습 20. LCD 숫자 표시 실습 2

[실습 과제]

1. LCD창에 0부터 1000까지 숫자를 증가시킨다.
2. 1000이 되었을 경우 다시 0으로 돌아간다.
3. 증가되는 시간은 약 0.1초로 한다.

★ 앞 절의 실습 회로를 참고하시오.

[소스 프로그램]

```
#include <mega128.h>
#include <stdio.h>                    // sprintf() 함수를 사용

// Alphanumeric LCD Module functions
#asm
    .equ __lcd_port=0x15
#endasm
#include <lcd.h>
#include <delay.h>

int i = 0 ;
char sbuf[16] ;

void main(void)
{
    lcd_init(20);                         // LCD module initialization

    while (1)
    {
        lcd_gotoxy(0,0) ;                 // LCD X,Y Select
        lcd_putsf("Current Value");       // LCD Display

        for( i = 0 ; i <= 1000 ; i++ )
        {
            sprintf(sbuf, "DATA = %4d", i);
            lcd_gotoxy(0,1) ;
            lcd_puts(sbuf);
            delay_ms(100) ;               //delay 100ms
        }
    };
}
```

[프로그램 해설]

- sprintf() 함수 :

  문자열을 변수에 저장하는 데 이용된다.
  - stdio.h 헤더파일을 인크루드하여 사용한다.
  - printf() : 화면에 문자열을 출력한다.
  - sprintf() : 변수에 문자열을 출력(저장)한다.
  - 형식 : sprintf(변수명, "저장할 문자열")

```
sprintf(sbuf, "DATA = %4d", i);
```

에서 변수 i값이 124라고 가정하면 변수 sbuf에는

sbuf :

D	A	T	A		=			1	2	4					

가 저장된다.

활용과제 BCD 표현

앞절의 [실습 18]의 실습 회로에서 4개의 스위치를 BCD 입력이라 하고 그 입력값을 다음 표와 같이 LCD에 표시되도록 하는 프로그램을 작성하시오.

LCD창에 글자 "AVR"이 다음과 같이 왼쪽으로 시프트 동작을 하도록 프로그램을 작성하시오.

BCD 스위치 입력 SW3 SW2 SW1 SW0	LCD 표시
OFF OFF OFF OFF	BCD = 0
OFF OFF OFF ON	BCD = 1
OFF OFF ON OFF	BCD = 2
OFF OFF ON ON	BCD = 3
OFF ON OFF OFF	BCD = 4
OFF ON OFF ON	BCD = 5
OFF ON ON OFF	BCD = 6
OFF ON ON ON	BCD = 7
ON OFF OFF OFF	BCD = 8
ON OFF OFF ON	BCD = 9
ON OFF ON OFF	FAIL
:	:
ON ON ON ON	FAIL

표시 예

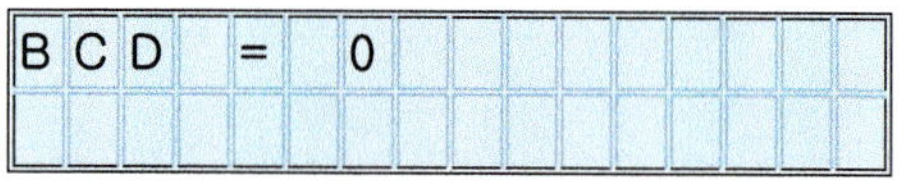

키 매트릭스 제어

이 장에서는 다수의 키 조합을 효과적으로 인터페이스 할 수 있는 키 매트릭스 회로에 대해 설명하고 키 입력을 처리할 수 있도록 키 스캔 방법과 키 값을 읽어 처리할 수 있도록 설명하였다.

CHAPTER 07

7.1 알아야 할 관련 지식들

(1) Key Matrix란?

Digital 회로에서 어떠한 정보를 입력하는 방법에는 여러 가지가 있다. 그중 적은 Port로 많은 입력을 받을 수 있는 방법으로는 Key Matrix를 이용하는 것이다.

키 매트릭스는 키패드(key pad)라고도 하며 전화기의 숫자버튼 또는 컴퓨터의 키보드처럼 일련의 키들이 바둑판식으로 배열된 것을 말한다. 마이크로컨트롤러에서 주로 사용하는 키 매트릭스는 16진키로서 16진수를 입력할 수 있도록 되어 있는 4×4=16개의 키로 이루어져 있다.

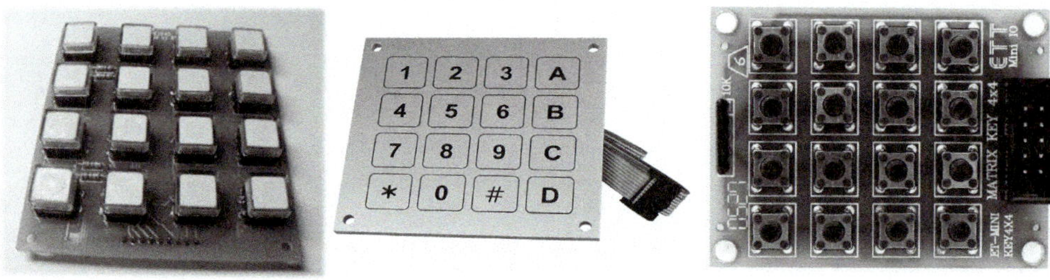

그림 7-1 여러 가지 모양의 4x4 키 매트릭스들

(2) 키 매트릭스의 응용 예

컴퓨터의 키보드의 경우 100개 이상의 키로 이루어져 있고 각 키에는 국제 표준 코드가 부여되어 있으므로 키가 눌려지면 코드를 생성하도록 하기 위해 전용 키보드 컨트롤러를 이용한다. 그러나 4×4 키 매트릭스는 구조가 간단하여 마이컴에서 인터페이스 하여 프로그램에 의해 눌려진 키를 인식하도록 한다. 마이컴과 연결하여 명령 또는 데이터 입력 혹은 제어 입력 등으로 많이 사용된다.

그림 7-2 여러 가지 키 매트릭스 응용 제품들

7.2 인터페이스 회로와 동작원리

아래 회로는 대표적인 4×4 키의 회로이다. 키의 각 4개의 행은 각각 마이컴 포트 P0~P3에 출력으로 연결하여 키 매트릭스에 키 스캔 데이터를 주기적으로 보낸다. 그러면 키 매트릭스 열 응답값이 포트 P4~P7로서 마이컴 포트의 입력으로 연결된다.

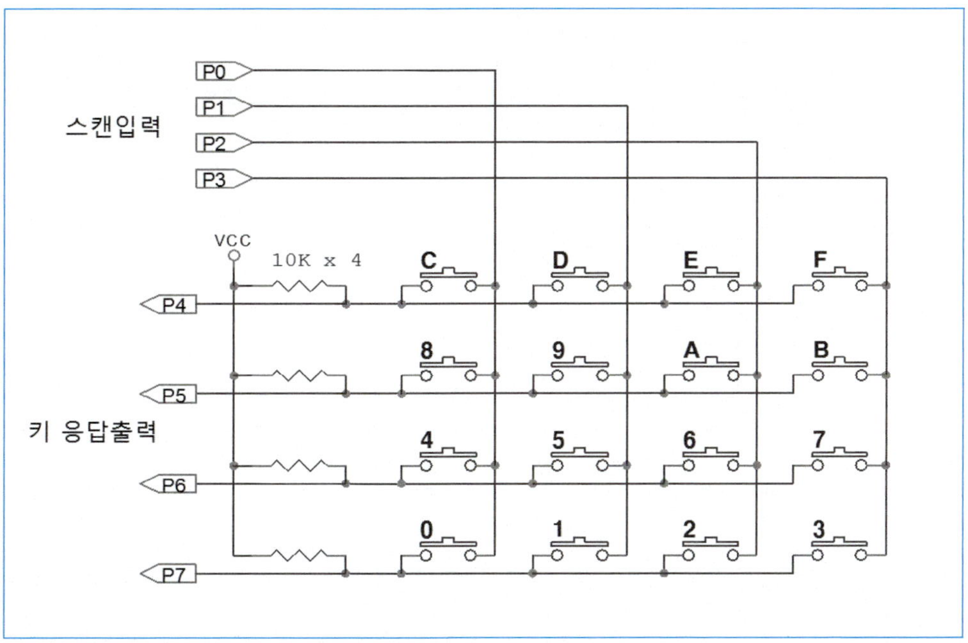

그림 7-3 키 매트릭스 회로도 예

키의 스캔 데이터를 포트에서 다음 값을 출력하며

→ 1 1 1 0 → 1 1 0 1 → 1 0 1 1 → 0 1 1 1 ─┐ (반복)

한 라인씩 키 매트릭스 각 열에 "0"을 입력하는 것을 순차적으로 무한 반복 수행을 하며 응답 출력을 체크해 보면 어느 키가 눌려졌는지를 알 수가 있다.

앞의 회로에서 키가 아무것도 눌려지지 않았다면 키 스캔에 대한 응답출력은 "1 1 1 1" 이 된다.

[표 7-1] 키 스캔 입력에 따른 눌려진 스위치 응답 데이터

키 응답 값				스캔 입력				눌려진 KEY	행, 열 조합 포트 입력값
P7	P6	P5	P4	P3	P2	P1	P0		
0	1	1	1	1	1	1	0	0	0x7E
0	1	1	1	1	1	0	1	1	0x7D
0	1	1	1	1	0	1	1	2	0x7B
0	1	1	1	0	1	1	1	3	0x77
1	0	1	1	1	1	1	0	4	0xBE
1	0	1	1	1	1	0	1	5	0xBD
1	0	1	1	1	0	1	1	6	0xBB
1	0	1	1	0	1	1	1	7	0xB7
1	1	0	1	1	1	1	0	8	0xDE
1	1	0	1	1	1	0	1	9	0xDD
1	1	0	1	1	0	1	1	A	0xDB
1	1	0	1	0	1	1	1	B	0xD7
1	1	1	0	1	1	1	0	C	0xEE
1	1	1	0	1	1	0	1	D	0xED
1	1	1	0	1	0	1	1	E	0xEB
1	1	1	0	0	1	1	1	F	0xE7
1	1	1	1	X	X	X	X	NONE	0xFX

만일 아래 그림에서 키 [3]을 눌렀다면 스캔 입력 데이터가 "1 1 1 0" 이 되었을 때

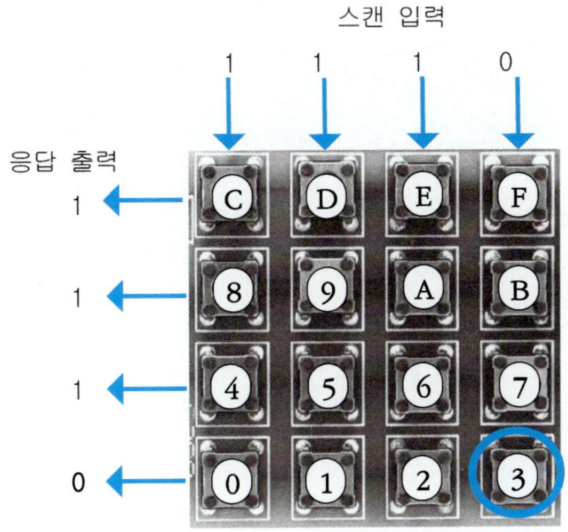

그림 7-4　키 [3]가 눌려짐을 인식하는 데이터

응답 출력이 "0 1 1 1" 가 되며 이 때 포트 입력 데이터는 앞의 회로에 의해 "0x77" 이 된다.

또 만일 키 [A]가 눌려졌다면 스캔 값이 "1 0 1 1" 일 때 열 응답 출력이 구해지며 포트 입력으로 0xDB가 된다.

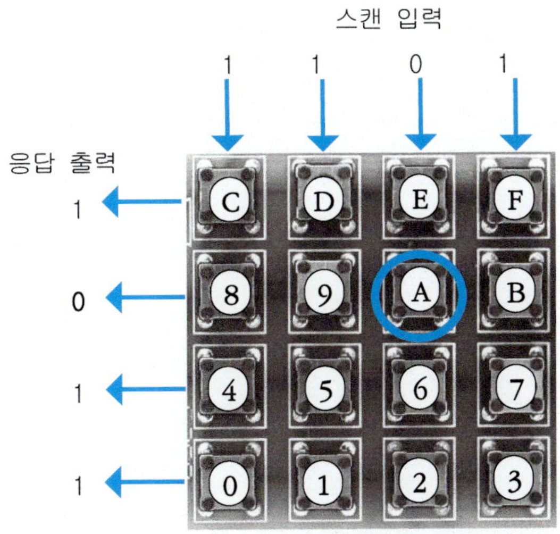

그림 7-5　키 [A]가 눌려짐을 인식하는 데이터

키 변환 알고리즘

```
unsigned char Key_Conv(unsigned char in)
{
        unsigned char key;
        switch(in){
                case 0x7E : key = 0x00;
                        break;
                case 0x7D : key = 0x01;
                        break;
                case 0x7B : key = 0x02;
                        break;
                                :
                                :
                case 0xE7 : key = 0x0f;
                        break;
                default : key = 0xff;
                        break;
        }
        return  key;
}
```

7.3 키 매트릭스 실습

실습21. Key 매트릭스 키 값을 FND로 표시 실습
- 방법1 각 입력 코드에 대응 값 찾음
- 방법2 방법1을 줄여서 표현
- 활용 과제 – 자판 배열 수정

실습22. Key 매트릭스 2자릿수 입력과 FND 표시
- 활용 과제 - 4개의 FND로 키값 표시

프로젝트 과제

실습 21. Key 매트릭스 키 값을 FND로 표시 실습

[실습 과제]

0~F까지 16진 Key Matrix의 눌려진 Key 값을 읽어서 키에 대응하는 해당 숫자 1개를 FND로 출력해 보자.

초기 실행시 FND는 "0"을 표시하도록 한다. 프로그램 작성시 자판 배열을 아래 그림과 같도록 하고, 키[0]을 누르면 FND는 "0"을 표시하고 키[1]을 누르면 FND는 "1"을, 키[F]를 누르면 FND는 "F"가 디스플레이 되도록 한다.

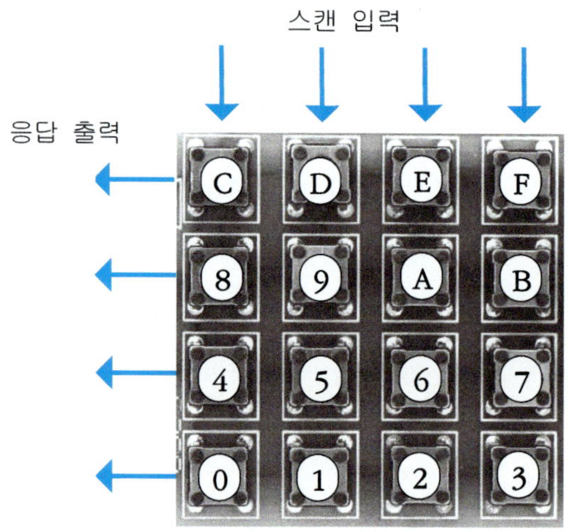

그림 7-6 키 매트릭스 자판 배열

C	D	E	F
8	9	A	B
4	5	6	7
0	1	2	3

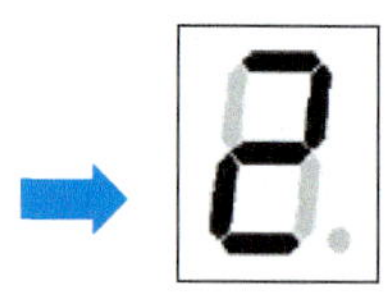

그림 7-7 키 매트릭스 동작 예

[실습 회로]

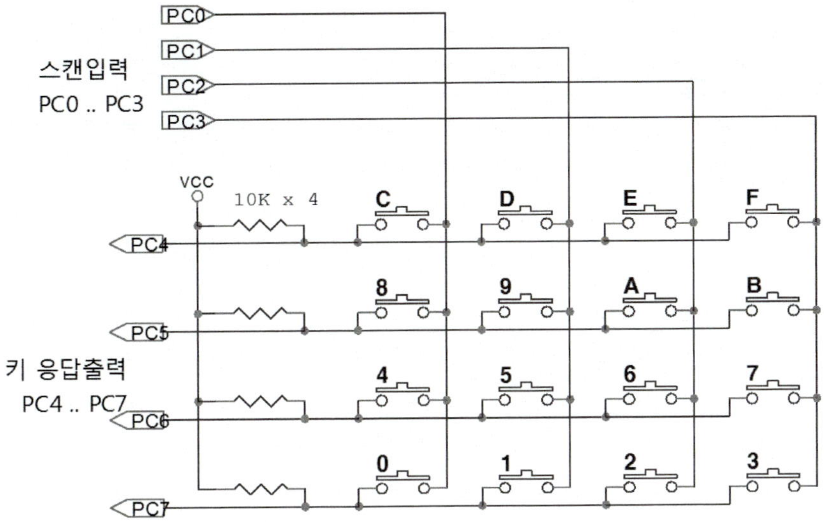
PC0
PC1
PC2
PC3
스캔입력
PC0 .. PC3
VCC
10K x 4
C
D
E
F
8
9
A
B
4
5
6
7
0
1
2
3
PC4
PC5
PC6
PC7
키 응답출력
PC4 .. PC7

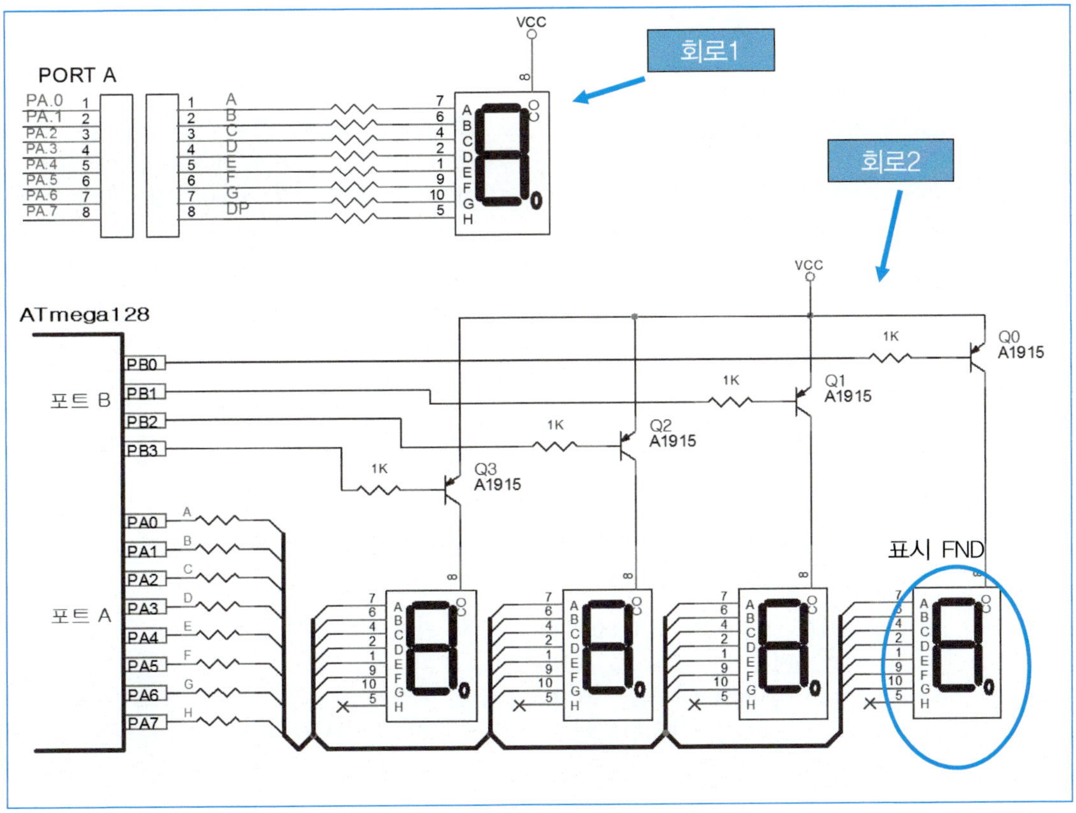
VCC
회로1
PORT A
PA.0
PA.1
PA.2
PA.3
PA.4
PA.5
PA.6
PA.7
A
B
C
D
E
F
G
DP
회로2
VCC
ATmega128
포트 B
PB0
PB1
PB2
PB3
1K
Q0
A1915
Q1
A1915
Q2
A1915
Q3
A1915
포트 A
PA0
PA1
PA2
PA3
PA4
PA5
PA6
PA7
표시 FND

[소스 프로그램]

방법1 각 입력 코드에 대응 값 찾음

```
#include <mega128.h>
#include <delay.h>

                    // '0', '1', '2', '3', '4', '5', '6', '7', '8', '9', 'A', 'B', 'C', 'D', 'E', 'F', 'dot'
unsigned char
fnd[17]={0xc0,0xf9,0xa4,0xb0,0x99,0x92,0x82,0xd8,0x80,0x98,0x88,0x83,0xc6,0xa1,0x86,0x8e,0
x7f};

int KeyMatrix(unsigned char in);   //  키 값에서 FND 점등을 위한 값으로 변환함수

void main(void)
{
     int keyout;          // 키 매트릭스 행스캔 값 변수
     int i;
     unsigned char matrix;

     DDRA = 0xFF;  PORTA = 0xFF;
     DDRB = 0xFF;  PORTB = 0xFE;              // [회로2]를 사용할 경우 추가해야 함.
                                              // 초기값 1111 1110 -> TR Q0 만 ON
     DDRC = 0x0F;  PORTC = 0x00;              //  PORTC0,1,2,3출력, 4,5,6,7 입력으로

     PORTA = fnd[0];                          // 초기 "0" 표시

     while(1)
     {
          keyout = 0xfe;                      // 키 매트릭스 초기 행스캔 값  : 1110

          for(i = 0; i<=3; i++)
          {
               PORTC = keyout;                // 행 스캔 출력
               matrix = PINC;                 // 키 값 저장

               PORTA = fnd[ KeyMatrix(matrix) ];  // 키 값 -> FND 표시
               delay_ms(1);
               keyout = (keyout<<1) + 0x01;
                         // 스캔데이터 갱신  1110 ->1101 ->1011 ->0111
          }
     }
}
```

```
int KeyMatrix(unsigned char in)    // 키 값에서 FND 점등을 위한 값으로 변환
{
  static unsigned char key = 0;

  switch(in){
      case 0x7E : key = 0;
         break;
      case 0x7D : key = 1;
         break;
      case 0x7B : key = 2;
         break;
      case 0x77 : key = 3;
         break;
      case 0xBE : key = 4;
         break;
      case 0xBD : key = 5;
         break;
      case 0xBB : key = 6;
         break;
      case 0xB7 : key =7;
         break;
      case 0xDE : key = 8;
         break;
      case 0xDD : key = 9;
         break;
      case 0xDB : key = 0x0A;
         break;
      case 0xD7 : key = 0x0B;
         break;
      case 0xEE : key = 0x0C;
         break;
      case 0xED : key = 0x0D;
         break;
      case 0xEB : key = 0x0E;
         break;
      case 0xE7 : key = 0x0F;
         break;

  }
  return  key;
}
```

실습회로에서 [회로2]를 사용하려면 맨 우측 FND만 표시하도록 한다. 그러면 트랜지스터 Q0만 ON이 되어야 하기 때문에 PORTB.0 = 0이 되어야 한다.

방법2 방법1을 줄여서 표현

```
#include <mega128.h>
#include <delay.h>

// '0', '1', '2', '3', '4', '5', '6', '7', '8', '9', 'A', 'B', 'C', 'D', 'E', 'F', 'dot'
unsigned char
fnd[17]={0xc0,0xf9,0xa4,0xb0,0x99,0x92,0x82,0xd8,0x80,0x98,0x88,0x83,0xc6,0xa1,0x86,0x8e,0x7f};

int KeyMatrix();     //Key Matrix 함수 선언

void main(void)
{

    DDRA = 0xFF;  PORTA = 0xFF;
    DDRB = 0xFF;  PORTB = 0xFE;          // [회로2]를 사용할 경우 추가
                                         // 초기값 1111 1110 -> TR Q0만 ON
    DDRC = 0x0F;  PORTC = 0x00;          // PORTC0,1,2,3출력, 4,5,6,7 입력으로

    PORTA = fnd[0] ;                     // 초기값으로 FND에 0출력

    while(1)
    {
        PORTA = fnd[ KeyMatrix() ];      // 키 매트릭스 함수 호출
    }
}

int KeyMatrix()                          // 키 값으로부터 FND 출력 코드 생성 함수
{
    static unsigned char key = 0;
    int keyout = 0xfe;                   // 키 매트릭스 신호
    int i;
    for( i = 0; i <= 3; i++ )
    {
        PORTC = keyout; // Port C에 1111 1110 출력, 0,4,8,C line Enable
        delay_ms(1);

        switch(PINC & 0xf0)
```

```
        {
            case 0x70: key = 0+i;
                break;
            case 0xB0: key = 4+i ;
                break;
            case 0xD0: key = 8+i;
                break;
            case 0xE0: key = 12+i;
                break;
        }
        keyout = (keyout<<1) + 0x01;      //키보드 신호 출력 카운터
    }
    return key;
}
```

활용과제 자판 배열 수정

앞의 예제를 수정하여 키 매트릭스 자판 배열이 다음과 같이 변경하여 실행되도록 하시오.

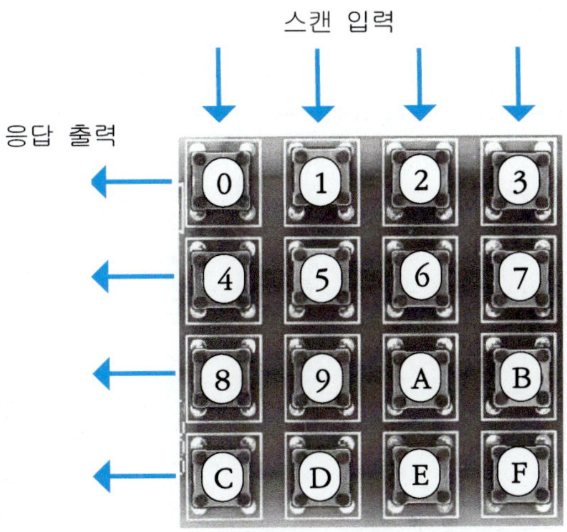

실습 22. Key 매트릭스 2자릿수 입력과 FND 표시

[실습 과제]

아래 실습회로를 구성하고, 0~9까지 Key Matrix의 눌려진 Key 값을 읽어서 키에 대응하는 해당 10진 숫자 2개를 FND로 출력하도록 프로그램을 작성하시오.

- 버튼 [F]는 리셋 버튼으로 하여 눌려지면 FND는 [00]를 표시하도록 한다.
- 버튼 [A]~[E]는 사용하지 않는다.
- 초기 FND는 [0 0]을 표시한다.
- 만일 버튼 [1], [5]를 누른다고 가정하면
  버튼 [1] → FND : [0 1], 버튼 [5] → FND : [1 5]로 표시되도록 한다.
- 다시 다른 숫자 2자리를 입력하려면 리셋버튼 [F]을 누른 후 입력받도록 한다.

[실습 회로]

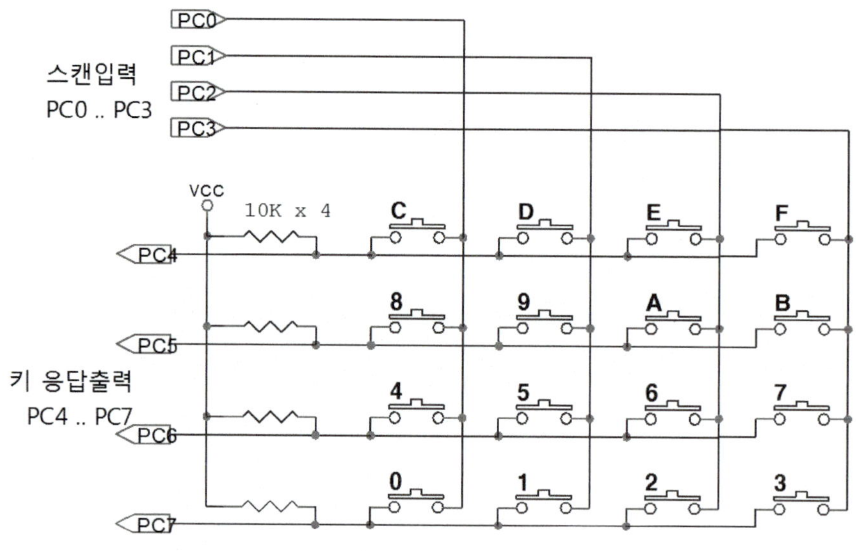

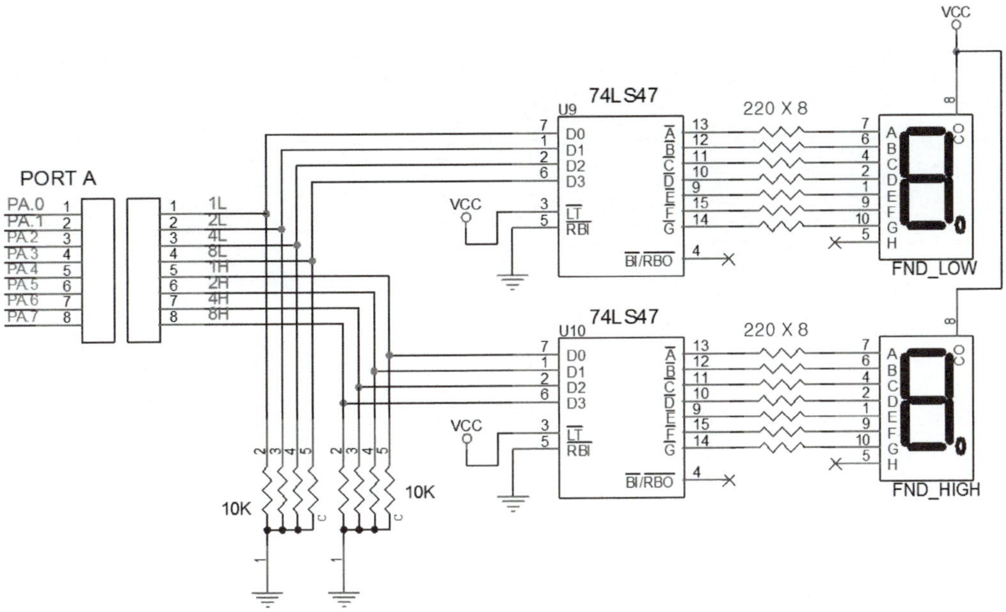

[소스 프로그램]

```
#include <mega128.h>
#include <delay.h>

int KeyMatrix();              // Key Matrix 함수 선언
void VarInit(void);           // 제어변수 초기화

int fnd_H=0, fnd_L=0;         // 10단위, 1단위 표시 fnd 변수
int FND = 0;
int cnt=0 ;

void main(void)
{
    DDRA = 0xFF;  PORTA = 0xFF;
    DDRB = 0xFF;  PORTB = 0xFE;
    DDRC = 0x0F;  PORTC = 0x00;

    PORTA = FND ;                          // 초기값으로 FND에 0출력

    while(1)
    {
      PORTC = 0xF0;
      if((PINC != 0xF0) && (cnt == 0) )    // 첫 번째 키 입력인가?
```

```
        {
        fnd_L =   KeyMatrix() ;

        PORTC = 0xF0;
        while(PINC != 0xF0);            // 키 off 될 때 까지 대기
        delay_ms(1);

        cnt = 1;                        // 첫번째자리 표시되었음.

        if(fnd_L == 15) VarInit();      // 만일 리셋 키 [F] 눌려졌으면 초기화
        }

        PORTC = 0xF0;
        if( (PINC != 0xF0) && (cnt ==1) )  // 두 번째 키 입력인가?
        {
            PORTE = ~PINC;
            fnd_H = KeyMatrix() ;

            PORTC = 0xF0;
            while(PINC != 0xF0);        // 키 off 될 때까지 대기

            delay_ms(1);
            fnd_L <<= 4;
            cnt = 2;                    // 두 번째 자리 FND 표시되었음.

            if(fnd_H == 15) VarInit();  // 만일 리셋 키 [F] 눌려졌으면 초기화
         }

       PORTC = 0xF0;
       if( (PINC != 0XF0) && (cnt == 2) ) // 세 번째 키 입력인가?
       {
            fnd_L =   KeyMatrix() ;

            PORTC = 0xF0;
            while(PINC != 0xF0);        // 키 off 될 때까지 대기
            delay_ms(1);

            if(fnd_L == 15) VarInit();  // 만일 리셋 키 [F] 눌려졌으면 초기화
         }
         FND = fnd_H | fnd_L;           // fnd 숫자 표시
         PORTA = FND;
    }
}
```

```
void VarInit(void)    //---- 변수 초기화 함수 ----
 {
     fnd_L = 0;
     fnd_H = 0;
     FND = 0;
     cnt = 0;
 }

//----- FND 출력 코드 함수 ------
// 키 매트릭스 함수 정수형으로 현재 입력된 값을 반환 받을 수 있다.
int KeyMatrix()
{
   unsigned char key;
   int keyout = 0xfe;                  // 키 매트릭스 신호
   int i;

     PORTC = 0xF0;                     // 키 눌려짐 검사  - 하위4비트 : 0000 인가

        for( i = 0; i <= 3; i++ )
        {

          PORTC = keyout;          // Port C에 1111 1110 출력, 0,4,8,C line Enable
          delay_ms(10);

          switch(PINC & 0xf0)
          {
                case 0x70: key = 0+i;
                 break;
                case 0xB0: key = 4+i ;
                 break;
                case 0xD0: key = 8+i;
                 break;
                case 0xE0: key = 12+i;
                 break;
          }
          keyout = (keyout<<1) + 0x01;       // 키보드 신호 출력 카운터
        }

          return key;
}
```

활용과제 4개의 FND로 키 값 표시

아래 회로를 구성하여 키 값을 4개의 FND로 디스플레이 한다.

- 프로그램 실행시 FND는 [0000]이 표시되도록 한다.
- 버튼 [F]는 리셋 버튼으로 하여 눌려지면 FND는 [0000]를 표시하도록 한다.
- 버튼 [A]~[E]는 사용하지 않는다.
- 초기 FND는 [0 0 0 0]을 표시한다.
- 만일 버튼 [1], [3], [5], [7]를 누른다고 가정하면
  버튼 [1]→ FND: [0001], [3]→ FND: [0013], [5]→ FND: [0135], [7]→ FND: [1357]
  로 표시되도록 한다.
- 다시 입력하려면 리셋버튼 [F]을 누른 후 입력받도록 한다.

[과제 회로]

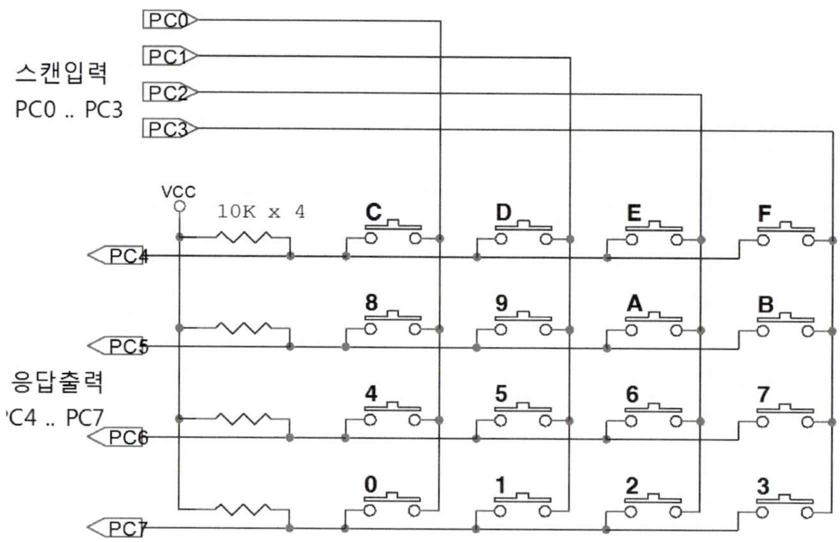

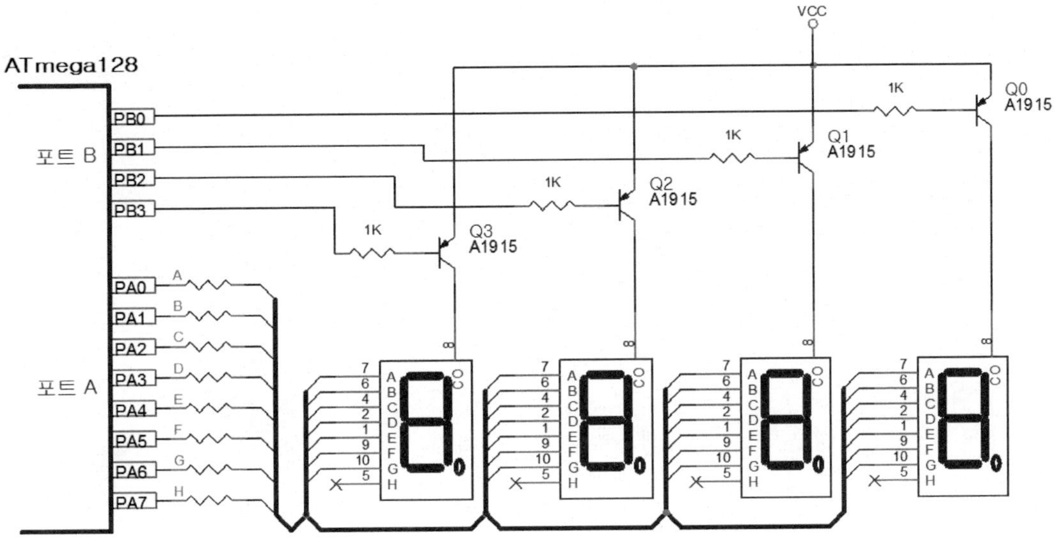
ATmega128
포트 B
포트 A
PB0
PB1
PB2
PB3
PA0
PA1
PA2
PA3
PA4
PA5
PA6
PA7
VCC
1K
Q0
A1915
Q1
A1915
Q2
A1915
Q3
A1915

프로젝트 과제

[과제명] 디지털 자물쇠 동작 모사

디지털 자물쇠의 동작을 모사해보자. 키 매트릭스로 비밀번호를 입력 받아 설정된 비밀번호와 같으면 잠금을 해제하고, 잘못된 비밀번호를 누르면 부져의 비프음이 3초간 울리도록 한다.

아래 구성회로대로 회로를 제작하고, 0~9까지 Key Matrix로 이미 설정된 비밀번호 4자리를 입력받는다. 편의상 비밀번호는 [1538]이라 가정한다.

① 초기 FND는 [0 0 0 0]을 표시하며, 변수는 초기상태가 되도록 한다.

② [0]~[9] : 암호 입력버튼, [*] : 엔터 기능 [#] : 취소기능 버튼이다.
만일 버튼 [1], [5], [3], [8]를 누른다고 가정하면 FND는 다음과 같이 표시된다.

버튼 [1] → FND : [0 0 0 1]
버튼 [5] → FND : [0 0 1 5]
버튼 [3] → FND : [0 1 5 3]
버튼 [8] → FND : [1 5 3 8]

③ PD.0 : 문 걸림쇠 솔레노이드(LED로 대치)
- 잠금상태 : LED OFF, 잠금해제 : LED ON

PD.1 : 부져(LED로 대치, 부져울림 = LED ON)

④ 버튼 [*]는 입력 버튼으로 비밀번호를 입력 후 [*] 버튼을 누르면 동작하도록 한다. 설정된 비밀번호 [1538]과 같으면 PD.0에 연결된 솔레노이드를 작동(LED0 ON)하면서 부저(LED1)가 0.5초간 ON 한다.

⑤ 숫자 입력 도중 리셋버튼 [#]을 누르면 FND는 ①항의 초기모드로 한다.

⑥ 숫자를 누를 때마다 부저에서 약 0.2초간 beep음이 나오도록 한다.

⑦ 만일 설정된 비밀번호 외의 숫자를 입력 후 [*] 키를 누르면 3초간 부저가 1초 간격으로 on-off 방식으로 음이 울리고, 이와 동시에 FND는 현 표시숫자를 3초간 ON-OFF 방식으로 점멸한 후 ①항의 초기모드가 된다.

[구성회로]

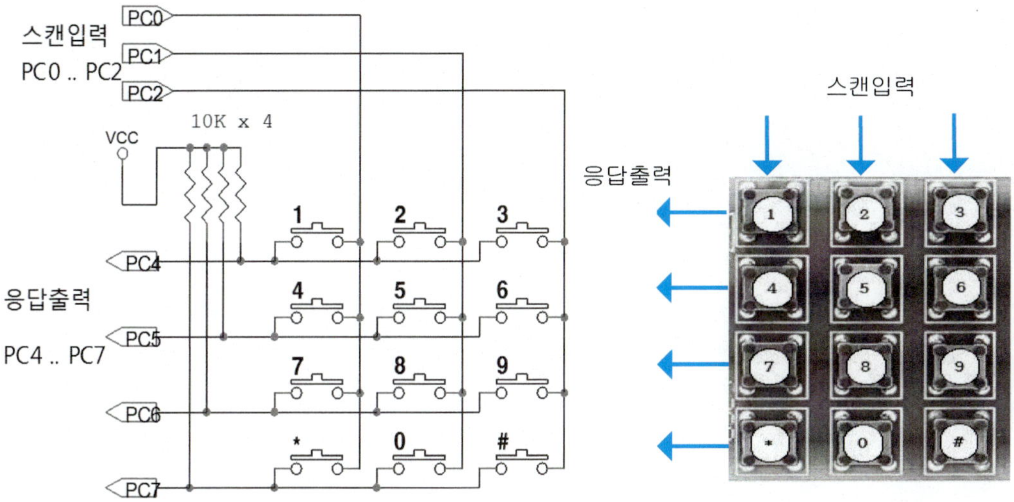
스캔입력
PC0 .. PC2
PC0
PC1
PC2
10K x 4
VCC
PC4
응답출력
PC4 .. PC7
PC5
PC6
PC7
1
2
3
4
5
6
7
8
9
*
0
#
스캔입력
응답출력

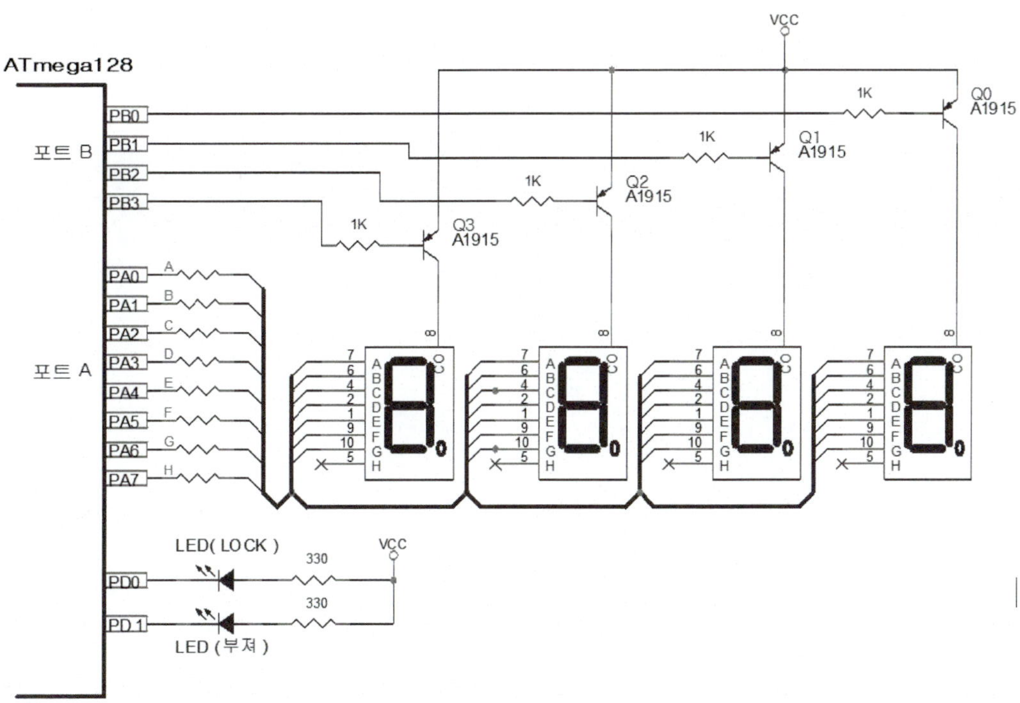
ATmega128
포트 B
PB0
PB1
PB2
PB3
포트 A
PA0
PA1
PA2
PA3
PA4
PA5
PA6
PA7
VCC
1K
Q0
A1915
Q1
A1915
Q2
A1915
Q3
A1915
LED(LOCK)
330
LED (부저)
PD0
PD1

MEMO

인터럽트

이 장에서는 마이컴을 활용하는데 필수적인 인터럽트의 개념을 배우고, 인터럽트 중 외부인터럽트를 활용하는 방법을 배운다. 이 장 이후의 9장, 10장에서도 인터럽트를 이용하여 조작하는 부분이 많이 나오니 반드시 개념을 익혀두자.

CHAPTER 08

8.1 알아야 할 관련 지식들

(1) 인터럽트(Interrupt)란?

인터럽트는 우리말로 "가로채기"라는 의미로서 CPU가 현재 메인 프로그램을 수행 도중에 주변장치가 CPU에게 어떤 특정한 작업 처리를 요구하는 신호이다.

CPU가 주변장치로부터 인터럽트 요구신호를 받으면 특별한 경우를 제외하고는 현재 수행중인 작업을 잠시 보류하고 인터럽트 요구 처리를 수행하게 되며, 완료시 다시 잠시 보류하였던 메인 프로그램으로 복귀하여 하던 작업을 계속하게 된다. 이 동작은 서브루틴 호출 또는 C언어에서의 함수 호출동작과 유사하나, 차이점은 인터럽트는 하드웨어적으로 호출이 된다.

이것은 흔히 우리가 책을 읽고 있는 도중에 전화가 와서 책의 읽던 페이지에 책갈피를 끼워 표시해두고 전화를 받은 다음에 다시 표시해 두었던 페이지를 찾아 책을 계속 읽어 가는 경우에 비유될 수 있다.

인터럽트는 주변장치의 서비스 요청에 CPU가 가장 빠르게 대응할 수 있는 방법이며, 이것을 이용하면 주변장치 측으로부터 발생시기를 예측하기 어려운 비동기적인 일(event)을 CPU가 빠르게 처리할 수 있어서, 인터럽트는 서로 비동기적으로 동작하는 CPU(매우 고속으로 동작)와 주변장치(비교적 저속으로 동작) 사이에서 효율적으로 일을 수행하는 중요한 수단이 된다.

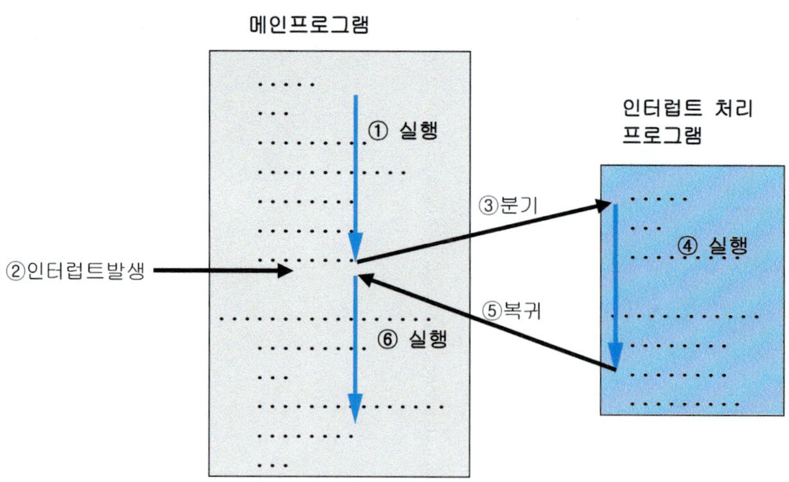

그림 8-1 인트럽트 발생시 처리 순서

(2) 인터럽트 종류와 특징

인터럽트는 크게 칩의 외부 장치에서 요구하는 외부인터럽트와 내부의 장체에서 발생하는 내부 인터럽트가 있다. 외부 인터럽트는 칩에서 외부인터럽트 입력용 핀을 제공하고 있어 그기에 외부장치를 연결하여 사용하면 된다.

인터럽트의 종류는 마이크로프로세서에 따라 다르고, 또한 이를 보는 관점에 따라 여러 가지의 방법으로 분류할 수 있으나 일반적으로 다음과 같은 것들이 있다.

◎ 인터럽트 발생 원인에 따른 분류

- 하드웨어 인터럽트
  - 내부 인터럽트
  - 외부 인터럽트
- 소프트웨어 인터럽트

◎ 인터럽트 발생시 마이크로프로세서의 반응 반식에 따른 분류

- 차단 가능 인터럽트(INT : maskable interrupt)
- 차단 불가능 인터럽트(NMI : non-maskable interrupt)

◎ 인터럽트를 요구한 입·출력 기기를 확인하는 방법에 따른 분류

- 벡터형 인터럽트(vected interrupt)
- 조사형 인터럽트(polled interrupt)

이 중에서 ATmega128에서는 외부 인터럽트, 차단 가능 인터럽트, 벡터형 인터럽트가 사용된다.

[표 8-1] 외부인터럽트

종류	설 명
Non-Maskable Interrupt	보통 "NMI"로 표시되며 글자 그대로 금지할 수 없는 인터럽트이다. 대부분 마이크로프로세서에는 있으나 우리가 다루는 AVR에는 제공되지 않는다.
Maskable Interrupt	흔히 "INT"로 표시되며 사용자에 의해 금지-허가 제어가 가능하다.

내부인터럽트는 내부의 주변장치 즉, 타이머, 시리얼통신기, A/D변환기, 아날로그 비교기 등에서 특정 조건에 도달하면 발생하는 인터럽트이다.

각 인터럽트의 종류와 발생 원인을 다음 표에 나타내었다.

[표 8-2] 주요 칩별 인터럽트 종류와 번호 비교

인터럽트 원인	주요 칩별 인트럽트 소스 비교					
	ATmega128		ATmega8535		ATmega8	
	인트럽트명	번호	인트럽트명	번호	인트럽트명	번호
외부 인터럽트 요구 0	EXT_INT0	2	EXT_INT0	2	EXT_INT0	2
외부 인터럽트 요구 1	EXT_INT1	3	EXT_INT1	3	EXT_INT1	3
외부 인터럽트 요구 2	EXT_INT2	4	EXT_INT2	19		
외부 인터럽트 요구 3	EXT_INT3	5				
외부 인터럽트 요구 4	EXT_INT4	6				
외부 인터럽트 요구 5	EXT_INT5	7				
외부 인터럽트 요구 6	EXT_INT6	8				
외부 인터럽트 요구 7	EXT_INT7	9				
타이머2 Compare Match	TIM2_COMP	10	TIM2_COMP	4	TIM2_COMP	4
타이머2 Overflow	TIM2_OVF	11	TIM2_OVF	5	TIM2_OVF	5
타이머1 Capture Event	TIM1_CAPT	12	TIM1_CAPT	6	TIM1_CAPT	6
타이머1 Compare Match A	TIM1_COMPA	13	TIM1_COMPA	7	TIM1_COMPA	7
타이머1 Compare Match B	TIM1_COMPB	14	TIM1_COMPB	8	TIM1_COMPB	8
타이머2 Overflow	TIM1_OVF	15	TIM1_OVF	9	TIM1_OVF	9
타이머0 Compare Match	TIM0_COMP	16	TIM0_COMP	20		
타이머0 Overflow	TIM0_OVF	17	TIM0_OVF	10	TIM0_OVF	10
SPI 직렬전송완료	SPI_STC	18	SPI_STC	11	SPI_STC	11
USART0 RX 완료	USART0_RXC	19	USART_RXC	12	USART_RXC	12
USART0 Data Register비었음	USART0_DRE	20	USART_DRE	13	USART_DRE	13
USART0 TX 완료	USART0_TXC	21	USART_TXC	14	USART_TXC	14
ADC A/D 변환 완료	ADC_INT	22	ADC_INT	15	ADC_INT	15
EEPROM Ready	EE_RDY	23	EE_RDY	16	EE_RDY	16
아나로그 비교기	ANA_COMP	24	ANA_COMP	17	ANA_COMP	17
타이머1 Compare Match C	TIM1_COMPC	25				
타이머3 Capture Event	TIM3_CAPT	26				
타이머3 Compare Match A	TIM3_COMPA	27				
타이머3 Compare Match B	TIM3_COMPB	28				
타이머3 Compare Match C	TIM3_COMPC	29				
타이머3 Overflow	TIM3_OVF	30				
USART1 RX 완료	USART1_RXC	31				
USART1 Data Register비었음	USART1_DRE	32				
USART0 TX 완료	USART1_TXC	33				
Two-Wire Serial Interface	TWI	34	TWI	18	TWI	18
Store Progrma Memory Ready	SPM_READY	35	SPM_READY	21	SPM_READY	19

8.2 Mega128의 외부 인터럽트와 관련 레지스터들

(1) 외부 인터럽트 입력 핀과 레지스터들

외부 인터럽트는 핀 INT7~INT0에 의해서 트리거된다. 외부 인터럽트가 허용(enable)되면 설사 INT7~INT00(PE7~4, PD3~0)가 출력으로 설정되어 있어도 인터럽트는 트리거된다.

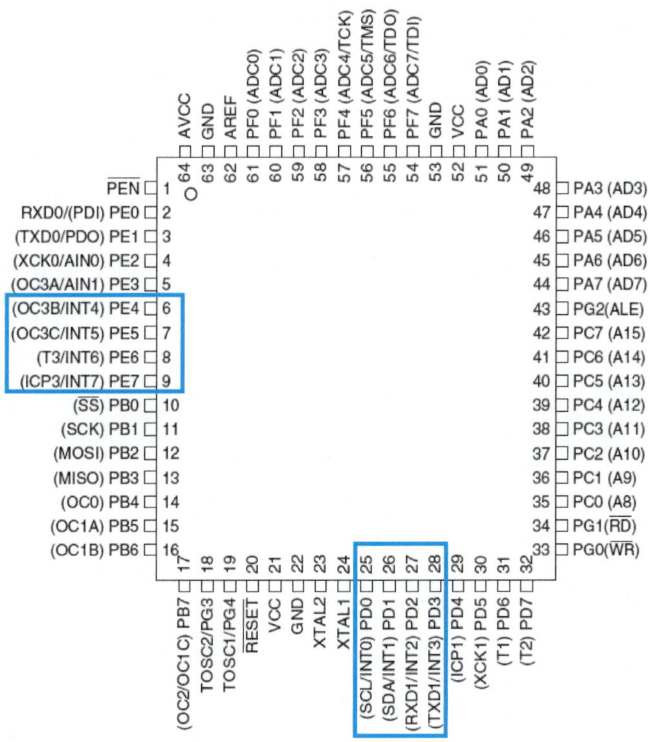

그림 8-2 외부인터럽트 핀 배치도

외부 인터럽트는 하강에지에서도, 상승에지에서도, 저레벨에서도 트리거될 수 있다. 이것은 외부 인터럽트 제어레지스터(External Interrupt Control Register) EICRA(INT3~INT0) 및 EICRB(INT7~INT4)에서 지정된다. 저레벨(low level)로 되어 있는 경우에는 핀이 저레벨로 될 때 인터럽트는 트리거 된다.

인터럽트를 전체적으로 허용하기 위해서 ATmega128은 SREG를 준비하고 있고, 개별적으로 허용하기 위해서, 즉 원하는 인터럽트만 남기고 나머지는 마스크하기 위해서 ATmega128은 몇 개의 마스크 제어 레지스터를 준비하고 있다.

[표 8-3] 관련 레지스터 들

MCUCR	MCU Control Resister
SREG	Status Register
EICRA	External Interrupt Control Register A
EICRB	External Interrupt Control Register B
EIMSK	External Interrupt Mask register
EIFR	External Interrupt Flag Register

(2) SREG와 인터럽트의 동작

Bit	7	6	5	4	3	2	1	0
SREG	I	T	H	S	V	N	Z	C
R/W	R/W	R/W	R/W	R/W	R/W	R/W	R/W	R/W
Initial Value	0	0	0	0	0	0	0	0

- I : Global Interrupt Enable
  1 : 전체적인 인터럽트 허용
  0 : 모든 인터럽트 금지

ATmega128에서는 어느 인터럽트가 요청되어 이것이 허용되면 인터럽트 서비스 루틴(interrupt service routine, interrupt handler)이 실행되면서 SREG 레지스터의 글로벌 인터럽트 허용 비트 [I]가 0으로 클리어되어 모든 인터럽트가 금지상태로 된다. 따라서 여기서 사용자가 인터럽트 서비스 루틴이 실행되는 동안에 다른 인터럽트가 발생되도록 다중 인터럽트를 허용하려면 SREG 레지스터의 I비트를 1로 설정하여야 한다. 인터럽트 서비스 루틴을 종료하기 위하여 복귀명령 RETI를 실행하면 SREG레지스터의 글로벌 인터럽트 허용 비트 I가 다시 1로 되살아나 인터럽트 허용상태로 복구된다.

(3) MCUCR(MCU Control Resister)

인터럽트 벡터를 응용 프로그램 섹션과 부트로더 섹션 사이에 이동시키는 데는 MCUCR의 IVSEL (Interrupt Vector Select)비트가 사용된다. 이 비트를 0으로 클리어하면 인터럽트 벡터는 응용 프로그램 섹션인 플래시 메모리의 시작부분에 위치하게 되고, 이 비트를 1로 세트하면 인터럽트 벡터는 플래시 메모리에서 부트로더 섹션의 선두부분에 위치하게 된다. 부트로더 섹션의 정확한 어드레스 범위는 Fuse High Byte의 BOOTSZ1~0비트에 의하여 설정된다.

자칫 프로그램 오류에 의하여 인터럽트 벡터 테이블이 이동되는 것을 방지하기 위하여 IVSEL 비트의 설정값을 변경하는데는 특별한 절차가 필요하다. 즉 ①단계에서는 MCUCR 레지스터의 IVCE(Interrupt Vector Change Enable) 비트에 1을 쓰고 ②단계에서는 4사이클 이내에 MCUCR레지스터의 IVCE비트에 0과 함께 IVSEL 비트에 원하는 값을 쓰면 된다. 이러한 수행절차 동안에는 모든 인터럽트가 자동적으로 금지된다. 그러나 ①단계가 수행되고 나서 ②단계가 수행되지 않으면 4사이클 후에 인터럽트는 다시 원상태로 복구된다.

Bit	7	6	5	4	3	2	1	0
MCUCR	**SRE**	**SRW10**	**SE**	**SM1**	**SM0**	**SM2**	**IVSEL**	**IVCE**
Initial Value	0	0	0	0	0	0	0	0

- IVSEL : Interrupt Vector Select
  - 1: 인터럽트 벡터는 플래쉬의 초두
  - 0: 인터럽트 벡터는 부트로더 섹션의 초두
- IVCE : Interrupt Vector Change Enable
  - 1: IVSEL 비트의 변화 허용
  - 0: 불허

■ Bit 1 – IVSEL : Interrupt Vector Select

이 비트를 "0"으로 하면 인터럽트 벡터는 플래시 메모리의 최초에 놓이게 되고, 이 비트를 "1"로 하면 인터럽트 벡터는 Boot loader섹션의 최초에 놓이게 된다. 실제 Boot플래시 섹션의 최초번지는 Bootsz 퓨즈에 의해서 결정된다. 인터럽트 벡터의 위치를 바꾸기 위해서는 인터럽트 벡터표가 우연히 바뀌는 것을 방지하기 위해서 다음가 같은 기록절차를 밟아야 한다.

1. IVCE 비트를 1로 한다.
2. 4사이클 이내에 IVSEL비트값을 원하는 값으로 한다.

이 절차를 밟는 동안 인터럽트는 자동적으로 불능으로 된다. SREG의 I비트는 이와는 무관하게 된다.

- Bit 0: – IVCE : Interrupt Vector Change Enable

IVSEL 비트의 변화를 가능토록 하기 위해서는 이 비트를 "1"로 해야 한다. 이 비트가 기록되거나 IVSEL이 기록될 때에는 4사이클 동안 하드웨어적으로 이 비트(IVCE)가 클리어 된다.

이 비트를 1로 세트하면 IVSEL이 바뀌는 동안 IVSEL에서 설명하는 바와 같이 인터럽트는 불능(disable)으로 된다.

(4) EICRA(External Interrupt Control Register A)

Bit	7	6	5	4	3	2	1	0
EICRA	ISC31	ISC30	ISC21	ISC20	ISC11	ISC10	ISC01	ISC00
Initial Value	0	0	0	0	0	0	0	0

- ISC31:30 : INT3의 인터럽트 요청 레벨 및 에지 결정
- ISC21:20 : INT2의 인터럽트 요청 레벨 및 에지 결정
- ISC11:10 : INT1의 인터럽트 요청 레벨 및 에지 결정
- ISC01:00 : INT0의 인터럽트 요청 레벨 및 에지 결정

ISC_{n1}	ISC_{no}	인터럽트 요청 레벨 및 에지
0	0	INT_n의 저 레벨(low level)에서
0	1	예 약
1	0	INT_n의 하강에지에서
1	1	INT_n의 상승에지에서

이 레지스터는 INT3~INT0 인터럽트 요청레벨 및 에지를 결정한다.

ISCn 비트를 바꾸면 인터럽트가 발생할 수 있다. 그러므로 이 비트를 바꾸려면 그 이전에 EIMSK 레지스터의 인터럽트 허용비트를 클리어함으로써 INTn을 불능으로 해야 한다. 인터럽트를 다시 허용하기 위해서는 EIFPR레지스터의 해당 플래그 비트에 1을 기록함으로 이를 클리어해야 한다.

(5) EICRB(External Interrupt Control Register B)

이 레지스터는 INT7~INT4 인터럽트 요청레벨 및 에지를 결정한다.

Bit	7	6	5	4	3	2	1	0
EICRB	ISC71	ISC70	ISC61	ISC60	ISC51	ISC50	ISC41	ISC40
Initial Value	0	0	0	0	0	0	0	0

- ISC71:70 : INT7의 인터럽트 요청 레벨 및 에지 결정
- ISC61:60 : INT6의 인터럽트 요청 레벨 및 에지 결정
- ISC50:50 : INT5의 인터럽트 요청 레벨 및 에지 결정
- ISC41:40 : INT4의 인터럽트 요청 레벨 및 에지 결정

ISC_{n1}	ISC_{no}	인터럽트 요청 레벨 및 에지
0	0	INT_n의 저 레벨(low level)에서
0	1	INT_n의 논리변화에서
1	0	하강에지에서
1	1	상승에지에서

(6) EIMSK (External Interrupt Mask Register)

이 레지스터는 외부 인터럽트를 개별적으로 허용/금지한다. 이 레지스터의 어느 비트를 1로하면 해당 외부 인터럽트는 개별적으로 허용되고, 0으로 하면 해당 외부 인터럽트는 금지된다.

Bit	7	6	5	4	3	2	1	0
EIMSK	INT7	INT6	INT5	INT4	INT3	INT2	INT1	INT0
Initial Value	0	0	0	0	0	0	0	0

- INT7 : External Interrupt Request 7 Enable
- INT6 : External Interrupt Request 6 Enable
- INT5 : External Interrupt Request 5 Enable
- INT4 : External Interrupt Request 4 Enable
- INT3 : External Interrupt Request 3 Enable
- INT2 : External Interrupt Request 2 Enable
- INT1 : External Interrupt Request 1 Enable
- INT0 : External Interrupt Request 0 Enable

(7) EIFR (External Interrupt Flag Register)

EIFR 레지스터는 앞의 레지스터와는 달리 인터럽트 발생 상태를 표시하는 "인터럽트 발생 표시용 플래그"이다. 인터럽트 허용 여부를 결정하는 비트들은 프로그램에서 CBI 또는 SBI등의 명령으로 소프트웨어 클리어 또는 세트되지만, 인터럽트 발생 상태를 표시하는 플래그들은 CPU가 직접 세트한다. INTn을 통하여 인터럽트가 요청되면 CPU가 자동적으로 이들을 세트한다.

Bit	7	6	5	4	3	2	1	0
EIFR	INTF7	INTF6	INTF5	INTF4	INTF3	INTF2	INTF1	INTF0
Initial Value	0	0	0	0	0	0	0	0

- INTF7 : External Interrupt Falg 7
- INTF6 : External Interrupt Falg 6
- INTF5 : External Interrupt Falg 5
- INTF4 : External Interrupt Falg 4
- INTF3 : External Interrupt Falg 3
- INTF2 : External Interrupt Falg 2
- INTF1 : External Interrupt Falg 1
- INTF0 : External Interrupt Falg 0

실제 인터럽트가 발생하면 이들 플래그 비트는 자동적으로 클리어된다. 그러므로 인터럽트 루틴에서 별도로 이들을 클리어 할 필요가 없다.

8.3 인터럽트 초기화와 서비스 루틴

(1) 외부 인트럽트 초기화 설정

인터럽트 기능을 사용하기 위해서는 관련 레지스터에 초기화 코드를 입력해야 한다.

① 먼저 외부 인터럽트 제어레지스터인 EICR의 ISC비트에 의해 인터럽트 발생 기준이 되는 시점을 설정한다.

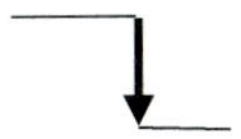	Falling Edge (하강에지)	인터럽트 입력 핀에 신호가 "H" 레벨에서 "L"로 되는 순간 인터럽트 발생
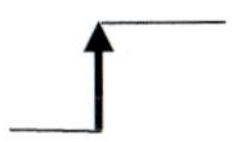	Rising Edge (상승에지)	인터럽트 입력 핀에 신호가 "L" 레벨에서 "H"로 되는 순간 인터럽트 발생
	Low Level (논리 "0")	인터럽트 입력 핀에 신호가 "L" 상태일 때 발생 (잘 사용하지 않음)

② 외부인터럽트 마스크 레지서터인 EIMSK로 필요한 인터럽트를 허가한다.
("0" 금지, "1" 허가)

③ SREG의 7번 비트 I(Global Interrupt Enable)를 "1"로 설정하여 전체 인터럽트를 인에이블 한다.

[표 8-4] SREG의 I 비트를 "1"로 설정하는 여러 가지 방법들

	명 령	설 명
방법1	SREG |= 0x80;	SREG 7번 : I 비트만 "1" 로
방법2	#asm("sei") ;	어셈블리 명령 이용
방법3	SREG |= 1<< I	시프트 연산자를 이용하여 I 비트를 1로 설정

(예) 하강에지에서 트리거되는 INT0 인터럽트 설정

표 현	설 명
EICRA = 0x02; EIMSK = 0x01; #asm("sei") ;	ISC01 ISC00 ← 1 0 : INT0 하강에지 설정 INT0 ← 1 : 인에이블 전체 인터럽트 인에이블

위에서 EIMSK = 0x01; 표현 대신에 왼쪽 시프트연산자 "<<" 를 이용하여

```
EIMSK |= 1<< INT0 ;
```

로 표현할 수 있다.

이것은 "1" 을 "INT0" 비트로 시프트 한다는 표현이다.

1<<1 : 0b00000001 을 1비트 시프트 하여 : 0b00000010 가 된다.

그리고 "#asm("sei")" 표현 대신 "SREG |= 0x80" 혹은 OR연산자 "|" 없이 "SREG = 0x80" 로 나타낼 수 있으나 가급적 전자와 같이 OR연산자 "|" 와 함께 사용할 것을 추천한다.

(예) 상승에지에서 트리거되는 INT5, INT6 인터럽트 설정

표 현	설 명
EICRB = 0x3C; EIMSK = 0x60; #asm("sei") ;	00 11 11 00 : INT5,6 상승에지 설정 0110 0000 : INT5,6 1 : 인에이블 전체 인터럽트 인에이블

위에서 EIMSK = 0x60; 표현 대신에 왼쪽 시프트연산자 "<<" 를 이용하면

```
EIMSK |= 1 << INT5
EIMSK |= 1 << INT6
```

로 표현할 수 있다.

이는 EIMSK의 5번비트(INT5)와 6번비트(INT6)를 "1" 로 설정해 준다.

(2) CodeVisionAVR에서 인트럽트 서비스 루틴 작성법

```
interrupt [인터럽트 소스명] void 함수명(void)
{
   인터럽트 서브루틴
}
```

여기서 인트럽트 소스명은 "mega128.h" 헤더파일에 다음 [표 8-5]와 같이 #define으로 정의한 이름이다.

[인터럽트 서비스 루틴 작성 예]

- INT0의 경우

```
interrupt [EXT_INT0] void ext_int0(void)
{
      .......
}
```

- 타이머/카운트0 비교매치 인터럽트의 경우

```
interrupt [TIM0_COMP] void tim0_comp(void)
{
      .......
}
```

[표 8-5] "mega128.h" 헤더파일에 정의된 인터럽트 이름

#define	EXT_INT0	2	#define	USART0_RXC	19
#define	EXT_INT1	3	#define	USART0_DRE	20
#define	EXT_INT2	4	#define	USART0_TXC	21
#define	EXT_INT3	5	#define	ADC_INT 22	
#define	EXT_INT4	6	#define	EE_RDY	23
#define	EXT_INT5	7	#define	ANA_COMP	24
#define	EXT_INT6	8	#define	TIM1_COMPC	25
#define	EXT_INT7	9	#define	TIM3_CAPT	26
#define	TIM2_COMP	10	#define	TIM3_COMPA	27
#define	TIM2_OVF	11	#define	TIM3_COMPB	28
#define	TIM1_CAPT	12	#define	TIM3_COMPC	29
#define	TIM1_COMPA	13	#define	TIM3_OVF	30
#define	TIM1_COMPB	14	#define	USART1_RXC	31
#define	TIM1_OVF	15	#define	USART1_DRE	32
#define	TIM0_COMP	16	#define	USART1_TXC	33
#define	TIM0_OVF	17	#define	TWI	34
#define	SPI_STC	18	#define	SPM_RDY	35

8.4 외부 인터럽트 활용 실습

실습 23. 외부 인터럽트(INT0)활용 실습
[활용과제]

실습 24. 외부 인터럽트(INT0, INT5)활용 실습
[활용과제]

실습 23. 외부 인터럽트(INTO) 활용 실습

[실습 과제]

INT0 인터럽트가 발생할 때마다 카운트 증가하여 포트 B에 연결된 LED로 출력한다. 단, 하강 에지 인터럽트를 사용한다.

[실습회로]

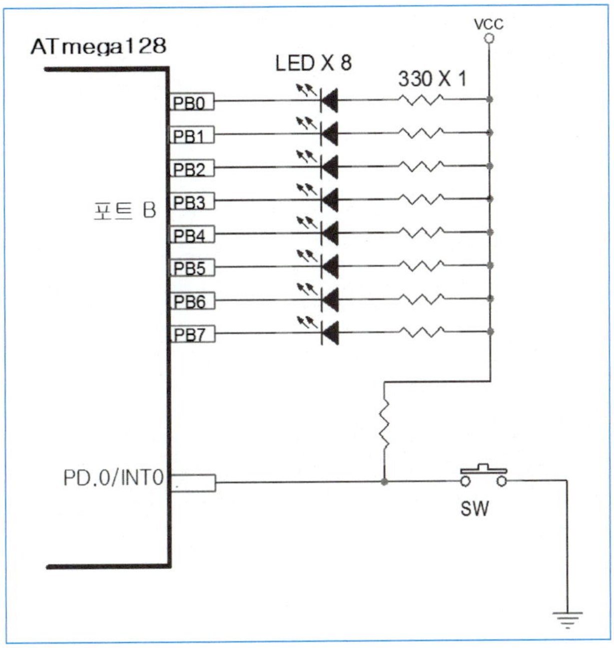

[초기화 설정]

■ 하강에지 검출로 설정

	7	6	5	4	3	2	1	0
EICRA	ISC31	ISC30	ISC21	ISC20	ISC11	ISC10	ISC01	ISC00
설정값 :	0	0	0	0	0	0	1	0

■ INT0 인터럽트 허가

	7	6	5	4	3	2	1	0
EIMSK	INT7	INT6	INT5	INT4	INT3	INT2	INT1	INT0
설정값 :	0	0	0	0	0	0	0	1

[소스 프로그램]

```
#include <mega128.h>
#include <delay.h>

unsigned char Int0_test=0;

interrupt [EXT_INT0] void ext_int0_isr(void)     // INT0 인터럽트 서비스 루틴
{
        EIMSK = 0x00;       // Interrupt Disable

        Int0_test++;
        delay_ms(500);

        EIMSK = 0x01;       // Interrupt Enable
}

void init_port(void)
{
        PORTB=0xff;         // LED PORT
        DDRB=0xff;

        PORTD=0xff;         // PD.0 : INT0
        DDRD=0x00;
}

void main(void)
{
        init_port();
                            // 인터럽트 초기화
        EICRA = 0x02;       // 00000010 : INT1,INT0 하강에지 검출
        EIMSK = 0x01;       // INT0 인에이블
        SREG = 0x80 ;       // = #asm("sei") // Global enable interrupts

        while(1)
        {
                PORTB = Int0_test;          // LED OUT
        }
}
```

활용과제

위의 예제를 INT5를 이용하여 상승에지에서 인터럽트를 동일한 동작이 되도록 프로그램을 수정하시오

실습 24. 외부 인터럽트(INTO, INT5) 활용 실습

[실습과제]

각각의 인터럽트가 발생시 각기 다른 LED 점등패턴 출력

- 메인 함수에서는 포트B에 연결된 LED 모두 0.5초 간격으로 꺼졌다 켜졌다 무한반복을 하고 있다.
- INT0이 걸리면 LED는 1초 간격으로 ○○○○●●●● → ●●●●○○○○을 1회 점멸한 후 메인으로 복귀하고
- INT5이 걸리면 LED는 1초 간격으로 ○○●●●●○○ → ●●○○○○●●을 1회 동작 후 메인으로 복귀한다.

모두 하강에지 트리거로 한다.

[실습회로]

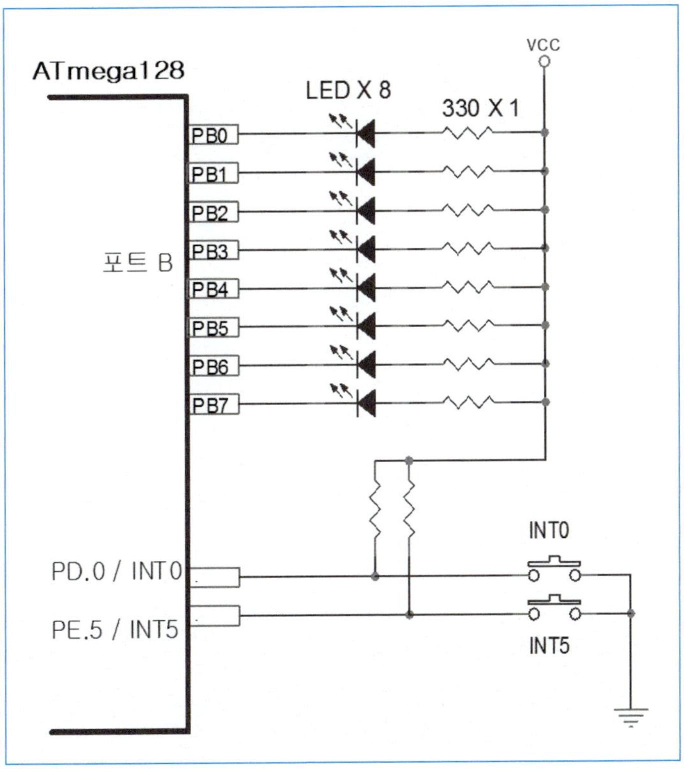

[초기화 설정]

■ INT0 하강에지 검출로 설정

	7	6	5	4	3	2	1	0
EICRA	ISC31	ISC30	ISC21	ISC20	ISC11	ISC10	ISC01	ISC00
설정값 :	0	0	0	0	0	0	1	0

■ INT5 하강에지 검출로 설정

	7	6	5	4	3	2	1	0
EICRB	ISC71	ISC70	ISC61	ISC60	ISC51	ISC50	ISC41	ISC40
설정값 :	0	0	0	0	1	0	0	0

■ INT0, INT5 인터럽트 허가

	7	6	5	4	3	2	1	0
EIMSK	INT7	INT6	INT5	INT4	INT3	INT2	INT1	INT0
설정값 :	0	0	1	0	0	0	0	1

[소스프로그램]

```
#include <mega128.h>
#include <delay.h>

interrupt [EXT_INT0] void ext_int0_isr(void)      // INT0 인터럽트 처리함수
{
        EIMSK = 0x00;
        PORTB = 0b11110000;
        delay_ms(1000);
        PORTB = 0b00001111;
        delay_ms(1000);
        EIMSK = 0x21;
}

interrupt [EXT_INT5] void ext_int5_isr(void)      // INT5 인터럽트 처리함수
{
        EIMSK = 0x00;
        PORTB = 0b11000011;
        delay_ms(1000);
```

```
        PORTB = 0b00111100;
        delay_ms(1000);
        EIMSK = 0x21;

void init_port(void)
{
        PORTB=0xff;         // LED PORT
        DDRB=0xff;

        PORTD=0xff;
        DDRD=0x00;

        PORTE=0xff;
        DDRE=0x00;
}

void main(void)
{
        init_port();
                            // 인터럽트 초기화
        EICRA =0x02;        // 00000010 : INT0 하강에지 검출
        EICRB =0x08;        // 00001000 : INT5 하강에지 검출
        EIMSK = 0x21;       // 00100001 : INT5,INT0 인에이블
        #asm("sei");        // Global enable interrupts

        while(1)
        {
                PORTB = 0b00000000;
                delay_ms(1000);
                PORTB = 0b11111111;
                delay_ms(1000);
        }
}
```

활용과제

위의 실습처럼 메인 프로그램에서는 전체 LED가 점멸하고 있다.
다음 표와 같이 INT0~INT7이 발생될 때 동작 프로그램을 작성하시오.

발생 인터럽트	LED 동작
INT0	LED0만 2회 점멸한다. (0.5초 간격)
INT1	LED1만 2회 점멸한다. (0.5초 간격)
INT2	LED2만 2회 점멸한다. (0.5초 간격)
INT3	LED3만 2회 점멸한다. (0.5초 간격)
INT4	LED4만 2회 점멸한다. (0.5초 간격)
INT5	LED5만 2회 점멸한다. (0.5초 간격)
INT6	LED6만 2회 점멸한다. (0.5초 간격)
INT7	LED7만 2회 점멸한다. (0.5초 간격)

타이머/카운터 제어

ATmega128에는 8비트와 16비트 타이머/카운터가 각각 2개씩 내장되어 있다. 이를 이용하여 외부 입력펄스 갯수를 카운트하고, 주기적인 인터럽트를 발생시킬 수 있으며 펄스 폭 시간을 계측 및 PWM 파형을 출력할 수 있다. 타이머/카운터 기능은 마이컴 활용면에 있어 굉장히 유용하게 사용되고 있으므로 잘 배워 사용법을 이해하고 응용할 수 있는 능력을 갖추는 것이 고급 사용자로서 자질을 가질 수 있다. ATmega128은 특히 다른 마이컴에 비해 PWM 기능이 강화되어 있어 사용법이 상당히 까다로우나 이 장에서는 다수의 예제를 통해 쉽게 이해하도록 구성하였으니 잘 활용할 수 있도록 이해하도록 하자.

CHAPTER 09

9.1 타이머/카운터 개요

(1) 타이머/카운터(Timer/Counter)란?

타이머는 사전적인 의미인 시간과 관련이 있는 작업을 할 수가 있다. 특정 주파수의 구형파를 만들 수 있고, PWM(Pulse Width Modulation)처럼 특정 듀티비와 주파수를 가진 파형을 만든다든지, 혹은 펄스 폭의 시간을 계측하는 용도로 사용이 된다.

카운터는 우리말로 계수기이다. 즉 입력 펄스수를 계수하여 지정된 펄스수까지 계수가 되면 인터럽트를 발생하도록 하여 응용한다.

많은 응용에서 타이머와 카운트가 각각 독립적으로 사용되는 것이 아니라 서로 유기적인 상호 작용에 의해 이루어진다.

(2) Mega128의 타이머/카운터의 개요

ATmega128에는 4개의 타이머/카운터가 있는데 타이머/카운터0과 타이머/카운터2는 8비트로서 기능이 거의 비슷하고, 타이머/카운터1과 타이머/카운터3은 16비트로서 기능이 거의 유사하다.

4개의 타이머/카운터의 기능이 유사하므로 8비트 타이머/카운터의 활용법을 이해한다면 16비트 타이머/카운터도 잘 응용할 수 있다.

타이머/카운터 0은 다른 타이머/카운터와 달리 32.786 kHz의 크리스탈을 접속하는 TOSC1 및 TOSC2 단자를 가지고 있어서 RTC(Real Time Clock)의 기능을 갖도록 할 수가 있으며, 외부의 클럭 입력 단자 T0이 없는 대신에 TOSC1 단자에 외부 클럭을 인가할 수도 있으나 잘 사용하지 않으며 주로 내부 클록을 이용한다.

또한 타이머/카운터0은 내부 클럭을 사용하든 외부의 클럭을 사용하든 모두 프리스케일러의 적용을 받는다. 타이머/카운터 1, 2, 3은 내부 클럭을 사용하는 타이머에 대하여만 프리스케일러가 동작한다.

ATmega128의 타이머/카운터는 모두 PWM 출력 및 인터럽트 기능을 가지고 있다. 인터럽트의 종류에는 카운터 값이 출력비교 레지스터의 값과 같게 되는 순간에 발생하는 출력비교 인터럽트(output compare match interrupt)와 카운터의 값이 오버플로우 되는 경우에 발생하는 오버플로우 인터럽트(overflow interrupt), 입력캡쳐 인터럽트(input capture interrupt)이 있다.

[표 9-1] Mega128의 타이머/카운터 기능

항 목	타이머/카운터0	타이머/카운터2	타이머/카운터1	타이머/카운터3
기본구조	8 bit	8 bit	16 bit	16 bit
타이머 입력	CPU클럭 (CLK)	CPU클럭 (CLK)	CPU클럭 (CLK)	CPU클럭 (CLK)
카운터 입력	오실레이터, TOSC1	T2	T1, ICP1	T3, ICP3
(타이머) 프리스케일러	1, 8, **32**, 64, **128**, 256 ,1024	1, 8, 64, 256 ,1024	1, 8, 64, 256 ,1024	1, 8, 64, 256 ,1024
관련 레지스터	TCCR0, TCNT0, OCR0, ASSR, SFIOR, TIMSK, TIFR	TCCR2, TCNT2, OCR2, SFIOR, TIMSK,, TIFR	TCCR1A, TCCR1B TCCR1C, TCNT1H, TCNT1L OCR1AH, OCR1AL OCR1BH, OCR1BL OCR1CH, OCR1CL ICR1H, ICR1L SFIOR TIMSK, ETIMSK TIFR, ETIFR	TCCR3A, TCCR3B TCCR3C, TCNT3H, TCNT3L OCR3AH, OCR3AL OCR3BH, OCR3BL OCR3CH, OCR3CL ICR3H, ICR3L SFIOR TIMSK, ETIMSK TIFR, ETIFR
동작모드	Normal, CTC, Fast PWM, Phase Collect PWM	Normal, CTC, Fast PWM, Phase Collect PWM	Normal, CTC, Fast PWM, Phase Collect PWM, Phase and Frequency Collect PWM	Normal, CTC, Fast PWM, Phase Collect PWM, Phase and Frequency Collect PWM
출력신호	OC0	OC2	OC1A, OC1B, OC1C	OC3A, OC3B, OC3C
인트럽트	Overflow, 출력비교 일치	Overflow, 출력비교 일치	Overflow, 출력비교 일치, A/B/C입력 Capture	Overflow, 출력비교 일치, A/B/C입력 Capture

9.2 타이머/카운터 0과 타이머/카운터 2

(1) 동작 개요

타이머/카운터0와 타이머/카운터2는 비동기 동작 모드를 가지는 8비트 업/다운 카운터로서, 타이머/카운터0와 타이머/카운터2는 둘 다 내부 클럭 소스로 받아서 프리스케일러를 통하여 동작하는 타이머 기능과, 외부 클럭(타이머/카운터0 : OSC, 타이머/카운터2 : T2) 입력을 소스로 받아 프리스케일러를 통하여 동작하는 카운터 기능이 있다.

타이머/카운터0의 입력은 주로 오실레이터 클록을 프리스케일러를 통해 카운터 입력으로 사용하며 특수한 용도로 비동기 모드 카운트 동작이 가능한 RTC 입력핀으로 TOSC1가 있다. 타이머/카운터2 입력은 T2핀을 통해 입력 펄스를 프리스케일러를 통해 사용한다.

카운트 출력핀으로 각각 OC0와 OC2가 있다.

타이머/카운터0에서 TOSC1 입력을 이용한 비동기 모드의 사용은 사용법이 까다롭고 여러 가지 고려해야 할 사항이 많으므로 이 책에서는 다루지 않으므로 ATmega128 매뉴얼을 참고하기 바란다.

[표 9-2] mega128의 타이머/카운터0와 타이머/카운터2의 차이점 비교

항 목	타이머/카운터0	타이머/카운터2
카운터 입력	오실레이터, 혹은 TOSC1	T2
프리스케일러	1, 8, 32, 64, 128, 256, 1024	1, 8, 64, 256 ,1024
타이머 출력	OC0	OC2

(a) 타이머/카운터0

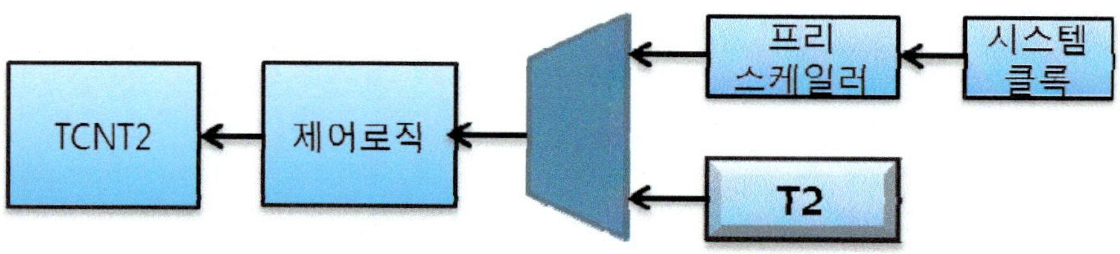

(b) 타이머/카운터2

그림 9-1 타이머/카운터0과 타이머/카운터2의 카운터 부분 블록도

카운터의 동작을 보면 우선 선택된 클럭이 계수되어 8비트의 업/다운 카운터레지스터 TCNTn에 입력되고, 이 값이 0xFF → 0x00로 바뀔 때 오버플로우 인터럽트가 발생한다. 8비트 카운터 TCNTn은 동작 모드에 따라 클럭의 입력값이 증가 또는 감소한다. 경우에 따라서는 0x00으로 리셋되기도 한다.

이 레지스터 값은 동작 중에 항상 출력비교 레지스터 OCRn과 비교되며, 그 값이 같아지면 출력비교 인터럽트가 활성화 되고, 외부적으로는 OCn단자에 신호가 출력되도록 설정할 수 있다. OCRn 레지스터를 적절히 활용하면 원하는 PWM 출력신호를 발생할 수 있다. 아래 그림에 타이머/카운터0, 2의 출력부분 간략도를 나타내었다.

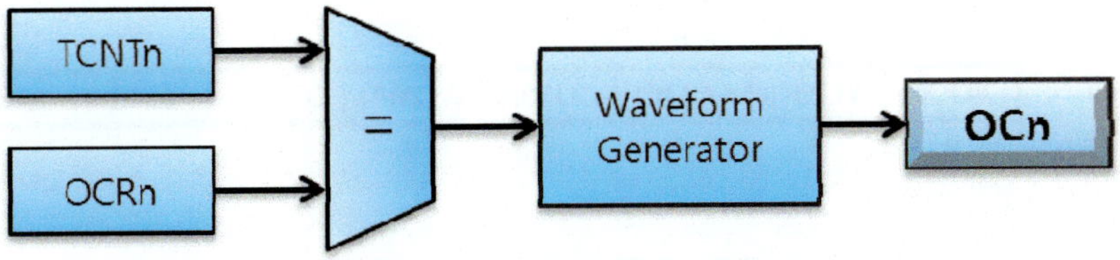

그림 9-2 타이머/카운터0과 2의 출력 부분 블록도 (n = 0, 2)

(2) 타이머/카운터 0, 2 관련 레지스터

ATmega128의 타이머/카운터0과 2와 관련된 레지스터는 다음과 같다.

[표 9-3] 타이머/카운터0과 2와 관련된 레지스터

Timer/Counter0	Timer/Counter2	기 능
TCCR0	TCCR2	Timer/Counter Control Register 0, 2
TCNT0	TCNT2	Timer/Counter Register 0, 2
OCR0	OCR2	Timer/Counter Output Compare Register 0,2
ASSR		Asynchronous Status Register
SFIOR		Special Function I/O Register
TIMSK		Timer/Counter Interrupt Mask Register
TIFR		Timer/Counter Interrupt Flag Register

① TCCR0, TCCR2 Register

TCCRn Register는 동작모드를 설정하고 프리스케일러의 분주비를 설정하는 기능이 있다.

TCCR0

	7	6	5	4	3	2	1	0
TCCR0	FOC0	WGM00	COM01	COM00	WGM01	CS02	CS01	CS00
Initial Value	0	0	0	0	0	0	0	0

	7	6	5	4	3	2	1	0
TCCR2	FOC2	WGM20	COM21	COM20	WGM21	CS22	CS21	CS20
Initial Value	0	0	0	0	0	0	0	0

- 7 : FOCn - 강제 출력비교 (n=0 또는 2)
- 6,3 : WGMn0 , WGMn1 - 순서제어와 파형발생
- 5,4 : COMn1 , COMn0 - 비교일치출력
- 2,1,0: CSn2 ~ CSn0 - 클럭의 분주비 선택

■ Bit 7 – FOCn : 강제 출력 비교 비트(Force Output Compare)

- PWM 모드가 아닌 경우에만 유효
- 1일 경우 : 강제로 즉시 OCn단자에 출력비교가 매치된 것과 같은 출력을 내보내며, 이 출력신호의 동작은 COMn1, COMn0 비트에 의하여 결정된다. 특별한 경우가 아니면 이 비트는 0으로 설정하는 것이 좋다.

■ Bit 6 : 3 – WGMn0, WGMn1 : (★ 비트 번호 순서 주의)

파형발생 동작 모드(Waveform Generation Mode)를 설정한다.

WGMn0	WGMn1	동작 모드	최대값
0	0	Normal	0xFF
0	1	CTC	OCRn
1	0	Phase Correct PWM	0xFF
1	1	Fast PWM	0xFF

■ Bit 5:4 – COMn1:COMn0 : 비교 일치 출력 모드(Compare Match Output Mode)

이 두 bit는 OCn 핀의 동작을 설정한다.

Compare Match란 **OCRn = TCNTn**을 의미하며, 즉 OCR 레지스터 설정 값과 카운트된 값이 일치됨을 말한다.

[표 9-4] COMn1, COMn0 비트의 설정

MODE	COMn1	COMn0	OCn 핀의 기능
PWM mode 아닌경우	0	0	OCn 출력차단(원래의 범용 I/O포트 동작)
	0	1	Compare match에서 OCn출력 토글
	1	0	Compare match에서 OCn출력 0으로 클리어
	1	1	Compare match에서 OCn출력 1로 셋트
Fast PWM mode	0	0	OCn 출력차단(원래의 범용 I/O포트 동작)
	0	1	Reserved
	1	0	Compare match에서 OCn출력 0으로 클리어, TCNTn = 0가 될 때 OCn 출력을 1로 셋트
	1	1	Compare match에서 OCn출력 1로 셋트 TCNTn = 0가 될 때 OCn 출력을 0으로 클리어
Phase Correct PWM mode	0	0	OCn 출력차단(원래의 I/O포트 동작)
	0	1	Reserved
	1	0	상향(Compare match에서 OCn를 0으로 클리어) 하향(Compare match에서 OCn를 1로 셋트)
	1	1	상향(Compare match에서 OCn를 1로 셋트) 하향(Compare match에서 OCn를 0으로 클리어)

■ Bit 2:0 – CSn2:CSn0 : 클럭 분주비 선택(Clock Select)

타이머/카운터 0				타이머/카운터 2			
CS02	CS01	CS00	동 작	CS22	CS21	CS20	동 작
0	0	0	Stop	0	0	0	Stop
0	0	1	Clk /1	0	0	1	Clk /1
0	1	0	Clk /8	0	1	0	Clk /8
0	1	1	Clk /32	0	1	1	Clk /64
1	0	0	Clk /64	1	0	0	Clk /256
1	0	1	Clk /128	1	0	1	Clk /1024
1	1	0	Clk /256	1	1	0	T2핀 외부클록, 하강에지
1	1	1	Clk /1024	1	1	1	T2핀 외부클록, 상승에지

② TCNT0, TCNT2 Register

8비트 카운터 값을 저장하고 있는 레지스터로서 언제나 리드 및 라이트 동작이 가능하다. 그러나 카운터가 동작하고 있는 중에 카운터의 값을 수정하면 TCNTn와 OCRn 레지스터 간에 비교일치가 되지 않을 수도 있다.

	7	6	5	4	3	2	1	0
TCNTn								
Initial Value	0	0	0	0	0	0	0	0

③ OCR0, OCR2 Register

TCNTn 값과 비교할 값을 저장한다. 출력비교 레지스터로서 TCNTn 값과 비교하여 OCn단자에 출력신호를 발생하기 위한 8비트 값을 저장한다. (n = 0 또는 2)

	7	6	5	4	3	2	1	0
OCRn								
Initial Value	0	0	0	0	0	0	0	0

④ ASSR Register

타이머/카운터0이 외부 클럭에 의하여 비동기 모드로 동작하는 경우에 관련된 기능을 수행한다. 타이머/카운터0의 비동기 모드는 잘 사용하지 않고 사용법 또한 까다로워 이 책에서는 취급하지 않으니 자세한 사항은 ATmega128 데이터시트를 참고하기 바란다.

	7	6	5	4	3	2	1	0
ASSR	–	–	–	–	AS0	TCN0UB	OCR0UB	TCR0UB
Initial Value					0	0	0	0

- 3: AS0 : T/C0 클럭 소스 선택
  - 1: 비동기 모드 동작
  - 0: 동기 모드 동작

⑤ SFIOR Register

SFIOR Register는 타이머/카운터를 동기화시키는데 관련된 기능을 한다.
가급적 건드리지 않고 초기값 그대로 사용하는 것이 좋다.

	7	6	5	4	3	2	1	0
SFIOR	TSM	–	–	–	ACME	PUD	PSR0	PSR321
Initial Value	0				0	0	0	0

- 7: TSM : 모든 타이머/카운터 동기화
- 1: PSR0 : 프리스케일러를 리셋

⑥ TIMSK Register

타이머/카운터 0, 2가 발생하는 인터럽트를 개별적으로 허용하는 기능을 수행한다.

	7	6	5	4	3	2	1	0
TIMSK	OCIE2	TOIE2	TICIE1	OCIE1A	OCIE1B	TOIE1	OCIE0	TOIE0
Initial Value	0	0	0	0	0	0	0	0

- 7: OCIE2 : 타이머/카운터 2 출력비교 인터럽트 활성
  - 1: 인터럽트 허용 0: 인터럽트 금지
- 6: TOIE2 : 타이머/카운터 2 오버플로우 인터럽트 활성
  - 1: 인터럽트 허용 0: 인터럽트 금지
- 1: OCIE0 : 타이머/카운터 0 출력비교 인터럽트 활성
  - 1: 인터럽트 허용 0: 인터럽트 금지
- 0: TOIE0 : 타이머/카운터 0 오버플로우 인터럽트 활성
  - 1: 인터럽트 허용 0: 인터럽트 금지

⑦ TIFR Register

타이머/카운터 0~2가 발생하는 인터럽트를 플래그를 저장하는 레지스터이다.

	7	6	5	4	3	2	1	0
TIFR	OCF2	TOV2	ICF1	OCF1A	OCF1B	TOV1	OCF0	TOV0
Initial Value	0	0	0	0	0	0	0	0

- 7: OCF2 : 출력비교 플래그 2
  - 1: TCNT2와 OCR2의 일치일 때 (강제"1" 기록시 크리어)
- 6: TOV2 : 타이머/카운터 2 오버플로우 플래그
  - 1: 타이머/카운터2 오버플로우 발생시
- 1: OCF0 : 출력비교 플래그 0
  - 1: TCNT0와 OCR0의 일치 할 경우
- 0: TOV0 : 타이머/카운터 0 오버플로우 플래그
  - 1: 타이머/카운터0 오버플로우 발생시
  - 0: 해당 인터럽트 백터 처리시 클리어

(3) 동작 모드

비트6, 3으로 파형발생 동작 모드(Waveform Generation Mode)를 설정한다.

	7	6	5	4	3	2	1	0
TCCRn	FOCn	WGMn0	COMn1	COMn0	WGMn1	CSn2	CSn1	CSn0
Initial Value	0	0	0	0	0	0	0	0

타이머/카운터의 출력비교기 구성 블록도를 살펴보면 타이머/카운터에 포함된 8비트 비교기는 항상 TCNTn의 값과 OCRn의 값을 비교하고 있다가 이 값이 같아지면 그 다음의 타미머 클럭 사이클에서 OCF=1로 되면서 출력비교 인터럽트를 요청한다.

[표 9-5] 동작모드의 설정 (n = 0 또는 2)

WGMn0	WGMn1	동작 모드	최대값	OCR 업데이트시점
0	0	Normal	0xFF	설정 즉시
0	1	CTC	OCRn	설정 즉시
1	0	Phase Correct PWM	0xFF	top
1	1	Fast PWM	0xFF	bottom

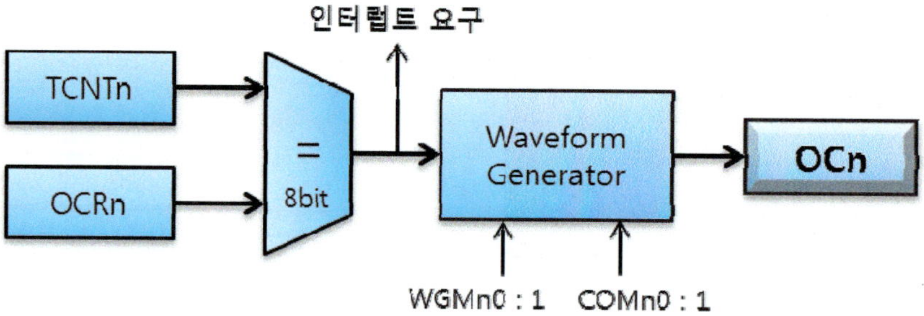

그림 9-3 타이머/카운터0, 2의 출력비교기 구성 블록도

① NORMAL MODE (일반모드)

- 클럭이 입력될 때마다 TCNT 레지스터가 1씩 증가한다.
- TCNT 레지스터 최대값(0xFF) 된 후 클록이 하나 입력되면 (0x00)으로 바뀌며 이 때 오버플로 인터럽트가 발생한다.

- 타이머/카운터0는 TOSC1, TOSC2에 연결된 수정진동자에 의한 내부 클록만 사용하며 타이머/카운터2는 내부 클록 및 외부 T2핀 입력 클록도 사용 가능하다.
- 주로 클록 계수용으로 사용되어 일정 주기로 발생하는 타이머/카운터 오버플로우 인터럽트를 이용하는 부분에 사용된다.

(예) 타이머/카운터0을 NORMAL 모드, 내부클록을 64분주로 카운터 설정값을 구하시오.

(결과)

	7	6	5	4	3	2	1	0
TCCR0	**FOC0**	**WGM00**	**COM01**	**COM00**	**WGM01**	**CS02**	**CS01**	**CS00**
설정 값 :	X	0	X	X	0	1	0	0

(예) 타이머/카운터2를 NORMAL 모드, T2핀에 입력되는 외부 클록을 하강에지에 카운터 하도록 설정값을 구하시오.

(결과)

	7	6	5	4	3	2	1	0
TCCR2	**FOC2**	**WGM20**	**COM21**	**COM20**	**WGM21**	**CS22**	**CS21**	**CS20**
설정 값 :	X	0	X	X	0	1	1	0

② CTC(Clear Timer on Compare Match) MODE (비교일치모드)

- TCNT의 값이 출력비교 레지스터 OCR의 값과 일치하면 그 다음 클럭 사이클에서 0으로 클리어 된다.
- 클럭 입력에 의하여 항상 0x00~OCR0의 값으로 계수 동작이 반복하여 수행된다.
- TCNT 레지스터의 카운트 값이 증가하다가 OCR0의 값과 일치한 후 다음 클록에서 0x00으로 바뀌는 순간 출력비교 인터럽트가 발생한다.
- 주파수 분주용으로 주로 사용된다.

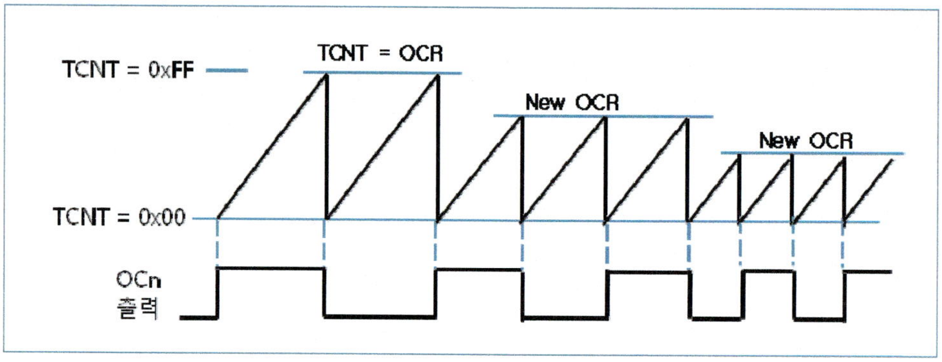

그림 9-4 타이머/카운터 0의 CTC 모드

- 출력 주파수는 다음과 같이 계산된다. 단, 여기서 N은 프리스케일러의 분주비로서 1, 8, 32, 64, 128, 256, 1024 중의 하나에 해당한다.

$$f_{OCn} = \frac{f_{clk\_I/O}}{2 \cdot N \cdot (1 + OCRn)}$$

- 일정 주기의 펄스열을 만들 수 있다.

(예) 타이머/카운터2를 CTC 모드, 64분주로 설정값을 구하시오.

(결과)

	7	6	5	4	3	2	1	0
TCCR2	FOC2	WGM20	COM21	COM20	WGM21	CS22	CS21	CS20
설정 값 :	X	0	X	X	1	0	1	1

③ Fast PWM MODE (고속 PWM 모드)

- 레지스터 TCNTn의 카운트 동작이 항상 0x00~0xFF의 범위에서 증가하는 방향으로만 반복적으로 수행된다.
- TCNTn의 값은 항상 출력비교 레지스터 OCRn의 값과 비교
  - TCNTn = OCRn : 출력 OCn = 0
  - TCNTn 값이 0xFF → 0x00 될 때 OCn = 1
- COM01과 COM00을 각각 1과 0으로 설정하면 OC0단자는 이와 같이 정상 PWM 출력으로 동작하지만, COM01과 COM00을 각각 1과 1로 설정하면 OC0단자는 반전 PWM 출력으로 동작한다.

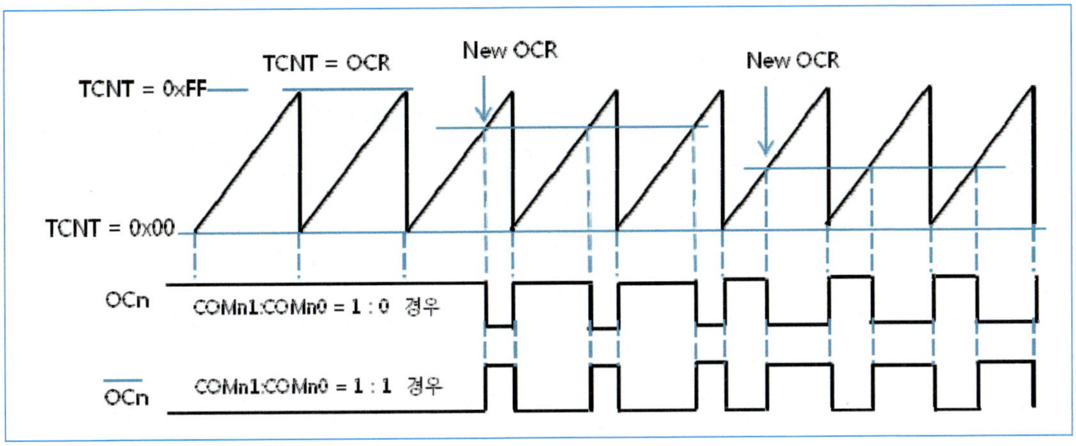

그림 9-5 타이머/카운터 0의 고속 PWM 모드

- 출력신호의 주파수는 다음과 같이 표시되며, 이는 위상교정 PWM모드의 경우에 비하여 약 2배 높은 주파수가 된다. 단, 여기서 N은 프리스케일러의 분주비로서 1, 8, 32, 64, 128, 256, 1024 중의 하나에 해당한다.

$$f_{OCnPWM} = \frac{f_{clk\_I/O}}{N \cdot 256}$$

- 전력변환, D/A 변환 등에 사용된다.

(예) 타이머/카운터0을 고속PWM 모드, 1024분주로 설정값을 구하시오.

(결과)

	7	6	5	4	3	2	1	0
TCCR0	FOC0	WGM00	COM01	COM00	WGM01	CS02	CS01	CS00
설정 값 :	X	1	X	X	1	1	1	1

④ Phase Correct PWM Mode (위상교정 PWM MODE)

- 레지스터 TCNTn의 카운트 동작이 상향 카운터로서 0x00~0xFF의 범위에서 업 카운트 하였다가 다시 다운 카운터로서 0xFF~0x00으로 감소하는 동작을 반복적으로 수행한다.
- 업 카운트 동작시, TCNTn = OCRn일 때 : OCn = 0
- 다운 카운트 동작시, TCNTn = OCRn일 때 : OCn = 1

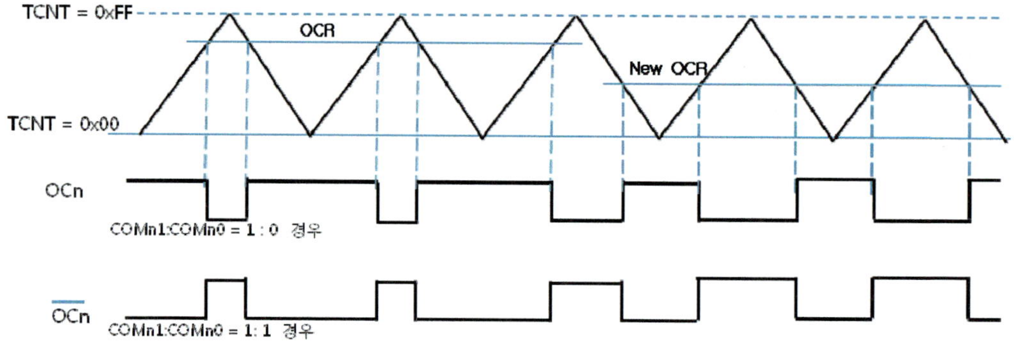

그림 9-6 타이머/카운터0, 2의 위상교정 PWM 모드

- 출력신호의 주파수는 다음과 같이 표시되며, 이는 고속 PWM 모드의 경우에 비하여 약 1/2로 낮은 주파수가 된다. 단, 여기서 N은 프리스케일러의 분주비로서 1, 8, 32, 64, 128, 256, 1024 중의 하나에 해당한다.

$$f_{OCnPCPWM} = \frac{f_{clk\_I/O}}{N \cdot 510}$$

- DC모터 속도제어를 위한 PWM 파형 생성에 주로 사용이 된다.

(예) 타이머/카운터2를 위상교정 PWM MODE, 256 분주로 설정값을 구하시오.

(결과)

	7	6	5	4	3	2	1	0
TCCR2	FOC2	WGM20	COM21	COM20	WGM21	CS22	CS21	CS20
설정 값 :	X	1	X	X	0	1	0	0

(4) 타이머/카운터0, 2동작 타이밍

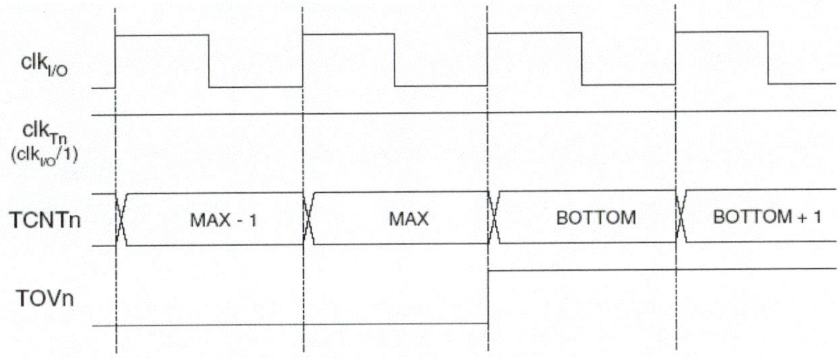

(a) 분주비 1일 때

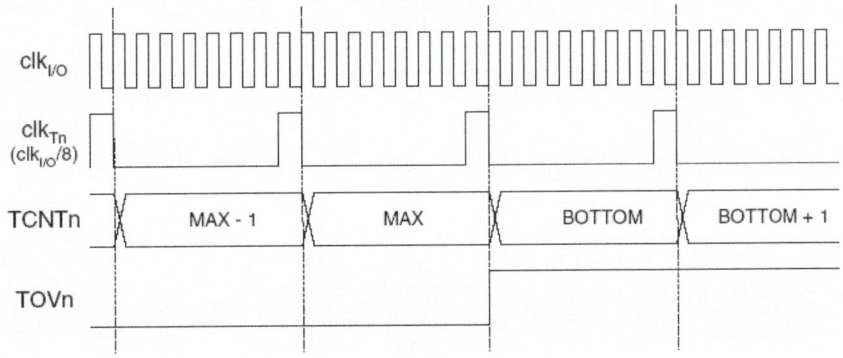

(b) 분주비 8일 때

그림 9-7 타이머/카운터의 동작 타이밍

타이머/카운터 0이 동기 모드로 동작할 때 타이머 클럭 clkT0은 클럭 입력신호가 아니라 clkI/O 클럭의 인에이블 신호로 동작한다.

프리스케일러의 분주비가 1일 경우에는 위상교정 PWM 모드를 제외한 모든 모드에서 TCNT의 값이 증가하여 TOVn=1이 되고 오버플로우 인터럽트가 발생하기까지 〈그림 4-50〉의 (a)와 같은 타이밍으로 동작한다. 그러나 이것이 프리스케일러의 분주비가 8인 경우에는 (b)와 같은 타이밍으로 동작한다.

연습문제

문제1 타이머/카운터0을 이용하여 오버플로 인터럽트가 발생하도록 설정값을 구하시오. (단, 256분주를 사용하고 TCNT0 초기값은 0x00이 저장되어 있다고 가정한다.)

[풀이]

	7	6	5	4	3	2	1	0
TCCR0	FOC0	WGM00	COM01	COM00	WGM01	CS02	CS01	CS00
설정 값 :								

	7	6	5	4	3	2	1	0
TIMSK	OCIE2	TOIE2	TICIE1	OCIE1A	OCIE1B	TOIE1	OCIE0	TOIE0
설정 값 :								

문제2 위 문제1에서 오버플로 인터럽트가 발생되는 시간을 계산하시오. (시스템 클록 = 16MHz)

■ 인터럽트 발생시간 = (   )

문제3 타이머/카운터2을 이용하여 비교매칭 인터럽터가 발생하도록 각 레지스터 설정값을 구하시오. 1024분주를 사용하고 매칭값은 80h로 한다. 클록 16MHz, TCNT0 초기값은 0x00이 저장되어 있다고 하면 인터럽트가 발생되는 시간을 계산하시오.

[풀이]

	7	6	5	4	3	2	1	0
TCCR2	FOC2	WGM20	COM21	COM20	WGM21	CS22	CS21	CS20
설정 값 :								

OCR2	7	6	5	4	3	2	1	0
설정 값 :								

	7	6	5	4	3	2	1	0
TIMSK	OCIE2	TOIE2	TICIE1	OCIE1A	OCIE1B	TOIE1	OCIE0	TOIE0
설정 값 :								

■ 인터럽트 발생시간 = (   )

9.3 타이머/카운터 0과 2 활용 실습

실습 25. 타이머/카운터0 오버플로 인터럽트를 이용한 LED 순차점등
실습 26. 타이머/카운터0 오버플로를 이용한 1초 간격 LED 순차점등
실습 27. 타이머/카운터0의 CTC모드를 이용한 1초 간격 LED 점등
실습 28. 타이머/카운터0의 CTC를 이용한 구형파 출력
실습 29. 타이머/카운터2을 이용한 외부 입력 클록 카운터 실습1
실습 30. 타이머/카운터2을 이용한 외부 입력 클록 카운터 실습2
실습 31. 타이머/카운터2을 이용한 PWM 출력 실습
실습 32. 타이머/카운터2을 이용한 FND의 다이나믹 숫자 표시제어

실습 25. 타이머/카운터0 오버플로 인터럽트를 이용한 LED 순차점등

[실습 과제]

타이머/카운터0 오버플로 인터럽트 기능을 이용하여 인터럽트 발생시마다 LED의 왼쪽 순차 점등을 무한반복 시켜보자. (시스템 클록 16MHz를 1024분주를 사용 최대한 시간을 길게 한다.)

[실습 회로]

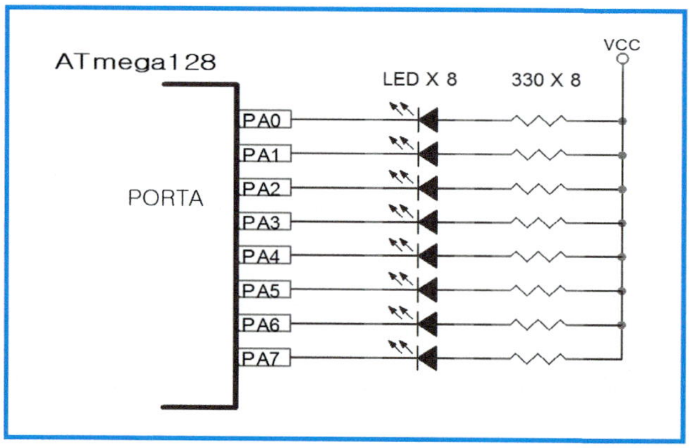

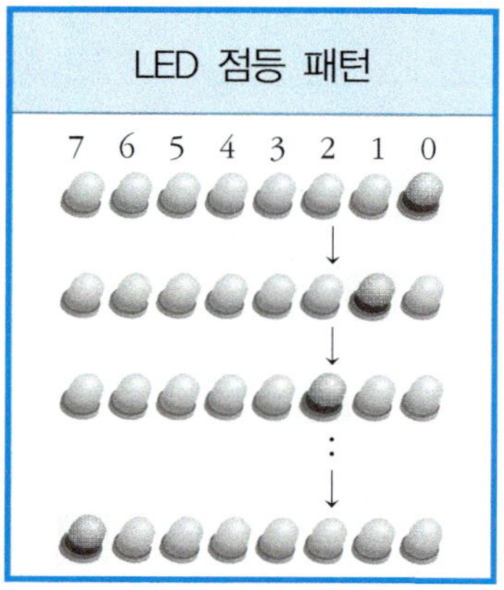

[초기화 설정]

■ 타이머/카운터0의 초기화

	7	6	5	4	3	2	1	0	
TCCR0	FOC0	WGM00	COM01	COM00	WGM01	CS02	CS01	CS00	
설정 값 :	0	0	0	0	0	1	1	1	:1024분주

	7	6	5	4	3	2	1	0	
TIMSK	OCIE2	TOIE2	TICIE1	OCIE1A	OCIE1B	TOIE1	OCIE0	TOIE0	
설정 값 :	0	0	0	0	0	0	0	1	:오버플로인터럽트

[소스 프로그램]

```
// 타이머0 오버플로 인터럽터 예제
// PORTA.0~7 : LED0 ~ LED7

#include <mega128.h>
#include <delay.h>

unsigned char buff = 0xfe;          // LED 초기 점등값

interrupt [TIM0_OVF] void timer0_ovf_isr(void) // 오버플로 인터럽트 발생 서브루틴
{
    PORTA = buff;                   // LED 출력

    if(buff == 0x7f)                // 마지막 LED ON?
        buff = 0xfe;
    else
    {
        buff <<= 1;
        buff |=1;
    }
}

void initial(void)                  // ---- TIMER0, PORT 초기화 함수
{
     TCCR0 = 0x07;                  // 클록을 1024 분주
     TCNT0 = 0x00;                  // 카운터 = 256
     TIMSK = 0x01;                  // TIMER0 인터럽트 인에이블

     PORTA = 0xff;
     DDRA = 0xff;
}

void main(void)    // ———— 메인
{
     initial();                     // 타이머0, 포트 초기화
     SREG = 0x80;                   // Grobal 인터럽트 인에이블

    while(1){ };
}
```

■ 인터럽트 발생시간

TCNT0의 값은 초기에 0이다. 여기에서는 타이머 인터럽트의 가장 자주 사용하는 기능 중 하나인 오버플로우라는 기능을 사용하였다. 즉 타이머0은 8비트 타이머이기 때문에 0 ~255까지 밖에 없다.

TCNT0이 계속 증가하면서 0부터 시작하여 1씩 증가하여 255가 된 후 클록이 인가되면 TCNT0의 값은 다시0으로 클리어되는 것과 동시에 오버플로우 인터럽트가 일어나서 인터럽트 서비스 루틴으로 점프를 한다.

이 실습에서 오버플로 인터럽트는 시스템클록을 1024분주되어진 클록이 입력될 때마다 TCNT0 값이 초기값 0부터 1씩 증가되어 0xff → 0x00이 되는 순간 발생이 된다.

- 클록의 1주기 시간 $T = \frac{1}{f} = \frac{1}{16MHz} = 62.5nSec$
- 1024분주 : $T = 62.5nSec \times 1024 = 64\mu Sec$
- 카운터값에 따른 주기 : $64\mu Sec \times 256 = 16.384\,mSec$

따라서 매 16.32mSec마다 인터럽트가 발생되어 LED가 하나 시프트 된다.

활용과제

1. 이 실습을 타이머/카운터2를 사용하여 구현하시오.

2. 시스템 클록이 16MHz의 경우 각 분주비에 따른 주기시간과 최대 카운터 값(256)에 따른 시간을 계산하여 표를 완성하시오.

분 주 비	1	8	32	64	128	256	1024
분주된 주기(μ Sec)							64
최대주기 (mSec)							16.38

실습 26. 타이머/카운터0 오버플로를 이용한 1초 간격 LED 순차점등

[실습과제]

앞의 실습 23. 과제 회로에서 타이머/카운터0 오버플로 인터럽트 기능을 이용하여 1초마다 LED를 왼쪽 순차 점등시켜보자.

1초를 맞추는 방법 (16MHz를 사용할 경우)

1024 분주이므로 16000000 / 1024 = 15,625Hz 즉 15,625Hz 속도로 카운트 한다는 것인데, 1주기시간 T=1/15625=64uSec이므로 매 64usec마다 카운트된다.
8비트 타이머이므로 64usec * 256회 = 16.384msec마다 오버플로 인터럽트가 발생된다.

■ 1000msec(1초) 시간을 맞출려면

1000 / 16.384 = 61.035

이므로 오버플로 인트럽트가 약 61회 발생되어야 된다. 이것은 오차가 심해 차라리 10msec로 맞추어 이것이 100회 발생되면 1000msec가 된 것이다.

■ 10msec 시간을 맞추어 보자

64usec * (x)회 = 10msec에서 x = 156.25회가 된다. 즉 255회 카운트하지 말고 156.25회만 카운트 되도록 TCNT0 값을 설정하면 된다.
따라서 255-156.25 = 98.75 즉 약 99부터 카운트하면 255까지 156회 카운트마다 (10msec) 인트럽트가 발생되므로 TCNT0에 99를 넣어 두면 된다.
이 때 오차는 0.25회 정도 약 16usec 정도 발생하지만 무시해도 되므로 대략 10msec에 맞출 수 있다.

[소스 프로그램]

```
// 타이머0 오버플로 인터럽터 예제  - 1초타이머
// PORTA.0~7 : LED0 ~ LED7

#include <mega128.h>
#include <delay.h>

unsigned char buff = 0xfe;           // LED 초기 점등값
```

```
int  tcnt =0;                                   // 인터럽트 발생 횟수를 카운트
interrupt [TIM0_OVF] void timer0_ovf_isr(void)  // 오버플로 인터럽트 발생 서브루틴
{
     tcnt +=1;                                  // 인터럽트 발생 횟수 카운트 증가
     if(tcnt == 100)                            // 1000mSec?
     {
          PORTA = buff;
          if(buff == 0x7f)
               buff = 0xfe;
          else
          {
               buff <<= 1;
               buff |=1;
          }
          tcnt = 0;
     }
}

void initial(void)                              // ---- TIMER0, PORT 초기화 함수
{
      TCCR0 = 0x07;                             // 클록을 1024 분주
      TCNT0 = 99;                               // 10msec마다 인터럽트 발생
      TIMSK = 0x01;                             // TIMER0 오버플로 인터럽트 인에이블

      PORTA = 0xff;
      DDRA = 0xff;
}
void main(void)
{
      initial();                                // 타이머0, 포트 초기화

      SREG = 0x80;                              // Grobal 인터럽트 인에이블

      while(1){ };
}
```

활용과제

이 실습을 타이머/카운터2를 사용하여 구현하시오.

실습 27. 타이머/카운터0의 CTC모드를 이용한 1초 간격 LED 점등

[실습과제]

앞의 실습 24.에서의 동작을 타이머/카운터0의 CTC 기능을 이용하여 1초 타이머를 만들어 포트A에 접속된 8개 LED 모두를 1초 ON, 1초 OFF 간격으로 ON/OFF 해보자.

[실습 회로]

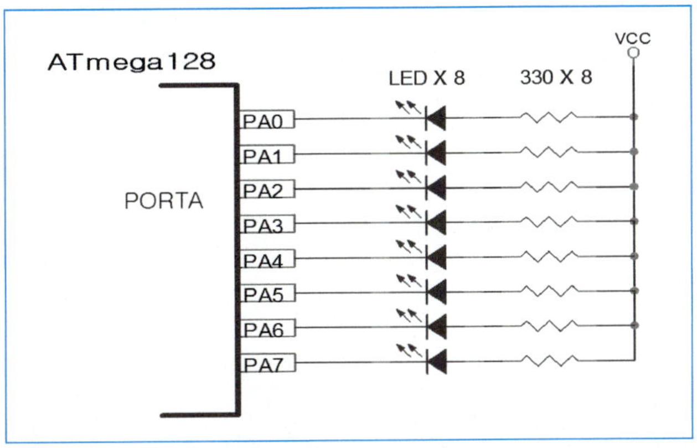

CTC 모드 원리 및 1초 타이머를 위한 초기화 설정

CTC(Clear Timer on Compare Match) MODE (비교일치모드)

- TCNT0 = OCR0이면 그 다음 클럭 사이클에서 TCNT0값은 0으로 클리어.
- 항상 0x00~OCR0의 값으로 계수동작이 반복하여 수행.
- TCNT0 레지스터의 카운트값이 증가하다가 OCR0의 값과 일치한 후 다음 클록에서 0x00으로 바뀌는 순간 출력비교 인터럽트가 발생한다.
- 1초를 구하는 방법
  - 16MHz / 256분주 = 62.5KHz
  - 62.5KHz를 250분주를 위해 OCR0 값을 249 으로 저장해 두면 :

    62.5KHz / (249+1)분주 = 250

  즉 1초당 250회 출력비교 인터럽트가 발생하게 된다.

■ 초기화
- CTC모드는 WGM00:WGM01 = 0:1으로 설정
- OC0핀으로 출력 않음 : COM01:COM00 = 0:0로 설정
- 분주비 256 ; CS02 : CS01 : CS00 = 1 : 1 : 0
- OCR0 값 설정 : 249

	7	6	5	4	3	2	1	0
TCCR0	FOC0	WGM00	COM01	COM00	WGM01	CS02	CS01	CS00
설정 값 :	0	0	0	0	1	1	1	0

	7	6	5	4	3	2	1	0
TIMSK	OCIE2	TOIE2	TICIE1	OCIE1A	OCIE1B	TOIE1	OCIE0	TOIE0
설정 값 :	0	0	0	0	0	0	1	0

[소스 프로그램]

```
// 타이머0 CTC를 이용한 1초간격 LED 점멸
// 포트A : LED

#include <mega128.h>
#include <delay.h>

unsigned char count;        // 인터럽트 발생 횟수 저장용

interrupt [TIM0_COMP] void timer0_comp_isr(void) // 비교일치 인터럽트 서브루틴
{
      count++;
      if (count == 250)     // 인터럽트가 250회 발생했는가? (= 1초?)
      {
         PORTA ^= 0xff;     // XOR - 반전 출력
         count = 0;         // count값 초기화
      }
}

void initial(void)          // —— 초기화 함수
{
      PORTA = 0xff;
      DDRA = 0xff;          // led
```

```
    TCCR0 = 0x0E;          // 0000 1110: CTC모드, OC0 출력없음,  256분주
    TCNT0 = 0x00;          //  0부터 카운트
    OCR0  = 249;           // 16MHz/256분주/(249+1) = 250Hz (1초에 250회 OC int.발생)

    TIMSK = 0x02;          // OC 인터럽트 활성화
}

void main(void)            //———— 메인함수
{
     initial();            // 타이머0, 포트 초기화
     PORTA = 0xff;         // LED off
     SREG = 0x80;          // Grobal 인터럽트 인에이블

     while(1);
}
```

활용과제

1. 위의 문제에서 인터럽트 필요 없이 OC0 핀에 LED를 접속하여 이 LED를 1초 ON, 1초 OFF로 점멸하도록 프로그램을 수정하시오.

   [회로]

2. 타이머/카운터 2를 이용하여 OC2 핀에 연결된 LED를 동일하게 점멸하도록 프로그램을 수정하시오.

   [회로]

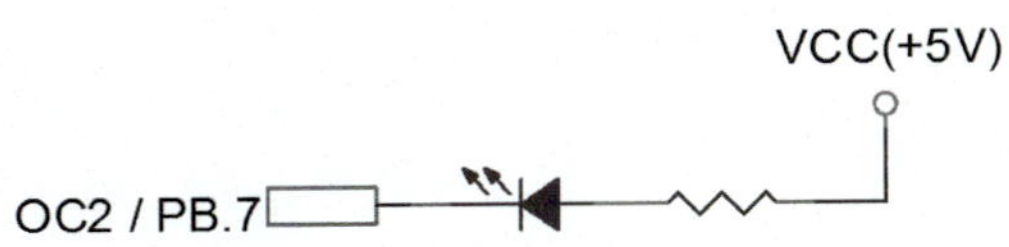

실습 28. 타이머/카운터0의 CTC를 이용한 구형파 출력

[실습과제]

타이머/카운터0의 CTC 기능을 이용하여 가능한 한 최저 주파수의 구형파를 만들어 OC0 핀(PB.4)으로 출력하여 연결된 LED를 점멸해 보자

[실습회로]

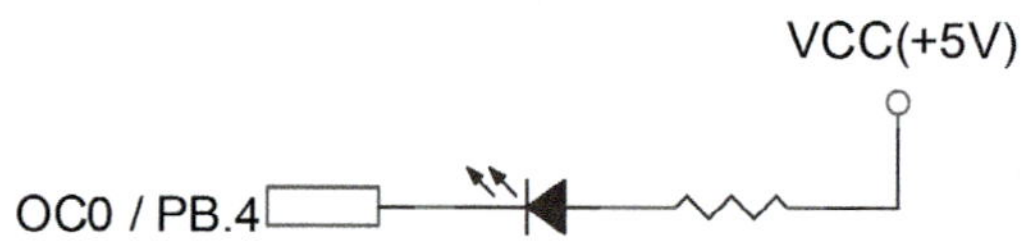

CTC 모드 초기화 및 출력 주파수

- 초기화
  - CTC모드는 WGM00:WGM01 = 0:1으로 설정
  - OC0핀으로 매치에서 토글 출력 파형은 COM01:COM00 = 0:1로 설정
  - 분주비 : 1024 – 가장 낮은 주파수로 하기 위해
  - OCR0 값 설정 : 0xff (= 255)

	7	6	5	4	3	2	1	0
TCCR0	FOC0	WGM00	COM01	COM00	WGM01	CS02	CS01	CS00
설정 값 :	0	0	0	1	1	1	1	1

	7	6	5	4	3	2	1	0
TIMSK	OCIE2	TOIE2	TICIE1	OCIE1A	OCIE1B	TOIE1	OCIE0	TOIE0
설정 값 :	0	0	0	0	0	0	1	0

- 출력 주파수 계산 :

$$f_{OCn} = \frac{f_{clk\_I/O}}{2 \cdot N \cdot (1 + OCRn)}$$ (N : 분주비)

$$f_{OC0} = \frac{16MHz}{2 \times 1024 \times (1 + 255)} = \frac{16,000,000}{524,288} = 30.52Hz$$

[소스 프로그램]

```
// 타이머0 CTC 모드 - OC0 핀으로 구형파 출력 (가능한 한 낮은 주파수)

#include <mega128.h>

interrupt [TIM0_COMP] void timer0_out_comp(void) // 타이머0 비교일치 인터럽트
{
        //  인터럽터를 사용하고자 할 때 .
        // 본 실습에서는 없어도 됨
}

void initial(void)    // ------ TIMER0, PORT 초기화 함수
{
     TCCR0 = 0x1f;          // 00011111    CTC모드, 출력토글, 1024 분주
     TIMSK = 0x02;          // TIMER0 출력비교 인터럽트 인에이블
     TCNT0 = 0;
     OCR0 = 255;

     PORTB = 0xff;
     DDRB = 0xff;
}

void main(void)    //--------- 메인함수
{
      initial();            // 타이머0, 포트 초기화
     SREG = 0x80;           // Grobal 인터럽트 인에이블

     while(1);
}
```

활용과제

OC0핀으로 주파수 약 1kHz 구형파가 출력되도록 분주비와 OCR0 초기값을 구하고, 프로그램을 실행시켜 OC0핀 (PB.4)의 출력 파형을 오실로스코프로 관측하시오.

실습 29. 타이머/카운터2를 이용한 외부 입력 클록 카운터 실습1

[실습과제]

타이머/카운터2의 외부 클록 입력 T2 핀에서 입력되는 펄스를 카운터하여 FND로 디스플레이 되도록 구성하시오.

FND : 0 → 1 → 2 → … → 9 → 0 → …

[실습회로]

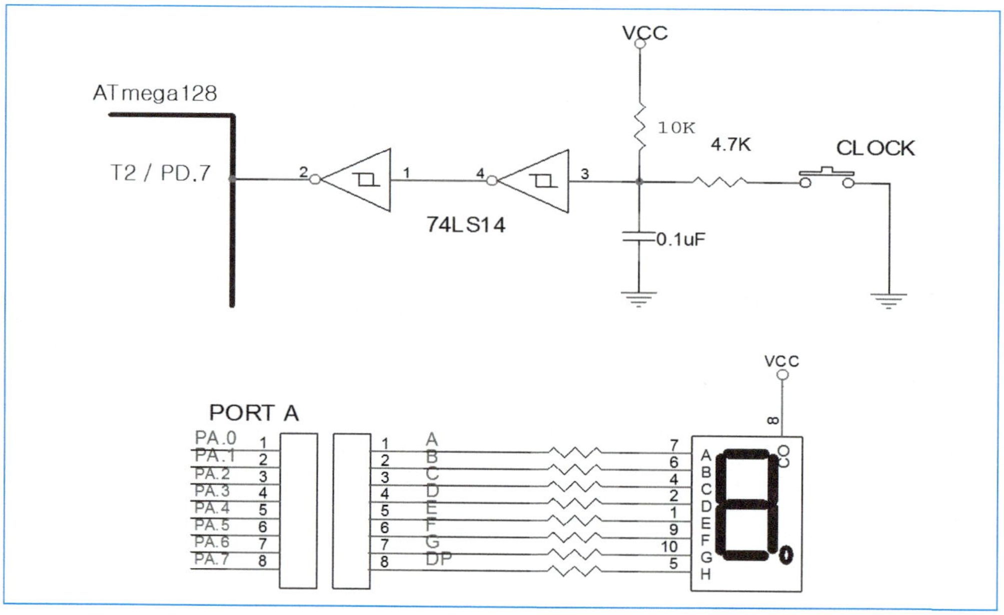

▮ 스위치의 채터링 방지를 위해 컨덴서와 슈미트트리거 IC를 사용했으나 완벽하게 방지되는 회로가 아님을 고려해야 함.

[초기화 설정]

▪ 타이머/카운터2의 초기화

스위치를 누르는 순간 "H" → "L"로 되기 때문에 "하강에지"에서 클록 카운트가 되도록 설정한다.

	7	6	5	4	3	2	1	0
TCCR2	FOC2	WGM20	COM21	COM20	WGM21	CS22	CS21	CS20
설정 값 :	0	0	0	0	0	1	1	0

CS22	CS21	CS20	동 작
1	1	0	T2핀 외부클록, 하강에지
1	1	1	T2핀 외부클록, 상승에지

[소스 프로그램]

```
// 타이머2  T2 입력 클록 카운터
#include <mega128.h>
#include <delay.h>

        // FND Data   '0'   '1'   '2'   '3'   '4'   '5'   '6'   '7'   '8'   '9'
unsigned char fnd[10]={0xc0, 0xf9, 0xa4, 0xb0, 0x99, 0x92, 0x82, 0xd8, 0x80, 0x98};

void initial(void)     // ---- TIMER2, PORT 초기화 함수
{
     TCCR2 = 0x06;                          // 0000 0110 : T2 하강에지 카운트
     TCNT2 = 0;

     PORTA = 0x00;     DDRA = 0xff;         // fnd 출력
     PORTD = 0xff;     DDRD = 0x00;         // PD.7/T2  입력
}

void main(void)    //------- 메인함수
{
      initial();                            // 타이머2,  포트 초기화

     while(1)
     {
         if(TCNT2 > 9)
                TCNT2 = 0;

          PORTA = fnd[TCNT2];
     }
}
```

실습 30. 타이머/카운터2를 이용한 외부 입력 클록 카운터 실습2

[실습과제]

앞의 실습 27의 회로에서 T2 입력에 5개의 클록이 들어 왔을 때 FND의 모든 세그멘트가 점등 되도록 프로그램을 작성하시오.

즉 초기에는 모든 FND세그멘트는 OFF 상태로 하고 5개의 클록이 들어 왔을 때 모든 세그멘트가 2초간 ON된 후 다시 모두 OFF 상태로 한다.

[초기화 설정]

■ 타이머/카운터2의 초기화

	7	6	5	4	3	2	1	0	
TCCR2	FOC2	WGM20	COM21	COM20	WGM21	CS22	CS21	CS20	
설정 값 :	0	0	0	0	0	1	1	0	T2 하강에지

■ 타이머/카운터2 오버플로 인터럽트 인에이블

	7	6	5	4	3	2	1	0
TIMSK	OCIE2	TOIE2	TICIE1	OCIE1A	OCIE1B	TOIE1	OCIE0	TOIE0
설정 값 :	0	1	0	0	0	0	0	0

[소스 프로그램]

```
// 타이머2  T2 입력 클록 카운터

#include <mega128.h>
#include <delay.h>

interrupt [TIM2_OVF] void timer2_ovf_isr(void) // 오버플로 인터럽트 서브루틴
{
     PORTA = 0x00;          // fnd 모든 세그멘트 on
     delay_ms(2000);
     PORTA = 0xff;          // fnd 모든 세그멘트 off
     TCNT2 = 251;           // 다시 초기값 설정
 }
```

```
void initial(void)      // ---- TIMER2, PORT 초기화 함수
{
        TCCR2 = 0x06;           // 0000 0110 : T2 하강에지
        TCNT2 = 251;            // 5회 카운트 후 오버플로 발생
        TIMSK = 0x40;           // TIMER2 오버플로 인터럽트 인에이블

        PORTA = 0xff;      DDRA = 0xff;        // fnd 출력
        PORTD = 0xff;      DDRD = 0x00;        // PD.7 / T2 입력
}

void main(void)     //------- 메인함수
{
         initial();              // 타이머0, 포트 초기화
         PORTA = 0xff;           // fnd 모든 세그멘트 off
         SREG = 0x80;            // Grobal 인터럽트 인에이블

         while(1);
}
```

활용과제

위 예제에서 OCR2 레지스터에 설정 값을 두고 **"타이머카운터2 출력비교매치 인터럽트"** 기능을 이용하여, 위 예제와 동일한 동작이 되도록 프로그램을 수정하시오.

실습 31. 타이머/카운터2를 이용한 PWM 출력 실습

[실습과제]

타이머/카운터2 기능을 이용하여 고속 PWM 모드로 듀티비 0%, 25%, 50%, 75%, 100%의 파형이 약 1초 간격으로 출력되도록 프로그램을 작성하시오.

그 결과를 OC2 핀(PB.7)에 LED를 연결하여 밝기가 변하는 것을 관찰하시오.

(분주비 : 256)

[실습회로]

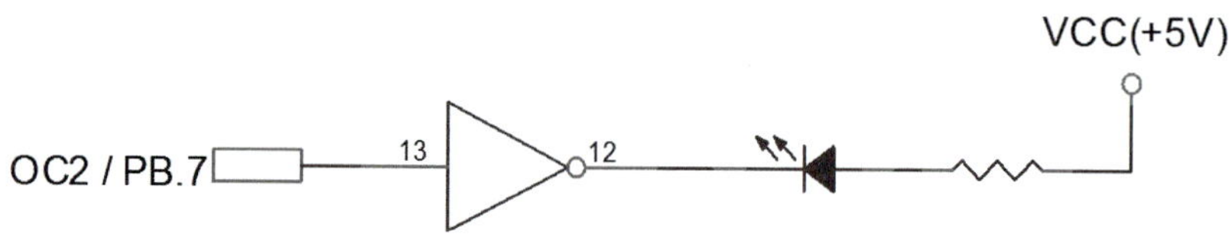

[초기화 방법]

- 고속 PWM모드는 WGM20:WGM21 = 1:1으로 설정
- OCR2 매치에서 OC2 출력 "0" 으로 크리어 COM21:COM20 = 1:0로 설정
- 분주비 : 256
- OCR2 값 설정 : 듀티비 결정

출력 듀티비	0%	25%	50%	75%	100%
OCR2 값	0	63	127	190	255

	7	6	5	4	3	2	1	0
TCCR2	FOC2	WGM20	COM21	COM20	WGM21	CS22	CS21	CS20
설정 값 :	0	1	1	0	1	1	0	0

■ 듀티비(%) $= \dfrac{OCRn}{255} \times 100(\%)$ 또는 OCR값 $= \dfrac{255 \times \text{듀티비}}{100}$

[소스 프로그램]

```
// 타이머2 고속 PWM 모드 실습

#include <mega128.h>
#include <delay.h>

void initial(void)      // ---- TIMER0, PORT 초기화 함수
{
        TCCR2 = 0x6c;                   // 01101100     고속PWM, 256분주
        TCNT2 = 0;

        PORTB = 0xff;
        DDRB = 0xff;
}

void main(void)
{
        initial();                      // 타이머0, 포트 초기화

        while(1)
        {
            OCR2 =0;                    // 0%
            delay_ms(1000);
            OCR2 =64;                   // 25%
            delay_ms(1000);
            OCR2 =128;                  // 50%
            delay_ms(1000);
            OCR2 =192;                  // 75%
            delay_ms(1000);
            OCR2 =255;                  // 100%
            delay_ms(1000);
        }
}
```

[활용과제]

1. 위 프로그램을 수정하여 위상교정 PWM 모드로 출력하시오.

2. 타이머/카운터0을 이용하여 OC0/PB.4 핀으로 동일하게 출력하시오.

실습 32. 타이머/카운터2를 이용한 FND의 다이나믹 숫자표시제어

타이머/카운터2 오버플로 인터럽트 기능을 이용하여 4개의 FND에 다이나믹 방식으로 숫자표시 제어를 한다. 이 기능을 이용하면 메인프로그램에서는 FND 숫자 구동을 위해 주기적인 작업을 하기 위한 프로그램의 부담이 없어짐으로서 FND 표시와 별개로 다른 작업을 처리하는데 많은 편리성을 가질 수 있다.

[실습과제]

오버플로 인터럽트 기능을 이용하여 4개의 FND에 인터럽트 발생시마다 숫자 1씩 증가 카운트 하는 프로그램을 작성해보자. FND는 다이나믹 구동을 하도록 하고 프로그램 처음 실행시 "0000"부터 표시되도록 하여 "9999"까지 표시된 다음에 다시 "0000"부터 증가 카운트 하도록 한다. 메인프로그램에서는 포트 D에 연결된 LED를 0.5초 간격으로 무한반복 점멸하도록 한다.

[실습회로]

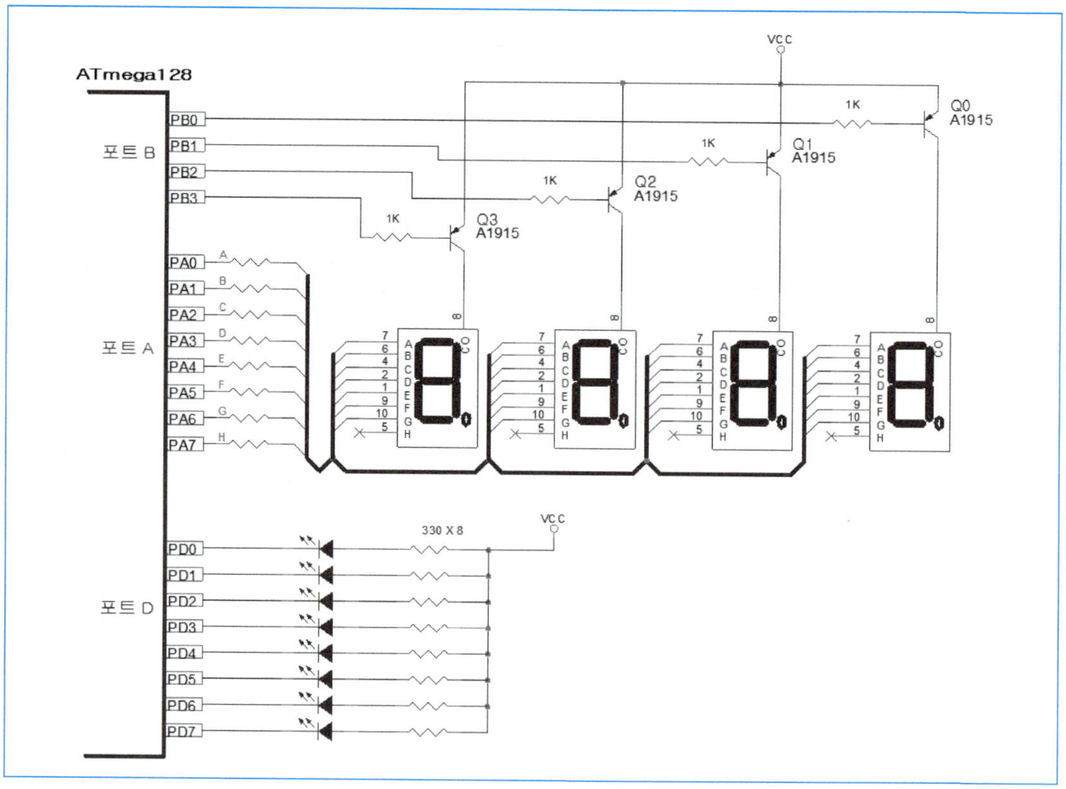

[초기화 설정]

■ 타이머/카운터2의 초기화

	7	6	5	4	3	2	1	0	
TCCR2	FOC2	WGM20	COM21	COM20	WGM21	CS22	CS21	CS20	
설정 값 :	0	0	0	0	0	1	0	1	:1024분주

TIMSK	OCIE2	TOIE2	TICIE1	OCIE1A	OCIE1B	TOIE1	OCIE0	TOIE0	
설정 값 :	0	1	0	0	0	0	0	0	:오버플로인터럽트

[소스 프로그램]

```
// 타이머2 오버플로 인터럽터이용한 FND 다이나믹 구동제어

#include <mega128.h>
#include <delay.h>

#define Q0      PORTB.0         // PortB.0 bit : FND Q0
#define Q1      PORTB.1         // PortB.1 bit : FND Q1
#define Q2      PORTB.2         // PortB.2 bit : FND Q2
#define Q3      PORTB.3         // PortB.3 bit : FND Q3

// FND Data           0'    '1'   '2'   '3'   '4'   '5'   '6'   '7'   '8'   '9'
unsigned char fnd[10]={0xc0, 0xf9, 0xa4, 0xb0, 0x99, 0x92, 0x82, 0xd8, 0x80, 0x98};

int disp;           // fnd 표시를 위한 값 저장 변수

interrupt [TIM2_OVF] void timer2_ovf_isr(void) // 오버플로 인터럽트 발생 서브루틴
{
    disp++;
    if(disp > 9999)
        disp =0;

    PORTA = fnd[disp/1000];         // disp값 천 단위 수  계산 FND3 만 점등
    Q0=1,Q1=1,Q2=1,Q3=0;
    delay_ms(1);

    PORTA = fnd[disp%1000/100];     // disp값 백 단위 수 계산 FND2 만 점등
    Q0=1,Q1=1,Q2=0,Q3=1;
    delay_ms(1);
```

```
        PORTA = fnd[disp%100/10];     // disp값 십 단위 수 계산 FND1 만 점등
        Q0=1,Q1=0,Q2=1,Q3=1;
        delay_ms(1);

        PORTA = fnd[disp%10/1];     // disp 값 일 단위 수 계산 FND0 만 점등
        Q0=0,Q1=1,Q2=1,Q3=1;
        delay_ms(1);
}

void initial(void)     // ---- TIMER2, PORT 초기화 함수
{
        TCCR2 = 0x05;                          // 클록을 1024 분주
        TCNT2 = 0x00;                          // 카운터 = 256
        TIMSK = 0x40;                          // TIMER2 오버플로 인터럽트 인에이블

        PORTA = 0xff;   DDRA = 0xff;           // FND 세그멘트
        PORTB = 0x00;   DDRB = 0xff;           // FND select
        PORTD = 0xff;   DDRD = 0xff;           // LED
}

void main(void)     // ——————— 메인
{
        initial();                             // 타이머0, 포트 초기화
        SREG = 0x80;                           // Grobal 인터럽트 인에이블

        while(1)     // LED 점멸 (FND 동작과는 무관하게 동작됨을 알 수 있다.)
        {
            PORTD= 0xf0;     // 1111 0000
            delay_ms(500);
            PORTD= 0x0f;     // 0000 1111
            delay_ms(500);
        }
}
```

■ 인터럽트 발생시간

- 클록의 1주기 시간 $T = \frac{1}{f} = \frac{1}{16MHz} = 62.5nSec$
- 1024분주 : $T = 62.5nSec \times 1024 = 64\mu Sec$
- 카운터값에 따른 주기 : $64\mu Sec \times 256 = 16.384\,mSec$

따라서 매 16.38mSec마다 인터럽트가 발생 FND가 1씩 증가하며 다이나믹 표시한다.

활용과제

위 프로그램을 타이머/카운터0으로 수정하여 동작시키시오.

9.4 타이머/카운터 1과 타이머/카운터 3

(1) 개요

- 각각 3개씩의 PWM 출력 및 한 개씩의 캡쳐 기능을 가지는 16비트 업/다운 카운터로서 서로 유사한 기능을 가짐
- 프리스케일러를 통한 내부 클럭을 소스로 받아서 동작하는 타이머 기능
- 외부 클럭을 소스로 받아 동작하는 카운터 기능이 있다.
- 각각 한 개씩의 출력비교 모드
- 10개의 독립적인 인터럽트소스

[표 9-6] 타이머/카운터 1, 3의 인터럽트 소스

타이머/카운터1	타이머/카운터3	Interrupt 기능
TOV1	TOV3	Overflow
OCR1A	OCR3A	Output Compare Match A
OCR1B	OCR3B	Output Compare Match A
OCR1C	OCR3C	Output Compare Match A
ICR1	ICR3	Input Capture

[표 9-7] 타이머/카운터 1, 3의 입력핀과 출력핀

입력 핀	출력 핀
클럭 입력 – T1, T3 캡처입력 – IC1, IC3	타이머/카운터1 – OC1A, OC1B, OC1C 타이머/카운터3 – OC3A, OC3B, OC3C

(2) 내부 구성과 동작

① 카운터 동작

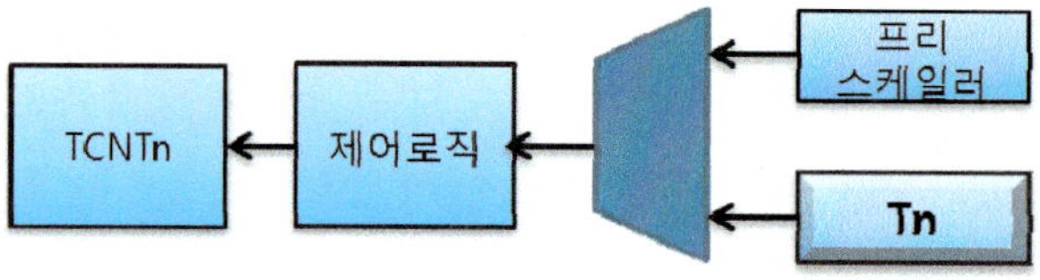

그림 9-8 타이머카운터1과 3의 카운트 입력 부분 블록도(n=1 또는 3)

이것은 타이머로 동작할 때 시스템 클럭 주파수(16MHz)와 같은 내부 클럭 clkI/O를 클럭 소스로 사용하며, 이것은 프리스케일러에 의하여 1, 8, 64, 256, 1024 중의 하나로 분주될 수 있고, 클럭 입력을 차단할 수도 있다.

타이머/카운터 1과 3이 카운터로 동작할 때는 각각 T1 또는 T3 핀으로 입력되는 외부 클럭을 사용하며, 이 외부 클럭은 에지 검출회로를 통하여 입력되고 프리스케일러를 거치지 않는다. 이 핀으로 입력되는 외부 클럭의 주파수는 시스템클럭 주파수의 1/2 이하여야 하며, 안전을 고려하여 1/2.5 이하의 주파수를 사용하는 것이 권장된다.

이와 같이 선택된 클럭은 16비트의 업/다운 카운터 TCNT1 또는 TCNT3에 입력되고, 이것이 0xFFFF → 0x0000으로 오버플로우되면 오버플로우 인터럽트가 발생한다.

② 입력 캡처 동작

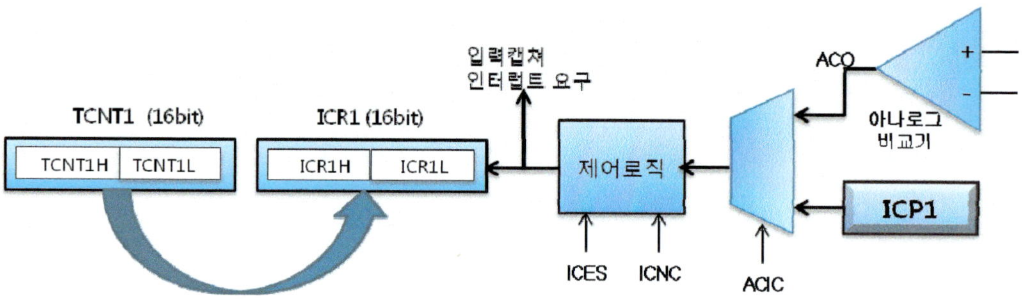

(a) Timer/Counter 1의 경우

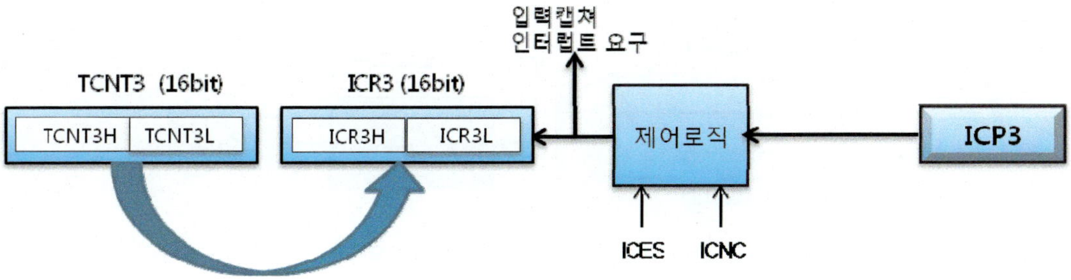

(b) Timer/Counter 3의 경우

그림 9-9 타이머카운터1과 3의 입력 캡쳐부 구성 블록도

타이머카운터1과 3에는 입력 카운트 값을 캡처(capture)하는 기능이 있는데, ICPn 핀으로 트리거 신호가 입력되면 레지스터 TCNTn 값을 캡쳐 레지스터인 ICRn으로 저장하게 된다.

단, 타이머/카운터1에서는 아날로그 비교기의 출력을 사용할 수도 있도록 되어 있다. 이를 사용하려면 ACCR 레지스터의 ACIC 비트를 "1"로 하면 된다. 제어로직에는 잡음제거 기능(ICNC)과 에지 검출(ICES) 기능을 설정할 수 있다.

이 입력 캡쳐기능을 이용하면 외부에서 발생한 이벤트 시간의 측정이 가능해 짐으로서 외부 신호의 주파수, 주기시간의 파악이 가능하다.

③ 출력 비교 동작

16비트 카운터 TCNT1 및 TCNT3은 동작 모드에 따라 클럭의 입력에 의해 값이 증가 또는 감소하며 경우에 따라서는 0x0000으로 리셋되기도 한다. 이 카운터값은 동작중에 항상 출력비교 레지스터와 각각 비교되며, 그 값이 같아지면 내부적으로 출력비교 인터럽트가 발생하고 외부적으로는 특정 주파수 신호를 OCnA, OCnB, OCnC 단자로 출력되도록 설정할 수 있다. 그 동작 원리는 8비트 타이머/카운터0, 2의 것과 동일하다.

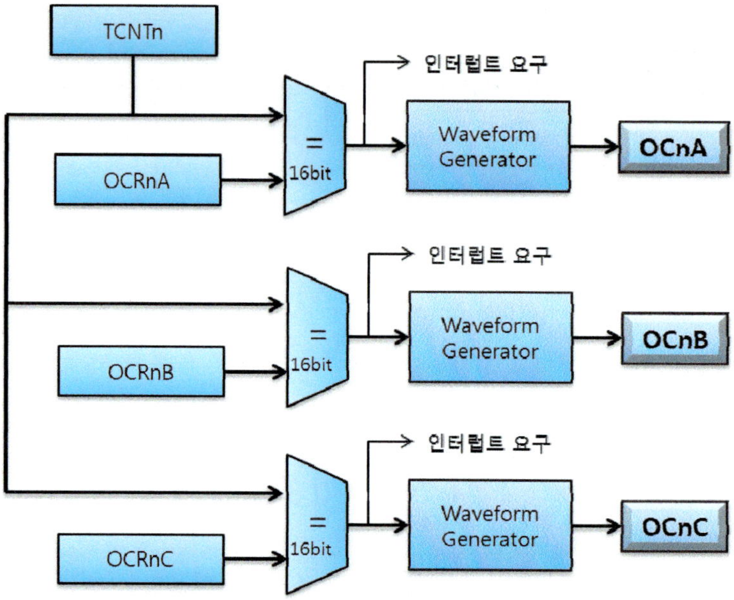

그림 9-10 타이머/카운터1과 3의 비교 출력 부분 블록도 (n=1 또는 3)

이 기능을 이용하여 주로 특정 주파수의 구형파 및 PWM 신호 발생용으로 이용되고 있으며 타이머/카운터1, 3에서 사용하는 PWM 신호의 종류는 다음과 같다.

[표 9-8] 비교출력을 이용한 PWM 종류와 용도

PWM 종류	사용 용도
Fast PWM Mode	고속전력변환, 전류변환, D/A 변환
Phase Collect PWM Mode	DC모터 속도제어
Phase and Frequency Collect PWM Mode	빠르게 변하는 DC모터 속도제어.

(3) 타이머/카운터 1과 3관련 레지스터

ATmega128의 타이머/카운터 1과 3에 관련된 레지스터는 [표 9-6]에 나타내었다.

[표 9-9] 타이머/카운터 1과 3에 관련된 레지스터 종류

Timer/Counter1	Timer/Counter3	기 능
TCCR1A	TCCR3A	Timer/Counter1 or 3 Control Register A
TCCR1B	TCCR3B	Timer/Counter1 or 3 Control Register B
TCCR1C	TCCR3C	Timer/Counter1 or 3 Control Register C
TCNT1H:TCNT1L	TCNT3H:TCNT3L	Timer/Counter Register 1, 3
ICR1H : ICR1L	ICR3H : ICR3L	Timer/Counter Input Capture Register 1, 3
SFIOR		Special Function I/O Register
TIMSK		Timer/Counter Interrupt Mask Register
ETIMSK		Extended Timer/Counter Interrupt Mask Register
TIFR		Timer/Counter Interrupt Flag Register
ETIFR		Extended Timer/Counter Interrupt Flag Register

① TCCR1A, TCCR3A (Timer/Counter Control Register1, 3 A)

	7	6	5	4	3	2	1	0
TCCR1A	COM1A1	COM1A0	COM1B1	COM1B0	COM1C1	COM1C0	WGM11	WGM10
Initial Value	0	0	0	0	0	0	0	0

	7	6	5	4	3	2	1	0
TCCR3A	COM3A1	COM3A0	COM3B1	COM3B0	COM3C1	COM3C0	WGM31	WGM30
Initial Value	0	0	0	0	0	0	0	0

TCCR1A와 TCCR3A Register는 동작모드를 설정하고 출력비교 단자의 파형 발생에 관한 동작을 지정하는 기능을 수행한다.

- Bit 7:6 - COMnA1 : COMnA0 (Compare Output Mode for Channel A)
  - OCnA핀의 동작을 설정한다.
- Bit 5:4 - COMnB1 : COMnB0 (Compare Output Mode for Channel B)
  - OCnB핀의 동작을 설정한다.
- Bit 3:2 - COMnC1 : COMnC0 (Compare Output Mode for Channel C)
  - OCnC핀의 동작을 설정한다.
- Bit 1 : 0 - WGMn1 : WGMn0 : 파형발생 모드(Waveform Generation Mode)
  - 카운터의 동작순서를 제어하여 원하는 파형을 발생시킬 수 있다.
  - TCCRnB 레지스터의 [WGMn3:WGMn2] 비트와 결합하여 다음 표와 같은 동작모드를 설정한다.

[표 9-10] OCnx 핀 기능 설정

MODE	COMnx1	COMnx0	OCnx 핀의 기능 (n=1, 3 x=A, B, C)
PWM mode 아닌경우	0	0	OCnx 출력차단(원래의 I/O포트 동작)
	0	1	Compare match에서 OCnx출력 토글
	1	0	Compare match에서 OCnx출력 0으로 클리어
	1	1	Compare match에서 OCnx출력 1로 셋트
Fast PWM mode	0	0	OCnx 출력차단(원래의 I/O포트 동작)
	0	1	모드15 → OCnA 출력 토글, 나머지 차단 기타 모드 → OCnx 출력 차단
	1	0	Compare match에서 OCnx출력 0으로 클리어 TOP에서 OCnx 출력을 1로 셋트
	1	1	Compare match에서 OCnx출력 1로 셋트 TOP에서 OCnx 출력을 0으로 클리어
Phase Correct PWM mode	0	0	OCnx 출력차단(원래의 I/O포트 동작)
	0	1	모드9,11 → OCnA 출력 토글, 나머지 차단 기타 모드 → OCnx 출력 차단
	1	0	상향(Compare match에서 OCnx를 0으로 셋트) 하향(Compare match에서 OCnx를 1로 셋트)
	1	1	상향(Compare match에서 OCnx를 1로 셋트) 하향(Compare match에서 OCnx를 0으로 셋트)

[표 9-11] 동작모드 설정

동작 Mode No.	WGMn3	WGMn2	WGMn1	WGMn0	동 작 모 드	Top (n=1,3)
0	0	0	0	0	Normal	0xFFFF
1	0	0	0	1	Phase Correct PWM(8-bit)	0x00FF
2	0	0	1	0	Phase Correct PWM(9-bit)	0x01FF
3	0	0	1	1	Phase Correct PWM(10-bit)	0x03FF
4	0	1	0	0	CTC	OCRnA
5	0	1	0	1	Fast PWM(8-bit)	0x00FF
6	0	1	1	0	Fast PWM(9-bit)	0x01FF
7	0	1	1	1	Fast PWM(10-bit)	0x03FF
8	1	0	0	0	Phase and Frequency Correct PWM	ICRn
9	1	0	0	1	Phase and Frequency Correct PWM	OCRnA
10	1	0	1	0	Phase Correct PWM	ICRn
11	1	0	1	1	Phase Correct PWM	OCRnA
12	1	1	0	0	CTC	ICRn
13	1	1	0	1	Reserved	–
14	1	1	1	0	Fast PWM	ICRn
15	1	1	1	1	Fast PWM	OCRnA

[표 9-12] 각 모드별 동작 특성 (n=1, 3)

모드	Mode No.	TCNTn동작	OCRn 업데이트 시점	오버플로 발생 시점(TOVn)	PWM 출력핀
일반모드	0	0x0000~0xFFFF	설정즉시	0xFFFF→0x0000	OCnA, OCnB
CTC모드	4	0x0000~OCRnA	설정즉시	0xFFFF→0x0000 (비교매치실패시)	OCnB
	12	0x0000~ICRn	설정즉시		OCnA, OCnB
고속 PWM 모드	5	0x0000~0x00FF	0x00FF→0x0000	0x00FF→0x0000	OCnA, OCnB
	6	0x0000~0x01FF	0x01FF→0x0000	0x01FF→0x0000	OCnA, OCnB
	7	0x0000~0x03FF	0x03FF→0x0000	0x03FF→0x0000	OCnA, OCnB
	14	0x0000~ICRn	ICRn→0x0000	ICRn→0x0000	OCnA, OCnB
	15	0x0000~OCRnA	OCRnA→0x0000	OCRnA→0x0000	OCnB
위상교정 PWM 모드	1	0x0000~0x00FF~0x0000	0x00FF→0x00FE	0x0000→0x0001	OCnA, OCnB
	2	0x0000~0x01FF~0x0000	0x01FF→0x01FE	0x0000→0x0001	OCnA, OCnB
	3	0x0000~0x03FF~0x0000	0x03FF→0x03FE	0x0000→0x0001	OCnA, OCnB
	10	0x0000~ICRn ~0x0000	ICRn→ICRn−1	0x0000→0x0001	OCnA, OCnB
	11	0x0000~OCRnA~0x0000	OCRnA→OCRnA−1	0x0000→0x0001	OCnB
위상. 주파수교정 PWM모드	8	0x0000~ICRn ~0x0000	ICRn→ICRn−1	0x0000→0x0001	OCnA, OCnB
	9	0x0000~OCRnA~0x0000	OCRnA→OCRnA−1	0x0000→0x0001	OCnB

② TCCRnB (Timer/Counter Control Register1, 3 B) (n=1 또는 3)

TCCR1B와 TCCR3B Register는 입력 캡처에 관련된 기능을 설정하거나 프리스케일러의 분주비를 설정하는 등의 기능을 수행한다.

	7	6	5	4	3	2	1	0
TCCRnB	**ICNCn**	**ICESn**	–	**WGMn3**	**WGMn2**	**CSn2**	**CSn1**	**CSn0**
Initial Value	0	0		0	0	0	0	0

- ICNCn : 노이즈제거 회로 설정
- ICESn : 신호의 에지 선택
- WGMn3~2 : 동작모드 결정
- CSn2~0 : 분주비 선택

■ Bit 7 – ICNCn : 노이즈제거 회로 설정(Input Capture Noise Canceler)

ICNCn bit는 입력되는 캡처신호를 위한 노이즈 제거회로가 작동하도록 설정한다. 1로 설정하면 노이즈 제거회로가 작동하여 신호가 필터링된다. 그러면 시스템 클럭의 4주기만큼 지연되어 동작한다.

■ Bit 6 – ICESn : 입력신호 에지 선택(Input Capture Edge Select)

ICESn bit는 입력되는 신호의 에지를 선택한다. 이를 1로 설정하면 캡처신호가 상승 에지일 때 캡처가 수행되며, 0으로 하면 하강 에지일 때 캡처가 수행된다.

■ Bit 4 : 3 – WGMn3~2 : 파형 발생 모드(Waveform Generation Mode)

WGMn3~2 bit는 앞에서와 같이 타이머/카운터1과 3의 동작모드를 결정하는 기능을 수행한다.

■ Bit 2 : 0 – CSn2~0 : 클럭 선택(Clock Select)

CSn2~0 bit는 클럭소스 또는 프리스케일러의 분주비를 선택한다.

[표 9–13] 분주비 선택

CSn2	CSn1	CSn0	동 작
0	0	0	Stop
0	0	1	Clkl/O /1
0	1	0	Clkl/O /8
0	1	1	Clkl/O /64
1	0	0	Clkl/O /256
1	0	1	Clkl/O /1024
1	1	0	외부 클럭(하강에지 동작)
1	1	1	외부 클럭(상승에지 동작)

③ TCCRnC (Timer/Counter Control Register1, 3 C) (n=1 또는 3)

TCCR1C와 TCCR3C Register는 비교출력 단자와 관련된 기능을 설정하는데 사용한다.

TCCRnC	7	6	5	4	3	2	1	0
	FOC1A	FOC1B	FOC1C	–	–	–	–	–
Initial Value	0	0	0					

◆ FOCnx : 출력 비교 강제

- Bit 7 : 5 – FOCnx : 출력비교강제(Force Output Compare for Channel A, B, C)
  - PWM모드가 아닌 경우만 사용가능하다.
  - 1로 설정 : 강제로 즉시 OCnx 단자에 출력비교 매치된 것과 같은 출력
  - 해당 인터럽트도 발생하지 않고 CTC모드에서 TCNTn레지스터를 클리어 않는다.
  - 특별한 경우가 아니면 이 비트는 0으로 설정.

④ TCNTnH/L Register (n=1 또는 3)

TCNT1H/L와 TCNT3H/L Register는 타이머/카운터1과 3의 16비트 카운터 값을 저장하고 있는 레지스터이다.

	7	6	5	4	3	2	1	0
TCNTnH	**TCNT1(15:8)**							
TCNTnL	**TCNT1(7:0)**							

◆ TCNTn : 16비트 카운터

⑤ OCRnxH/L (Output Compare Register : 출력비교 레지스터) (n=1 또는 3, x=A, B, C)

	7	6	5	4	3	2	1	0
OCR1A								
OCR1AH	**(15 : 8)**							
OCR1AL	**(7 : 0)**							
OCR1B								
OCR1BH	**(15 : 8)**							
OCR1BL	**(7 : 0)**							
OCR1C								
OCR1CH	**(15 : 8)**							
OCR1CL	**(7 : 0)**							
OCR3A								
OCR3AH	**(15 : 8)**							
OCR3AL	**(7 : 0)**							
OCR3B								
OCR3BH	**(15 : 8)**							
OCR3BL	**(7 : 0)**							
OCR3C								
OCR3CH	**(15 : 8)**							
OCRCL	**(7 : 0)**							

OCR1AH/L와 OCR3AH/L, OCR1BH/L와 OCR3BH/L, OCR1CH/L와 OCR3CH/L Register는 레지스터 TCNTn값과 비교하여 OCnA, OCnB, OCnC, 단자에 출력신호를 발생하기 위한 16비트값을 저장하는 레지스터이다.

⑥ ICRnH/L (Timer/Counter1, 3 Input Capture Register : 입력캡쳐 레지스터) (n = 1 또는 3)

ICR1H/L와 ICR3H/L Register는 입력캡처 신호에 의하여 타이머/카운터 레지스터 TCNTn 값을 캡처하여 저장하는 16비트 레지스터이다.

ICR1	7	6	5	4	3	2	1	0
ICR1H	(15 : 8)							
ICR1L	(7 : 0)							

ICR3								
ICR3H	(15 : 8)							
ICR3L	(7 : 0)							

⑦ SFIOR (Special Function I/O Register)

SFIOR는 타이머/카운터를 동기화 시키는데 관련된 기능을 한다.

	7	6	5	4	3	2	1	0
SFIOR	TSM				ACME	PUD	PSR0	PSR321
Initial Value	0				0	0	0	0

- TSM : Timer/Counter Synchronization Mode
  - 모든 타이머/카운터 동기화
- PSR321 : Prescaler Reset Timer/Counter3, 2, 1
  - 타이머/카운터1,2,3 프리스케일러를 리셋

■ Bit 7– TSM : Timer/Counter Synchronization Mode

TSM 비트는 1로 세트하면 PSR0 및 PSR321 비트에 라이트한 값을 유지하여 대응하는 프리스케일러 리셋 신호를 발생하고, 이는 해당 타이머/카운터의 동작을 정지시켜 이것들을 똑같은 값으로 설정할 수 있도록 해준다. 또 TSM 비트를 0으로 하면 PSR0 및 PSR321 비트는 하드웨어적으로 클리어되며 타이머/카운터들이 동시에 카운팅 동작을 시작한다.

■ Bit 0– PSR321 : Prescaler Reset Timer/Counter3, 2, 1

PSR321 비트는 타이머/카운터 1~3이 공통적으로 사용하고 있는 프리스케일러를 리셋 시키며, TSM=1로 되어 있지 않다면 동작 후에 자동적으로 클리어 된다.

⑧ TIMSK Register (Timer Interrupt Mask Register)

TIMSK Register는 타이머/카운터 1, 3이 발생하는 인터럽트를 개별적으로 허용하는 기능을 수행한다.

	7	6	5	4	3	2	1	0
TIMSK	OCIE2	TOIE2	TICIE1	OCIE1A	OCIE1B	TOIE1	OCIE0	TOIE0
Initial Value	0	0	0	0	0	0	0	0

- TICIE1 : 타이머/카운터 1 입력 캡처 인터럽트 인에이블
  - 1: 인터럽트 허용　　0: 인터럽트 금지
- OCIE1A : 타이머/카운터 1 출력비교A 일치 인터럽트 인에이블
  - 1: 인터럽트 허용　　0: 인터럽트 금지
- OCIE1B : 타이머/카운터 1 출력비교B 일치 인터럽트 인에이블
  - 1: 인터럽트 허용　　0: 인터럽트 금지
- TOIE1 : 타이머/카운터 1 오버플로우 인터럽트 인에이블
  - 1: 인터럽트 허용　　0: 인터럽트 금지

⑨ ETIMSK Register (Extended Timer Interrupt Mask Register)

ETIMSK Register는 타이머/카운터 1과 3이 발생하는 인터럽트를 개별적으로 허용하는 기능을 수행한다.

	7	6	5	4	3	2	1	0
ETIMSK			TICIE3	OCIE3A	OCIE3B	TOIE3	OCIE3C	OCIE1C
Initial Value			0	0	0	0	0	0

- TICIE3 : 타이머/카운터 3 입력 캡처 인터럽트 인에이블
  - 1: 인터럽트 허용　　0: 인터럽트 금지
- OCIE3A : 타이머/카운터 3 출력비교A 일치 인터럽트 인에이블
  - 1: 인터럽트 허용　　0: 인터럽트 금지
- OCIE3B : 타이머/카운터 3 출력비교B 일치 인터럽트 인에이블
  - 1: 인터럽트 허용　　0: 인터럽트 금지
- TOIE3 : 타이머/카운터 3 오버플로우 인터럽트 인에이블
  - 1: 인터럽트 허용　　0: 인터럽트 금지
- OCIE3C : 타이머/카운터 3 출력비교C 일치 인터럽트 인에이블
  - 1: 인터럽트 허용　　0: 인터럽트 금지
- OCIE1C : 타이머/카운터 1 출력비교C 일치 인터럽트 인에이블
  - 1: 인터럽트 허용　　0: 인터럽트 금지

⑩ TIFR (Timer/Counter Interrupt Flag Register)

TIFR Register는 타이머/카운터 0~2가 발생하는 인터럽트를 플랙을 저장하는 레지스터이다.

TIFR	7	6	5	4	3	2	1	0
	OCF2	TOV2	ICF1	OCF1A	OCF1B	TOV1	OCF0	TOV0
Initial Value	0	0	0	0	0	0	0	0

- ICF1 : 타이머/카운터 1 입력 캡처 플래그
  - 핀 ICP1에 캡처 발생 시 셋
- OCF1A : 타이머/카운터 1 출력비교A 일치 플래그
  - TCNT1과 OCR1A의 일치 시 셋
- OCF1B : 타이머/카운터 1 출력비교B 일치 플래그
  - TCNT1과 OCR1B의 일치 시 셋
- TOV1 : 타이머/카운터 1 오버플로우 플래그
  - 타이머/카운터1 오버플로우 발생 시 셋

⑪ ETIFR (Extended Timer/Counter Interrupt Flag Register)

타이머/카운터 1과 3이 발생하는 인터럽트를 플랙을 저장하는 레지스터이다.

ETIFR	7	6	5	4	3	2	1	0
	–	–	ICF3	OCF3A	OCF3B	TOV3	OCF3C	OCF1C
Initial Value			0	0	0	0	0	0

- ICF3 : 타이머/카운터 3 입력 캡처 플래그
  - 핀 ICP3에 캡처 발생 시 셋
- OCF3A : 타이머/카운터 3 출력비교A 일치 플래그
  - TCNT3과 OCR3A의 일치 시 셋
- OCF3B : 타이머/카운터 3 출력비교B 일치 플래그
  - TCNT3과 OCR3B의 일치 시 셋
- TOV3 : 타이머/카운터 3 오버플로우 플래그
  - 타이머/카운터3 오버플로우 발생 시 셋
- OCF3C : 타이머/카운터 3 출력비교C 일치 플래그
  - TCNT3와 OCR3C의 일치 시 셋
- OCF1C : 타이머/카운터 1 출력비교C 일치 플래그
  - TCNT1와 OCR1C의 일치 시 셋

이 레지스터도 해당 인터럽트 루틴에 백터될 때 혹은 인터럽트가 처리되기 시작하면 하드웨어에 의해서 자동적으로 클리어 된다.

주의!!! 16비트 레지스터에 데이터를 읽거나 쓰고자 할 경우

① 데이터를 쓸 때 : 먼저 상위바이트를 쓰고 하위바이트를 쓴다.

(예)
```
OCR1AH = 0x20;
OCR1AL = 0x00;
```

② 데이터를 읽을 때 : 하위바이트를 먼저 읽고 상위바이트를 읽는다.

(예)
```
int var_low = OCR1AL & 0x00ff;      // 상위바이트는 "0" 으로 채움.
int var_high = OCR1AH<<8;           // 상위바이트로 이동
int var = var_high | var_low;       // 상위:하위 바이트 연결
```

(4) 타이머/카운터 1, 3 동작 모드

타이머/카운터1과 3에는

- NORMAL MODE (일반 모드)
- Clear Timer on Compare Match Mode (CTC모드)
- Fast PWM Mode (고속 PWM모드)
- Phase Correct PWM Mode (위상교정 PWM모드)
- Phase and Frequency Correct PWM Mode (위상 및 주파수교정 PWM모드)

이렇게 5가지가 있다. 모드의 선택은 TCCRnA와 TCCRnB 레지스터의 WGMn3~0 비트에 의하여 결정되고 COMnx1~0 비트에 의하여 출력신호의 동작이 지정됨으로써 OCnx단자에 어떤 파형을 출력하게 될지를 결정할 수 있게 된다.

다음 그림을 보면

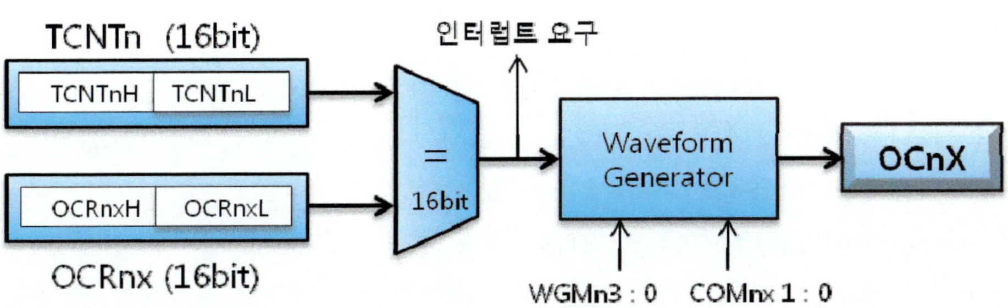

그림 9-11 타이머/카운터 1과 3의 출력비교기 구성 블록도 (n=1, 3, x=A, B, C)

① NORMAL MODE

이 모드는 TCCRn 레지스터 WGMn3~0 비트를 각각0으로 설정한다. 이 모드에서는 타이머/카운터 레지스터 TCNTn이 항상 상향 카운터로만 동작하고, 카운터가 도중에 클리어되는 일이 없으며, 클럭 입력에 의하여 항상 0x0000~0xFFFF의 값으로 계수동작이 반복하여 수행된다. 이 카운터값이 0xFFFF에서 0x0000으로 바뀌는 순간에 TIFR 레지스터에서 TOVn=1로 되고 오버플로우 인터럽트가 발생한다.

이 모드는 외부 입력 클록을 계수하는데 주로 사용이 된다.

(예) 타이머/카운터1을 NORMAL 모드, 8분주로 설정값을 구하시오.

	7	6	5	4	3	2	1	0
TCCR1A	COM1A1	COM1A0	COM1B1	COM1B0	COM1C1	COM1C0	WGM11	WGM10
설정 값 :	X	X	X	X	X	X	0	0

	7	6	5	4	3	2	1	0
TCCR1B	ICNC1	ICES1	–	WGM13	WGM12	CS12	CS11	CS10
설정 값 :	X	X	X	0	0	0	1	0

② CTC MODE

이 모드는 WGMn3~0비트를 각각 모드4(0100)와 모드12(1100)으로 설정하는 2가지 동작이 있다.

WGMn3	WGMn2	WGMn1	WGMn0	동작 모드	Top (n=1,3)
0	1	0	0	모드4 CTC	OCRnA
1	1	0	0	모드12 CTC	ICRn

모드4에서는 타이머/카운터 레지스터 TCNTn의 값이 출력비교 레지스터 OCRnA의 값과 일치하면 그 다음 클럭 사이클에서 0으로 클리어 되고 모드 12에서는 ICR값과 일치하면 다음 사이클에서 클리어 된다.

이 모드에서 COMnx1:0 = 01로 설정하여 출력 매치에서 OCnx 단자의 신호를 토글하는 경우에 출력 주파수는 다음과 같이 계산된다. 여기서 N은 프리스케일러의 분주비로서 1, 8, 64, 256, 1024 중의 하나에 해당한다.

$$f_{OCnA} = \frac{f_{clk\_I/O}}{2 \cdot N \cdot (1 + OCRnA)}$$

이 CTC모드는 주기적인 구형파 주파수를 생성할 수 있어 일반적으로 주파수 분주용으로 사용이 된다.

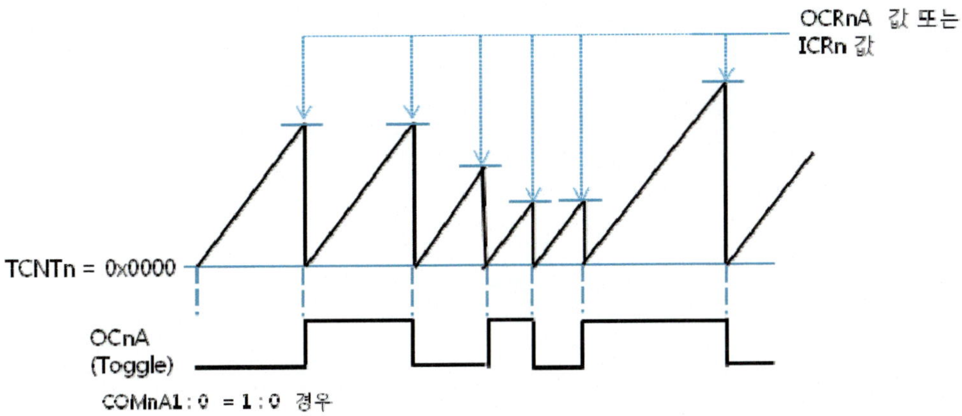

그림 9-12 타이머/카운터 1과 3의 CTC 모드

(예) 타이머/카운터3을 CTC 모드, 64분주로 설정값을 구하시오.
(단, OCR3A 값을 TOP으로 사용한다)

	7	6	5	4	3	2	1	0
TCCR3A	COM3A1	COM3A0	COM3B1	COM3B0	COM3C1	COM3C0	WGM31	WGM30
설정 값 :	X	X	X	X	X	X	0	0

	7	6	5	4	3	2	1	0
TCCR3B	ICNC3	ICES3	–	WGM33	WGM32	CS32	CS31	CS30
설정 값 :	X	X	X	0	1	0	1	1

③ 고속 PWM MODE

타이머/카운터 1과 3의 고속 PWM MODE(Fast PWM Mode)는 WGMn3~0을 다음 [표 9-14]와 같이 설정한다.

이 모드에서는 타이머/카운터 레지스터 TCNTn의 계수동작이 항상 0x0000~Top의 범위에서 증가하는 방향으로만 반복적으로 수행되며, 이때 이 TCNTn의 값은 항상 출력비교 레지스터 OCRnx의 값과 비교되어 그것이 일치하면 OCnx 출력신호가 0으로 클리어되고, TCNTn의 값이 TOP→0x0000으로 오버플로우되면 OCnx 출력신호가 1로 셋트된다.

[표 9-14] 고속PWM 모드 설정

WGMn3	WGMn2	WGMn1	WGMn0	동작 모드	Top(n=1,3)
0	1	0	1	모드5 : Fast PWM(8-bit)	0x00FF
0	1	1	0	모드6 : Fast PWM(9-bit)	0x01FF
0	1	1	1	모드7 : Fast PWM(10-bit)	0x03FF
1	1	1	0	모드14 : Fast PWM	ICRn
1	1	1	1	모드15 : Fast PWM	OCRnA

COMnx1:0=10으로 설정하면 OCnx단자는 이와 같이 정상 PWM 출력으로 동작하지만, COMnx1:0=11로 설정하면 OCnx단자는 반전 PWM 출력으로 동작한다.

이 모드는 TCNTn의 값이 항상 0x0000~TOP의 범위에서 증가하므로 PWM 출력신호의 주파수는 다음과 같이 표시되며, 이는 위상교정 PWM모드의 경우에 비하여 약 2배 높은 주파수가 된다. 단, 여기서 N은 프리스케일러의 분주비로서 1, 8, 64, 256, 1024 중의 하나에 해당한다.

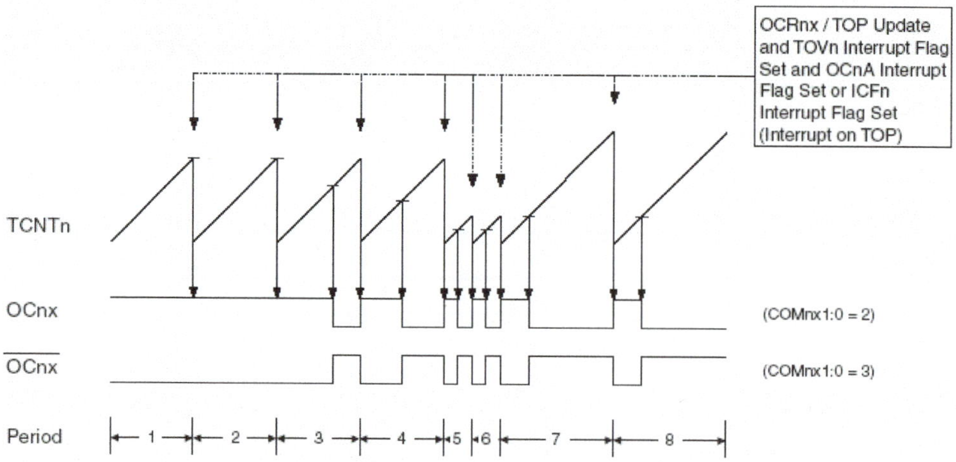

그림 9-13 타이머/카운터 1과 3의 고속 PWM 모드)

고속 PWM의 주파수는 다음 식에 의해 구할 수 있다.

$$f_{OC_{nx}PWM} = \frac{f_{clk\_I/O}}{N \cdot (1 + TOP)}$$

이 모드는 OCRnx의 이중 버퍼기능을 이용함으로 보다 안정적인 신호를 얻을 수 있으며, 위상교정 PWM 모드, 위상 및 주파수교정 PWM 모드보다 주파수가 두 배 높아 전력변환, D/A변환, 정류 등에 이용되고 있다.

(예) 타이머/카운터1을 10비트 고속 PWM 모드, 1024분주로 설정값을 구하시오.

	7	6	5	4	3	2	1	0
TCCR1A	COM1A1	COM1A0	COM1B1	COM1B0	COM1C1	COM1C0	WGM11	WGM10
설정 값 :	X	X	X	X	X	X	1	1

	7	6	5	4	3	2	1	0
TCCR1B	ICNC1	ICES1	–	WGM13	WGM12	CS12	CS11	CS10
설정 값 :	X	X	X	0	1	1	0	1

④ 위상교정 PWM MODE

타이머/카운터 1과 3의 위상교정 PWM MODE(Phase Correct PWM Mode)는 WGMn3~0 = 1, 2, 3, 10, 11로 설정한다.

[표 9-15] 위상교정 PWM 모드 설정

WGMn3	WGMn2	WGMn1	WGMn0	동작 모드	Top(n=1,3)
0	0	0	1	모드1 : Phase Correct PWM(8-bit)	0x00FF
0	0	1	0	모드2 : Phase Correct PWM(9-bit)	0x01FF
0	0	1	1	모드3 : Phase Correct PWM(10-bit)	0x03FF
1	0	1	0	모드10 : Phase Correct PWM	ICRn
1	0	1	1	모드11 : Phase Correct PWM	OCRnA

이 동작 모드에서는 타이머/카운터 레지스터 TCNTn의 계수동작이 상향 카운터로서 0x0000~TOP의 범위에서 증가하였다가 다시 하향카운터로서 TOP~0x0000으로 감소하는

동작을 반복적으로 수행한다. 이때 이 TCNTn의 값은 항상 출력비교 레지스터 OCRnx의 값과 비교되어, 상향 카운터로 동작할 때 그것이 일치하면 OCnx 출력신호가 0으로 클리어되고, 하향 카운터로 동작할 때 그것이 일치하면 OCnx의 출력신호가 1로 세트된다.

이를 도시하면 〈그림 9-14〉와 같다. COMnx1:0 = 10으로 설정하면 OCnx단자는 이와 같이 정상 PWM출력으로 동작하지만, COMnx1:0 = 11으로 설정하면 OCnx단자는 반전 PWM 출력으로 동작한다.

이 모드는 TCNTn의 값이 항상 0x0000~TOP의 범위에서 증가하므로 PWM 출력신호의 주파수는 다음과 같이 표시된다. 단, 여기서 N은 프리스케일러의 분주비로서 1, 8, 64, 256, 1024 중의 하나에 해당한다.

PWM 주파수는 다음 식으로 계산할 수 있다.

$$F[\mathrm{Hz}] = \frac{f_{clk}}{2 \times N \times TOP}$$

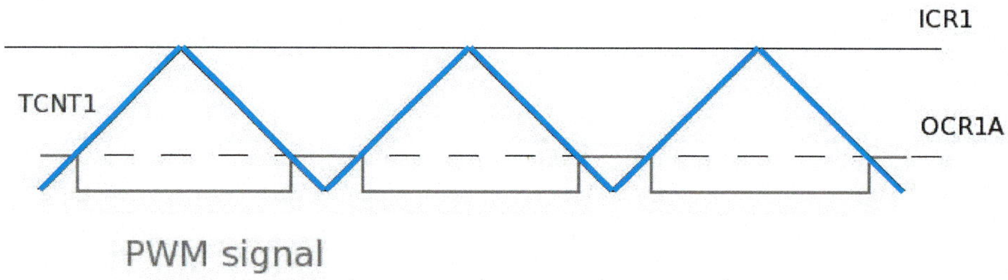

그림 9-14 타이머/카운터 1과 3의 위상교정 PWM 모드

이 모드는 고속 PWM모드보다 주파수는 1/2 정도 작고 DC 모터를 PWM 속도 제어하는데 가장 많이 사용된다.

(예) 타이머/카운터3을 10bit 위상교정 PWM 모드, 256분주로 설정하라

	7	6	5	4	3	2	1	0
TCCR3A	COM3A1	COM3A0	COM3B1	COM3B0	COM3C1	COM3C0	WGM31	WGM30
설정 값 :	X	X	X	X	X	X	1	1

	7	6	5	4	3	2	1	0
TCCR3B	ICNC3	ICES3	–	WGM33	WGM32	CS32	CS31	CS30
설정 값 :	X	X	X	0	0	1	0	0

⑤ 위상 및 주파수 교정 PWM MODE

타이머/카운터 1과 3의 위상 및 주파수교정 PWM 모드(Phase and Frequency Correct PWM Mode)는 WGMn3~0 = 모드8, 모드9로 설정한다.

[표 9-16] 위상 및 주파수교정 PWM 동작모드 설정

WGMn3	WGMn2	WGMn1	WGMn0	동작 모드	Top(n=1,3)
1	0	0	0	모드8: Phase and Frequency Correct PWM	ICRn
1	0	0	1	모드9: Phase and Frequency Correct PWM	OCRnA

이 모드에서는 타이머/카운터 레지스터 TCNTn의 계수동작이 상향 카운터로서 0x0000~TOP의 범위에서 증가하였다가 다시 하향카운터로서 TOP~0x0000으로 감소하는 동작을 반복적으로 수행한다. 이때 이 TCNTn의 값은 항상 출력비교 레지스터 OCRnx의 값과 비교되어, 상향 카운터로 동작할 때 그것이 일치하면 OCnx 출력신호가 0으로 클리어되고, 하향 카운터로 동작할 때 그것이 일치하면 OCnx의 출력신호가 1로 셋트된다.

위상 및 주파수교정 PWM 모드가 위상교정 PWM모드와 다른 점은 TOP의 값을 ICRn과 OCRnA의 2가지만으로 지정할 수 있고, 이것을 새로운 값으로 갱신할 때 TCNTn이 0x0000으로 되는 순간에 갱신된다.

COMnx1:0 = 10으로 설정하면 OCnx단자는 이와 같이 정상 PWM출력으로 동작하지만, COMnx1:0 = 11으로 설정하면 OCnx단자는 반전 PWM 출력으로 동작한다.

이 모드는 TCNTn의 값이 항상 0x0000~TOP의 범위에서 증가하므로 PWM 출력신호의 주파수는 다음과 같이 표시되며, 이는 고속 PWM모드의 경우에 비하여 약 1/2 낮은 주파수가 된다. 단, 여기서 N은 프리스케일러의 분주비로서 1, 8, 64, 256, 1024 중의 하나에 해당한다.

앞의 위상교정 PWM 모드와의 차이점은 위상교정 PWM 모드는 카운터 값이 Top이 되었을 때 OCR값이 갱신되고, 위상 및 주파수교정 PWM 모드에서는 카운터 값이 Bottom이 되었을 때 OCR값이 갱신된다는 점이다. 그 외는 동일하므로 주파수를 구하는 식도 동일하다.

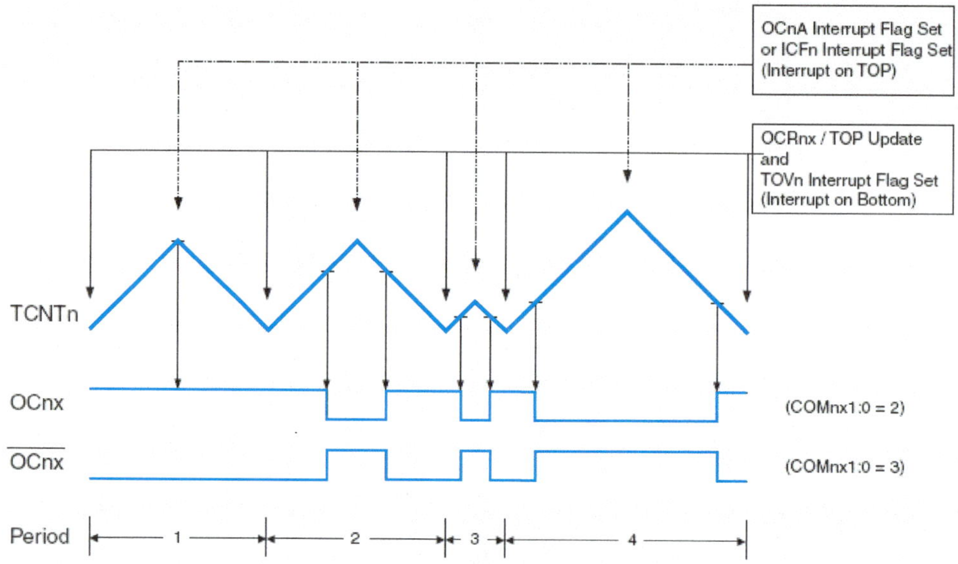

그림 9-15 타이머/카운터 1과 3의 위상 및 주파수교정 PWM 모드

(예) 타이머/카운터1을 위상 및 주파수교정 PWM 모드, 8분주로 설정값을 구하시오.
(단, Top값은 OCR1A 레지스터 값을 이용)

	7	6	5	4	3	2	1	0
TCCR1A	COM1A1	COM1A0	COM1B1	COM1B0	COM1C1	COM1C0	WGM11	WGM10
설정 값 :	X	X	X	X	X	X	0	1

	7	6	5	4	3	2	1	0
TCCR1B	ICNC1	ICES1	–	WGM13	WGM12	CS12	CS11	CS10
설정 값 :	X	X	X	1	0	0	1	0

연습문제

문제1 타이머/카운터1을 이용하여 오버플로 인터럽트가 발생하도록 설정값을 구하시오. (단, 256분주를 사용하고 TCNT1 초기값은 0x0000이 저장되어 있다고 가정한다)

[풀이]

TCCR1A

	7	6	5	4	3	2	1	0
TCCR1A	COM1A1	COM1A0	COM1B1	COM1B0	COM1C1	COM1C0	WGM11	WGM10
설정 값 :								

	7	6	5	4	3	2	1	0
TCCR1B	ICNC1	ICES1	–	WGM13	WGM12	CS12	CS11	CS10
설정 값 :								

	7	6	5	4	3	2	1	0
TIMSK	OCIE2	TOIE2	TICIE1	OCIE1A	OCIE1B	TOIE1	OCIE0	TOIE0
설정 값 :								

문제2 위 문제1에서 오버플로 인터럽트가 발생되는 시간을 계산하시오. (시스템 클록 = 16MHz)

- 인터럽트 발생시간 = (   )

문제3 타이머/카운터3의 A채널을 이용하여 비교매칭 인터럽터가 발생하도록 각 레지스터 설정값을 구하시오. 1024분주를 사용하고 매칭값은 0x7FFF로 한다.

[풀이]

	7	6	5	4	3	2	1	0
TCCR1A	COM1A1	COM1A0	COM1B1	COM1B0	COM1C1	COM1C0	WGM11	WGM10
설정 값 :								

	7	6	5	4	3	2	1	0
TCCR1B	ICNC1	ICES1	–	WGM13	WGM12	CS12	CS11	CS10
설정 값 :								

	7	6	5	4	3	2	1	0
ETIMSK	–	–	TICIE3	OCIE3A	OCIE3B	TOIE3	OCIE3C	OCIE1C
설정 값 :								

OCR3A	7	6	5	4	3	2	1	0
OCR3AH								
OCR3AL								

문제4 위 문제3에서 클록 16MHz, TCNT3 초기값은 0x0000이 저장되어 있다고 하면 비교일치 인터럽트가 발생되는 시간을 계산하시오. (시스템 클록 = 16MHz)

■ 인터럽트 발생시간 = (   )

문제5 OC1A 핀으로 듀티비 50% 정도의 PWM 파형을 출력하도록 설정하시오. 단, 클록은 16MHz이고 10비트 FAST PWM 모드, 64분주를 사용한다.

[풀이]

	7	6	5	4	3	2	1	0
TCCR1A	COM1A1	COM1A0	COM1B1	COM1B0	COM1C1	COM1C0	WGM11	WGM10
설정 값 :								

	7	6	5	4	3	2	1	0
TCCR1B	ICNC1	ICES1	–	WGM13	WGM12	CS12	CS11	CS10
설정 값 :								

OCR1A	7	6	5	4	3	2	1	0
OCR1AH								
OCR1AL								

9.5 타이머/카운터 1과 3 활용 실습

실습 33. 타이머/카운터1 오버플로 인터럽트를 이용한 LED 순차점등

실습 34. 타이머/카운터1을 이용한 위상교정 PWM 출력제어

실습 35. 타이머/카운터3을 이용한 CTC모드 구형파 펄스 출력

실습 33. 타이머/카운터1 오버플로 인터럽트를 이용한 LED 순차점등

[실습과제]

타이머/카운터1 오버플로 인터럽트 기능을 이용하여 인터럽트 발생시마다 약 0.5초 간격으로 LED를 왼쪽 순차 점등을 무한반복 시켜보자.
(시스템 클록 16MHz를 256분주를 사용)

[실습 회로]

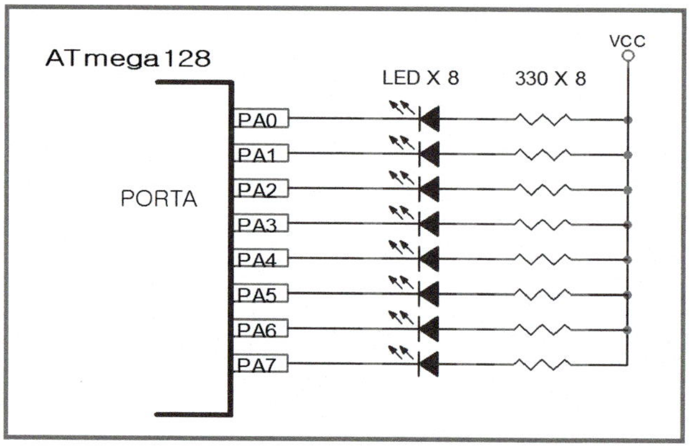

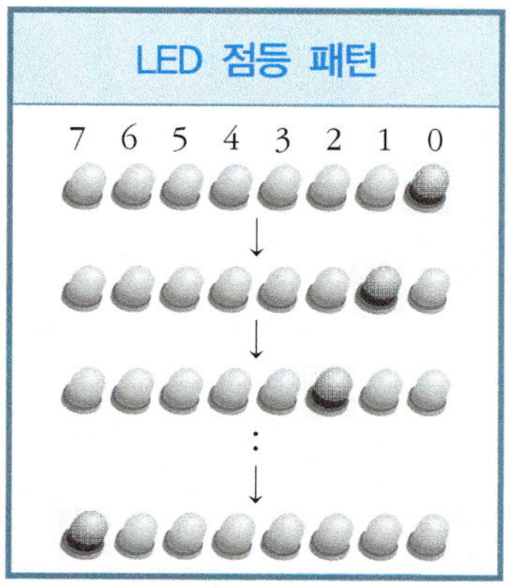

[초기화]

	7	6	5	4	3	2	1	0
TCCR1A	COM1A1	COM1A0	COM1B1	COM1B0	COM1C1	COM1C0	WGM11	WGM10
설정 값 :	0	0	0	0	0	0	0	0

TCCR1B	ICNC1	ICES1	–	WGM13	WGM12	CS12	CS11	CS10
설정 값 :	0	0	0	0	0	1	0	0

TIMSK	OCIE2	TOIE2	TICIE1	OCIE1A	OCIE1B	TOIE1	OCIE0	TOIE0
설정 값 :	0	0	0	0	0	1	0	0

[소스 프로그램]

```
#include <mega128.h>
unsigned char led = 0xFE;
unsigned int time = 0x8000;

interrupt [TIM1_OVF] void timer_int1(void)   // 타이머/카운터1 오버플로우 서비스 루틴
{                                            // (1/16)us * 32768 * 256분주 = 524ms

        led <<= 1;                           // LED 순차 점멸
        led |= 0x01;
        if(led == 0xFF) led = 0xFE;
        PORTA = led;

        TCNT1 = time;
}

void initial(void)                    // ---- TIMER1, PORT 초기화 함수
{
        DDRA = 0xFF;                  // 포트 C 출력으로 설정
        PORTA = led;                  // 포트 C에 초기값 출력

                                      // 인터럽트 초기화
        TIMSK = 0x04;                 // TOIE1 = 1, TIMER1 오버플로우 인터럽트 인에이블
        TCCR1A = 0x00;                // 모드 0(일반모드)
        TCCR1B = 0x04;                // 프리스케일 = CK/256
        TCCR1C = 0x0;
        TCNT1 = time;                 // 타이머/카운터1 레지스터 초기값 : 16 비트
}

void main(void)
{
        initial();

        SREG = 0x80;                  // 전역 인터럽트 인에이블 비트 I 셋.

        while(1);                     // 무한 루프
}
```

활용과제

위 실습 프로그램을 수정하여 타이머/카운터3을 이용하여 동일한 동작을 구현하시오.

실습 34. 타이머/카운터1을 이용한 위상교정 PWM 출력 제어

[실습과제]

타이머/카운터1의 PWM 출력 모드의 10bit Phase Collect PWM(위상교정 PWM) 출력을 이용하여 OC1A, OC1B 핀에 아래 표와 같이 각기 다른 듀티비를 가진 PWM 신호를 무한 반복 출력하시오. (시스템 클록을 64분주를 사용)

스텝	OC1A 듀티비	OC1B 듀티비
1	25%	50%
2	50%	100%
3	100%	25%

[실습회로]

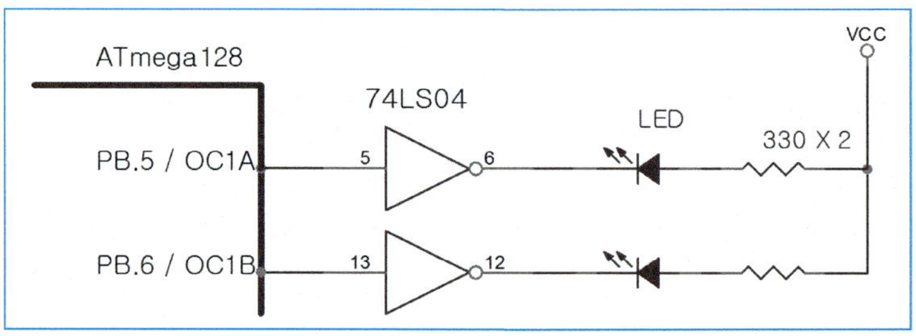

[초기화 설정]

10bit PWM의 경우 TOP 값은 0x3FF이다. [표 9-11]에서 동작모드3에 해당된다. OCR 레지스터와 비교매치에서 상향에서 "L", 하향에서 "H"가 되도록 설정한다.

	7	6	5	4	3	2	1	0
TCCR1A	COM1A1	COM1A0	COM1B1	COM1B0	COM1C1	COM1C0	WGM11	WGM10
설정 값 :	1	0	1	0	0	0	1	1

	7	6	5	4	3	2	1	0
TCCR1B	ICNC1	ICES1	–	WGM13	WGM12	CS12	CS11	CS10
설정 값 :	0	0	0	0	0	0	1	1

* OCR에 듀티비 설정 값

TOP 값(듀티비 100%)이 0x3FF이므로

듀티비(%)	OCR1A, OCR1B
25	0x00FF
50	0x01FF
100	0x03FF

[소스 프로그램]

```
#include <mega128.h>
#include <delay.h>

void initial(void)            // ---- TIMER, PORT 초기화 함수
{
        DDRB= 0xFF;           // 포트 B 출력으로 설정
        PORTB = 0xFA;         // 포트 B에 초기값 출력

        TCCR1A = 0xA3;        // 10bit 위상교정 PWM, (모드 3)
        TCCR1B = 0x03;        // 64분주

        OCR1AH = 0x00;        // 초기 듀티비 = 0;
        OCR1AL = 0x00;
        OCR1BH = 0x00;
        OCR1BL = 0x00;
}

void main(void)
{
  initial();

  while(1)
  {
        OCR1AH = 0x00;   //  듀티비 = 25%
        OCR1AL = 0xFF;
        OCR1BH = 0x01;   //  듀티비 = 50%
        OCR1BL = 0xFF;
        delay_ms(2000);

        OCR1AH = 0x01;   // 50%
        OCR1AL = 0xFF;
```

```
        OCR1BH = 0x03;   // 100%
        OCR1BL = 0xFF;
        delay_ms(2000);

        OCR1AH = 0x03;   // 100%
        OCR1AL = 0xFF;
        OCR1BH = 0x00;   // 25%
        OCR1BL = 0xFF;
        delay_ms(2000);
    }
}
```

활용과제

1. 위 실습 프로그램을 수정하여 타이머/카운터3을 이용하여 동일한 동작을 구현하시오.

2. 다음은 타이머/카운터 초기화 부분이다. 어떤 동작을 하기 위한 초기화인지 상세히 설명하시오.

```
DDRB = 0xFF;

TCCR1A = 0x21;
TCCR1B = 0x13;
TCCR1C = 0x00;

OCR1A = 125;
OCR1B = 31;
```

실습 35. 타이머/카운터3을 이용한 CTC모드 구형파 펄스 출력

[실습과제]

타이머/카운터3을 이용하여 CTC 모드로 주파수를 생성하여 스피커 음을 들을 수 있도록 소리를 발생시켜 출력해보자. (8분주)

포트 C에 3개의 스위치를 연결하여 SW0를 누르면 10KHz, SW1을 누르면 5KHz, SW2를 누르면 1KHz의 주파수를 생성하여 OC3B 핀에 연결된 스피커를 구동하도록 한다.

[실습 회로]

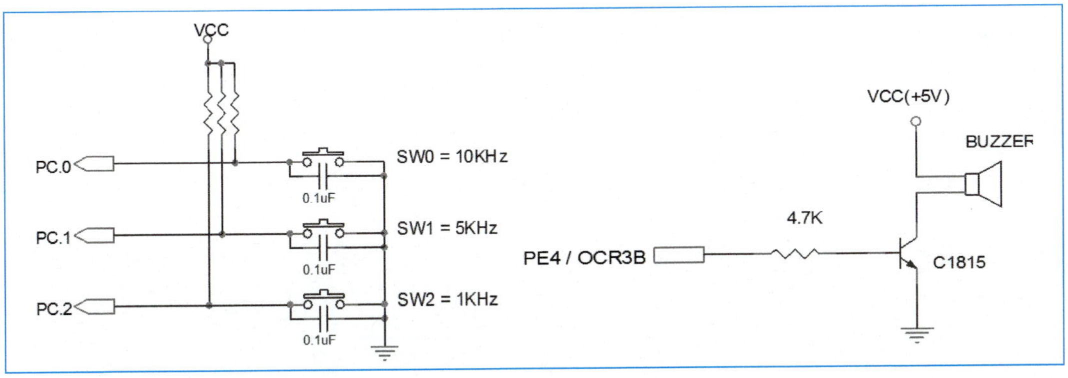

[초기화 설정]

- CTC 모드의 동작 [표 9-11], [표 9-12] 참조

타이머/카운터3을 CTC 모드로 사용시 TOP 값은 OCR3A, ICR3을 이용한다. 이 실습에선 Top 값을 OCR3A 값을 이용한다. 그러면 출력은 OC3B 핀에 해당된다.

COM비트를 "01"로 하여 비교매치에서 출력파형을 토글로 설정한다.

모드	Mode No.	TCNTn동작	OCRn 업데이트 시점	오버플로 발생 시점(TOVn)	출력핀
CTC모드	4	0x0000~OCRnA	설정즉시	0xFFFF → 0x0000 (비교매치실패시)	OCnB
	12	0x0000~ICRn	설정즉시		OCnA, OCnB

• WGM 비트 설정

Mode No.	WGMn3	WGMn2	WGMn1	WGMn0	동 작 모 드	Top (n=1,3)
4	0	1	0	0	CTC	OCRnA

• 레지스터 비트 설정

	7	6	5	4	3	2	1	0
TCCR3A	COM3A1	COM3A0	COM3B1	COM3B0	COM3C1	COM3C0	WGM31	WGM30
설정 값 :	0	0	0	1	0	0	0	0

TCCR3B	ICNC3	ICES3	–	WGM33	WGM32	CS32	CS31	CS30
설정 값 :	0	0	0	0	1	0	1	0

• 주파수 계산

$$F(Hz) = \frac{f_{clk}}{2 \times N \times (1 + OCRnA)} = \frac{16 \times 10^6}{2 \times 8 \times (1 + OCR3A)}$$

이 수식에 의해 계산하여 구하면

OC3B 핀 출력 주파수	OCR3A에 들어갈 값	
	10진	16진
1KHz	999	0x03E7
5KHz	199	0x00C7
10KHz	99	0x0063

[소스 프로그램]

```
#include <mega128.h>
#include <delay.h>

void initial(void)  // ---- TIMER, PORT 초기화 함수
{
        DDRC= 0x00;             // 포트C 입력
        PORTC = 0xFF;
        DDRE= 0xFF;             // 포트 E 출력으로 설정
        PORTE = 0x00;
```

```
        TCCR3A = 0x10;   // 모드4, OC3B 토글출력, 8분주
        TCCR3B = 0x0A;
}

void main(void)
{
    unsigned char buff; // 키 입력 버퍼

    initial();

    while(1)
    {
        buff = PINC & 0b00000111 ;              // 키 입력

        switch(buff){
            case 0x06:                          // sw0 ON
                    OCR3AH = 0x00;              // 10KHz
                    OCR3AL = 0x63;
                    break;
            case 0x05:                          // sw1 ON
                    OCR3AH = 0x00;              // 5KHz
                    OCR3AL = 0xC7;
                    break;
            case 0x03:                          // sw2 ON
                    OCR3AH = 0x03;              // 1KHz
                    OCR3AL = 0xE7;
                    break;
        }
    }
}
```

활용과제

위 프로그램과 회로를 수정하여 포트C에 연결된 8개 버튼에 다음 표와 같은 음계를 발생하도록 OCR3A에 들어갈 값을 구하고 프로그램을 작성하시오.

스위치	SW7	SW6	SW5	SW4	SW3	SW2	SW1	SW0
음 계	도	레	미	파	솔	라	시	도
주파수(Hz)	2093	2349	2637	2794	3136	3520	3951	4186
OCR3A 값								

[회로]

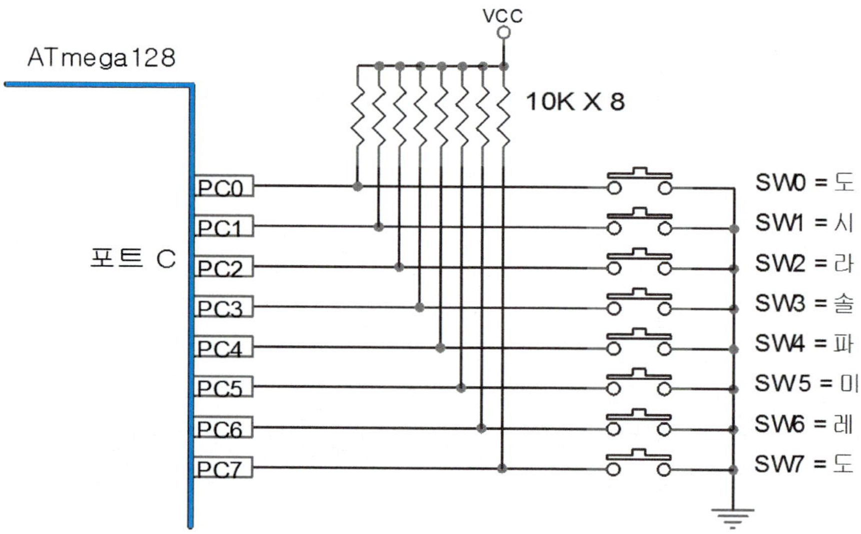

프로젝트 과제

[과제명] 주파수 및 주기 측정 장치 제작

ICP1(PE0)에 구형파 펄스를 입력 받아 이 펄스의 주파수와 주기를 계산하여 그 값을 캐릭터 LCD로 출력하도록 하는 시스템을 제작하시오. (단, 구형파 펄스는 주파수 1MHz이하의 TTL 레벨이며, 펑션제네레이터를 이용하여 공급한다)

[LCD 표시 형식 예]

F	r	e	q	=											
		T		=											

Hint!

① 주파수는 단위 시간당 입력되는 펄스 수를 알면 된다.
② 입력 캡쳐기능을 이용한다.
③ 입력캡쳐 인터럽트 발생시 ICR 레지스터 값을 읽어 이를 이용하여 처리한다.

MEMO

모터 제어

구동기 즉, 액추에이터로 가장 많이 사용되는 것이 전기모터이다. 산업용으로 대출력을 요하는 AC유도모터부터 초소형 마이크로DC 모터까지 다양한 모터가 광범위하게 사용되고 있다. 우리는 여기서 제어용 모터로 가장 많이 사용되는 DC모터, 스테핑모터, RC서보모터 3종류에 대해 그 동작 원리를 이해하고 마이컴 인터페이스 회로 구성과 제어 프로그램을 작성하는 방법에 대해 배운다. 잘 배워 두면 로봇 등을 비롯하여 다양한 응용에 접목시킬 수가 있다.

CHAPTER 10

10.1 DC 모터

전기를 원동력으로 하여 전기적인 회전출력을 발생시키는 것을 모터(motor) 혹은 우리말로 전동기라 한다. 모터는 그 작동전원이 직류인지 또는 교류인지에 의해 직류모터(DC motor)와 교류모터(AC motor)로 분류된다. 이 두 모터의 기본원리는 동일하나 구동을 위해서는 약간 다른 감각이 요구된다. 이 절에서는 직류전동기에 대하여 실습해보기로 한다.

(1) DC 모터란?

DC 모터란, 고정자로 영구자석을 사용하고, 회전자(전기자)로 코일을 사용하여 구성한 것으로, 전기자에 흐르는 전류의 방향을 전환함으로써 자력의 반발, 흡인력으로 회전력을 생성시키는 모터이다.

장난감, 자동차, 가전제품, 사무기기, 자동화기기 등 여러 방면에서 가장 널리 사용되고 있는 모터이므로 그림 10-1처럼 크기와 출력 및 응용에 따라 다양한 형태로 만들어지고 있다. 일반적으로 DC 모터는 회전 제어가 쉽고, 제어용 모터로서 아주 우수한 특성을 가지고 있다고 할 수 있다.

(a) 소형모터 (b)소형기어드모터 (c) 엔코더가 부착된 모터 (d) 산업용 기어드모터

그림 10-1 여러 가지 형태의 DC모터들

(2) DC모터의 회전원리

DC모터의 기본 구성을 그림 10-2에 나타냈다. 모터 중심부의 회전자 철심에 전선을 감고 전류를 흘려보낸다. 모터 외측은 영구자석 N극과 S극이 회전자를 둘러싸고 있으므로 전선은 자계 중에 노출된다. 자계 속에는 자극 N으로부터 자극 S로 자속이라 불리는 자

기적인 선이 형성되며, 이 자속과 전류를 흐르는 도체 사이에는 유명한 플레밍의 왼손법칙에 의한 힘에 의해 회전력이 발생한다.

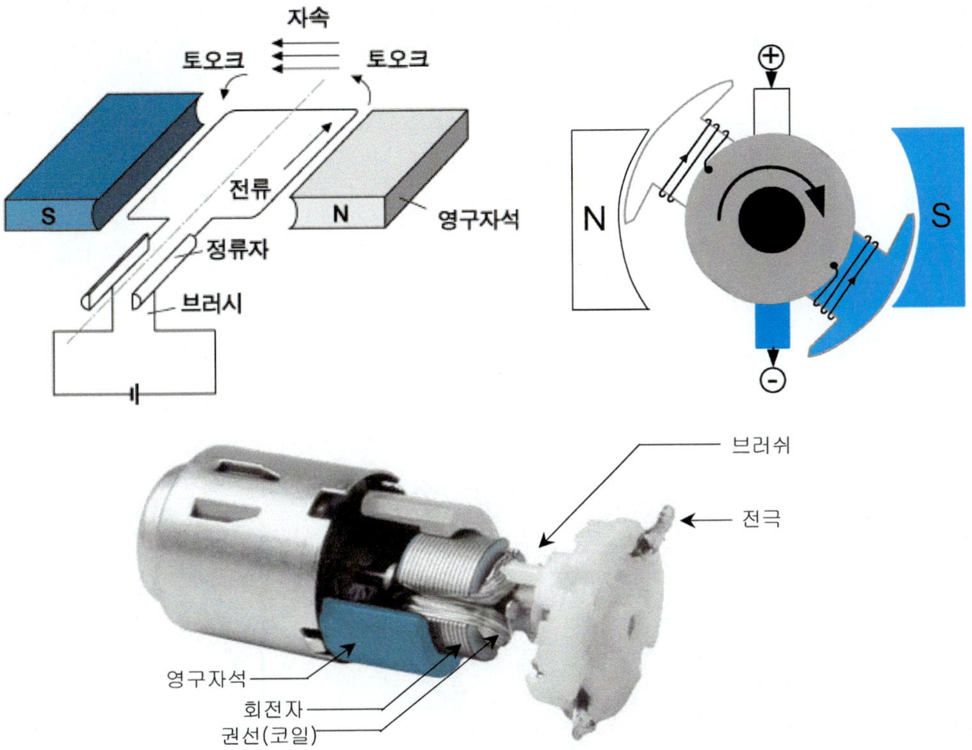

그림 10-2 DC모터 구동 원리와 내부 구조

(3) DC 모터의 장점

DC 모터는 다음과 같은 특징이 있다.

① 기동 토크가 크다.
② 인가전압에 대하여 회전특성이 직선적으로 비례한다.
③ 입력전류에 대하여 출력 토크가 직선적으로 비례하며, 또한 출력 효율이 양호하다.
④ 가격이 저렴하다.

(4) DC 모터의 특성

① T–I 특성(토크 대 전류)

흘린 전류에 대해 깨끗하게 직선적으로 토크가 비례한다. 즉, 큰 힘이 필요한 때는 전류를 많이 흘리면 되는 것이다.

② T–N 특성(토크 대 회전수)

토크에 대하여 회전수는 직선적으로 반비례한다. 이것에 의하면 무거운 것을 돌릴 때는 천천히 회전시키게 되고, 이것을 빨리 회전시키기 위해서는 전류를 많이 흘리게 된다. 그리고, 인가전압에 대해서도 비례한다.

이들 특성에서 알 수 있는 것은 회전수나 토크를 일정하게 하는 제어를 하려는 경우에는 여하튼 전류를 제어하면 양자를 제어할 수 있다는 것을 나타내고 있다.

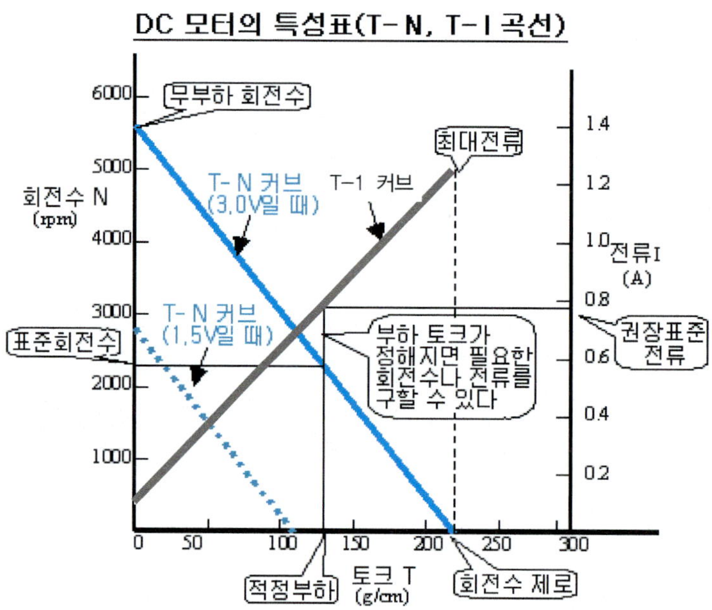

그림 10–3 DC모터 특성 그래프

(5) DC 모터의 단점

DC 모터의 가장 큰 단점으로는 그 구조상 내부 회전자 코일에 전류를 인가하기 위해 회전축에 브러시(brush)라 부르는 기계식 접점이 있다는 점이다. 이것에 의한 영향은 전류(轉流)시의 전기불꽃(spark)에 의한 심각한 노이즈(noise)가 발생이 되어 정밀한 제어장치에 오동작의 영향을 끼치며, 회전 소음이 발생되고 마찰에 의한 브러시 수명 단축이라는 형태로 나타난다.

(6) DC 모터의 구동

모터구동을 제어하기 위해 TR스위치를 이용한다. 그림 10-4에서 보면 단방향 구동을 할 경우 한 개의 TR을 이용하여 간단하게 구현할 수 있는데, TR의 컬렉터 단자에 모터를 연결하는 것이 효율이 좋다. 모터를 정, 역회전을 할 경우 4개의 TR을 이용한 H-브릿지 회로를 가장 많이 이용한다. 아래 그림(b)에서 TR Q1과 Q4가 ON이면 모터는 정회전하고 TR Q2와 Q3가 ON이면 모터는 역회전한다. 이 브릿지 회로를 이용해 모터를 구동할 경우 가장 주의할 점은 Q1, Q3 또는 Q2, Q4가 동시에 ON이 되면 전원과 접지간 쇼트회로가 되어 과전류에 의해 TR이 파괴되어 버린다. 따라서 프로그래밍 시에 쇼트가 되지 않도록 주의를 기우려 실험하도록 한다.

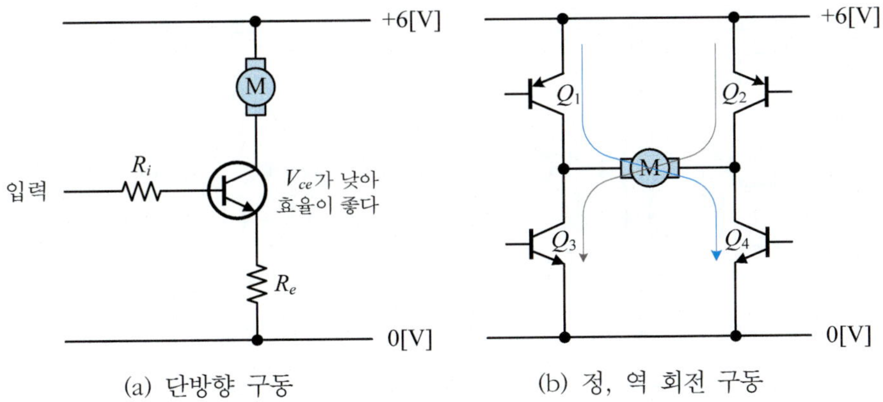

그림 10-4 TR을 이용한 DC모터 구동 방법

(7) DC 모터 전용 드라이버 IC : L298

L298N은 중, 소형 DC 모터를 드라이브하기 위해 많이 사용되고 있는 드라이버 IC이며 외형고 핀배치도를 다음 그림 10-5에 나타내었다. L298은 내부에 H-브릿지 회로가 2조 있어, 2개의 모터를 정, 역회전 제어가 가능하다. 브릿지 회로 1조당 2A까지 전류를 흘릴 수 있고 2조를 병렬로 연결하면 4A까지도 가능하다. 또한 L298은 L297과 함께 스테핑 모터 드라이버로 사용되기도 한다.

8, 9번 핀에 5V 전원을 연결한다. 4번 핀에는 모터를 구동할 전압을 걸어주며 46V까지 가능하다.

다음 그림 10-6에 보이듯이 내부의 두 개 H-브릿지 단의 출력(OUT1~OUT4)이 모터로 연결되어 사용되고 정, 역 제어입력(IN1~IN4)으로 모터를 구동 제어하게 된다.

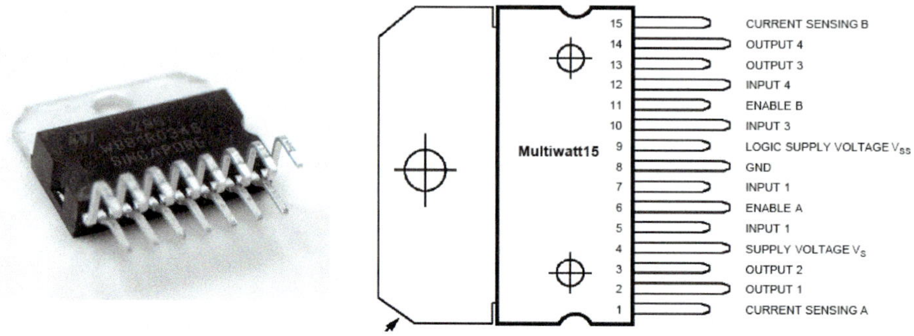

그림 10-5 L298 외형과 핀배치

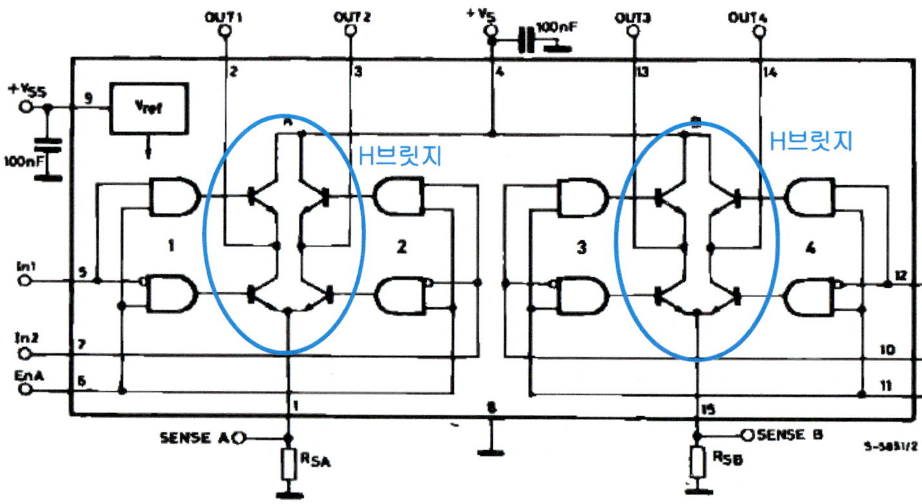

그림 10-6 L298 내부구조

제어입력에 따른 동작 사항을 살펴보면 그림 10-7과 같이 IN1, IN2와 OUT1, 2가 1조, IN3, IN4와 OUT3, 4가 2조이다. Vs는 모터 전원으로서 최대 46V까지 연결 가능하다. Vss는 내부 로직 전원으로서 5V를 인가한다. 그리고 각각의 전원 단자는 약 100nF 정도 세라믹 콘덴서를 접지와 연결해준다. SENSE1, SENSE2는 접지사이에 약 1옴 정도의 저항을 연결하여 전류 센싱을 할 수 있는데, 전류센싱이 필요없다면 그냥 접지로 연결하면 된다.

VenA, VenB는 enabel 입력으로서 "1" 이면 enable, "0" 이면 disabel 상태가 된다. Vcc

에 연결해서 사용하면 된다. 만일 PWM을 이용시 이 단자에 PWM 신호를 인가해 주면 된다.

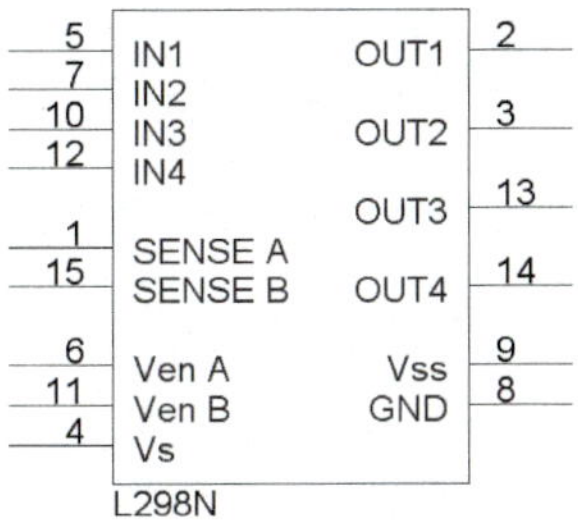

IN1,3	IN2,4	구동
H	L	Forward
L	H	Reverse
IN1 = IN2		Fast motor stop

그림 10-7. L298 입출력 핀과 기능

(8) PWM(Pulse Width Modulation) : 펄스폭 변조

일반적인 DC Motor의 속도를 변경하려면 가장 간단한 방법은 전압을 조절하는 것이나, 이 방법은 디지털 제어를 하려면 D/A 변환기가 필요하므로 제어회로가 복잡하다. 따라서 디지털 포트 출력으로 바로 모터의 속도를 가변할 수 있는 제어 방식으로서 구형파 펄스의 듀티비를 가변하는 펄스폭변조(PWM : Pulse Width Modulation)방식을 많이 사용한다.

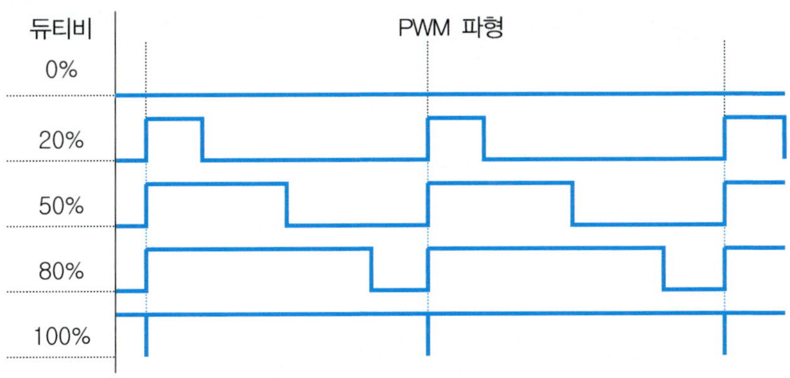

그림 10-8 PWM 파형과 듀티비

그림 10-8처럼 일정한 주기에 듀티비를 변화시킴으로서 부하에 공급되는 평균전력을 가변하는 효과가 있어 듀티비가 클수록 모터에 인가되는 평균전력이 커지므로 속도가 빨라지게 된다.

만일 두 개의 모터를 사용하여 주행하는 로봇이 있다고 가정하자. 각 모터의 속도를 제어하면 좀 더 부드러운 주행이 가능하게 된다. 두 모터 속도를 제어하기 위해 두 개의

PWM 채널이 필요한데 ATMega128에는 4개의 타이머/카운터를 이용하여 7개의 PWM 채널을 사용할 수 있다.

Mega128의 타이머/카운터1에서는 OC1A(PB5), OC1B(PB6), OC1C(PB7) 3개의 PWM 출력으로도 사용하고 있으므로 우리는 이중 두 채널을 이용하기로 한다.

[표 10-1] 타이머/카운터1의 PWM 채널

PWM채널	출력 포트	출력레지스터
PWM_A	PB.5 / OC1A	OCR1A
PWM_B	PB.6 / OC1B	OCR1B
PWM_C	PB.7 / OC1C	OCR1C

10.2 DC모터 구동 제어 실습

실습 36. DC 모터 정.역회전 제어 실습

실습 37. 타이머/카운터1을 이용한 DC모터 PWM 속도제어 실습

실습 38. 주행 로봇 속도제어 실습

실습 36. DC 모터 정, 역회전 제어 실습

[실습과제]

- 프로그램 처음 실행시 모터는 정지이고, FND는 g세그멘트만 점등한다.
- SW0가 눌려지면 모터는 정회전하고 FND는 "F" 표시.
- SW1 눌려지면 모터는 역회전하고 FND는 "r" 표시
- 스위치가 눌려지지 않으면 모터 정지하고 FND는 g세그멘트만 점등한다.

정회전일 때 : 
역회전일 때 : 

[실습회로]

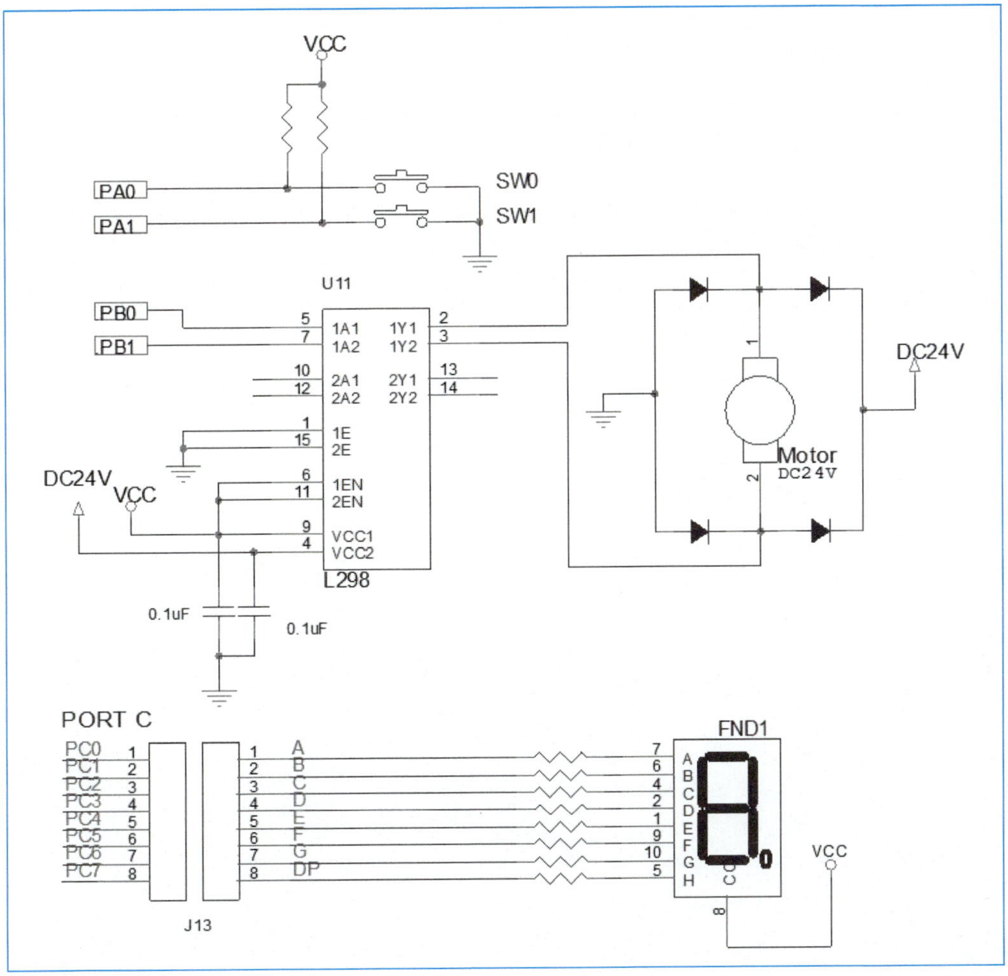

[소스 프로그램]

```
#include <mega128.h>
#include <delay.h>

#define DCM_IN1 PORTB.0             // L298N IN1 Input신호
#define DCM_IN2 PORTB.1             // L298N IN2 Input신호

void DC_M_CW();                     // DC Motor CW 구동 함수
void DC_M_CCW();                    // DC Motor CCW 구동 함수
void DC_M_STOP();                   // DC Motor STOP함수
-----------------------------------------------------------------
void main(void)                     // 메인 함수
{
        unsigned char buff0;        // 스위치 입력값 저장

        PORTA=0xFF;
        DDRA=0x00;                  // Port A 스위치 입력

        PORTB=0xFF;
        DDRB=0xFF;                  // Port B 모터 정역제어신호 출력

        PORTC=0xBF;                 // G세그멘트 ON
        DDRC=0xFF;                  // Port C FND출력

        while (1)
        {
                buff0 = PINA  & 0x03;           // 스위치 값 읽음
                delay_ms(5);

                switch(buff0)
                {
                        case 0x02:              // SW0이 눌리면
                                DC_M_CW();      // DC Motor CW 구동
                                break;
                        case 0x01:              // SW1이 눌리면
                                DC_M_CCW();     // DC Motor CCW 구동
                                break;
                        default:                // 스위치가 눌려지지 않으면
                                DC_M_STOP();    // DC Motor 정지
                                break;
                }
        }
}
```

```
void DC_M_CW()                    // 모터 정회전 함수
{
        DCM_IN1 = 1;              // L298N IN1= '1'
        DCM_IN2 = 0;              // L298N IN2 = '0'
        PORTC = 0x8e;             // FND : "F" 표시
}

void DC_M_CCW()                   // 모터 역회전 함수
{
        DCM_IN1 = 0;              // L298N IN1 = '0'
        DCM_IN2 = 1;              // L298N IN2 = '1'
        PORTC = 0xaf ;            // FND : "r" 표시
}

void DC_M_STOP()                  // 모터 정지 함수
{
        DCM_IN1 = 0;              // L298N IN1 = '0'
        DCM_IN2 = 0;              // L298N IN2 = '0' (둘 다 "1" 로 해도 됨)
        PORTC=0xBF;               // G세그멘트 ON
}
```

활용과제

위 예제를 수정하여 정회전일 때 FND는 "F" 표시가 약 0.3초 간격으로 ON-OFF 반복하고, 회전일 때 FND는 "r" 표시가 약 0.3초 간격으로 ON-OFF 반복하도록 하시오.

실습 37. 타이머/카운터1을 이용한 DC모터 PWM 속도제어 실습

[실습과제]

- 타이머/카운터1의 8비트 위상교정 PWM 모드 출력을 이용하여 DC모터 속도제어를 수행한다. (64분주 이용)
- 초기 실행시 모터는 정지하고 FND는"0"표시
- 다음 버튼이 각각 클릭되면 다음과 같이 DC모터의 정회전 속도를 가변하도록 한다.

스위치	속 도	FND표시
SW0	[1단] – 20% 출력	"1"
SW1	[2단] – 50% 출력	"2"
SW2	[3단] – 70% 출력	"3"
SW3	[4단] –100% 출력	"4"
SW4	[정지] – 0% 출력	"0"

[초기화 설정]

[표 9-10] 참조

MODE	COMnx1	COMnx0	OCnx 핀의 기능 (n=1, 3 x=A, B, C)
Phase Correct PWM mode	1	0	상향(Compare match에서 OCnx를 0으로 크리어) 하향(Compare match에서 OCnx를 1로 셋트)

[표 9-11] 참조

동작 Mode No.	WGMn3	WGMn2	WGMn1	WGMn0	동 작 모 드	Top (n=1,3)
1	0	0	0	1	Phase Correct PWM(8-bit)	0x00FF

[표 9-13] 분주비 참조

CSn2	CSn1	CSn0	동 작
0	1	1	Clkl/O /64

8bit PWM의 경우 TOP 값은 0xFF이다. [표9-11]에서 동작모드1에 해당된다.
OCR 레지스터와 비교매치에서 상향에서"L", 하향에서"H"가 되도록 설정한다.

	7	6	5	4	3	2	1	0
TCCR1A	COM1A1	COM1A0	COM1B1	COM1B0	COM1C1	COM1C0	WGM11	WGM10
설정 값 :	0	0	1	0	1	0	0	1

TCCR1B	ICNC1	ICES1	–	WGM13	WGM12	CS12	CS11	CS10
설정 값 :	0	0	0	0	0	0	1	1

* OCR에 듀티비 설정 값

TOP 값(듀티비 100%)이 0FF이므로

듀티비(%)	OCR1BL
20	50
50	120
70	180
100	255

[실습회로]

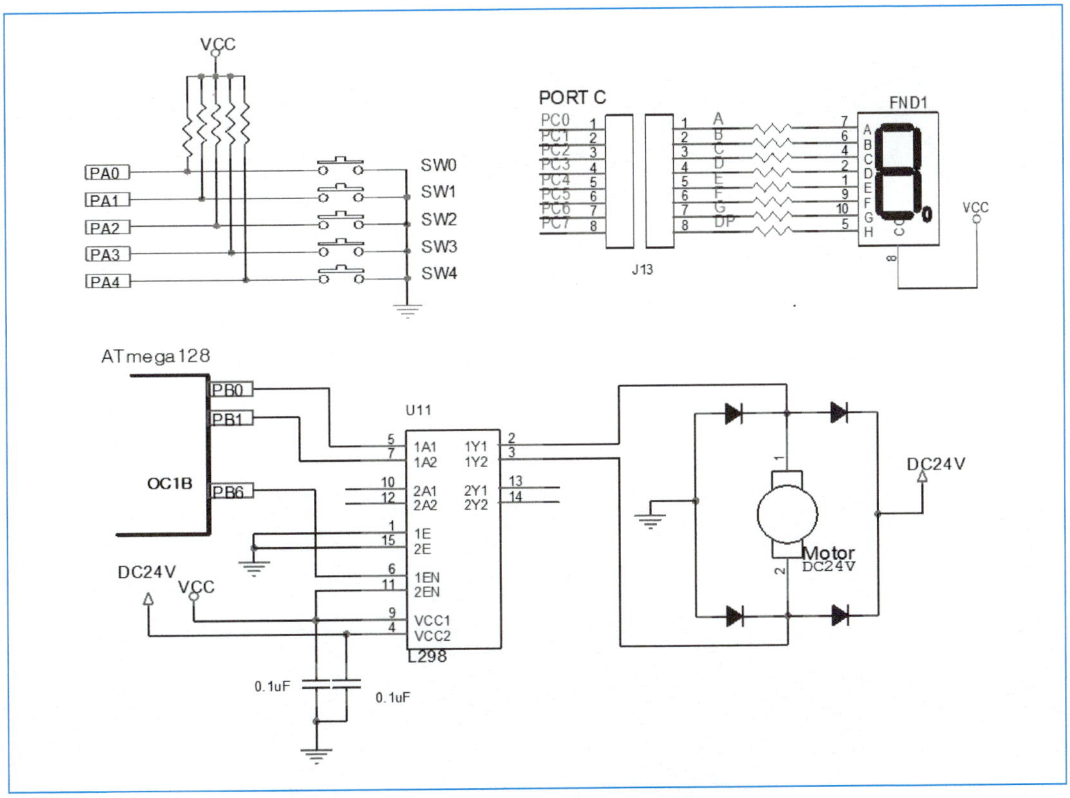

[소스 프로그램]

```
#include <mega128.h>
#include <delay.h>

                      // "0",  "1",   "2",   "3",   "4",   "5",   "6",   "7",   "8",   "9"
unsigned char FND[10]={0xc0, 0xf9, 0xa4, 0xb0, 0x99, 0x92, 0x82, 0xf8, 0x80, 0x90};
unsigned char Disp;
int Pwm = 0;                // PWM 시정수 DATA

void MPUinit(void)          // ============ 초기화 함수 =============
{
      PORTA=0xFF;
      DDRA=0x00;            // Port A 스위치 입력

      PORTB=0x00;
      DDRB=0xFF;            // Port B 모터

      PORTC=0xFF;
      DDRC=0xFF;            // Port C FND

      TCCR1A = 0x29;        // ------- PWM 초기화 -----------
      TCCR1B = 0x03;        // 00101001  8비트 위상변경 PWM
      TCCR1C = 0X00;        // 64분주
      TCNT1 = 0x0000;
}

void main(void) //============= 메인 함수 ============
{
      unsigned char buff0;          // 스위치 입력값 저장

      MPUinit();

      OCR1BL = 0;                   // 모터 정지 : duty ratio = 0%
      PORTB = 0xFD;                 // 정회전 모드 : 1111 1101

      while (1)
      {
        buff0 = PINA  & 0x1F;       // 스위치 값 읽음
        delay_ms(5);

        switch(buff0)
      {
```

```
            case 0x1E:                  // SW0이 눌리면(0001 1110)
                  OCR1BL = 50;          // duty ratio = 약 20%
                  PORTB = FND[1];       // FND  "1 " 표시
                  break;

            case 0x1D:                  // SW1이 눌리면(0001 1101)
                  OCR1BL = 120;         // duty ratio = 약 50%
                  PORTB = FND[2];       // FND  "2 " 표시
                  break;

            case 0x1B:                  // SW2이 눌리면(0001 1011)
                  OCR1BL = 180;         // duty ratio = 약 70%
                  PORTB = FND[3];       // FND  "3 " 표시
                  break;

            case 0x17:                  // SW3이 눌리면 (0001 0111)
                  OCR1BL = 255;         // duty ratio = 약 100%
                  PORTB = FND[4];       // FND  "4 " 표시
                  break;

            case 0x0F:                  // SW4이 눌리면 ( 0000 1111)
                  OCR1BL = 0;           // 모터 정지 : duty ratio = 0%
                  PORTB = FND[0];       // FND  "0 " 표시
                  break;
        }
    };
}
```

활용과제

위 프로그램을 수정하여 2개의 스위치로 다음과 같이 동작하도록 프로그램을 수정하시오. 실행시 모터는 정지상태로 한다.

- [SW0] 버튼이 클릭될 때마다 1단씩 증가하며 최대 9단까지로 한다.
  이 때 FND에는 단수를 표시한다.
- [SW1] 버튼이 클릭될 때마다 1단씩 감소하며 최저 0단까지로 한다.
  이 때 FND에는 단수를 표시한다.

단수	동작	단수	동작
0	모터정지	5	50% 출력, FND: "5" 표시
1	10% 출력, FND: "1" 표시	6	60% 출력, FND: "6" 표시
2	20% 출력, FND: "2" 표시	7	70% 출력, FND: "7" 표시
3	30% 출력, FND: "3" 표시	8	80% 출력, FND: "8" 표시
4	40% 출력, FND: "4" 표시	9	90% 출력, FND: "9" 표시

실습 38. 주행 로봇 속도제어 실습

[실습과제]

다음 그림과 같이 2개의 모터를 장착한 로봇이 있다고 가정한다.

PWM을 이용하여 로봇의 주행 속도를 20% → 50% → 70% → 100%로 가변되도록 프로그램을 작성하시오.

이번 PWM실습에서는 "8비트 Phase Correct PWM Mode 64 분주" 기능을 사용하여 실습한다.

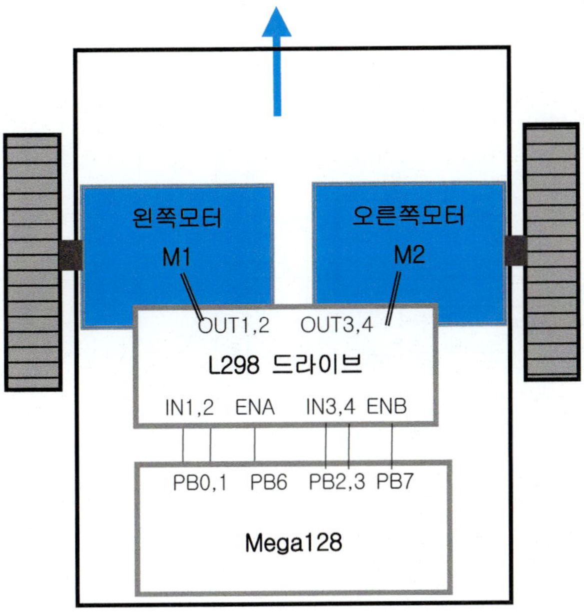

그림 10-9 로봇 주행체 하드웨어 구성 블록도

[실습회로]

[표 10-2] 타이머/카운터1을 이용하여 3개의 PWM 출력 활용

PWM채널	출력 포트	출력레지스터	사용모터
PWM_A	PB.5 / OC1A	OCR1A	X
PWM_B	PB.6 / OC1B	OCR1B	좌측모터(M1)
PWM_C	PB.7 / OC1C	OCR1C	우측모터(M2)

[표 10-3] 결선 표

ATmega128		L298	
핀명	기능	핀명	기능
PB0	I/O	1A1	좌측모터 Direction
PB1	I/O	1A2	좌측모터 Direction
PB2	I/O	2A1	우측모터 Direction
PB3	I/O	2A2	우측모터 Direction
PB6	PWM	1EN	왼쪽모터(M1) 속도제어
PB7	PWM	2EN	오른쪽모터(M2) 속도제어

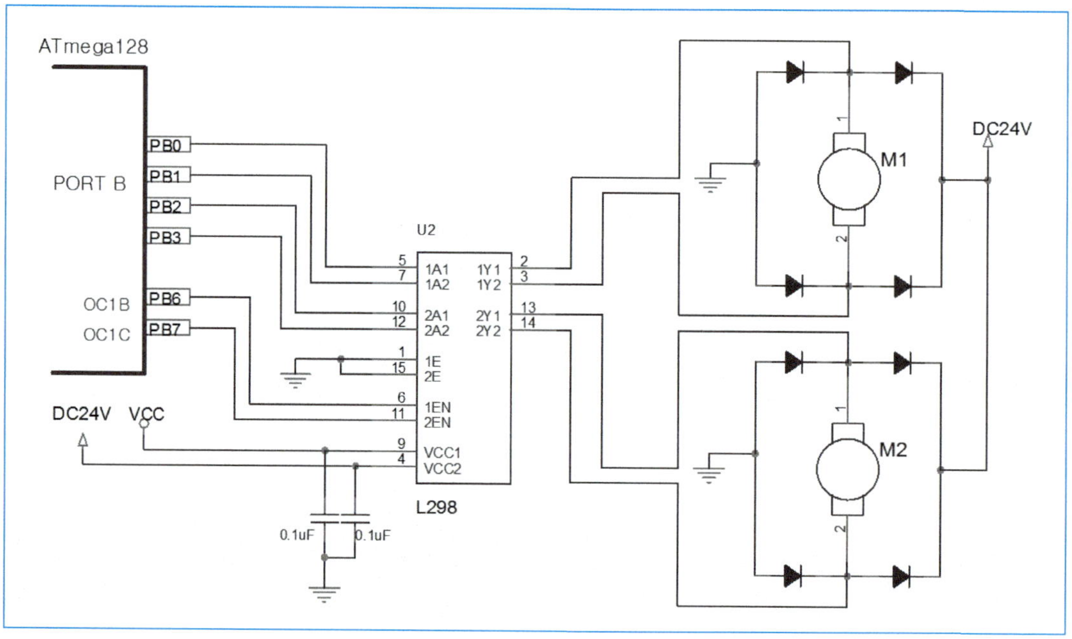

[소스 프로그램]

```
#include <mega128.h>
#include <delay.h>

#define FWD     0xf9    // 전진    1111 1001
#define LEFT    0xf1    // 좌회전  1111 0001
#define RIGHT   0xf9    // 우회전  1111 1000
#define REV     0xf6    // 후진    1111 0110
#define STOP    0xf0    // 정지    1111 0000
```

```
void MPUinit(void)          // ============ 초기화 함수 =============
{
        DDRB=0xff;          // ------ 포트 초기화 --------
        PORTB=0xff;         // 포트B 초기화 - 출력으로 설정

        DDRC=0xff;
        PORTC=0xff;         // 포트C 초기화 - 출력으로 설정

        TCCR1A = 0x29;      // ------- PWM 초기화 -----------
        TCCR1B = 0x03;      //  00101001  8비트 위상변경 PWM
        TCCR1C = 0X00;      //  64분주
        TCNT1 = 0x0000;
}
```

```
void main(void) //============= 메인 함수 ============
{
        MPUinit();

        while (1)
        {
                PORTB =FWD;             // 직진

                OCR1BL = 50;            // duty ratio = 약 20%
                OCR1CL = 50;
                delay_ms(3000);

                OCR1BL = 120;           // duty ratio = 약 50%
                OCR1CL = 120;
                delay_ms(3000);

                OCR1BL = 180;           // duty ratio = 약 70%
                OCR1CL = 180;
                delay_ms(3000);

                OCR1BL = 255;           // duty ratio = 약 100%
                OCR1CL = 255;
                delay_ms(3000);

                PORTB = STOP;
                delay_ms(1000);
        };
}
```

활용과제

위 프로그램을 수정하여 좌회전 및 우회전 요소를 추가하시오.

로봇이 좌회전과 우회전시 PWM 속도제어 방법에 의해 아래 표와 같은 속도를 이용하여 부드러운 회전이 되도록 프로그램을 작성하시오.

이번에는 10비트 위상변경 PWM 방식의 64분주 출력으로 한다.

	좌측모터 속도	우측모터 속도
좌회전	20%	90%
우회전	90%	20%

10.3 스테핑 모터

(1) 스테핑 Motor란?

스테핑 모터(Stepping motor)는 스텝 모터, 펄스 모터 등으로 부르기도 하는데, 교류 서보모터나 직류 서보모터에 비하여 값이 싸고 정확한 각도 제어에 유리하여 각종 OA, FA 장비에 널리 사용되고 있다. 일반적으로 기계적인 이동량을 정밀하게 제어하는 일에 직류 서보모터나 스테핑 모터가 많이 사용되고 있으며, 특히 펄스(pulse)에 의해 디지털적으로 제어하는 것이 가능하므로 마이크로프로세서에서 사용하기에 적합한 모터이다.

그림 10-10 스테핑 모터의 여러 가지 모습

(2) STEP Motor의 장점

① 피드백 없이 오픈 루프만으로 구동할 수 있어 제어가 간단하다.
② 안정도에 문제가 없다.
③ 디지털 입력 펄스에 의해 구동되므로 컴퓨터로 쉽게 제어된다.
④ 기계적 구조가 간단하다. 따라서 유지 보수 거의 필요 없다.
⑤ 브러시가 없으므로 노이즈가 적고 수명이 길다.
⑥ 필요시 발열을 쉽게 발산시킬 수 있다.
⑦ 상대적으로 견고하고 튼튼하다.

(3) STEP Motor의 단점

① 고정된 스텝 각도만큼 이동하므로 분해능에 제약이 따른다.
② 보통의 드라이버로는 효율이 낮다.

③ 스텝 응답에 대해 상대적으로 큰 오버슈트와 진동을 나타낸다.
④ 관성이 큰 부하를 다루기 어렵다.
⑤ 오픈 루프 제어 시 마찰이 증가할수록 위치 오차가 커진다.
⑥ 출력과 크기에 제약을 받는다.

(4) STEP Motor의 종류

[표 10-4] 스테핑 모터의 분류와 특성

분 류	종 류	특 성
구조에 따른 분류	VR형(variable reluctance type : 가변 리럭턴스형)	회전자는 철로 구성되어 전자석 힘에 의해 구동되므로 무여자시 정지토크가 없다. 회전자의 관성이 적고 고속 응답에 우수하다. Step각은 15°가 일반적이다.
	PM형(permanent type : 영구자석형)	회전자는 영구자석이므로 정지토크가 크다. Step각은 7.5°, 15°, 45°, 90°가 일반적이다.
	HB형(hybrid type : 복합형)	VR형 + PM형 구조임. 회전자는 영구자석이고 외경의 이빨에 의해 스텝각이 결정. Step각은 1.8°가 일반적이다. 고정밀, 고토크, 소스텝각으로 가장 많이 사용되고 있다.
여자 극성에 따른 분류	유니폴라형	단전원(+V, 0V)에 의해 구동이 된다. 고정자 단자 극성을 항상 동일하게 하는 방법으로 공급하는 여자전류도 일정방향으로 흐른다. 전원의 구조가 간단하며 구동코일에 센터탭이 있다.
	바이폴라형	양전원(+V, -V)을 사용한다. 여자권선으로 흘리는 전류를 교대로 바꾸거나 2개의 권선을 자극에 시행하여 한쪽에 양(+)의 전류를 다른 쪽에 음(-)의 전류를 흘려서 고정자치의 극성을 변화시키는 방법이다. 전원이 복잡하다는 단점이 있다.
구동 권선에 의한 분류	2상 모터	A상, B상 권선으로 구성, 가장 많이 사용되며, 구동방식으로 1상, 2상, 1-2상 방식을 사용
	3상 모터	A상, B상, C상 권선으로 구성, 거의 사용하지 않음.
	4상 모터	A상, B상, C상, D상 권선으로 구성 구동방식으로 4상, 3-4상, 더블1-2상 방식을 사용. 잘 사용하지 않음.
	5상 모터	A상, B상, C상, D상, E상 권선으로 구성 구동방식으로는 펜타곤결선, 스타결선에 의한 4상, 4-5상, 2-3상 방식을 사용. 미세 스텝각이 가능하여 초정밀 구동에 많이 사용되고 있음.

그림 10-11에 3가지 구조의 내부 구조도를 나타내었다. VR형은 회전자가 영구자석이 아니라 보통의 철편으로 구성되어 있다는 것이 나머지 두 개와 다른 점이며, VR형과 PM형을 합친 HB(하이브리드)형이 가장 많이 사용되고 있으며 내부 회전자의 이빨 간격과 외측의 고정 권선부의 이빨 간격이 STEP 각이 결정이 된다. 그 구조를 그림 10-12에 나타내었다.

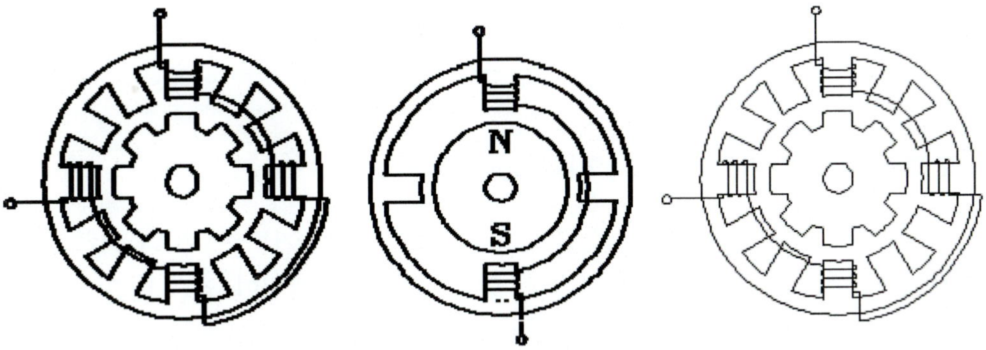

(a) VR형 (b) PM형 (c) HB형

그림 10-11 스테핑모터 구조에 따른 종류들의 내부 구조

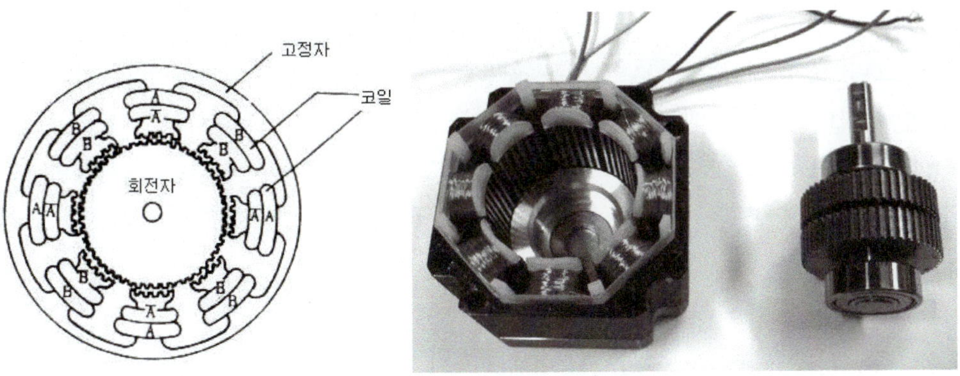

(a) 내부 구도조 (b) 내부 코일 사진 (c) 회전자

그림 10-12 하이브리드형 스테핑 모터의 내부 구조

여자 극성에 따라 단전원을 사용하는 유니폴라 모터와 양전원을 사용하는 바이폴라 모터의 권선 형태를 그림 10-13에 나타내었다. 단전원을 사용하는 유니폴라 모터가 전원구성이 간단하여 가장 많이 사용되고 있고, 고속에서 고토크가 요구되는 곳에서는 바이폴라 모터가 사용된다. 유니폴라 모터 권선에는 센터탭이 나와 있고 이를 모터 전원부로 연결해서 사용한다.

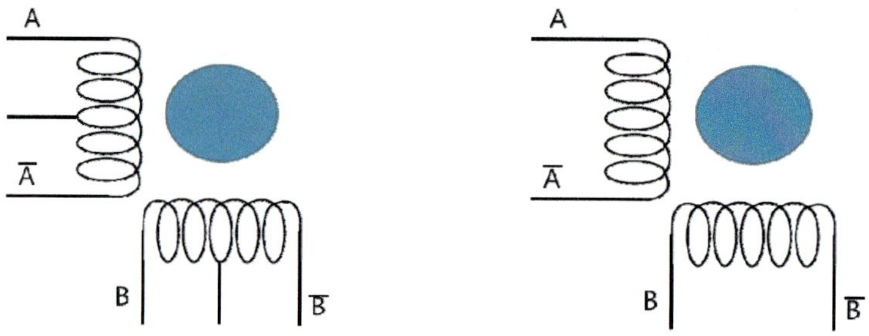

(a) 유니폴라 모터　　　(b) 바이폴라 모터

그림 10-13　2상 스테핑 모터의 여자 극성에 따른 형태

(5) 모터의 구동방법(2상 유니폴러 모터 중심으로)

스텝모터를 구동하기 위해서는 각 코일에 일정한 특정 주기로 여자(勵磁)를 시켜야 한다. 모터 회전에는 여자 방법에 따라 1상, 2상, 1-2상 여자방법이 있으나, 일반적으로 많이 사용하는 것은 2상 여자방법(full step)과 1-2상 여자방법(half step)이다.

여자(勵磁)라는 것은 모터 코일에 전류를 흘러 회전 구동력을 발생시키는 것을 의미한다. 그림 10-14에서 보이듯이 2상 스텝모터 코일은 A, /A, B, /B 4부분으로 나누어지는데 스텝당 일정 순서를 가지고 각 코일을 여자시키면 모터는 스텝당 정해진 각도(보통 1.8도)로 회전을 한다.

다음 그림 10-14에 수동으로 모터를 구동하기 위한 방법을 제시하였다. 만일 데이터시트가 없어 모터의 신호 배선을 모를 때 이와 같은 방법으로 스위치를 배치하고 1-2상 여자 방식으로 수동으로 조작하여 정상적이 정회전이 될 때까지 연결을 바꿔가며 테스트하면서 단자를 찾는다.

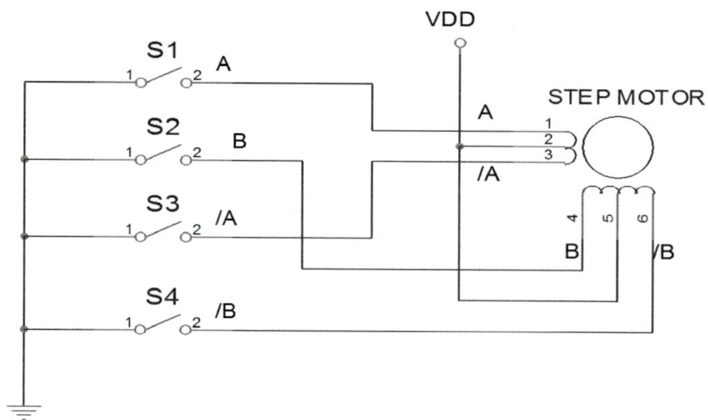

그림 10-14　2상 유니폴러 모터의 구동 원리 개념 회로

① 1상 여자 구동 방식:

- 한번에 1개의 상을 여자하는 방식
- 입력이 1상 뿐이므로 모터의 온도 상승이 낮고, 전원이 낮아도 된다.
- 출력토크가 작고 난조를 일으키기 쉬워 실제 응용에는 사용하지 않는다.

스텝	A	B	/A	/B
	S_1	S_2	S_3	S_4
1	ON			
2		ON		
3			ON	
4				ON
1	ON			

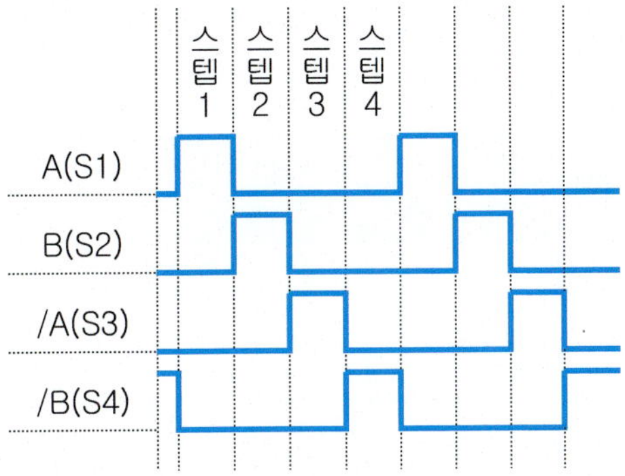

그림 10-15 1상 여자 구동 스텝

② 2상 여자 구동 방식

- 한번에 2개의 상을 여자하는 방식.
- 항상 2상이 여자되어 있으므로 큰 토크가 주어져 난조가 일어나기 어렵다.
- 상 전환시에도 반드시 1상은 여자되어 있으므로 제동 효과가 있다.
- 모터의 온도 상승이 있고 1상 여자에 비해 배의 전원 용량을 필요로 한다.

스텝	A	B	/A	/B
	S_1	S_2	S_3	S_4
1	ON			ON
2	ON	ON		
3		ON	ON	
4			ON	ON
1	ON			ON

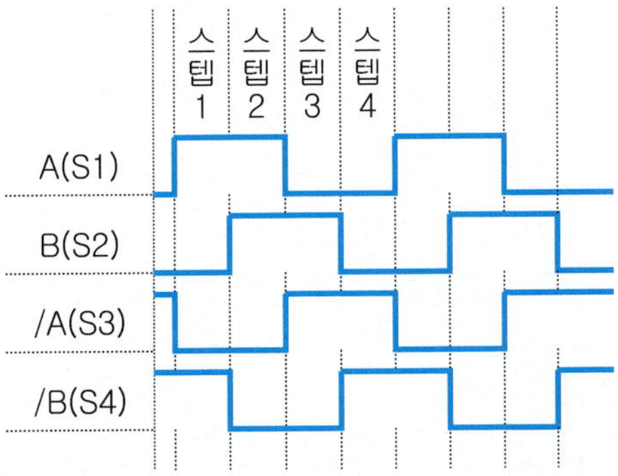

그림 10-16 2상여자 구동 스텝

③ 1-2상 여자 구동 방식

- 위 그림 10-14처럼 스위치를 부착하여 수동 구동이 가능하다.
- 한 번은 1상, 그 다음은 2상을 교대로 반복하여 여자하는 방법이다.
- 한 스텝당 0.9° 씩 회전(Harf step 구동)을 하게 된다.
- 클록의 조합이 번거롭지만 저속 구동이 가능하다.
- 정밀한 위치를 얻을 수 있다.

스텝	A	B	/A	/B
	S_1	S_2	S_3	S_4
1	ON			ON
2	ON			
3	ON	ON		
4		ON		
5		ON	ON	
6			ON	
7			ON	ON
8				ON
1	ON			ON

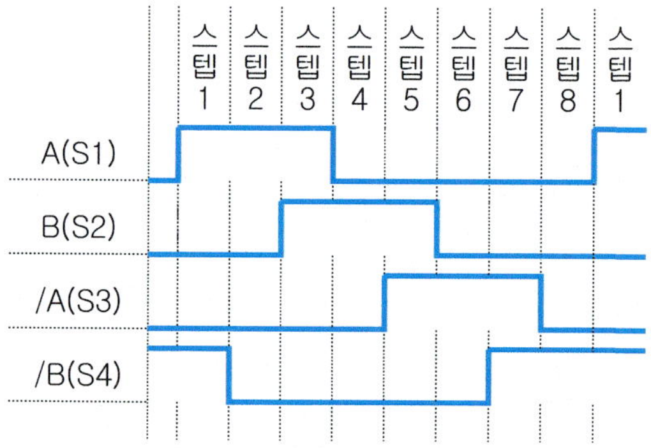

그림 10-17 1-2상 여자 스텝구동

(6) 드라이브 회로 구성

① TR을 이용한 구성

스텝모터의 큰 장점은 마이컴 프로그램에 의해 직접 구동이 가능하다는 점이다. TR 베이스는 마이컴 포트에 연결되어 논리 "1"이 입력되면 TR이 ON 되어 스텝모터의 해당 코일에는 전류가 흘러 여자 된다.

이렇게 스텝 구동을 위한 상 여자 신호를 프로그램화하여 포트로 출력하도록 하여 구동된다.

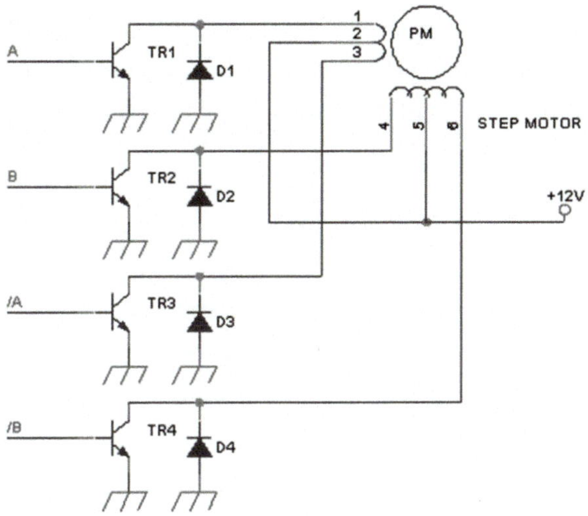

그림 10-18 트랜지스터 스위치를 이용한 구동회로

② 전용 드라이브 IC : SLA7024를 이용한 방법

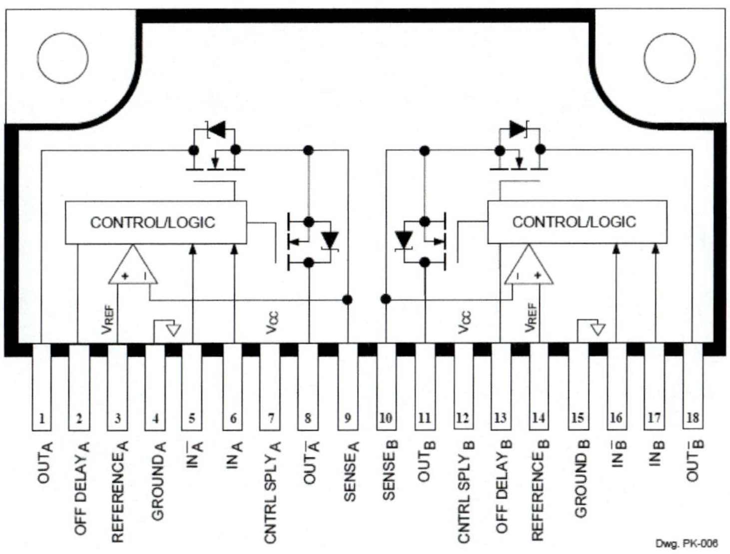

그림 10-19 SLA7024의 내부 블록도 및 핀배치도

2상 유니폴라 스테핑모터를 구동하는 데에는 SLA7024 드라이버 IC가 가장 널리 사용되고 있다. 이것은 1.5A(SLA7026은 3A)전류를 흘릴 수 있고 최대 46V 전압을 사용할 수 있으며, PWM 전류제어 방식으로 모터를 제어한다.

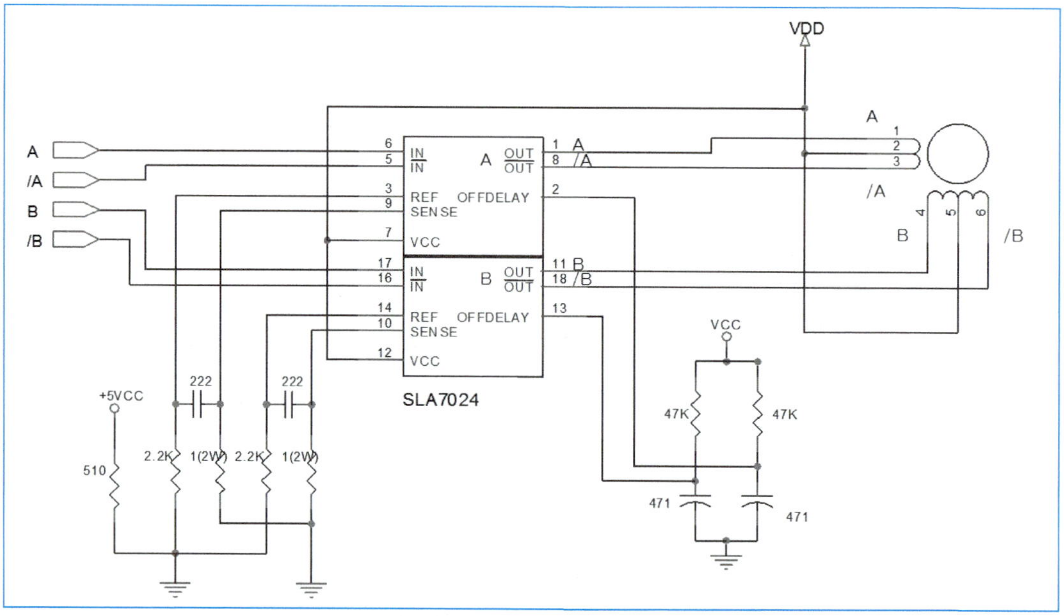

그림 10-20 SLA7024를 이용한 구동회로

(7) 스테핑모터의 응용 분야

스테핑모터는 위치제어가 쉬워 다양한 부분에 이용되고 있다. 프린터, 복사기, 팩시밀리 등과 같은 정보.사무기기를 비롯하여 소형 로봇의 바퀴구동을 비롯하여 여러 자동화기기 구동에 사용되고 있다.

그러나 관성이 큰 부하에는 탈조하기 쉬운 단점이 있어 주로 관성이 작은 기기의 정밀한 위치제어용으로 사용된다.

(a) 마이크로로봇

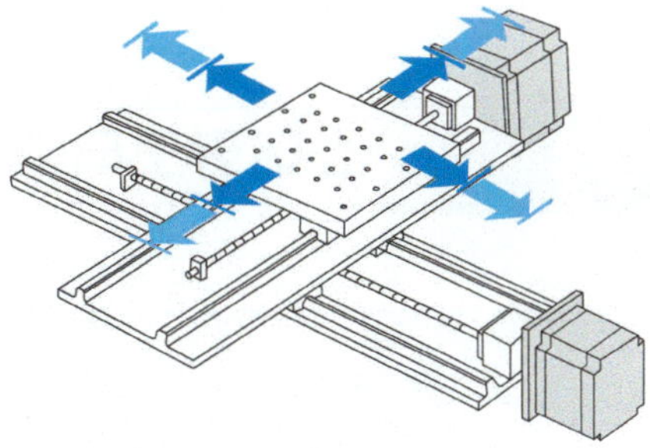

(b) X-Y 위치결정 테이블

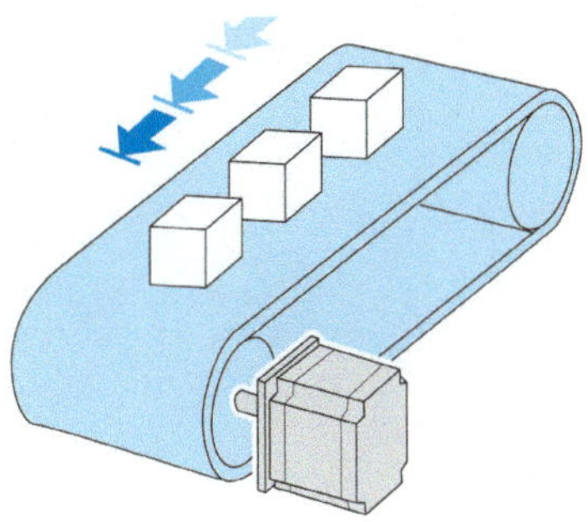

(c) 이송장치

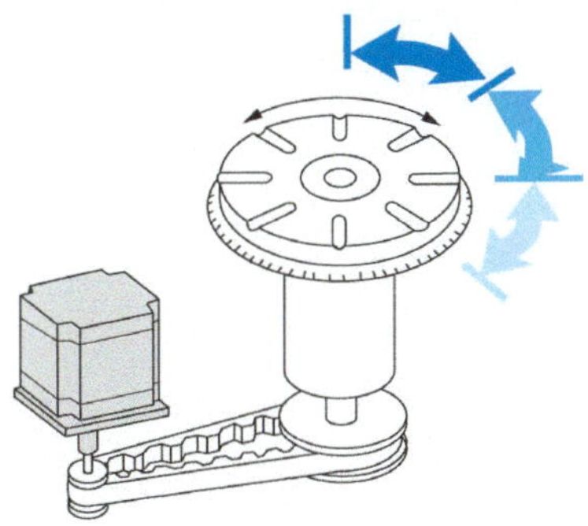

(d) 인덱스 테이블

그림 10-21 스테핑모터의 응용 분야 예

10.4 스테핑모터 제어실습

실습 39. 스테핑모터 구동 실습

실습 40. 스위치에 의한 정.역회전 제어 실습

실습 41. 스테핑모터 속도 제어 실습

실습 39. 스테핑모터 구동 실습

[실습과제]

2상 유니폴라 스테핑모터를 1상 여자, 2상 여자, 1-2상 여자방식으로 각각 구동프로그램을 작성해보자.

[실습회로]

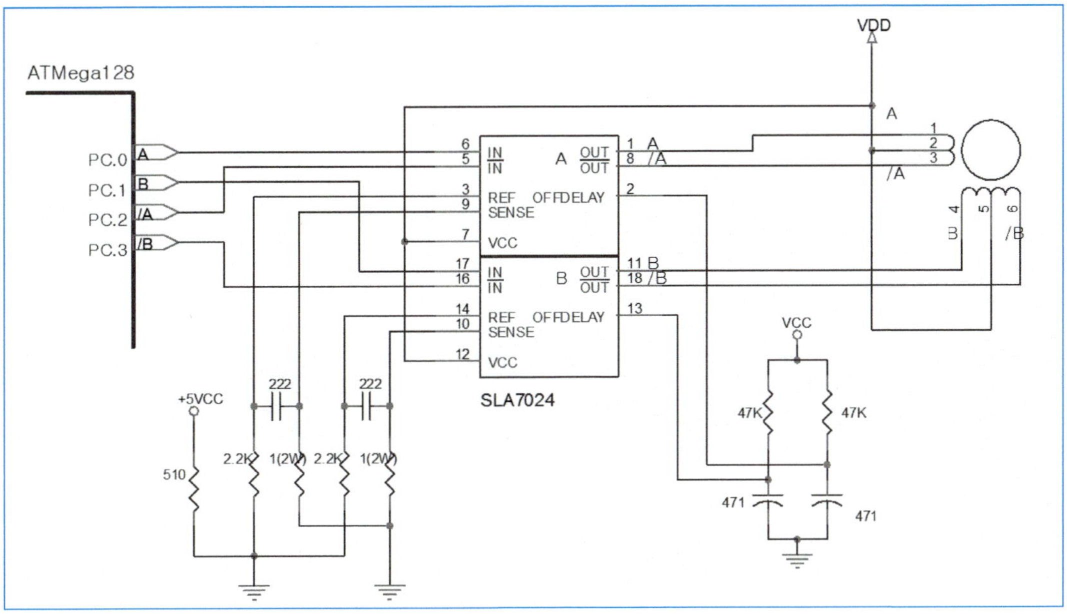

1) 1상 여자구동

다음의 프로그램을 실행시켜 1상 여자구동 동작을 확인해보자.

delay_ms() 함수의 시간을 조절하면 속도가 변경이 된다.

스텝	/B	/A	B	A
	PC3	PC2	PC1	PC0
1	0	0	0	1
2	0	0	1	0
3	0	1	0	0
4	1	0	0	0
1	0	0	0	1

[소스 프로그램]

```
#include <mega128.h>
#include <delay.h>

void main(void)
{
    DDRC = 0xff;
    PORTC = 0x00;

    while(1)
    {
        PORTC = 0x01;   delay_ms(50);    // 스텝1 : 0001
        PORTC = 0x02;   delay_ms(50);    // 스텝2 : 0010
        PORTC = 0x04;   delay_ms(50);    // 스텝3 : 0100
        PORTC = 0x08;   delay_ms(50);    // 스텝4 : 1000
    }
}
```

■ 별해 (배열을 이용한 방법)

```
#include <mega128.h>
#include <delay.h>

void main(void)
{
    unsigned Step[4] = {0x01, 0x02, 0x04, 0x08};
    int i;

    DDRC = 0xff;
    PORTC = 0x00;

    while(1)
    {
        for(i=0; i<=3; i++)
        {
                PORTC = Step[i];
                delay_ms(50);
        }
    }
}
```

2) 2상 여자구동

다음의 프로그램을 실행시켜 2상 여자구동 동작을 확인해 보자.

스텝	/B	/A	B	A
	PC3	PC2	PC1	PC0
1	0	0	1	1
2	0	1	1	0
3	1	1	0	0
4	1	0	0	1
1	0	0	1	1

[소스 프로그램]

```
#include <mega128.h>
#include <delay.h>

void main(void)
{
    unsigned char Step[4] = {0x03, 0x06, 0x0c, 0x09};
    int i;

    DDRC = 0xff;
    PORTC = 0x00;

    while(1)
    {
        for(i=0; i<=3; i++)
        {
                PORTC = Step[i];
                delay_ms(50);
        }
    }
}
```

활용과제

(1) 역회전 구동을 해보자

(2) delay시간을 점차 줄여가면서 모터의 최대 속도의 delay 시간을 찾아보자.

3) 1-2상 여자구동

다음의 프로그램을 실행시켜 1-2상 여자구동 동작을 확인해 보자.

스 텝	/B	/A	B	A
	PC3	PC2	PC1	PC0
1	0	0	0	1
2	0	0	1	1
3	0	0	1	0
4	0	1	1	0
5	0	1	0	0
6	1	1	0	0
7	1	0	0	0
8	1	0	0	1

[소스 프로그램]

```
#include <mega128.h>
#include <delay.h>

void main(void)
{
    unsigned char Step[8] = {0x01, 0x03, 0x02, 0x06, 0x04, 0x0c, 0x08, 0x09};
    int i;

    DDRC = 0xff;
    PORTC = 0x00;

    while(1)
    {
        for(i=0; i<=7; i++)
        {
                PORTC = Step[i];
                delay_ms(50);
        }
    }
}
```

활용과제

위 프로그램을 수정하여 정회전 약 10초, 역회전 약 10초 동작이 무한 반복되도록 하시오.

실습 40. 스위치에 의한 정.역회전 제어 실습

[실습과제]

포트A에 연결된 스위치의 값을 읽어서 1상여자 방식으로 모터를 구동하자. 푸시스위치 SW0 스위치를 누르고 있는 동안에는 정회전 한다. SW1 스위치를 누르고 있으면 역회전 한다. 스위치 모두 OFF시 정지한다.

[실습회로]

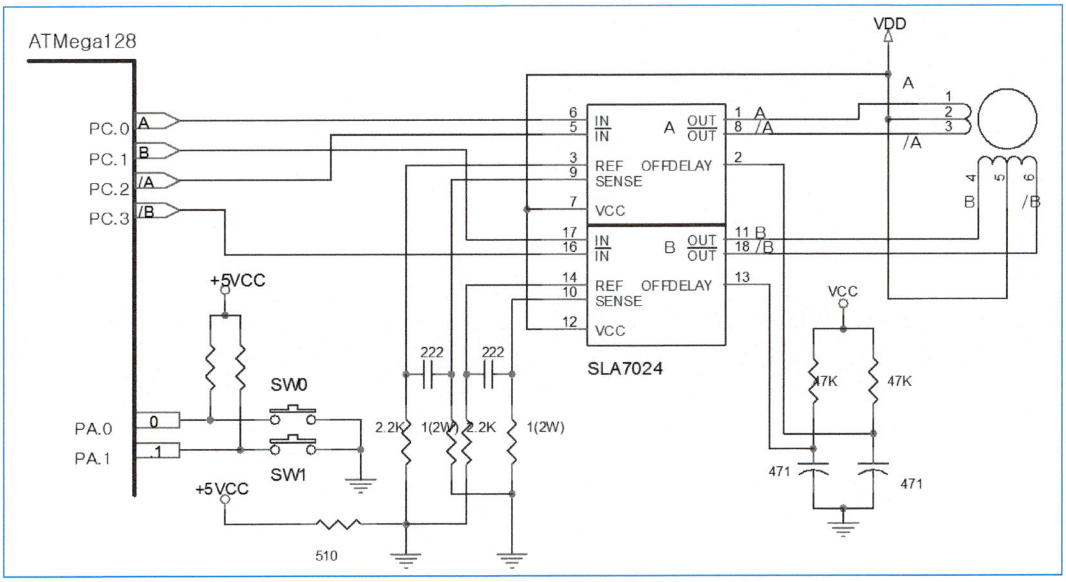

[소스 프로그램]

```
#include <mega128.h>                // Atmega 128 header file
#include <delay.h>                  // delay header file

#define STEP_MOTOR   PORTC          // STEPPING Motor Data Port

void STEP_M_CW();                   // STEP Motor CW 구동 함수
void STEP_M_CCW();                  // STEP Motor CCW 구동 함수
void STEP_M_STOP();                 // STEP Motor STOP함수

unsigned Step[4] = {0x01, 0x02, 0x04, 0x08};    // 모터 스텝
```

```
int i;

void main(void)
{
  unsigned char buff0;

  PORTA=0xff;                        // Port A : 스위치 입력
  DDRA=0x00;

  PORTC=0xff;                        // Port C : 모터 여자신호 출력
  DDRC=0xff;


  while (1)
  {
        buff0 = PINA & 0x03;         // 스위치 읽음

        switch(buff0)
        {
            case 0x02:               // SW0이 눌리면
                STEP_M_CW();         // STEP Motor CW 구동
                break;
            case 0x01:               // SW1이 눌리면
                STEP_M_CCW();        // STEP Motor CCW 구동
                break;
            default:                 // default값이면
                STEP_M_STOP();       // 스위치가 눌려지지 않으면 정지
                break;
        }
  }
}

void STEP_M_CW()                     // 정회전 함수 - 4스텝씩 구동한다.
{
    for(i=0; i<=3; i++)
    {
        PORTC = Step[i];
        delay_ms(50);
    }
}

void STEP_M_CCW()                    // 역회전 함수 - 4스텝씩 구동한다.
{
    for(i=3; i>=0; i--)
    {
        PORTC = Step[i];
```

```
            delay_ms(50);
        }
}
```

```
void STEP_M_STOP()
{
        STEP_MOTOR = 0x00;
}
```

활용과제

위 프로그램을 수정하여 다음과 같이 동작이 되도록 프로그램을 작성하시오. 포트A에는 5개의 푸시SW를 연결한다.

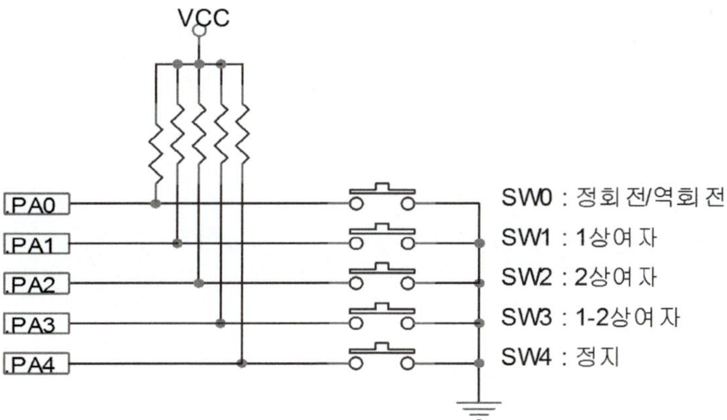

- 처음에 모터 정지상태에서
- 푸시스위치 SW0이 ON이면 아래 스위치에 따라 정회전 구동하고, OFF이면 아래 스위치에 따라 역회전 구동을 한다.

눌려진 스위치	동작
SW1	1상여자 구동
SW2	2상여자 구동
SW3	1–2상여자 구동
SW4	모터 정지

실습 41. 스테핑모터 속도 제어 실습

[실습과제]

1상여자 구동으로 스테핑모터의 속도를 변경하면서 구동해보자.
다음과 같은 형태로 먼저 가속-정속-감속-정지 동작이 무한반복하도록 한다.
실습회로는 앞절의 [실습 40]의 것을 이용한다.

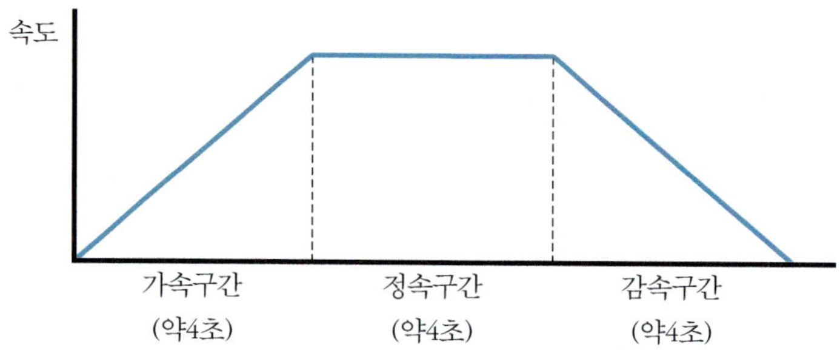

[소스 프로그램]

가속구간은 스텝간 delay 간격을 점차 줄이면서 구동하고 감속구간은 반대로 delay 시간 간격을 점차 크게 한다.

```
#include <mega128.h>
#include <delay.h>

void main(void)
{
     unsigned Step[4] = {0x01, 0x02, 0x04, 0x08};
     int i, j;
     int Time;

     DDRC = 0xff;
     PORTC = 0x00;

     while(1)
     {
         Time = 200;     // delay = 200ms부터 시작
  // ---------------- 가속------------
```

```
    for(j=0; j<=8; j++)
    {
        for(i=0; i<=3; i++)
        {
          PORTC = Step[i];
          delay_ms(Time);
        }
        Time -= 20;
    }
    // ---------------- 등속------------
    for(j=0; j<=50; j++)
    {
        for(i=0; i<=3; i++)
        {
          PORTC = Step[i];
          delay_ms(Time);
        }
    }
    // ---------------- 감속------------
    for(j=0; j<=8; j++)
    {
        for(i=0; i<=3; i++)
        {
          PORTC = Step[i];
          delay_ms(Time);
        }
        Time += 20;
    }
    //-----------------정지------------
          PORTC = 0x00;
          delay_ms(500);
      }
}
```

활용과제

위 과제의 회로에서 포트A에 2개의 스위치를 추가하여, SW0을 누르고 있는 동안 모터가 가속이 되도록 하고, SW1을 누르면 감속이 되도록 한다.

스위치 모두 OFF 시에는 가.감속시의 속도가 유지되는 정속 구동이 되도록 한다.

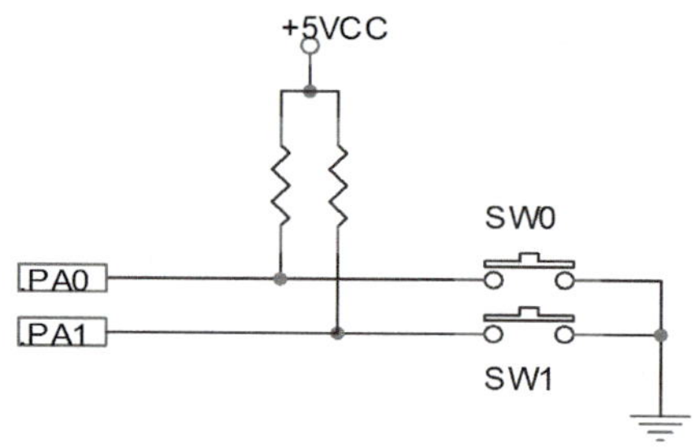

10.5 RC 서보모터

(1) 서보(Servo)란?

서보(servo)란 그리스어로 노예(Servus)를 말하며 이것은 지령 신호(명령)에 대하여 충실하게 행동(추종)한다, 따른다는 의미이며, 명령을 따르는 모터를 서보모터라고 한다. 프린터, 공작기계, 로봇 등에 많이 사용되는 모터처럼 명령에 따라 정확한 위치와 속도를 추종할 수 있는 모터를 서보모터라고 한다.

아날로그 서보모터의 경우 위치 및 속도제어를 위하여 회전자의 위치와 속도를 검출하는 엔코더(encoder)나 리졸버가 필요하다. 적절한 구동시스템과 연계하여 어떤 위치나 속도 지령을 추종할 수 있게 된 경우에만 서보모터라고 부를 수 있는 것이다. 그림은 서보모터 시스템의 구성도이다.

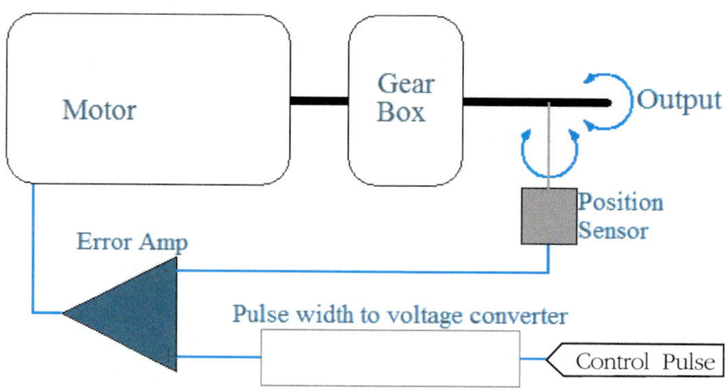

그림 10-22 서보모터 시스템의 구성도

(2) RC Servo Motor

RC Servo Motor(Radio Control Servo Motor)는 서보에 맞는 제어 신호(PWM)를 보내면 모터는 특정 각도를 유지하게 된다. 스텝모터, DC모터 모터와는 달리, 회전각에 있어서 보통 180도 범위 내 제한이 있다. 이 모터는 원래 무선 조종 비행기 및 자동차 제어용으로 개발되었으며 정확한 각도제어가 가능하고 고토크의 모터가 개발됨에 따라 관절형 로봇에 많이 사용되고 있다.

다음 그림 10-23과 같이 3개의 선이 있으며 각각 Vcc(빨간색), GND(흑색), PWM 제어선(백색)이다. 보통 전원이 4~6V 사이에서 동작한다.

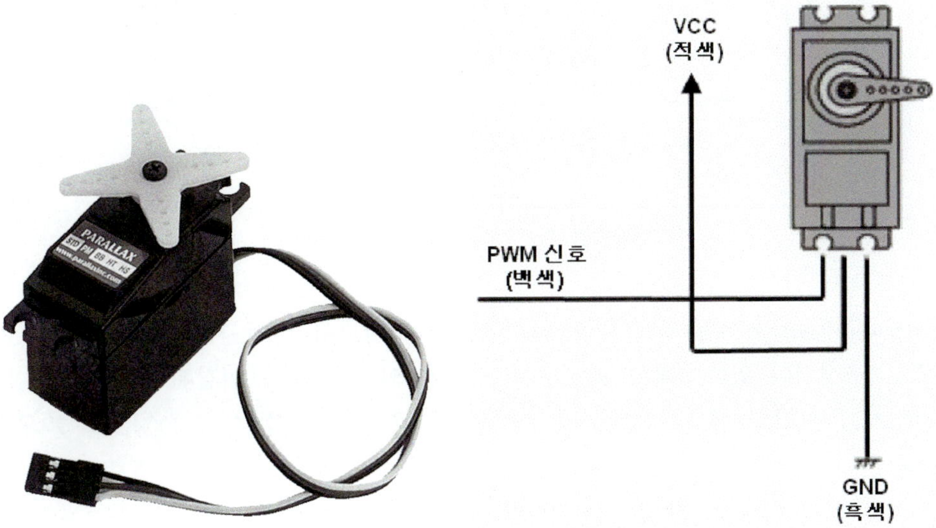

그림 10-23 RC서보모터 외형과 신호선

RC Servo Motor를 구동하기 위해서는 그림10-24처럼 PWM 신호를 입력하여야 한다. 보통 주기 T는 20ms이며 "H"일 때의 폭으로 회전 각도가 정해져 있다.

모터 제조회사나 모델에 따라 차이가 있으니 데이터시트를 참고하기 바란다.

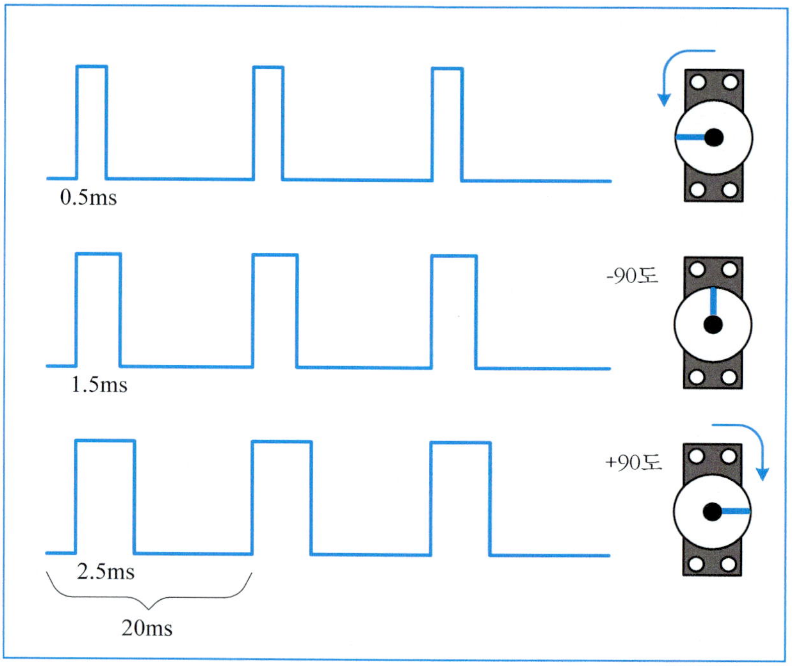

그림 10-24 모터 각도 제어 원리

RC Servo Motor의 내부 구조는 그림 10-25에 보이듯이 제어 회로와 DC 모터, 기어박스 등으로 구성되어 있다. 제어 회로부에는 Motor의 출력축과 연결된 포텐셜메터가 내장되어있어 서보 모터의 현재 각도를 분석하여 각도를 보정할 수 있게 DC 모터를 구동하게 되어있다.

그림 10-25 RC서보모터 내부구조

10.6 RC 서보모터 제어실습

실습 42. RC 서보모터 구동 실습

실습 43. RC 서보모터 위치제어 실습

실습 44. 3개의 RC 서보모터 제어 실습

실습 42. RC 서보모터 구동 실습

[실습과제]

프로그램 실행시 RC서보가 -90도 → 0도 → +90도 → 0도 → -90도 → ... 위치로 무한반복 구동되도록 프로그램을 작성하시오. 1주기 시간은 약 20ms로 하고 각 각도 위치에서 약 2초간 정지시킨다. 입력 pwm펄스는 그림 10-24를 참고로 한다. 실제는 모터 제조사의 데이터시트를 참고해야 한다.

[실습회로]

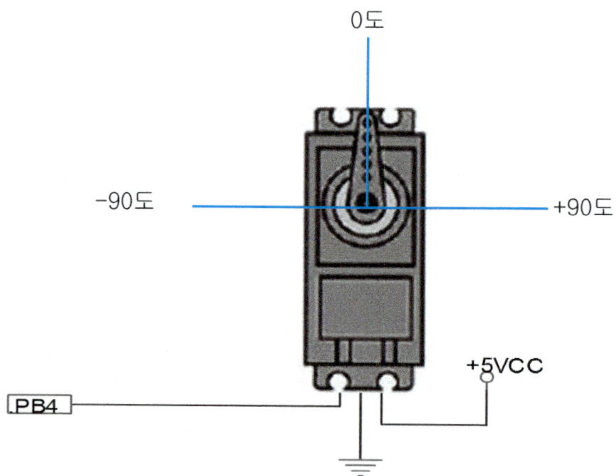

[소스 프로그램]

```
#include <mega128.h>
#include <delay.h>

#define RC_M PORTB.4                    // RC Servo Motor Data Port

void main(void)
{
     int i;
     PORTB = 0xFF;
     DDRB = 0xFF;
     while (1)
     {
          for(i=0; i<=100; i++)         // -90도
          {
               RC_M = 1;
               delay_us(500);           // delay 시간값은 모델 및 제조회사에 따라 다름
```

```
                RC_M = 0;
                delay_ms(20);
            }

            for(i=0; i<=100; i++)          // 0도
            {
                RC_M = 1;
                delay_us(1500);
                RC_M = 0;
                delay_ms(20);
            }

            for(i=0; i<=100; i++)          // +90도
            {
                RC_M = 1;
                delay_us(2500);
                RC_M = 0;
                delay_ms(20);
            }

            for(i=0; i<=100; i++)          // 0도
            {
                RC_M = 1;
                delay_us(1500);
                RC_M = 0;
                delay_ms(20);
            }
        }
    }
```

활용과제

아래 그림의 모터 각도에 대한 주기의 H 레벨 시간을 구하시오.

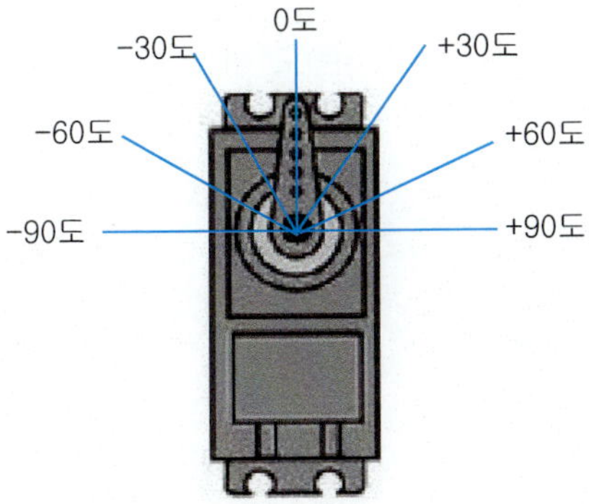

각 도	시 간(msec)
–90도	
–60도	
–30도	
0도	
+30도	
+60도	
+90도	

실습 43. RC 서보모터 위치제어 실습

[실습 과제]

아래 그림처럼 PORTA에 스위치를 연결하여 다음과 같이 동작하도록 제어 프로그램을 작성하시오.

- PORTA.0에 연결된 SW0를 누르고 있으면 +90도로 움직인다.
- PORTA.1에 연결된 SW1를 누르고 있으면 -90도로 움직인다.
- 두 스위치가 OFF일 때는 정지한다.

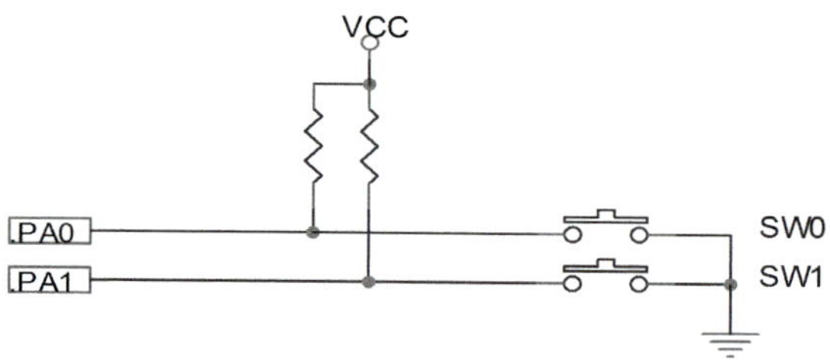

모터 연결은 앞절 실습 42의 것과 동일하게 접속하여 사용한다.

[소스 프로그램]

```
#include <mega128.h>
#include <delay.h>

#define RC_M            PORTB.4 // RC Servo Motor Data Port

void RC_M_POS();                        // RC Servo Motor +90도 이동 함수
void RC_M_NEG();                        // RC Servo Motor -90도 이동 함수
void RC_M_STOP();                       // RC Servo Motor STOP함수

void main(void)
{
  unsigned char buff0;

  PORTA=0xff;
  DDRA=0x00;
```

```
  PORTB=0xff;
  DDRB=0xff;

  while (1)
  {
        buff0 = PINA & 0x03;                    // 키 읽음

        switch(buff0)
        {
                case 0x02:                      // SW0이 눌리면
                  RC_M_POS();                   // RC Servo Motor +90도 이동
                  break;
                case 0x01:                      // SW1이 눌리면
                  RC_M_NEG();                   // RC Servo Motor -90도 이동
                  break;
                default:                        // degault값이면 (모두 off)
                  RC_M_STOP();                  // RC Servo Motor 정지
                  break;
        }
  }
}

void RC_M_POS()                                 // +90도
{
        int i;
        for(i=0;  i<=100; i++)
        {
                  RC_M = 1;
                  delay_us(2500);
                  RC_M = 0;
                  delay_ms(20);
        }
}

void RC_M_NEG()                                 // -90도
{
        int i;
        for(i=0;  i<=100; i++)
        {
                RC_M = 1;
                delay_us(500);
                RC_M = 0;
```

```
                delay_ms(20);
        }
}

void RC_M_STOP()                        // 정지
{
        RC_M = 0;
}
```

활용과제

위의 프로그램을 수정하여 다음과 같이 동작되도록 하라.

푸시스위치 SW0를 한번 ON-OFF하면 +90도로 움직여서 정지하고 SW1를 한번 ON-OFF 하면 -90도로 움직여서 정지하는 프로그램을 작성하라.

실습 44. 3개의 RC 서보모터 제어 실습

> 로봇의 관절에는 여러 개의 RC 서보모터가 사용이 된다. 로봇 관절의 경우 모터가 목표위치로 이동 후 토크가 유지되어야 하므로 정지 각도 위치에서 각도를 유지하기 위한 펄스를 계속 공급해야 한다. 이 실습을 통해 요령을 익혀두자

[실습 과제]

포트B의 PB0, PB1, PB2 비트에 각각 서보모터가 접속되어 있다.

- 프로그램 실행시 초기상태는 모두 0도 위치에 오도록 한다.
- SW0를 누르면 스텝1 위치로 이동한다.
- SW1을 누르면 스텝2 위치로 이동한다.
- 해당 위치로 이동 후 각도 펄스인가를 유지하도록 하여 토크를 유지한다.

모터	RCM1	RCM2	RCM3
접속포트	PORTB.0	PORTB.1	PORTB.2
초기상태	 0도(1.5ms)	 0도(1.5ms)	 0도(1.5ms)
스탭1	 -30도(1.2ms)	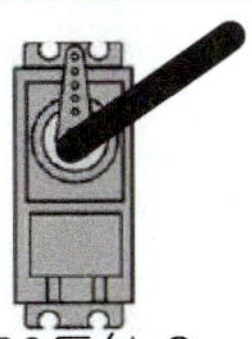 +30도(1.8ms)	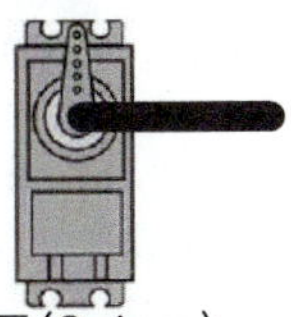 +90도(2.4ms)
스탭2	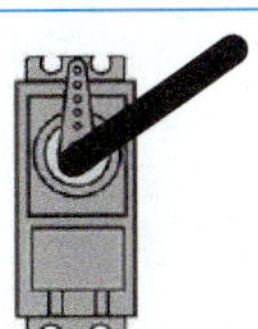 +30도(1.8ms)	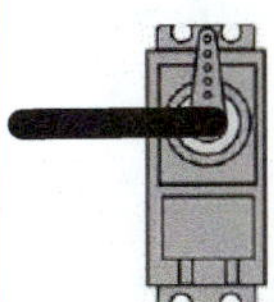 -90도(0.5ms)	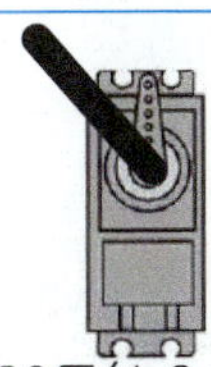 -30도(1.2ms)

(★주의 : 펄스폭 시간은 사용하는 모터의 데이터시트를 참고하여 수정해서 사용해야 함.)

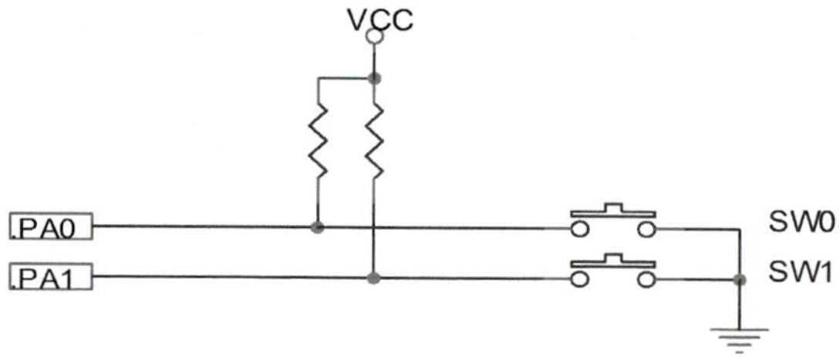

〈스위치 결선〉

[소스 프로그램]

```
#include <mega128.h>
#include <delay.h>

#define RCM1    PORTB.0         // 모터1
#define RCM2    PORTB.1         // 모터2
#define RCM3    PORTB.2         // 모터3

unsigned char buff;             // 키 입력 버퍼

void initstep()                 //——— 모터의 초기 상태 ————
{

    do{                         // M1 = M2 = M3 = 0도
        RCM1=1;
        RCM2=1;
        RCM3=1;
        delay_us(1500);
        RCM1=0;
        RCM2=0;
        RCM3=0;
        delay_ms(20);

        buff = PINA & 0x03;     // 키 입력
    }while(buff == 0x03);       // 키가 눌려지지 않았으면 계속 루프로
}

void upstep()                   // ———— 스탭1 ————
{

    do{
        RCM1=1;                 // RCM1 : -30도
        delay_us(1500-300);
            RCM1=0;
            delay_ms(7);
```

```
            //-----------------
            RCM2=1;                      // RCM2 :  +30도
            delay_us(1500 + 300);
            RCM2=0;
            delay_ms(7);
            //-----------------
            RCM3=1;                      // RCM3 :  +90도
            delay_us(1500 + 900);
            RCM3=0;
            delay_ms(7);                 // 7+7+7 = 21mS


        buff = PINA & 0x03;              // 키 입력
    }while(buff == 0x03);                // 키가 눌려지지 않았으면 계속 루프로
}

void downstep()          // ────── 스탭2 ──────────────
{

    do{
            RCM1=1;                      // RCM1 :  +30도
            delay_us(1500+300);
            RCM1=0;
            delay_ms(7);
            //------------------
            delay_us(1500 - 900);        // RCM2 :  -90도
            RCM2=0;
            delay_ms(7);
            //------------------
            RCM3=1;                      // RCM3 :  -30도
            delay_us(1500 - 300);
            RCM1=0;
            delay_ms(7);

        buff = PINA & 0x03;              // 키 입력
    }while(buff == 0x03);                // 키가 눌려지지 않았으면 계속 루프로
}


void main(void)
{
    PORTA=0x00;
    DDRA=0xFF;
    PORTB=0x00;
    DDRB=0xFF;

    initstep();                  // 모터의 초기 상태
```

```
    while (1)
    {
        buff = PINA & 0x03;            // 키 읽음

                switch(buff)
                {
            case 0x02:                 // SW0이 눌리면 스텝1로
                upstep();
                break;

            case 0x01:                 // SW1이 눌리면 스텝2 로
                downstep();;
                break;
                }
    }
}
```

활용과제 8개의 RC서보 모터 구동하기

위의 프로그램을 수정하여 다음 표와 같이 스텝동작이 무한 반복 되도록 하라.

스텝1 → 스텝2 → 스텝3 → 스텝1 → …

- 프로그램 실행시 초기상태는 모두 0도 위치에 오도록 한다.
- PA0에 연결된 SW0를 누르면 스텝1 위치로 이동한다.
- PA1에 연결된 SW1을 누르면 스텝2 위치로 이동한다.
- PA2에 연결된 SW3을 누르면 스텝3 위치로 이동한다.
- 해당 위치로 이동 후 각도 유지 펄스를 인가하여 토크를 유지한다.

모터	RCM1	RCM2	RCM3	RCM4	RCM5	RCM6	RCM7	RCM8
접속포트	PB.0	PB.1	PB.2	PB.3	PB.4	PB.5	PB.6	PB.7
초기상태	0도	0도	0도	0도	0도	0도	0도	0도
스탭1	–30도	+30도	+90도	–30도	+30도	+90도	+30도	+90도
스탭2	+30도	–90도	–30도	+30도	–90도	–30도	–90도	–30도
스탭3	+30도	+90도	+30도	+90도	–30도	+30도	+90도	+30도

A/D 변환기 활용

대부분의 센서들은 아날로그 신호를 출력하고 있으므로 센서 인터페이스에 필수적인 장치가 A/D 변환기이다. ATmega128에는 8채널의 A/D변환기가 내장되어 있어 이를 잘 활용하면 다양한 센서로부터 값을 읽어 들일 수 있다. 우리는 우선 A/D 변환기의 기본 사용법을 익히고 나서 로봇, 자동화에 많이 사용되는 광센서들과 초음파센서를 활용하는 방법을 익힌다.

CHAPTER 11

11.1 A/D 변환기 개요와 사용법

(1) A/D 변환기란?

A/D 변환기(Analog to Digital Converter : ADC)란 연속적인 아날로그 신호를 디지털 수치신호로 변환하는 장치로서 각종 디지탈 신호처리를 위해 사용된다. 이와 반대로 동작하는 것이 D/A 변환기(Digital to Analog Converter : DAC)이다.

아날로그로 동작하는 센서값을 디지털 장치인 마이컴에서 읽어 들이고자 하면 아날로그 값을 디지털로 변환해서 처리하여야 한다.

A/D 변환기의 성능은 신호의 크기 변화 감지정도를 의미하는 분해능(Resolution)과, 신호수집의 시간간격을 의미하는 샘플링 주파수에 의해 평가된다. n비트(Bit)의 A/D변환기에서는 입력한 아날로그 신호를 $2n$의 단계의 수치신호로 변환시킨다. 따라서 8비트 변환기의 경우, 입력신호를 $2^8 = 256$단계로 나누고, 입력신호범위가 ±5V일 경우의 A/D변환에 의해 발생할 수 있는 오차정도는 10/256이 되는 것을 알 수 있다. 그 입출력에 대한 변환 원리를 그림 11-1에 나타내었다.

최근에는 다수채널을 동시 샘플링할 수 있는 A/D 변환기도 이용되고 있다.

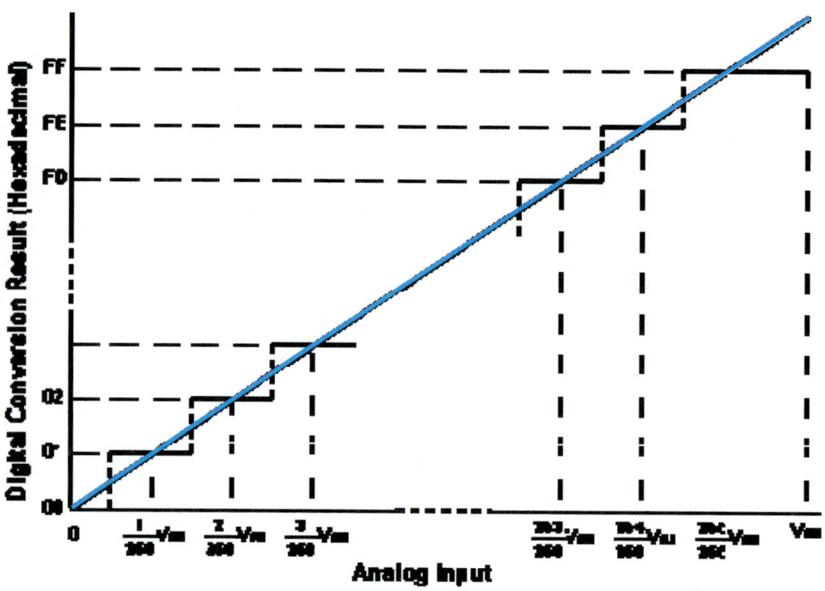

(VRE : Reference Voltage)

그림 11-1 8비트 A/D 변환의 입력과 출력

※ **분해능**

한마디로 말을 하면 입력 값을 얼마나 분해할 수 있는지를 말한다.

예를 들어 10bit A/D 변환은 2^{10} = 1024단계의 분해능을 갖는다.

만일 기준전압이 5V인 경우 0V~5V의 아날로그 전압을 2진수로 0000000000~1111111111, 10진수 0~1023이다. 즉 0V~5V의 아날로그 전압을 디지털로 1024단계로 쪼개어 표현이 된다. 분해능은 1024단계인 것이다.

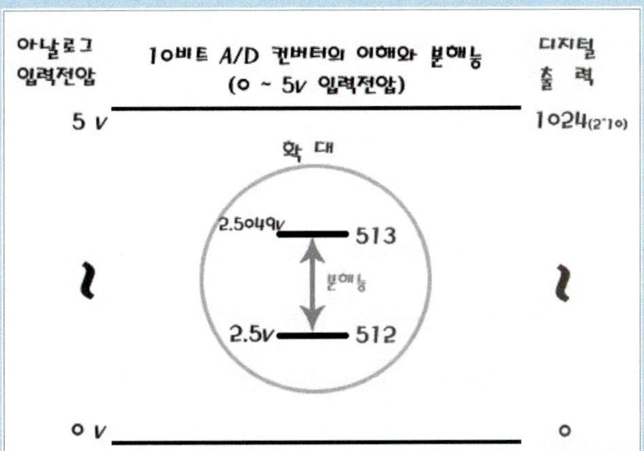

분해능 = 5V/1024 = 0.004883

※ **sampling rate & conversion time**

모든 Device들이 자기가 담당한 일을 하기 위해서는 일정한 시간이 필요하다. A/D Converter도 자신이 한번 A/D 변환을 수행하려면 시간이 필요한데 그 시간을 변환시간(conversion time)이라 하며, 이를 초당 샘플링 속도(sampling rate)로 나타낸다.

(2) ATmega128의 A/D 변환기

ATmega128은 8-채널 10비트 축차근사(successive approximation) A/D 컨버터를 가지고 있다. 이 8-채널의 아날로그 입력신호는 모두 PORTF와 동일한 단자를 사용하며, MCU 내부의 analog multiplexer에 의하여 선택된다.

ATmega128 A/D 컨버터에 대한 입력 방법에는 단일전압 입력과 차동전압 입력이 있다. 단일전압 입력(single-ended voltage input)은 포트 F의 8개 입력(ADC0~ADC7) 중 하나와 0V(GND) 사이에 아날로그 입력신호를 주는 방식이고, 차동전압 입력(differential voltage input)은 포트 F의 8개 아날로그 입력 중 2개에 아날로그 신호를 인가하여 그 차동 전압을 디지털 변환한다. 차동전압 입력 중 2가지 결합(ADC1과 ADC0, ADC3과 ADC2)에 대해서는 입력된 아날로그 신호를 MCU 내부에서 신호 증폭(0dB(1x), 20dB (10x) 또는 46dB(200x))하여 A/D 변환할 수도 있다.

1x 또는 10x gain의 경우에는 8bit resolution으로 되고, 200x gain의 경우에는 7bit resolution으로 된다.

입력전압의 범위가 $-V_{REF}$~V_{REF}로 되며, 기준전압 V_{REF}는 전원전압 VCC를 넘을 수 없다. V_{REF} 전압은 외부의 A_{REF}단자로 입력된 전압을 사용할 수 있고, 내부의 기준전압 2.56V를 사용할 수 있다.

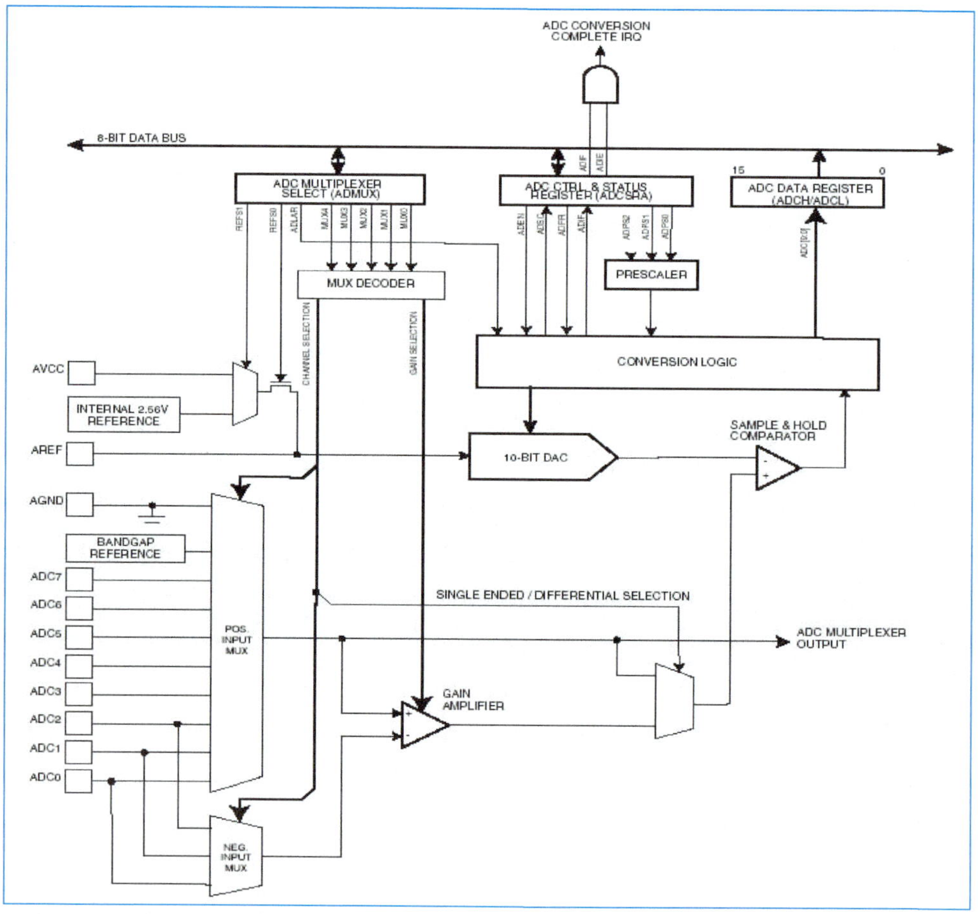

그림 11-2 A/D 컨버터의 구성 블록도

A/D컨버터에는 안정된 동작을 위해 MCU의 전원과 별도로 전원단자 A_{VCC}를 가지고 있으며, A/D변환에 필요한 기준전압 단자 A_{REF}도 가지고 있다. 여기서 A_{VCC}의 전압은 VCC

에 인가된 전압의 ±0.3V 이내로 유지되어야 한다.

A/D 변환시간은 사용 주파수 50kHz~200kHz에서 65-260μs 범위에서 사용자가 설정 할수 있다.

[특징 요약]

- 8채널
- 10비트 분해능
- 축차 비교형
- 내부 아날로그 멀티플렉서 탑재
- 샘플/홀드회로 탑재로 인하여 A/D 동작동안 전압 고정화
- 단극성 아날로그 입력/차동입력 선택
- 포트F는 아날로그 비교기 기능으로도 사용 가능
- 변환시간(13us~260us - 50kHz~200kHz
- ADC 정확도 성능 향상을 위한 독립 전원 구성
  - AVCC : Analog Supply Voltage
  - AGND : Analog Ground(반드시 GND와 연결)
  - AREF : Analog Reference Voltage
- 입력 전압의 범위
  - 일반 모드 입력전압의 범위(0V~V_{ref})
  - 차동입력 모드 입력전압의 범위(-V_{ref}~V_{ref})
- V_{ref}의 범위
  - VREF : V_{GND}~V_{CC}, 내부기준전압 : 2.56V

(3) A/D 변환기 관련 레지스터

ATmega128의 A/D 컨버터와 관련된 레지스터는 다음과 같다.

[표 11-1] A/D 변환기 관련 레지스터

레지스터명	기 능
ADMUX	ADC Multiplexer Select Register 아날로그 입력 채널 선택, 기준전압 소스 선택, 변환결과의 저장 형식을 지정하는 기능을 수행
ADCH, ADCL	ADC Data Register ADC의 변환결과를 저장
ADCSRA	ADC Control and Status Register A A/D 컨버터의 동작 설정 및 동작 상태를 표시

① ADMUX Register

ADMUX Register는 A/D 컨버터의 입력 채널과 이득 및 기준전압을 선택하고 AD 변환결과를 ADC Data Register(ADCH, ADCL)에 저장할 때 저장위치를 결정한다.

모든 비트 Read/Write가 가능하고 초기값은 모두 "0" 이다.

Bit	7	6	5	4	3	2	1	0
ADMUX	**REFS1**	**REFS0**	**ADLAR**	**MUX4**	**MUX3**	**MUX2**	**MUX1**	**MUX0**

- REFS1, REFS0 : 기준전압 선택 비트
- ADLAR : ADC 변환 결과 조정 비트
  - 1: ADC 변환 결과 좌측으로 조정
  - 0: ADC 변환 결과 우측으로 조정
- MUX4 ~ MUX0 : 아날로그 채널 및 이득 선택 비트

■ Bit 7 : 6 – REFS1 : REFS0 : 기준 전압 선택 비트(Reference Selection Bits)

REFS1:REFS0 bit는 A/D 컨버터에 대한 기준 전압을 선택한다. 외부 기준전압이 AREF 단자에 인가될 때에는 내부 기준 전압이 사용되지 않는다.

REFS1	REFS0	기준전압
0	0	외부의 AREF 단자로 입력된 전압 사용
0	1	외부의 AVCC 단자로 입력된 전압 사용(+5V)
1	0	(reserved)
1	1	내부의 2.56V 전압 사용

■ Bit 5 – ADLAR : ADC 결과 좌측 조정(ADC Left Adjust Result)

ADLAR bit는 ADC 변환 결과가 ADC 데이터 레지스터(ADCH:ADCL)에 들어있는 형태를 결정한다. ADLAR bit를 1로 설정하면 AD변환 결과가 좌측으로 조정되고, 0으로 설정하면 우측으로 조정된다.

■ Bit 4:0 – MUX 4:0 : 아날로그 입력채널 및 이득 선택 비트(Analog Channel and Gain Selection Bits)

MUX 4:0 bit는 A/D 컨버터의 입력을 선택한다. 차동전압 입력의 경우에는 gain도 선택한다. 변환 중에 이들 비트가 변하면 변환이 완료된 후에 효과가 반영된다.

MUX4..0	Single Ended Input	Positive Differential Input	Negative Differential Input	Gain
00000	ADC0	N/A		
00001	ADC1			
00010	ADC2			
00011	ADC3			
00100	ADC4			
00101	ADC5			
00110	ADC6			
00111	ADC7			
01000	N/A	ADC0	ADC0	10x
01001		ADC1	ADC0	10x
01010		ADC2	ADC0	200x
01011		ADC3	ADC0	200x
01100		ADC4	ADC2	10x
01101		ADC5	ADC2	10x
01110		ADC6	ADC2	200x
01111		ADC7	ADC2	200x
10000		ADC0	ADC1	1x
10001		ADC1	ADC1	1x
10010		ADC2	ADC1	1x
10011		ADC3	ADC1	1x
10100		ADC4	ADC1	1x
10101		ADC5	ADC1	1x
10110		ADC6	ADC1	1x
10111		ADC7	ADC1	1x
11000		ADC0	ADC2	1x
11001		ADC1	ADC2	1x
11010		ADC2	ADC2	1x
11011		ADC3	ADC2	1x
11100		ADC4	ADC2	1x
11101		ADC5	ADC2	1x
11110	1.12V (V_{BG})	N/A		
11111	0V (GND)			

② ADC Data Register (ADCH and ADCL)

ADC Data Register는 A/D변환이 완료된 후에 변환 결과를 저장하는 레지스터이다.

단일전압 입력을 사용할 경우에는 10bit 양의 정수 표현법으로, 차동전압 입력을 사용할 경우에는 10bit 2의 보수 표현법으로 저장된다.

A/D변환이 완료되면 변환결과는 ADC Data 레지스터에 저장되고, A/D 인터럽트 플래그(ADIF)는 Enable된다.

ADMUX 레지스터의 ADLAR bit를 이용하여 변환결과를 좌측으로 조정하면 8-bit 정밀도(차동전압 입력의 경우에는 7-bit 정밀도, +부호)만이 요청되어 ADCH만을 읽어들이면 된다.

변환결과를 우측으로 조정(ADLAR = 0)하면 10-bit 정밀도를 갖게 된다. 이 경우에는 **반드시 ADCL를 먼저 읽고 그 뒤에 ADCH를 읽어 들여야 한다.** ADCL을 읽어 들이면 ADCH가 읽혀지기 전까지 이 레지스터는 갱신되지 않는다.

■ **ADLAR = 0인 경우**

Bit	15	14	13	12	11	10	9	8
ADCH	-	-	-	-	-	-	ADC9	ADC8
ADCL	ADC7	ADC6	ADC5	ADC4	ADC3	ADC2	ADC1	ADC0
	7	6	5	4	3	2	1	0

■ **ADLAR = 1인 경우**

Bit	15	14	13	12	11	10	9	8
ADCH	ADC9	ADC8	ADC7	ADC6	ADC5	ADC4	ADC3	ADC2
ADCL	ADC1	ADC0	-	-	-	-	-	-
	7	6	5	4	3	2	1	0

③ ADCSRA(ADC Control and Status Register A) 레지스터

ADCSRA 레지스터는 A/D 컨버터에 관한 제어(ADC 허용, 변환 시작, free running mode 선택, ADC 인터럽트 허용 등)를 결정하고, 인터럽트 플래그 상태를 표시한다.

모든 비트 Read/Write가 가능하고 초기값은 모두 "0" 이다.

Bit	7	6	5	4	3	2	1	0
ADCSRA	**ADEN**	**ADSC**	**ADFR**	**ADIF**	**ADIE**	**ADPS2**	**ADPS1**	**ADPS0**

- ADEN : ADC Enable
  - 1: ADC Enable
  - 0: ADC Disable
- ADSC : ADC 변환 시작
  - 1: 단일전압 입력 모드에서 변환시작
  - 0: free running 모드에서 변환시작
- ADFR : ADC free running 선택
  - 1: free running
  - 0: free running 종료
- ADIE : ADC 인터럽트 허용
  - 1: ADC 인터럽트 개별 허용
  - 0: ADC 인터럽트 금지

■ Bit 7 – ADEN : ADC 허용(ADC Enable)

ADEN 비트를 1로 설정하면 ADC가 Enable되고, 0으로 설정하면 ADC는 차단된다. A/D변환이 진행되고 있는 중에 ADC를 차단시키면 A/D변환이 종료된다.

■ Bit 6 – ADSC : ADC 변환 시작(ADC Start Conversion)

단일변환 모드에서 ADSC 비트를 1로 설정할 때 변환이 시작되고, free running 모드에서는 이 비트를 0으로 설정할 때 최초의 변환이 시작된다. ADC가 Enable되거나 ADC가 Enable됨과 동시에 ADSC 비트가 설정된 후 최초의 변환은 23 ADC 클럭사이클이 걸리고, 정상의 경우에는 13 클럭사이클이 걸린다. 최초 변환과정에는 ADC 초기화를 수행한다.

A/D변환이 진행중에도 ADSC 비트를 읽을 수 있다. 변환이 완료되면 이 비트는 0으로 된다. 이 비트를 0으로 설정하면 아무 소용이 없게 된다.

■ Bit 5 – ADFR : ADC Free Running Select

ADIF 비트를 1로 설정하면 ADC는 free running 모드로 동작한다. 이 모드에서 A/D 컨버터는 ADC Data 레지스터를 계속해서 샘플하고 갱신한다. ADIF 비트를 0으로 설정하면 Free Running mode를 종료한다.

■ Bit 4 – ADIF : ADC Interrupt Flag

ADIF 비트는 A/D변환이 완료되고 ADC Data 레지스터가 갱신될 때 1로 설정된다. ADIE 비트와 SREG 레지스터의 I 비트가 설정되어 있으면 ADC 변환 완료 인터럽트가 발생한다. ADIF 비트는 해당 인터럽트에 벡터링할 때 자동적으로 클리어된다.

■ Bit 3 – ADIE : ADC Interrupt Enable

ADIE 비트를 1로 설정하고 SREG 레지스터의 I 비트를 1로 설정하면 ADC 변환 완료 인터럽트가 발생한다.

■ Bit 2:0 – ADPS2:0 : ADC Prescaler Select Bits

이들 비트는 XTAL 주파수와 ADC에 대한 입력 클럭간의 분주비를 지정한다.

ADPS2	ADPS1	ADPS0	분주비	주파수(16MHz기준)
0	0	0	2	8MHz
0	0	1	2	8MHz
0	1	0	4	4MHz
0	1	1	6	2.67MHz
1	0	0	16	1MHz
1	0	1	32	500KHz
1	1	0	64	250KHz
1	1	1	128	125KHz

(4) 아날로그 비교기

① 개요

ATmega128의 아날로그 비교기는 OP-AMP 비교기처럼 두 신호 입력을 비교하여 기준에 비해 큰지 작은지를 판단할 수 있도록 해준다. 다음 그림 11-3에 나타낸 것처럼 (+)입력핀 AIN0와 (-)입력핀 AIN1의 전압값을 비교하여 AIN0>AIN1이면 레지스터 ACSR의 ACO 비트는 1로 되고 그 반대면 ACO는 "0"로 된다. 이 출력으로 아날로그 비교기 인터럽트를 발생시킬 수 있고, 또 이 출력신호는 타이머/카운터 1의 입력캡처 트리거 신호로도 사용될 수 있다.

(+)입력에는 핀 AIN0으로 입력된 전압이 사용될 수 있고, 내부의 기준전압(bandgap

reference voltage)1.23V 둘 중 하나를 선택해서 사용할 수 있다.

(-)입력에는 핀 AIN1로 입력된 전압이 사용될 수 있고, A/D컨버터의 입력신호 중의 하나가 선택적으로 사용될 수 있다.

아날로그 비교기의 상세한 블록도를 그림 11-4에 나타내었다.

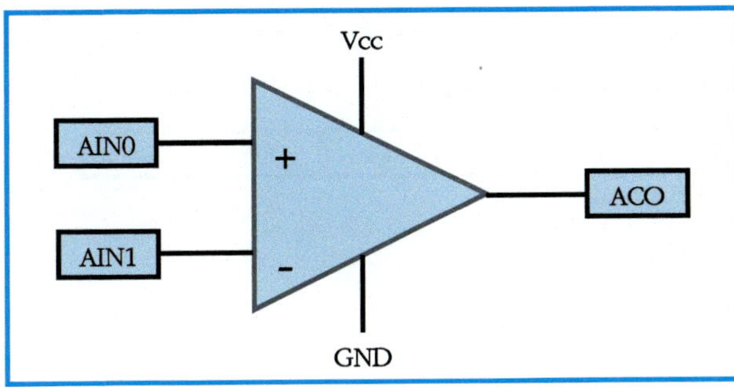

입 력	출력(ACO)
AIN0 〉 AIN1	1
AIN0 〈 AIN1	0

그림 11-3 비교기 동작 원리

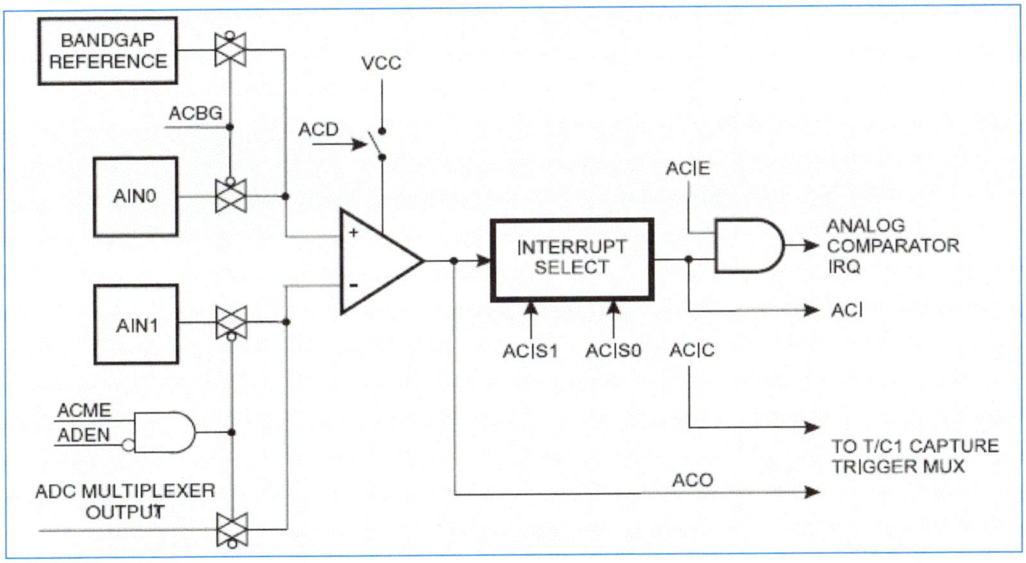

그림 11-4 아날로그 비교기의 구성 블록도

② 아날로그 비교기 관련 레지스터

ATmega128의 아날로그 비교기와 관련된 레지스터는 다음과 같다.

- ACSR(Analog Comparator Control and Status Register)
- SFIOR(Special Function I/O Register)

[ACSR]

ACSR Register는 아날로그 비교기의 기능을 설정하거나 동작 상태를 제어하는 레지스터이다.

비트5는 Read만 가능하고 그 외 모든 비트 Read/Write 가능하고 초기값은 모두 "0" 이다.

Bit	7	6	5	4	3	2	1	0
ACSR	ACD	ACBG	ACO	ACI	ACIE	ACIC	ACIS1	ACIS0

- (7) ACD : 아날로그 비교기 ON/OFF
  - 1: 아날로그 비교기 OFF
  - 0: 아날로그 비교기 ON
- (6) ACBG : 아날로그 비교기 Bandgap 선택
  - 1: +입력에 bandgap 기준전압 선택
  - 0: AIN0 선택
- (5) ACO : 아날로그 비교기 출력
- (4) ACI : 아날로그 비교기 인터럽트 플래그
  - 1: 출력이 인터럽트를 트리거 할때 셋트
  - 0: 인터럽트 처리 시작하면 자동 클리어
- (3) ACIE : 아날로그 비교기 인터럽트 가능
  - 1: 아날로그 비교기 인터럽트 허용
  - 0: 금지
- (2) ACIC : 아날로그 비교기 입력 캡처 가능
  - 1: 출력이 타이머/카운터 1의 트리거신호로 사용
  - 0: 원래 목적으로 사용
- (1:0) ACIS1~0 : 아날로그 비교기 인터럽트 발생 모드 선택

■ Bit 7 – ACD : Analog Comparator Disable

ACD bit는 1로 설정하면 아날로그 비교기에 공급되는 전원을 차단하여 동작을 정지시킨다. 이 비트를 셋트하면 아날로그 비교기 인터럽트가 발생 할수 있으므로 이를 방지하려면 ACIE비트를 클리어 시켜두면 된다.

■ Bit 6 – ACBG : Analog Comparator Bandgap Select

ACBG bit는 1로 설정하면 +입력에는 내부 기준 전압 1.23V가 선택되고, 0으로 하면 AIN0단자로 입력된 전압이 선택된다.

■ Bit 5 – ACO : Analog Comparator Output

ACO bit는 아날로그 비교기의 출력값으로서 이 값은 아날로그 비교 인터럽트를 발생하거나 타이머/카운터1의 입력캡처 트리거 신호로도 사용된다.

■ Bit 4 – ACI : Analog Comparator Interrupt Flag

ACI bit는 아날로그 비교기의 출력과 ACIS1, ACIS10 비트의 설정에 따라 결정 된다. 인터럽트가 처리되면 자동으로 클리어된다.

■ Bit 3 – ACIE : Analog Comparator Interrupt Enable

ACIE bit는 SREG의 I 비트가 "1"이고, 이 비트가 "1" 되어 있을때 ACI플래그가 세트되면 인터럽트가 발생한다.

■ Bit 2 – ACIC : Analog Comparator Input Capture Enable

이 비트가 "1"이면 ACO 신호는 아날로그 비교기의 출력이 타이머/카운터1의 입력캡처 트리거 신호로 사용되도록 해준다. ACO신호로 타이머/카운터1의 입력캡처 인터럽터를 발생시킬려면 TIMSK 레지스터의 TICIE1 비트가 "1"로 되어야 한다.

■ Bit 1 : 0 – ACIS1~0 : Analog Comparator Interrupt Mode Select

ACIS1~0 bit는 아날로그 비교기의 출력이 인터럽트를 발생하는 모드를 설정한다.

ACIS1	ACIS0	인터럽트 모드
0	0	ACO 출력이 토글될 때 인터럽트 발생
0	1	reserved
1	0	ACO 출력의 하강에지에서 인터럽트 발생
1	1	ACO 출력의 상승에지에서 인터럽트 발생

[SFIOR]

SFIOR Register 3번비트 ACME는 아날로그 비교기의 입력신호를 설정하는데 된다.

Bit	7	6	5	4	3	2	1	0
	TSM	–	–	–	ACME	PUD	PSR0	PSR321
R/W					R/W			
Initial Value					0			

● ACME : 아날로그 비교기의 Negative 입력 선택
- 1: Negative 입력으로 ADC0 ~ ADC7을 사용
- 0: Negative 입력으로 AN1 입력을 사용

■ Bit 3 – ACME : Analog Comparator Multiplexer Enable

ACME bit는 0으로 설정되어 있으면 (-)입력에는 AIN1로 입력된 전압이 사용되며, 이 비트를 1로 하면 ADC0~ADC7의 입력신호가 아날로그 비교기의 (-)입력으로 사용된다.

ACME 비트를 1로 하고 ADCSRA레지스터에서 ADEN=0으로 설정하여 A/D 컨버터의 동작을 정지시키면 ADC0~ADC7의 입력신호가 아날로그 비교기의 (-)입력으로 사용된다. 이것은 ADMUX 레지스터의 MUX2~0비트로 설정한다.

ACME	ADEN	MUX2~0	아날로그 비교기의 (–)입력
0	X	XXX	AIN1
1	1	XXX	AIN1
1	0	000	ADC0
1	0	001	ADC1
1	0	010	ADC2
1	0	011	ADC3
1	0	100	ADC4
1	0	101	ADC5
1	0	110	ADC6
1	0	111	ADC7

④ 아날로그 비교기의 활용 방법

■ 폴링방식에 의한 처리

비교기 출력은 ACO 비트와 ACI 비트를 통해 알아 볼 수 있으나 대부분 ACO 비트만 체크해도 된다.

만일 ACO 비트가 "1"이면 "0"이 될 때까지 대기하도록 하여 "0"이 되면 다시 "1"이 될 때까지 대기하도록 한다.

■ 인터럽트에 의한 처리

ACIS1, ACIS0 비트를 모두 "0"으로 한다. 전체인터럽트를 허가한 후 ACSR 레지스터의 ACIE 비트를 "1"로 한다.

(5) A/D 컨버터 활용 준비 방법

① A/D 컨버터의 가동

ADCSRA	**ADEN**	ADSC	ADFR	ADIF	ADIE	ADPS2	ADPS1	ADPS0

A/D 변환기를 사용하려면 ADCSRA 레지스터의 ADEN bit에 1을 설정함으로써 시작한다. 그러면 포트F는 A/D 변환기 아날로그 입력 포트로 사용이 전환된다. "0" 으로 설정하면 A/D 변환기 모든 기능이 정지된다.

② A/D 변환기 분주비(Prescaler)의 선택

ADCSRA	ADEN	ADSC	ADFR	ADIF	ADIE	**ADPS2**	**ADPS1**	**ADPS0**

ATmega128의 A/D 컨버터에는 클럭이 공급되어야 하며, 10bit resolution으로 정상적인 동작을 위해서는 50kHz~200kHz의 입력 클럭이 사용되어야 한다.

이 A/D 컨버터의 클럭은 시스템 클럭을 Prescaler로 분주되어 공급되는데, 이 Prescaler의 분주비는 ADCSRA 레지스터의 ADPS2~ADPS0 bit에 의해 설정하며, ADCSRA 레지스터의 ADEN bit를 1로 설정함으로써 AD 컨버터가 동작하는 순간부터 분주를 시작한다. 분주기는 ADEN bit가 설정되어 있는 한 동작한다.

③ A/D 컨버터의 시작

ADCSRA	ADEN	**ADSC**	**ADFR**	ADIF	ADIE	ADPS2	ADPS1	ADPS0

A/D 변환 모드에는 single conversion mode와 free running mode가 있다.

single conversion mode에서는 ADCSRA 레지스터의 ADSC bit에 1을 설정함으로써 A/D변환을 시작한다. 이 ADSC bit는 A/D변환이 진행 중에는 1의 상태를 유지하다가 변환이 완료되면 자동적으로 클리어된다. A/D변환이 진행되고 있는 중에 데이터 채널이 바뀌어지면 현재의 변환을 마친 후에야 다른 채널에 대한 변환을 시작한다.

free running mode에서는 A/D변환이 끊임없이 이루어지고 ADC 데이터 레지스터(ADCH : ADCL)를 갱신한다. free running mode는 ADCSRA 레지스터의 ADFR bit를 1로 설정함으로써 선택되고, 최초의 변환은 ADCSRA 레지스터의 ADSC bit를 1로 설정함으로써 이루어진다. 이 모드에서 A/D변환은 ADC Interrupt flag인 ADIF bit의 설정값과 관계없이 이루어진다.

④ ADC 기준전압 선택

ADMUX	REFS1	REFS0	ADLAR	MUX4	MUX3	MUX2	MUX1	MUX0

단일전압 입력(single-ended voltage input)에서 ADC 기준전압 VREF는 AVCC, 내부 2.56V, external AREF 중 하나를 선택할 수 있다. AVCC는 수동 스위치를 통하여 ADC에 연결되고, 내부 2.56V 전압은 내부 bandgap 기준전압(VBG)으로부터 발생된다. 어느 경우에도 외부 AREF 핀이 A/D 컨버터에 직접 연결된다. AREF 핀과 GND 사이에 캐패시터를 연결해 넣으면 기준전압은 잡음의 영향을 적게 받는다.

사용자가 AREF 핀에 고정 전압원을 연결할 경우에는 다른 기준전압을 쓸 필요가 없다. AREF 핀에 외부전압을 연결하지 않을 경우에 사용자는 AVCC와 내부 2.56V 중 어느 것으로 선택할 수 있다. 기준전압을 바꾼 후 최초의 변환결과는 정확하지 않을 수도 있으므로 사용하지 않는 것이 좋다. 차동전압 입력의 경우에 기준전압의 AVCC값을 AVCC±0.3에 가까운 값을 사용해서는 안된다.

⑤ A/D 변환 시간

일반적인 경우의 A/D변환에 13 ADC 클럭사이클이 소요되며, ADC가 ON상태가 된 후(ADCSRA 레지스터의 ADEN bit가 1로 설정) 최초의 변환은 아날로그 회로를 초기화하기 위해서 25 ADC 클럭사이클이 소요된다.

Sample & Hold 시간은 정상변환이 시작된 후에는 1.5 ADC 클럭사이클이 소요되고, 최초의 변환이 시작된 후에는 13.5 ADC 클럭사이클이 소요된다.

조 건	Sample & Hold (변환 시작으로부터 사이클 수)	변환시간 (사이클 수)
First Conversion	14.5	25
Normal Conversion, 단일전압 입력	1.5	13
Normal Conversion, 차동전압 입력	1.5 / 2.5	13 / 14

⑥ A/D 변환의 결과 저장

A/D 컨버터가 변환을 완료하면 그 변환 결과는 ADC 데이터 레지스터인 ADCH와 ADCL에 저장되는데 ADMUX레지스터의 ADLAR에 의해 좌 혹은 우측 정렬이 된다.

ADMUX	REFS1	REFS0	ADLAR	MUX4	MUX3	MUX2	MUX1	MUX0

ADIF flag bit는 1로 세트된다. 또한 단일전압 입력의 경우에는 ADSC bit가 클리어 된다. 프로그램에서 이 bit를 다시 1로 설정하면 새로운 변환이 ADC 클럭 에지의 최초 상승부에서 시작된다. free running mode에서는 A/D변환 완료 직후에 새로운 변환이 시작된다. 이 때 ADSC bit는 1의 상태를 유지한다.

단일전압 입력의 경우에 변환결과는 다음 식과 같이 표현된다.

$$A/D\text{변환값} = \frac{V_{IN} \times 1024}{V_{REF}}$$

따라서 입력전압 V_{IN}은 다음 식으로 구해진다.

$$\text{입력전압}\,(V_{IN}) = \frac{A/D\text{변환값} \times V_{REF}}{1024}$$

여기서 V_{IN}은 멀티플렉서로 선택된 단일 아날로그 입력전압이고, V_{REF}는 선택된 기준전압이다. 이 변환 결과는 10bit 양의 정수 표현법을 사용하므로 0~1023 범위의 값을 갖는다.

이때 0의 값은 아날로그 입력전압이 GND와 같은 값이라는 것을 나타내고, 1023 (0x03FF)값은 아날로그 입력전압이 VREF -1과 같은 값을 나타낸다.

차동전압 입력의 경우에 변환결과는 다음 식으로 표현된다.

$$ADCH : ADCL = \frac{(V_{POS} - V_{NEG}) * GAIN * 512}{V_{REF}}$$

V_{POS}는 멀티플렉서로 선택된 차동 아날로그 입력의 positive input 전압이 되고, V_{NEG}는 negative input 전압이다. GAIN은 아날로그 전압의 이득값을 나타내며, 1, 10 또는 200중의 하나를 선택할 수 있다. 이 변환 결과는 10bit 2의 보수 표현법을 사용하므로

-512(0x0200) ~ +511(0x01FF)

범위의 값을 갖는다. 따라서, GAIN이 1인 경우라면 0x0000은 차동입력 전압이 GND라는 것을 나타내고, 0x01FF는 차동입력 전압이 VREF - 1과 같은 값을 나타낸다. 0x0200은 차동입력 전압이 -VREF와 같다는 것을 나타낸다.

A/D 변환기의 변환 과정의 흐름을 그림 11-5에 나타내었다.

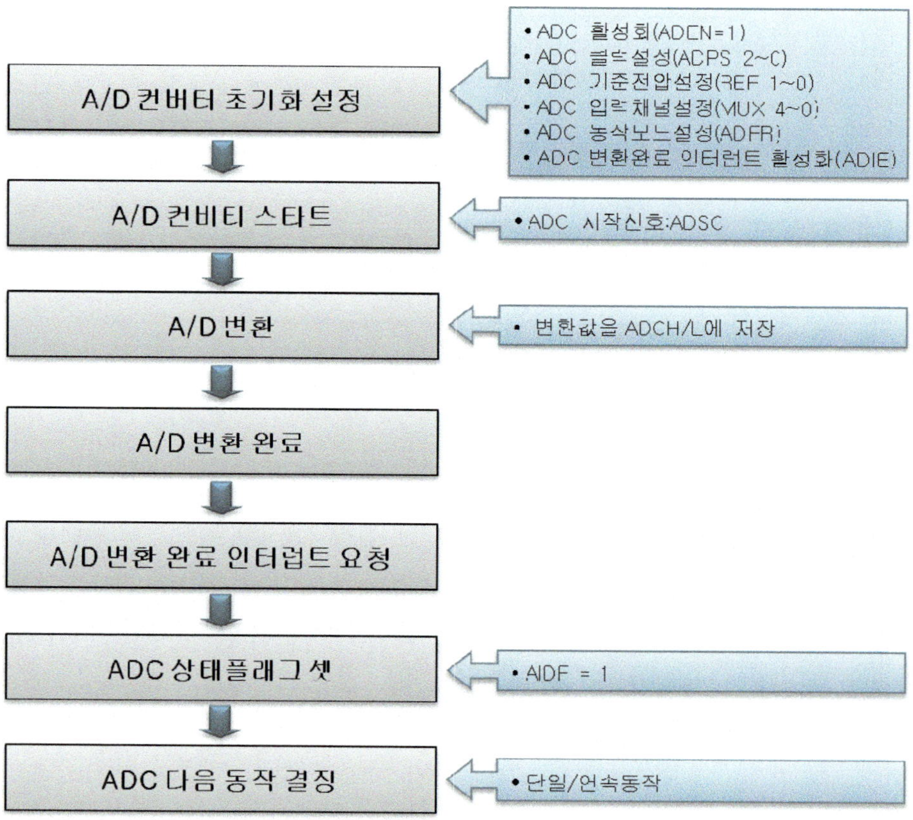

그림 11-5 A/D 변환기 동작 순서 흐름

11.2 A/D 변환기 활용 기초 실습

실습 45. 기초 A/D 변환 실습 - 입력 전압 레벨 표시

실습 46. 입력 전압 데이터의 FND 표시

실습 47. 입력 전압값의 실수 환산 표시-1

실습 48. 입력 전압값의 실수 환산 표시-2

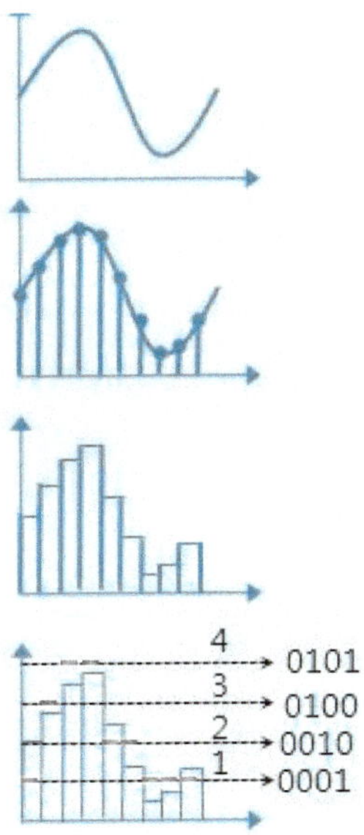

실습 45. 기초 A/D 변환 실습 - 입력 전압 레벨 표시

[실습과제]

다음 실습회로와 같이 포트 A에는 LED를, A/D 변환기의 채널 ADC0에는 가변저항을 연결, 가변저항을 손으로 돌렸을 때 다음과 같이 동작되도록 한다.

변환 조건	LED 동작	비고
400 〈 A/D 변환 값 〈 800	LED0 만 ON	정상동작 표시
A/D 변환 값 ≤ 400	LED1 만 ON	저전압 경고 표시
A/D 변환 값 ≥ 800	LED2 만 ON	고전압 경고 표시

단, A/D 변환기는 10비트 변환, 32분주(500KHz)를 사용한다.

여기서 LED0는 정상동작 표시등, LED1은 저전압 경고등, LED2는 고전압 경고등이라 생각한다.

[실습회로]

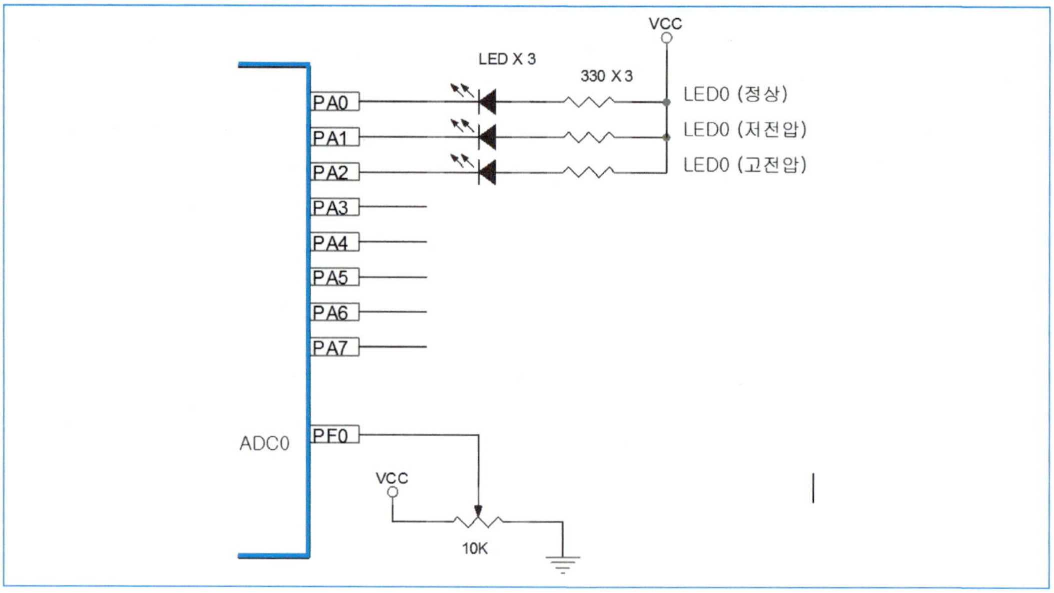

[소스 프로그램]

```
#include <mega128.h>
#include <delay.h>

void Initial(void) // ——— 초기화 함수 ————————————
{
        PORTA= 0xff ;
        DDRA = 0xff ;     // LED 출력

        PORTF= 0x00 ;
        DDRF = 0x00 ;     //  A/D0(PF.0) <-- 가변저항

        delay_ms(10);
        ADCSRA = 0x85;    // (1000 0101)  ADC enable, 32분주
        ADMUX = 0x40;     // 기준전압 = AVCC(+5V),  select 채널 ADC0
        delay_us(150);
}

int Adc(void)      // ========== >>> AD 변환 함수 <<< ======
{       // 오차를 줄이기 위해 변환결과를 4번 읽어 누적 합을 구하여
        // 다시 4로 나누어 평균값을 구한다.
       int i, result = 0;

       for(i = 1; i <= 4; i++)              // 4회 반복하여 읽어들임
      {
          ADCSRA = 0xD5;                    // A/D변환시작 및 clear ADIF

          while( (ADCSRA & 0x10) == 0 );    // 변환 완료까지 대기

          result += (int)ADCL + ((int)ADCH << 8); // A/D 결과 누적합 구함
          delay_ms(1);
       }

       result = result / 4;                 // 4로 나누어 평균값 구함.
       return result;
}

void main(void)  // ========== >>> 메인 함수 <<< ========
{

  unsigned int ADresult = 0 ;

  Initial();  // 포트 및 ADC초기화
```

```
    while(1)
    {
        ADresult = Adc();    // AD 변환값 구함

        if( (ADresult > 400 ) && (ADresult < 800))
            PORTA = 0xfe;                    // LED0 만 on (1111 1110)
        else if(ADresult <= 400 )
            PORTA = 0xfd;                    // LED1 만 on (1111 1101)
        else if(ADresult >= 800 )
            PORTA = 0xfb;                    // LED2 만 on (1111 1011)
    }
}
```

활용과제

위의 프로그램을 수정하여 저전압 범위(A/D 변환 값 ≤ 400)일 경우 LED1이 0.5초 간격으로 점멸하고 고전압 범위(A/D 변환 값 ≥ 800)일 경우 LED2가 0.5초 간격으로 점멸하도록 하시오.

실습 46. 입력 전압 데이터의 FND 표시

[실습과제]

다음 실습회로와 같이 A/D 변환기의 채널 ADC0에 가변저항을 연결, 가변저항을 손으로 돌려 출력 전압의 변화를 A/D변환하여 변환된 값을 7-Segment에 출력하자.

A/D 변환기는 10비트변환, 32분주(500KHz)를 사용한다.

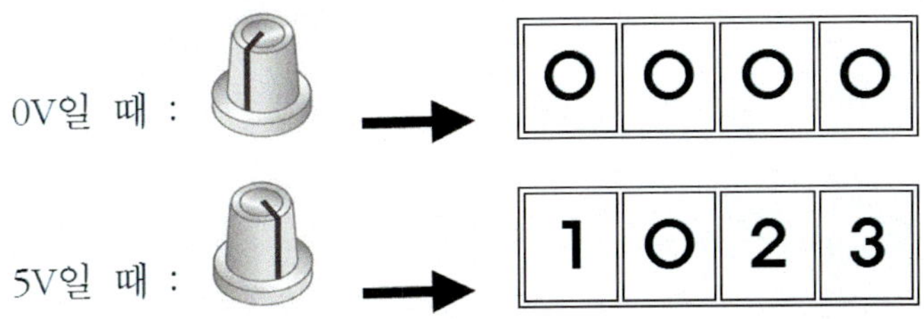

[실습회로]

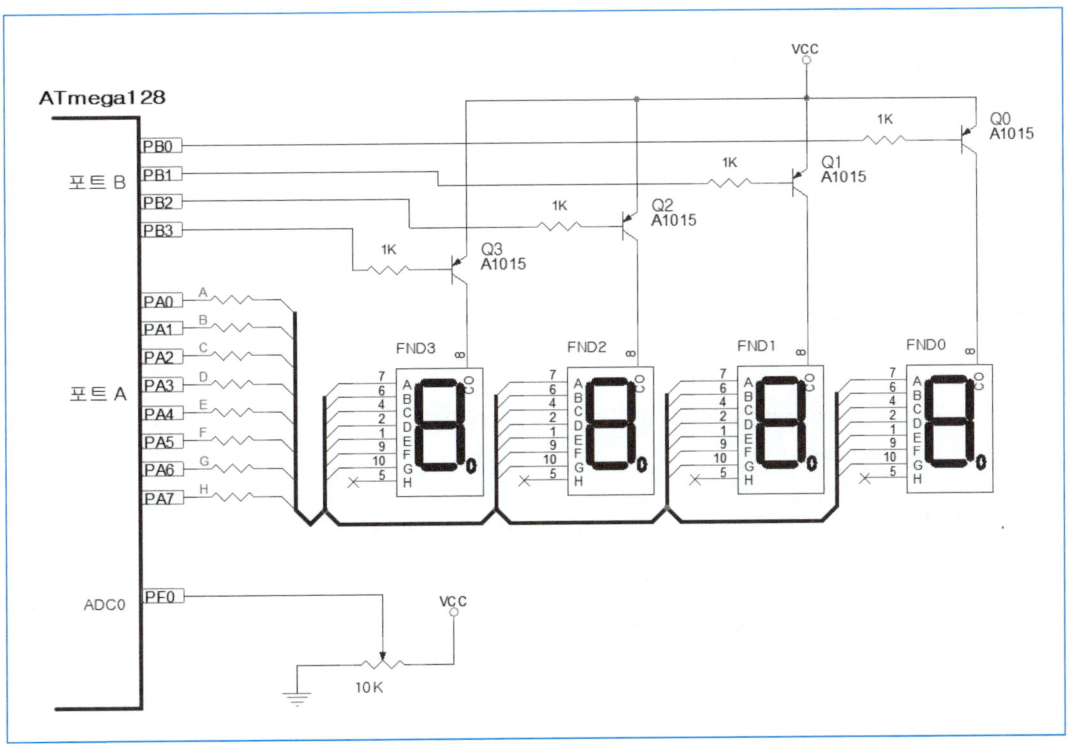

[소스 프로그램]

```
#include <mega128.h>
#include <delay.h>

#define FND          PORTA
#define Q0           PORTB.0
#define Q1           PORTB.1
#define Q2           PORTB.2
#define Q3           PORTB.3

void Initial(void) // ——— 초기화 함수 ————————————
{
        PORTA= 0xff ;
        DDRA = 0xff ;    // FND 출력

        PORTB= 0xff ;
        DDRB = 0xff ;    // FND 스위치 TR

        PORTF= 0x00 ;
        DDRF = 0x00 ;    //  A/D0(PF.0) <-- 가변저항

        delay_ms(10);
        ADCSRA = 0x85;   // (1000 0101)  ADC enable, 32분주
        ADMUX = 0x40;    // 기준전압 = AVCC(+5V),  select 채널 ADC0
        delay_us(150);
}

void FndDisplay(unsigned int i)  // ——— FND 표시함수 ————
{
              // FND Data     '0'  '1'  '2'  '3'  '4'  '5'  '6'  '7'  '8'  '9'
        unsigned char fnd[10]={0xc0, 0xf9, 0xa4, 0xb0, 0x99, 0x92, 0x82, 0xd8, 0x80,
                              0x98};

        unsigned char buff1000, buff100, buff10, buff1;
        int remainder;

        buff1000 = i/1000;                 //  천 자릿수 값 계산
        remainder = i % 1000;              //  i값을 1000으로 나눈 나머지 저장

        buff100 = remainder/100;           //  백 자릿수 값 계산
        remainder = remainder % 100;       // 100으로 나눈 나머지 저장

        buff10 = remainder/10;             //  십 자릿수 값 계산
```

```
        remainder = remainder % 10;            // 10으로 나눈 나머지 저장

        buff1 = remainder;                     // 천 자릿수 값 저장

        FND = fnd[buff1000];                   // 천 자릿수 값 FND3에 출력
        Q3 = 0;
        Q2 = 1;
        Q1 = 1;
        Q0 = 1;
        delay_us(1000);

        FND = fnd[buff100];           // 백 자릿수 값 FND2에 출력
        Q3 = 1;
        Q2 = 0;
        Q1 = 1;
        Q0 = 1;
        delay_us(1000);

        FND = fnd[buff10]; // 십 자릿수 값 FND1에 출력
        Q3 = 1;
        Q2 = 1;
        Q1 = 0;
        Q0 = 1;
        delay_us(1000);

        FND = fnd[buff1];  // 일 자릿수 값 FND1에 출력
        Q3 = 1;
        Q2 = 1;
        Q1 = 1;
        Q0 = 0;
        delay_us(1000);
}

void main(void)   // ========== >>> 메인 함수 <<< ========
{
        int i;
        unsigned int ADresult ;

        Initial();  // 포트 및 ADC초기화

        while(1)  // 오차를 줄이기 위해 변환결과를 8번 읽어 누적 합을 구하여
        {         // 다시 8로 나누어 평균값을 디스플레이 한다.
```

```
        ADresult = 0;

        for(i = 1; i <= 8; i++)              // 8회 반복하여 읽어들임
        {
            ADCSRA = 0xD5;                   // A/D변환시작 및 clear ADIF

            while( (ADCSRA & 0x10) == 0 );   // 변환 완료까지 대기

            ADresult += (int)ADCL +((int)ADCH << 8) ; // A/D 결과 누적합 구함
            delay_ms(1);
        }

        ADresult = ADresult / 8;             //  8 로 나누어 평균값 구함.
        FndDisplay(ADresult);                // FND에 출력
    }
}
```

활용과제

위의 프로그램을 수정하여 FND대신 LCD에 디스플레이 하시오.
LCD 회로는 다음과 같이 결선하여 사용하시오.

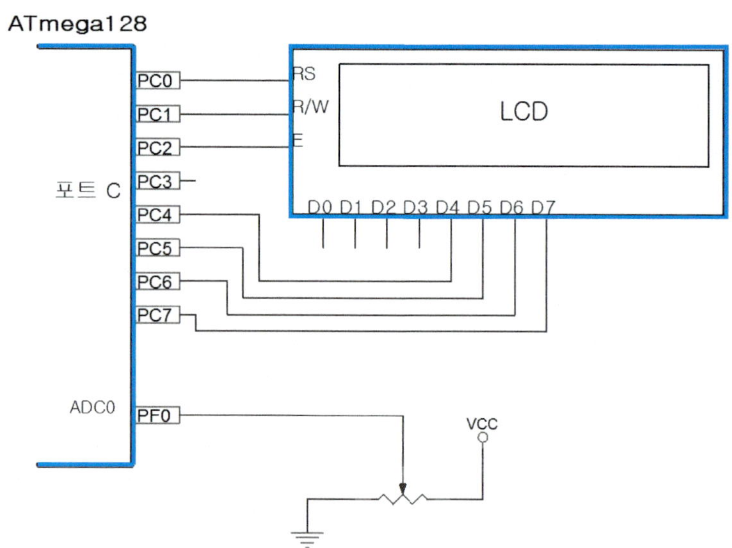

실습 47. 입력 전압값의 실수 환산 표시 1

[실습과제]

A/D 변환기의 CH0에 가변저항을 연결, A/D변환값을 전압값으로 변환하여 소수 2번째 자리까지 7-Segment에 출력하자.

A/D 변환기는 10비트변환, 256분주를 사용한다.

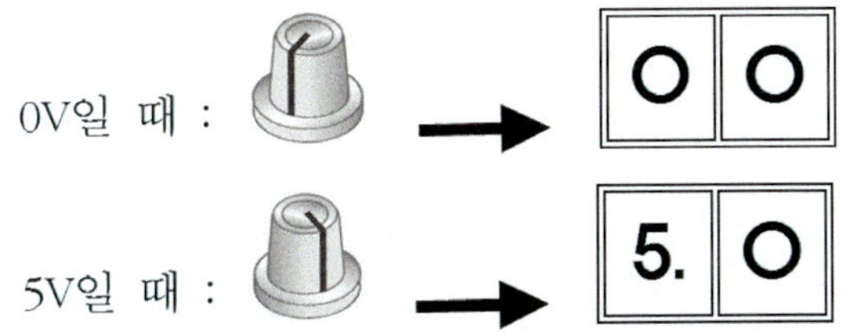

참고 : 변환값을 전압으로 환산

10비트 A/D 변환결과는 0~1023까지이다. AVCC = 5V이므로 A/D 입력에 따라 변환은 0V~5V입력을 0~1023으로 변환된다.

따라서 변환 전압값은 : $Volt = \frac{5V}{1024} \times A/D\text{변환값}$

[실습회로]

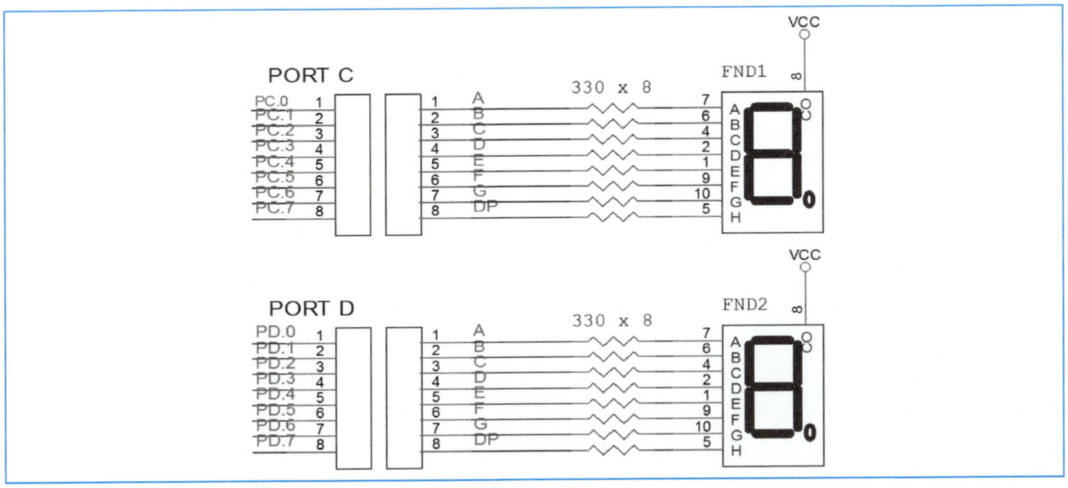

[소스 프로그램]

```
#include <mega128.h>
#include <delay.h>

#define FND_1        PORTC        // 소수부 표시
#define FND_2        PORTD        // 정수부 표시

unsigned int fnd[10]={0xc0,0xf9,0xa4,0xb0,0x99,0x92,0x82,0xd8,0x80,0x98};

void Init()          // 초기화
{
     DDRC=0xFF;
     PORTC = 0xFF;
     DDRD=0xFF;
     PORTD = 0xFF;

     // ADC initialization,
     // Clock frequency: 125.000 kHz, Voltage Reference: AREF pin
     ADMUX=0x00;
     ADCSRA=0x87;
}

void FND_DISP(unsigned int data)          // FND 표시 함수 - 다시 10으로 나눔
{
     FND_2 = fnd[data / 10] & 0x7f;       //   ( ... & 0x7f ) - 소숫점 추가
     FND_1 = fnd[data % 10];
}


  // Read the AD conversion result
unsigned int read_adc(unsigned char adc_input)
{
     ADMUX=adc_input;
     ADCSRA|=0x40;                         // AD 변환 시작

     while ((ADCSRA & 0x10)==0);           //  A/D 변환 완료될 때 까지 대기
     ADCSRA|=0x10;
     return ADCW;
}

void main()
{
     unsigned int voltage;
```

```
        Init();

        while(1)
        {
            voltage = read_adc(0);
            voltage = (voltage * 0.048828125);     // (5/1024)*10 = 0.048828125
                                                   // 참조 전압 5V를 1024 분해, 10배 비율.
            FND_DISP(voltage);                     // 변환값 FND 표시
            delay_ms(50);
        }

}
```

활용과제

위의 프로그램을 수정하여 FND대신 LCD에 디스플레이 하시오.
LCD 회로는 다음과 같이 결선하여 사용하시오.

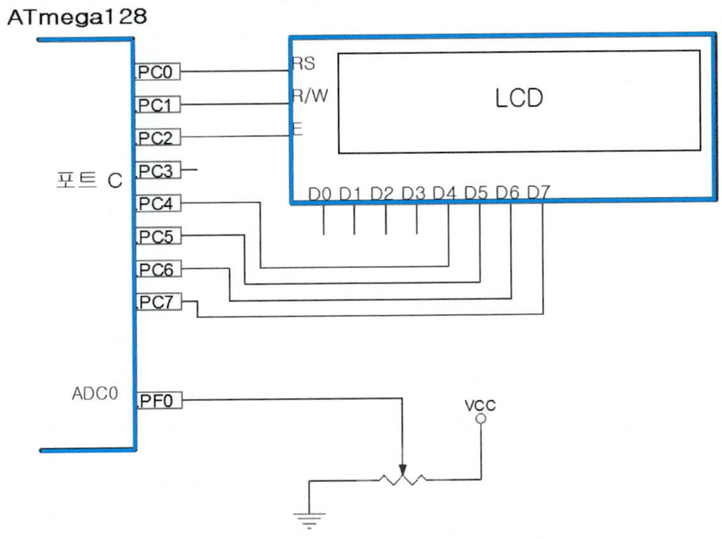

실습 48. 입력 전압값의 실수 환산 표시 2

[실습과제]

A/D 변환기의 CH0에 가변저항을 연결, A/D변환값을 전압값으로 변환하여 소수 2번째 자리까지 7-Segment에 출력하자.

A/D 변환기는 10비트변환, 256분주를 사용한다.

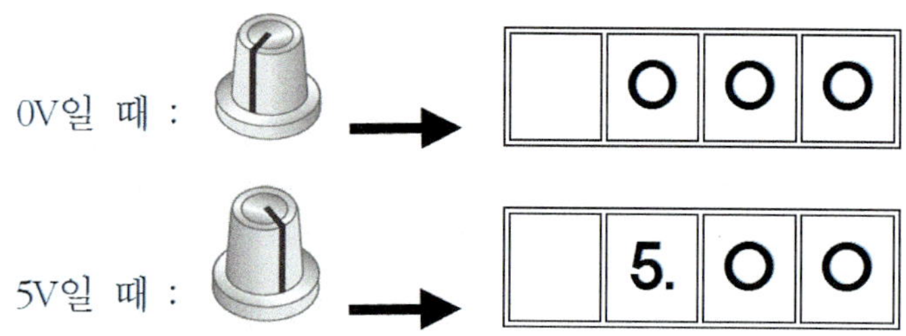

[실습회로]

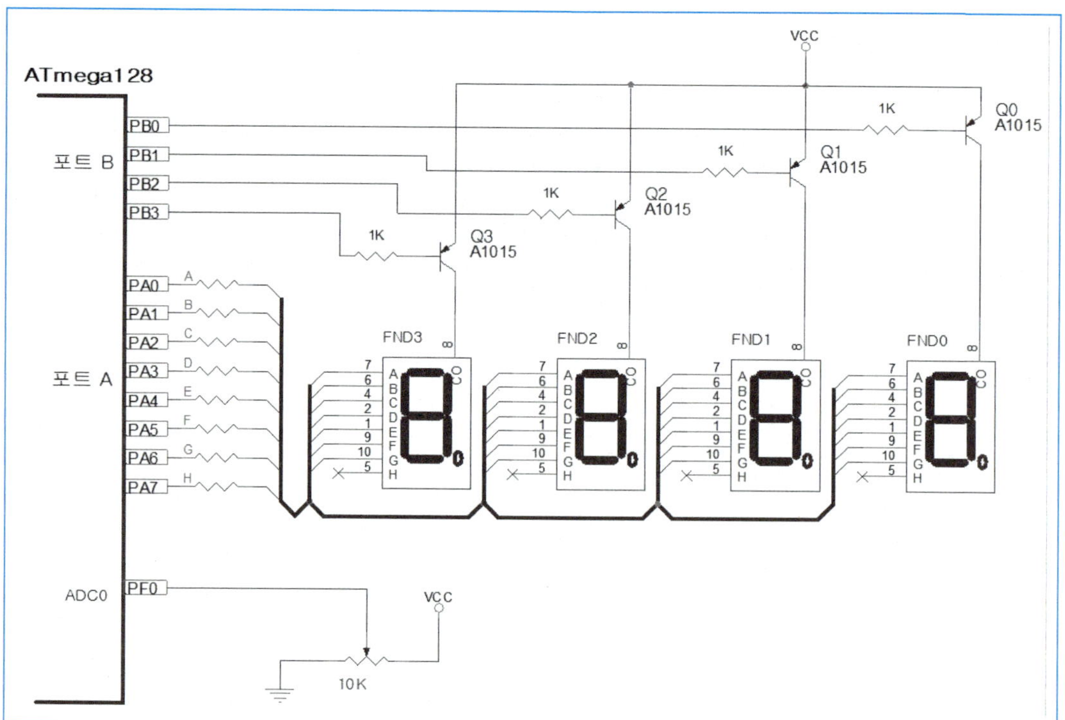

[소스 프로그램]

```
#include <mega128.h>
#include <delay.h>

#define  FND    PORTA
#define  Q0     0b11111110
#define  Q1     0b11111101
#define  Q2     0b11111011

void Initial(void) // ------ 초기화 함수  ---------------------------
{
        PORTA= 0xff ;
        DDRA = 0xff ;              // FND 출력

        PORTB= 0xff ;
        DDRB = 0xff ;              // FND 스위치 TR

        PORTF= 0x00 ;
        DDRF = 0x00 ;              //  A/D0(PF.0) <-- 가변저항

        delay_ms(10);
        ADCSRA = 0x85;             // (1000 0101)  ADC enable, 32분주
        ADMUX = 0x40;              // 기준전압 = AVCC(+5V),  select 채널 ADC0
        delay_us(150);
}

void ADdisp(int val)             //-------  A/D 변환값 표시 함수
{
        float  fval;
        int  ival, buf;
        char N100, N10, N1;

          // FND Data           '0'  '1'   '2'  '3'  '4'  '5'  '6'  '7'  '8'  '9'
        unsigned char fnd[10]={0xc0, 0xf9, 0xa4, 0xb0, 0x99, 0x92, 0x82,
                                                        0xd8, 0x80, 0x98};

        fval = (float)val * 5.0 / 1023.0;       // 전압 값 계산 (정수부)
        ival = (int)(fval  * 100.0 + 0.5);      // 전압 값 계산 (소수부)

        N100 = ival / 100;                      // 정수부 추출
        buf = ival % 100;

        N10 = buf / 10;                         // 소수 첫째 자리 추출
```

```
        N1 = buf % 10;                        // 소수 둘째 자리 추출

        PORTB = Q0;                           // FND0 (소수 둘째 자리 표시)
        FND = fnd[N1];
        delay_ms(1);

        PORTB = Q1;                           // FND1 (소수 첫째 자리 표시)
        FND = fnd[N10];
        delay_ms(1);

        PORTB = Q2;                           // FND2 (정수부 표시, 소숫점 표시)
        FND = fnd[N100] & 0b01111111;
        delay_ms(1);
}

void main(void)
{
        int i, ADresult;
        Initial();                  // 포트 및 ADC초기화

        while(1)
  {
            ADresult = 0;

            for(i =1; i<=4; i++)              //  변환결과를 4번 읽어 누적 합을 구함
            {
                ADCSRA = 0xd5;                // ADEN=1, ADSC = 1 변환 시작
                while((ADCSRA & 0x10) == 0);        // ADIF=1이 될 때까지 대기
                                              // 즉, A/D변환 완료때 까지 대기
                ADresult += (int)ADCL + ((int)ADCH << 8);
            }

            ADresult /= 4;                    // 다시 4로 나눔
            ADdisp(ADresult) ;                // A/D 변환 결과값 표시
        }
}
```

활용과제

위의 프로그램을 수정하여 A/D 변환 완료 인터럽트를 활용하도록 하시오.

11.3 센서 인터페이스와 계측 실습

실습 49. 로봇에 많이 사용되는 광량센서의 측정

실습 50. PSD 센서를 이용한 거리 측정

실습 51. 초음파 센서를 이용한 거리 측정

실습 49. 로봇에 많이 사용되는 광량 센서의 측정

[광센서 인터페이스 개요]

광센서의 측정은 ON-OFF식 측정과 광량 방식 측정법 두 가지가 있는데, 여기서는 마이크로 로봇에 주로 많이 사용되는 광센서를 이용하여 광량을 측정하는 인터페이스 회로와 측정 프로그램에 대해 공부해 보자.

라인트레이서나 마이크로 마우스 혹은 다른 마이크로 로봇에서 센서로 사용하는 것 중 가장 많이 사용하는 것이 적외선 포토센서이다. 거리의 측정에도 사용되지만 원거리는 잘 사용하지 않고 근거리를 측정하고자 할 때 사용되기도 하며 물체의 유/무 등 많은 곳에서 사용되고 있다.

포토센서는 적외선 발광다이오우드와 적외선 포토트랜지스터로 쌍으로 사용한다. 포토트랜지스터는 빛의 조사량에 따라 전압이 변하는 것을 디지털 신호로 바꾸어 MCU에서 인식하여 사용한다.

▌인터페이스 회로1 – 논리 출력 형 수신부 회로

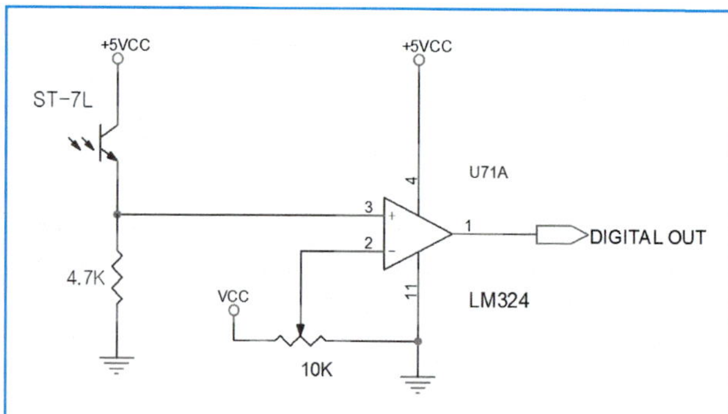

10K 가변저항의 입력 전압보다 센서 전압이 크면 "1" (=5V), 작으면 "0" (0V)가 출력된다.

- 알고리즘 구현이 간단
- 주변 환경의 조도 영향을 받음
- 정밀한 제어가 어렵다.

▮ 인터페이스 회로2 - 광량 방식 수신부 회로

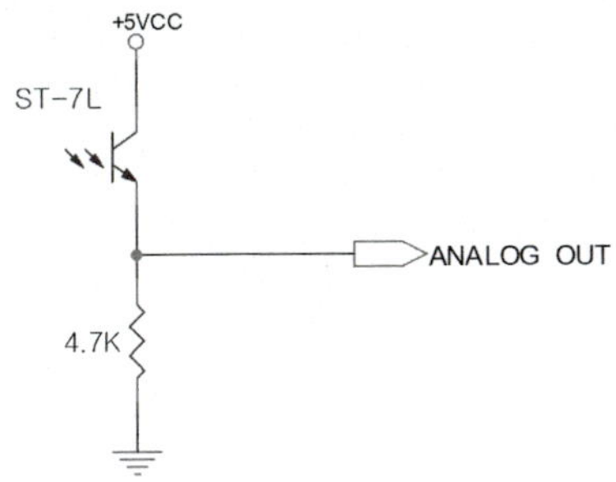

빛의 양이 증가하면 전압이 커진다. 이를 A/D 변환기를 거쳐 처리여야 한다.

- 알고리즘 구현이 복잡.
- 별도 A/D변환기가 필요함.
- 정밀한 제어가 가능함.

▮ 인터페이스 회로3 - 간단한 송신부 회로

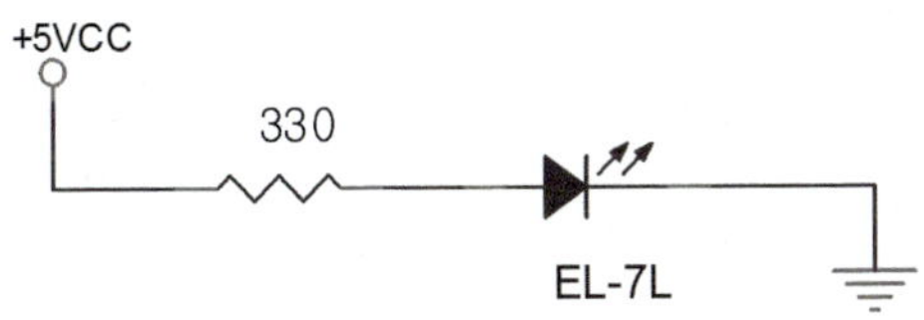

- 저 전류로 항상 ON 상태 유지
- 수신부와 동기 불필요함.
- 알고리즘 구현이 간단.
- 빛이 약해 주변환경 조도에 따라 수신부 오동작 가능성이 큼.

▮ 인터페이스 회로4 - 펄스 송신부 회로

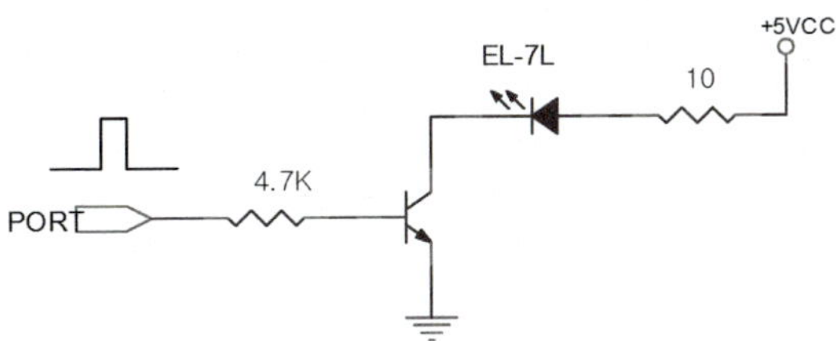

- 짧은 순간 높은 전류로 밝은 빛을 발산
- 수신부와 동기 필요함.
- 알고리즘 구현이 다소 복잡.
- 수신부 감도가 매우 좋아 광량 방식에 주로 사용.

[실습과제]

다음 회로처럼 적외선 다이오드(EL-7L)와 포토트랜지스터(ST-7L)가 4조 있다. 각각 수신되는 광량 값을 LCD로 표시해보자.

- 라인센서의 발광부를 약 30us동안 켠 다음 수광부 센서로 오는 데이터를 ADC로 받아 들인 후 발광부 센서를 끈다.

- 수광부 센서 4개의 데이터를 LCD에 표시한다.
- 흰색에서의 반사량과 검정색일 때의 데이터를 비교한다.

[실습회로]

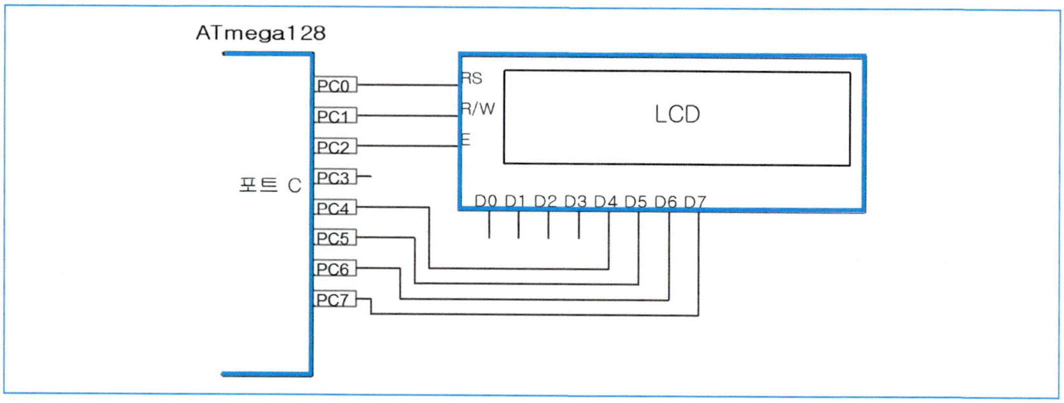

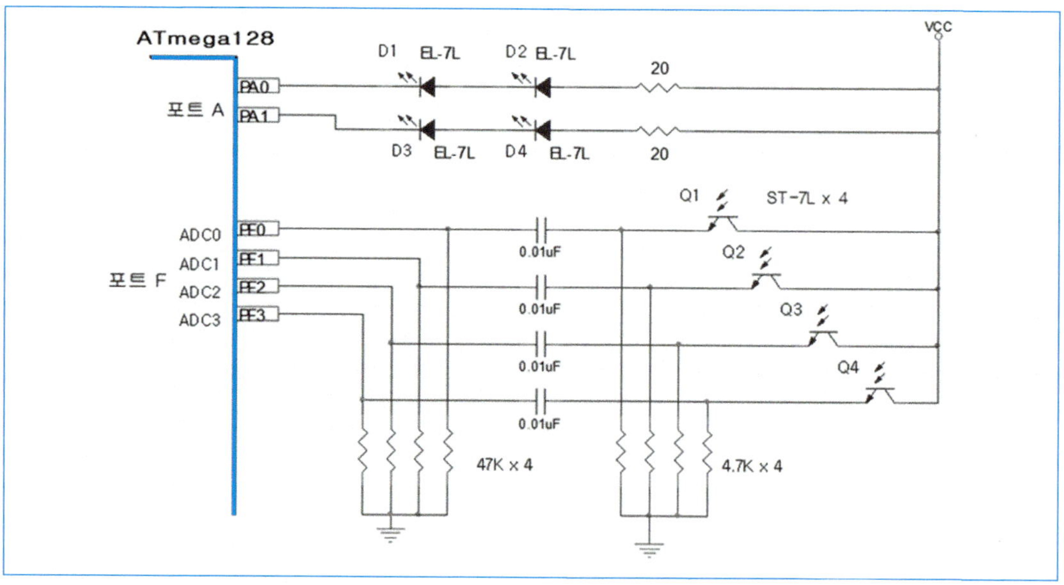

▮ 센서의 배치와 테스터

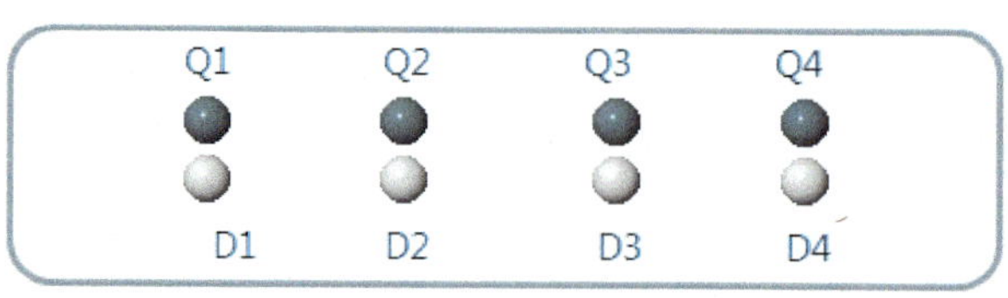

위 그림처럼 적외선 LED와 포토트랜지스터가 쌍을 이루도록 하며 쌍의 간격은 검은색 라인 넓이 정도로 한다.

테스터는 흰색 종이 위에 검은색 절연테이프를 붙여 프로그램 실행 후 라인 종이를 움직여 가며 시행하면 된다.

▌적외선 감지회로부 감지 원리

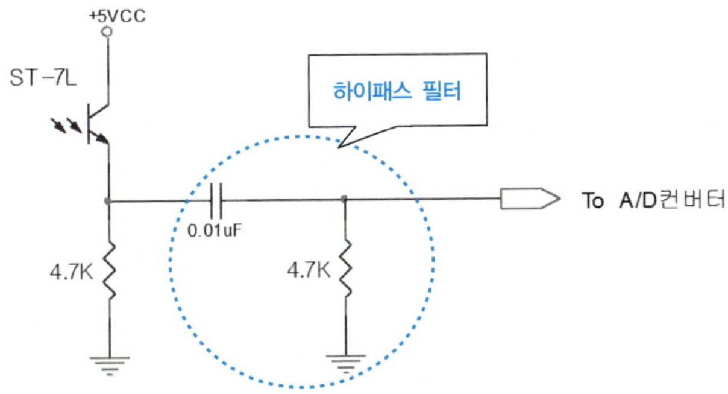

위 회로도는 포토 다이오드의 펄스 광을 포토TR 센서에서 펄스 광원에 의한 급격한 변화(고주파)에서 하이패스 필터를 통과해 ADC로 흘러가게 된다. 이는 외란광으로부터 센서가 오동작하는 것을 막을 수 있기 때문이다. 즉 어두운 곳에서의 작동 데이터와 밝은 곳에서의 작동데이터가 거의 일치하는 것이다.

▌감지 방법

앞의 회로에서 적외선 발광 LED는 포트에 20옴 정도의 아주 작은 저항으로 연결되어 있다. 이는 많은 전류를 흘려 센 빛을 방사할 수 있도록 해주는데 계속 전류를 흘린다면 과전류에 의해 LED가 타버린다. 따라서 아주 짧은 시간만 전류를 흘려주는 펄스 형태로 LED를 구동한다. 이러한 방법은 외란 광에 강인한 특성이 있다.

본 실습에서는 이러한 방법을 구현하며 다음과 같이 LED를 구동하며 감지된 빛의 양을 A/D 변환 처리하도록 한다.

```
PORTA.0 = 0;          // 적외선 LED ON
delay_us(30);
read_adc(3);          // 아날로그 데이터 획득
PORTA.0=1;            // 적외선 LED OFF
```

[소스 프로그램]

```
#include <mega128.h>
#include <delay.h>
#include <stdio.h>

//------ Alphanumeric LCD Module functions ------
#asm
    .equ __lcd_port=0x15 ;          // PORTC
#endasm
#include <lcd.h>

#define ADC_VREF_TYPE  0x00
#define Fire1      PORTA.0          // 적외선 발광LED 핀
#define Fire2      PORTA.1

char sbuf[16];

int AData0, AData1, AData2, AData3; // A/D변환된 센서값이 저장될 변수

void MPUinit(void)
{
        DDRA=0xff;
        PORTA=0xff;                 // 포트A : 적외선 LED

        DDRC=0xff;
        PORTC=0xff;                 // 포트C : LCD

        DDRF = 0x00;                // 포트F :  (A/D 입력)
        PORTF = 0x00;

                                    // ADC initialization
        ADMUX=ADC_VREF_TYPE;
        ADCSRA=0x86;                // 64분주 , 250kHz, Voltage Reference: AREF pin

        lcd_init(16);               // LCD module initialization
}

unsigned int read_adc(unsigned char adc_input) //— A/D 변환 후 결과 출력 함수 —
{
        ADMUX=adc_input|ADC_VREF_TYPE;      // Start the AD conversion
        ADCSRA|=0x40;

        while ((ADCSRA & 0x10)==0);      // Wait for the AD conversion to complete
```

```
        ADCSRA|=0x10;
        return ADCW;
}

void LineDataInput()  //—— 라인 감지 A/D변환 처리 함수 ————
{

        Fire1 = 0;                  // LEFT 발광센서 점등
        delay_us(30);
        read_adc(3);                // 아날로그 데이터 획득 ( X 0 0 0 )
        Fire1 = 1;                  // 발광센서 소등
        AData3 = ADCW;
        delay_us(1000);

        Fire2 = 0;                  // RIGHT 발광센서 점등
        delay_us(30);
        read_adc(1);                // 0 0 X 0
        Fire2 = 1;
        AData1 = ADCW;
        delay_us(1000);

        Fire1 = 0;                  // LEFT 발광센서 점등
        delay_us(30);
        read_adc(2);                // 0 X 0 0
        Fire1 = 1;
        AData2 = ADCW;
        delay_us(1000);

        Fire2 = 0;                  // RIGHT 발광센서
        delay_us(30);
        read_adc(0);                // 0 0 0 X
        Fire2 = 1;
        AData0 = ADCW;
}


void main(void)
{
        MPUinit();

        while (1)
        {
                LineDataInput();    // 라인 감지 A/D변환 처리
```

```
        sprintf(sbuf,"%03d",AData3);        // 3번 센서 A/D변환값 표시
        lcd_gotoxy(0,0);
        lcd_puts(sbuf);

        sprintf(sbuf,"%03d",AData2);        // 2번 센서 A/D변환값 표시
        lcd_gotoxy(4,0);
        lcd_puts(sbuf);

        sprintf(sbuf,"%03d",AData1);        // 1번 센서 A/D변환값 표시
        lcd_gotoxy(8,0);
        lcd_puts(sbuf);

        sprintf(sbuf,"%03d",AData0);        // 0번 센서 A/D변환값 표시
        lcd_gotoxy(12,0);
        lcd_puts(sbuf);
    };
}
```

활용과제

위 실습 회로에다 포트B에 LED 4개를 추가로 연결하여 각 채널의 A/D 변환 값이 100 이상이 되면 해당 비트의 LED가 점등되도록 하시오.
(즉 ADC0>100이면 LED0 ON, …, ADC3>100이면 LED3 ON)

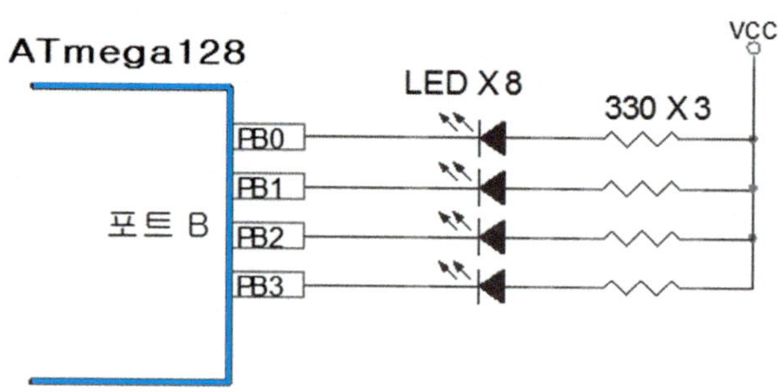

실습 50. PSD 센서를 이용한 거리 측정

[PSD 센서란?]

PSD(Position Sensitive Detector)는 빛에 반응하는 반도체로써 외부에서 접속광을 받게 되면 PSD센서의 출력전류는 수광점의 위치와 함수관계를 유지하는데 이러한 데이터를 이용하여 각종 기기에서 위치를 감지하는 검출소자로 거기측정센서에 사용되며, 응답성이 매우 빠르고 신뢰성이 높은 위치인식을 할 수 있는 정밀도 높은 센서이다.

PSD 센서는 한 개의 적외선 광원과 한 개의 수광센서로 구성된다. 수광센서는 입사되는 빛의 위치에 따라 다른 값을 출력한다. 이 원리를 이용하여 거리를 측정하려는 물체에 적외선을 방하사고 반사되어 나오는 빛이 수광부에 모이는 위치가 다른 점을 이용하여 거리를 측정한다.(그림 11-6)

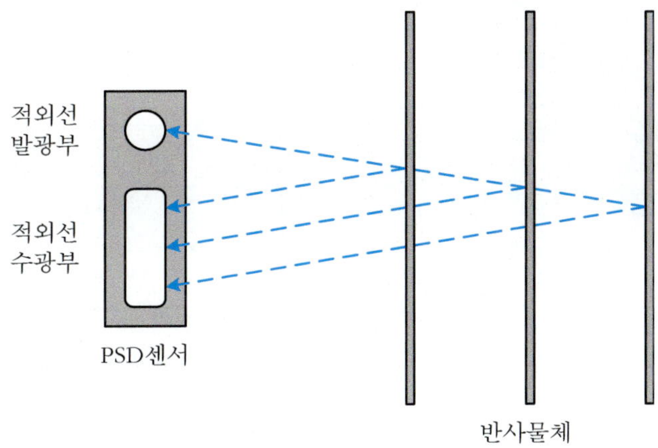

그림 11-6 PSD 센서의 측정 원리

사용 용도는 소형 지능형 로봇의 장애물 검출에 가장 많이 사용되고 있으며, 복사기, 프린터, 자동차, 자동화 부분에서도 사용되고 있다.

PSD의 단점으로는 빛의 반사 각도를 사용하는 센서이기에 외란광의 영향을 많이 받는다. 그래서 Out핀으로 나오는 데이터에는 노이즈가 많이 섞여서 나온다. 보통 PSD Out핀에 컨덴서를 달아서 노이즈를 약간 없애주기도 하지만, 그렇게 신통치는 않다. 가장 흔한 방법으로 PSD데이터를 그냥 사용해서 거리를 판단하지 않고 10~100번 정도를 더해서 평균을 구해, 거리를 판단하는 방법을 많이 사용한다.

[표 11-2] SHARP사에서 생산 중인 PSD 센서들 모델 특징

모델명	출력형식	측정(판단)거리	추정가격
GP2Y0A700K	아날로그	1m ~ 5m	26,400원
GP2Y3A003K	아날로그	0.4m ~ 3m	72,600원
GP2Y0A02YK	아날로그	20cm ~ 150cm	22,000원
GP2Y0A21YK	아날로그	10cm ~ 80cm	13,200원
GP2D120XJ	아날로그	4cm ~ 30cm	13,200원
GP2Y0D02YK	디지털	판단거리 : 80cm	22,000원
GP2Y0D21YK	디지털	판단거리 : 24cm	13,200원

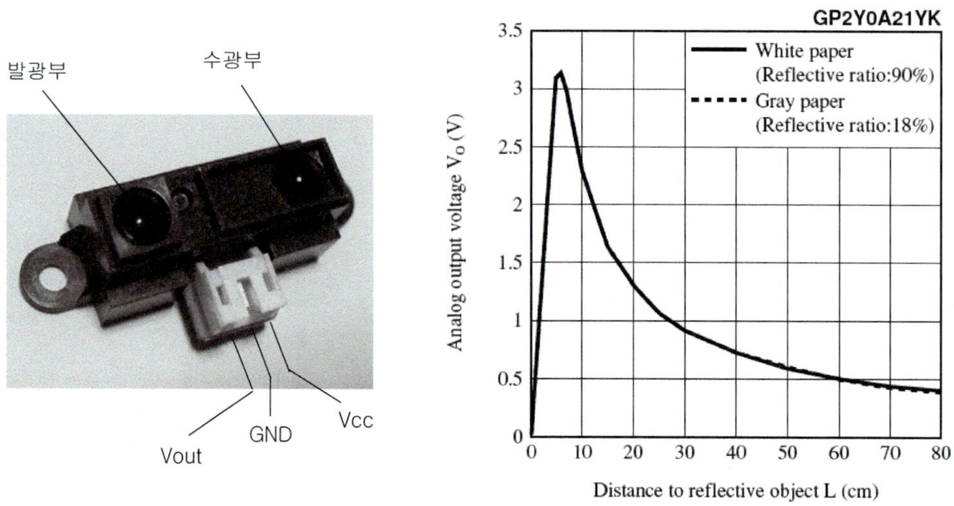

그림 11-7 GP2Y0A21YK의 외형과 출력 특성 그래프

[실습과제]

A/D 변환기의 ADC0에 PSD센서 전압 출력을 연결하여 A/D변환값을 거리로 변환하여 LCD로 출력한다.

[실습회로]

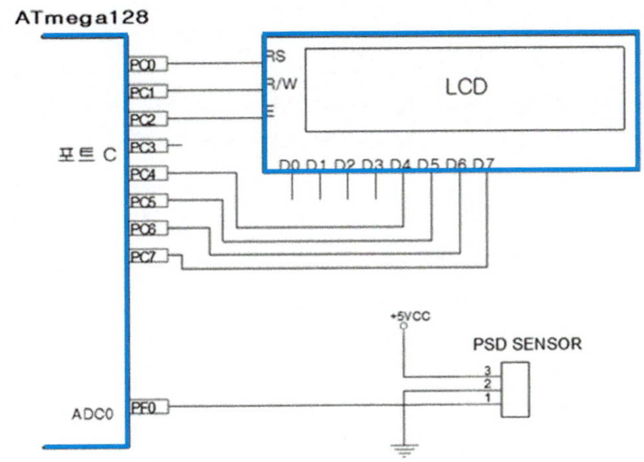

[소스 프로그램]

```
#include <mega128.h>
#include <stdio.h>
#include <delay.h>

// Alphanumeric LCD Module functions
#asm
    .equ __lcd_port=0x15 ;
#endasm
#include <lcd.h>

#define ADC_VREF_TYPE    0x00

char sbuf[60];

unsigned int read_adc(unsigned char adc_input) // Read the AD conversion result
{
        ADMUX=adc_input|ADC_VREF_TYPE;

        ADCSRA|=0x40;                    // Start the AD conversion

        while ((ADCSRA & 0x10)==0);      // A/D 변환 완료 때까지 대기
```

```
        ADCSRA|=0x10;
        return ADCW;
}

void main(void)
{
      float Dist0;                  // 거리값 저장 변수
      float fVolt0;                 // 전압값 저장 변수

      ADMUX=ADC_VREF_TYPE;    // ADC 초기화 : 125.000 kHz, AREF pin
      ADCSRA=0x87;

      lcd_init(16);

      while(1)
      {
         fVolt0 = read_adc(0)  * 5.0/1024.0;                    // 전압값 계산
         Dist0 = (9.06 / (fVolt0*fVolt0)) - (6.63*fVolt0) + 27.3; // 거리 계산

         sprintf(sbuf, "Dist = %2.2f", Dist0);           // LCD :"Dist = 거리값"출력
         lcd_gotoxy(0,0);
         lcd_puts(sbuf);

         sprintf(sbuf, "ADC  = %d",(int) fVolt0);        // LCD :"ADC = 전압값"출력
         lcd_gotoxy(0,1);
         lcd_puts(sbuf);

         delay_ms(100);
      }
}
```

[알고리즘 분석]

▮분해능에 따른 변환결과를 전압값으로 환산

기준전압 5V, 10비트 변환이므로

$$Volt = \frac{5\,V}{1024} \times A/D \text{ 변환값}$$

■ 거리 계산 공식

$$y = \frac{9.06}{x^2} - 6.63x + 27.3$$

(x : 출력 전압)

이 수식에서 x에 전압 값을 넣으면 y에 거리 값이 계산된다. 이 수식은 그래프 툴을 사용하여 구하였다.

```
Heat Capacity Model: y=a+bx+c/x^2
Coefficient Data:
a =  27.278146
b =  -6.6347128
c =  9.064599
```

■ 실수를 LCD에 표시

```
sprintf(sbuf, "PSD = %1.2f ", Dist);
```

'%1.2f'에서 'f'는 실수형으로 들어간다는 의미이고, 앞에 '1'은 소수윗자리를, '2'는 소수밑 2자리를 확보하겠다는 의미이다.

코드비전 컴파일러는 새 프로젝트를 생성하면, sprintf의 값은 int형으로 선언되어져 있어서 실수형을 표현할 수 없게 되어 있다. 바로 뒤에 '컴파일러 재설정하기'를 보고 실수형을 사용할 수 있게 컴파일러를 세팅해야 한다.

[컴파일러 재설정하기]

프로그램을 다운로드 하기 전에 다음을 확인한다.

① 코드비전의 메뉴에서 Project 〉 Configure 클릭

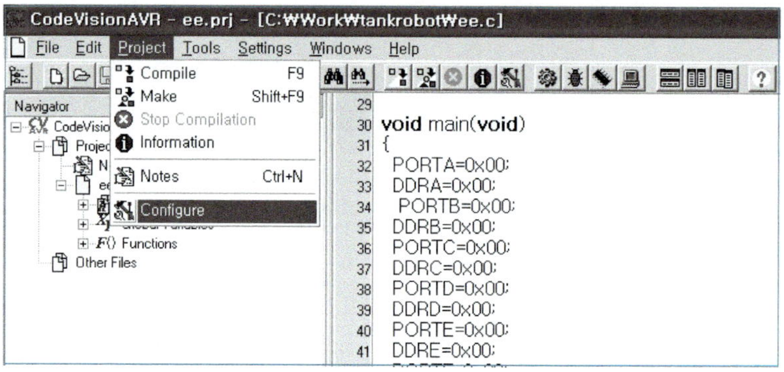

② C Comfiler 탭을 클릭한 후 왼쪽 하단에 있는 (s)printf features에서 float,width, precision을 선택한 후 OK버튼을 클릭한다.

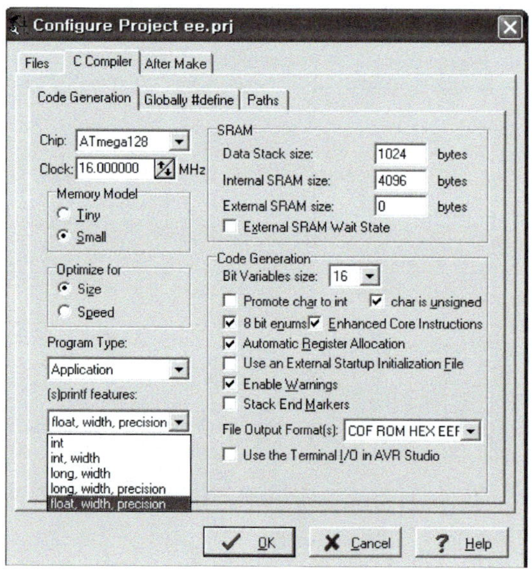

위의 프로그램에서 데이터를 제대로 Display 하기 위해서는 sprintf 문에서 사용된 변수가 float형이므로 상기와 같은 Setting이 필요하게 된다.

활용과제

위 실습 회로에다 PORTA.0에 LED를 추가로 연결하고 다음 표와 같이 물체의 감지거리에 따라 점멸시켜보자.

감지거리	LED 점멸 간격
50cm 이하	0.6초
30cm 이하	0.4초
20cm 이하	0.2초

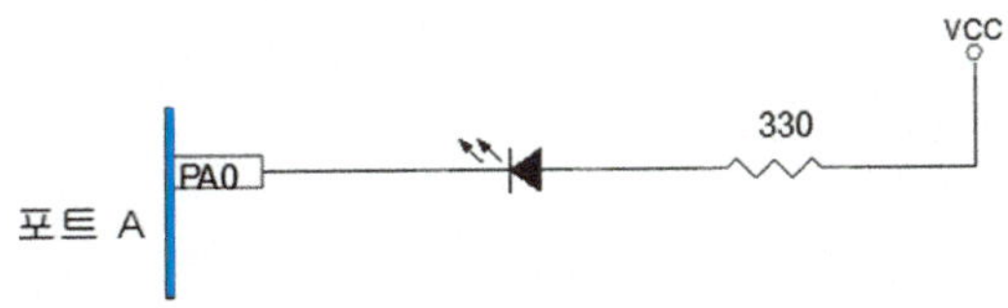

실습 51. 초음파센서 활용 실습

[초음파란]

'초음파' 는 '음파(音波)' 와 같은 소리이지만 주파수(진동수)가 20 kHz 이상인 음파를 지칭하는 말이다.

<table>
<tr><td>전 파</td><td colspan="3">전기적 진동, 주파수가 높아야 공간으로 퍼져 나간다.</td></tr>
<tr><td rowspan="3">음 파</td><td>초 장 파</td><td>진동수 20Hz 이하</td><td>코끼리의 통신수단</td></tr>
<tr><td>가청음파</td><td>진동수
20~20,000Hz</td><td>인간의 청각 범위</td></tr>
<tr><td>초 음 파</td><td>진동수 20kHz 이상</td><td>돌고래, 박쥐의 통신수단
공기와 액체진동을 공업적으로 활용한다.
(세척기, 용착기, 어군탐지)</td></tr>
</table>

초음파는 본질적으로는 가청범위의 음파와 성질이 같으나, 주파수가 높고 따라서 파장이 짧기 때문에 상당히 강한 진동이 생기므로 보통의 소리에서는 볼 수 없는 성질도 나타낸다. 예를 들어 그 진로가 방향성을 가지면서 짧은 펄스(pulse)가 나오게 되는 것 등인데, 박쥐가 어두운 밤에 가느다란 물체까지 식별하는 것은 몸에서 초음파를 나오게 하여 장애물에 비추어 그 반사파를 감지하는 능력을 가졌기 때문이다.

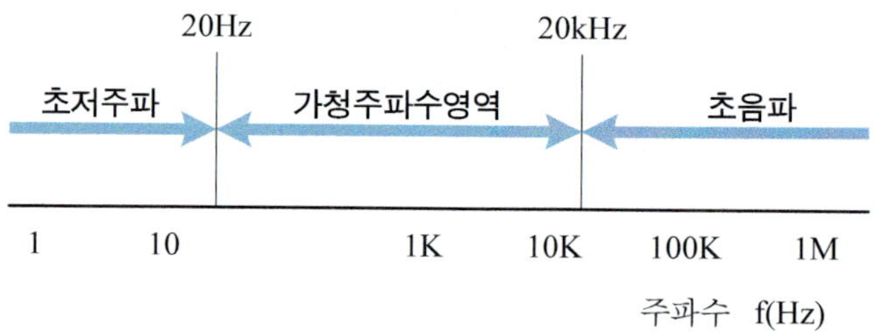

그림 11-8 주파수 영역

초음파 센서는 압전소자를 사용한 진동자의 송파기로부터 발진된 초음파의 에코(Echo)가 수파기에 도달할 때까지의 소요시간으로 거리를 검출하는 것이다. 즉, 초음파를 일정시간 발생시킨 뒤 벽에 반사되어 돌아오는 신호를 검출하여 그 시간차로 거리를 측정한다.

[초음파 센서의 종류]

일반적으로 초음파 센서의 종류 중에는 직접형과 반사형이 있다. 직접형은 광전 스위치의 투과형과 같이 송파기에 수파기를 마주대고, 송파기로부터 방출된 초음파가 물체에 의해 차단될 때 수파기 측의 신호 변화를 검출하는 방식이다. 주로 의료용 또는 산업용으로 많이 사용된다. 반사형에는 개방형과 방적형이 있다.

① 개방형 공중 초음파 센서 구조

〔그림 11-9〕는 개방형 초음파 센서의 내부 구조와 외관 실물을 보여 주고 있다.

그림 11–9 개방형 공중 초음파 센서; (a) 내부구조, (b) 외관

공중 초음파 센서는 진동판의 압전 세라믹, 전극판이 샌드위치형으로 형성되고 이것에 콘형(로트형)의 공진자를 결합한 복합 진동체를 실리콘 접착제에 의하여 베이스에 탄성 있게 고정시킨 다음 케이스에 수납한 구조로 만들었다. 가격이 저렴하여 실험·실습에 많이 활용되고 있다.

② 방적형 공중 초음파 센서

〔그림 11-10〕은 방적형 초음파 센서의 내부 구조와 외관 실물을 보여 주고 있다.

개방형 구조로는 옥외에서 비에 의한 물방울, 오염 물질이나 먼지의 부착 등에 문제가 있어 사용하기 곤란하다. 이 문제를 해결하기 위해 금속 케이스에 압전 세라믹을 부착하고, 베이스에는 흡음재를 붙여서 만든 것이다. 방적형 초음파 센서는 자동차의 범퍼에 내장한 거리계 등에 주로 사용되고 있다.

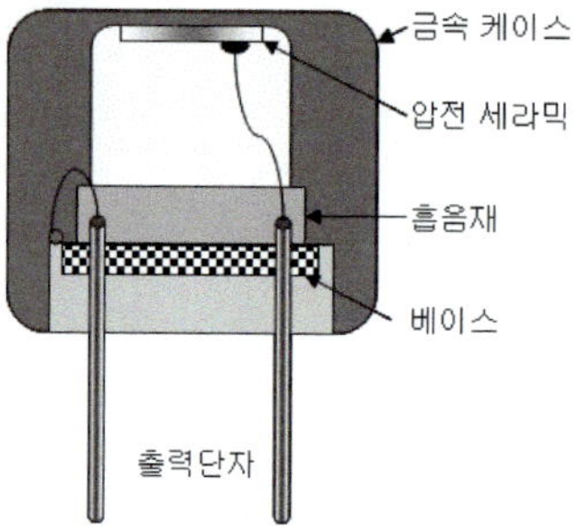

(a) 내부구조

(b) 외관

그림 11-10 방적형 공중 초음파 센서

■ 초음파 전파속도

초음파의 전파 속도는 매질에 따라 크게 차이가 난다. 아래 표에 공기중과 수중에서의 속도, 그리고 실제로는 온도에 따라 크게 차이가 난다.

공기중 : V = 343 (m/sec)
수 중 : V = 1,480 (m/sec)
온도영향을 고려한 실제 공기중 속도 : V(m/s) = 331.5 + 0.60714 * 온도

[실험에 사용된 초음파 센서 모듈 SRF-05]

본 교재에서 사용한 초음파 센서 모듈 SRF-05의 특징을 요약하면 다음과 같다.

- 입력전압 : +5VDC
- 소비전류 : 4mA Typical
- 주파수 : 40Khz
- 최대 측정거리 : 4M
- 최소 측정거리 : 1cm
- 모드 : mode 1 : SRF04 모드 (Input핀과 Output 핀이 분리됨)
  mode 2 : Single Pin Mode (Input핀과 Output 핀을 공유함)
- 입력신호 : 10usec의 TTL 호환 High Pulse
- 에코펄스신호(출력되는 신호) : Positive TTL level Signal
  (측정거리에 따라 Pulse Width가 달라짐)
- 초당 측정횟수 : 약 20회/sec (한 번 측정에 최대 50msec 소요)

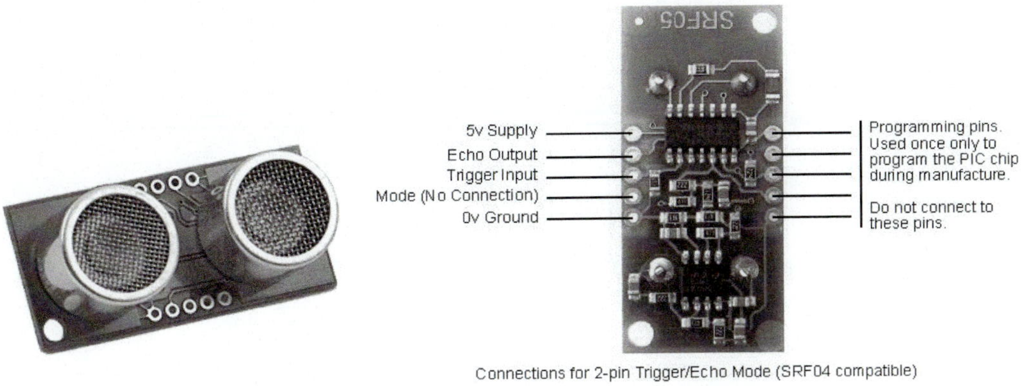

그림 11-11 SRF-05 모듈의 앞면(좌)과 뒷면(우)

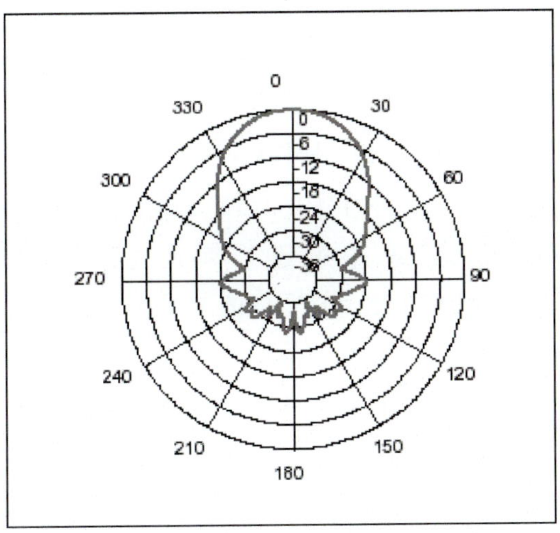

그림 11-12 SRF-05 지향특성 그래프

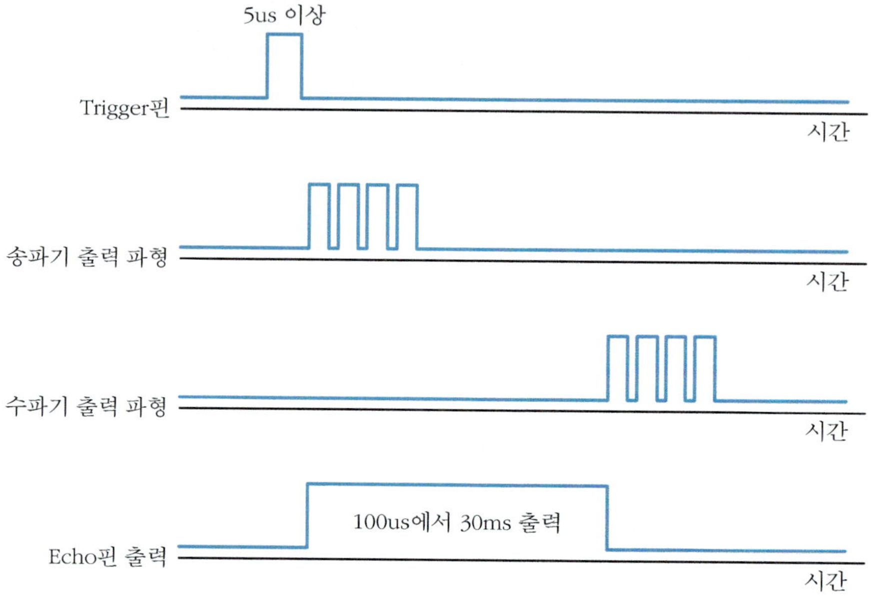

그림 11-13 SRF-05 송수신 타임 그래프

위 그림은 SRF-05 모듈의 타이밍도를 나타낸 것이다. 초음파 센서의 입력핀에 5us 이상 시간을 주고, 0V로 떨어뜨리면 초음파센서의 LOW Edge인터럽트가 발생하고 그 인터럽트의 신호로 송파기에 40KHz의 신호를 주게 된다. 이때 초음파센서의 트리거신호가 High에서 Low로 내려가면 그와 동시에 Echo핀은 High상태가 되고, 외부에서 이 핀이 Low로 떨어지는 시간을 측정해 거리로 환산하면 된다.

단, 여기서 우리가 주의해야 할 점은 반사형 초음파 센서이므로 측정한 거리는 반사되어 돌아오는 거리까지 포함한 것이다. 우리는 어떤 물체와의 거리를 측정하는 것이므로 꼭 **Echo출력값의 1/2을 사용해야 정확한 거리값을 측정할** 수 있다.

[초음파 센서와 PSD 센서의 차이]

지능형 자율로봇에 충돌 회피를 위해 물체를 감지하고 물체와의 거리를 알아야 하므로 초음파센서 혹은 PSD 센서처럼 거리측정이 가능한 센서를 사용하고 있다.

초음파센서는 방사각이 크기 때문에 정밀한 측정에 있어서는 불리한 점이 많지만 방사각이 커서 커버할 수 있는 영역이 크다는 장점이 있으며, PSD센서는 방사각이 좁아서 커버할 수 있는 영역은 작지만 초음파센서보다 더 정밀한 측정이 가능하다. 밑에 그림은 초음파 센서와 적외선 센서의 차이를 보여준다.

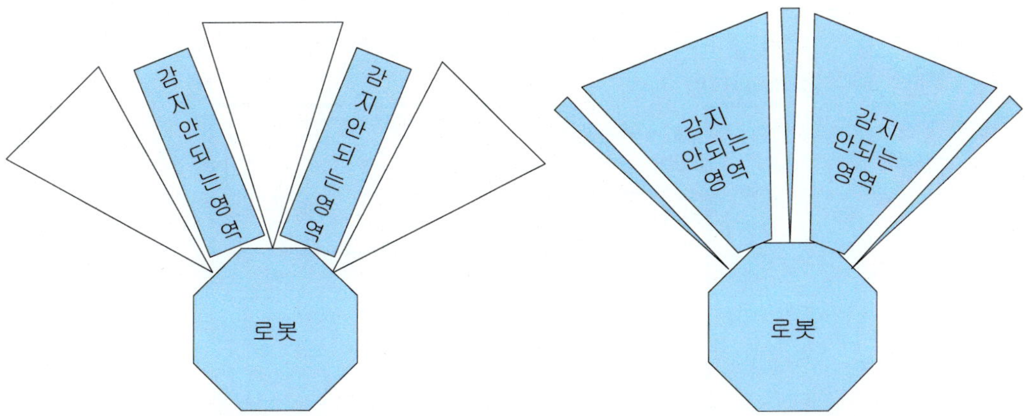

(a) 초음파센서 (b) PSD센서

그림 11-14 초음파센서와 적외선 센서의 감지영역의 차이

초기에는 초음파센서의 특징인 방사각이 크다는 점이 단점으로 부각되었지만, 요즘에는 초음파의 이런 넓은 방사각이 장점으로 떠오르고 있다. 예를 들면, 요즘 자동차 후방센서로 채용되는 초음파센서를 보면, 초창기때 방사각이 좁은 초음파 센서를 사용 하므로서 5개까지 장착을 했던 반면, 요즘은 3개면 충분하다. 방사각이 더 넓은 초음파센서를 채용했기 때문이다.

[실습과제]

초음파 센서 값을 mm 단위로 환산하여 LCD에 표시하라.

① LCD포트를 PORTC로 지정한다.
② 초음파센서들의 결선핀을 정의한다.
③ 타이머0을 사용하여 초음파센서의 반사되어오는 시간을 계산한다.
④ 계산된 시간을 340m/s의 속도로 거리를 환산한다.
⑤ 환산된 거리는 mm단위로 LCD에 표시한다.

[실습회로]

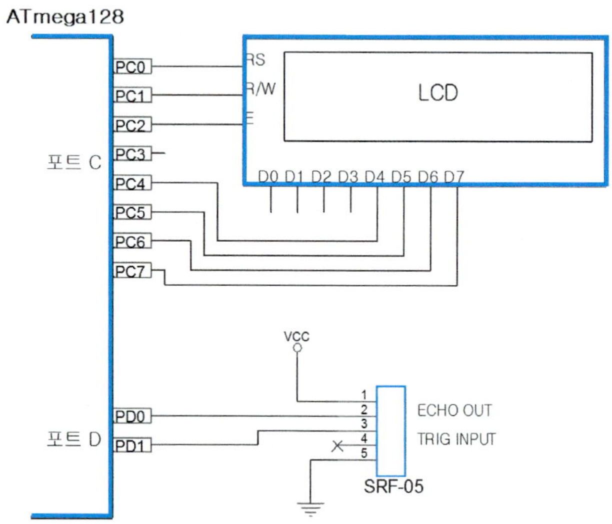

[소스 프로그램]

```
#include <mega128.h>
#include <stdio.h>
#include <delay.h>

// Alphanumeric LCD Module functions
#asm
    .equ __lcd_port=0x15 ;                    // PORTC
#endasm
#include <lcd.h>

#define USTrgger          PORTD.1           // 트리거 펄스 출력 핀
#define USEcho            PIND.0            // 에코 신호 입력 핀

void USInput_Disp();

long Time;
char sbuf[16];
float distData ;
float OlddistData;
unsigned int i;

interrupt [TIM0_OVF] void timer0_ovf_isr(void)   // Timer 0 overflow interrupt
{
```

```
    Time++ ;                          // 매 16μs 마다 인터럽트 발생
}                                     // 하여 Time 값이 1씩 증가한다

void main(void)
{
    PORTC = 0xff;
    DDRC = 0xff;
    PORTD=0x01;                       // PD0 : 에코 입력,  PD1 : 트리거 출력
    DDRD= 0x02;

    TIMSK=0x01;                       // 노멀모드, 시스템 클록 1분주

    lcd_init(16);

    #asm("sei")

    while (1)
    {
        USInput_Disp();               // 초음파 발생 거리 구함

        lcd_gotoxy(0,0);              // 거리 값 디스플레이
        sprintf(sbuf, "Dist:%4.0f mm ", distData) ;
        lcd_puts(sbuf);

       delay_ms(100);
    }
}

void USInput_Disp(void)    // 초음파센서 작동하여 거리 구하기
{
    Time = 0 ;

    TCCR0=0x01;                       // timer start

    USTrgger = 1;                     // 트리거 펄스(10μs) 발생
    delay_us(10) ;
    USTrgger = 0;
                                      // 약12미터가 넘어가면, 루프 탈출
    while( (USEcho == 0)  && (Time <= 2200) ) ;
    while( (USEcho == 1)  && (Time <= 2200) ) ;

    TCCR0=0x00;                       // timer stop
```

```
        distData = (float)( 340*(0.016*Time) / 2 ) ;  // 거리계산

        if(distData <= 50)
            distData = OlddistData;        //거리값이 50mm이하이면 이전데이터 송출
        else
            OlddistData = distData;        //지금의 데이터를 예전 데이터변수로 전달

        delay_ms(10);
}
```

[알고리즘 해설]

① 사용핀 정의

```
#define USTrgger        PORTD.1
#define USEcho          PIND.0
```

결선표에 의거하여 정의

② 타이머 레지스터 설정

```
TIMSK=0x01;      // 타이머0 선택
TCCR0=0x01;      // 클록 1분주, timer start, 타이머0 카운트 시작
#asm("sei")      // 전체 인터럽트 활성화
```

③ 실수 사용하기

```
lcd_gotoxy(0,0);
sprintf(sbuf, "Dist:%4.0fmm ", distData) ;
lcd_puts(sbuf);
```

PSD부분에 '컴파일러 재설정하기' 참조

④ 거리 측정 한계점 빠져나가기

```
while( USEcho == 0  && (Time <= 2200) ) ;  //약12미터가 넘어가면, 루프 탈출
while( USEcho == 1  && (Time <= 2200) ) ;
```

16MHz 시스템 클록에서 16μs마다 오버플로 인터럽트가 발생되므로 Time변수는 16μs마다 1씩 증가하게 된다.

음파는 16μs에 약 0.00544m를 이동하므로

$$0.000544 * 2200 = 11.968\text{m}$$

즉, Echo핀으로 들어오는 값이 0이면서 또한 12미터 이하일 때 무한루프를 돌며 거리를 측정하여 디스플레이하고, 만약 12미터 초과시에는 루프를 탈출하게끔 프로그램되어 있다.

보통 이런 경우는 센서모듈 자체에서 어느 정도 시간이 지나면 강제적 Echo 신호를 내보내서 오작동 되는 것을 막기도 한다. 본 예제에는 이러한 기능이 삽입되어져 있으나, 운용 프로그램에서도 혹시나 하는 마음에 이중으로 프로그래밍 했고, 또한 이러한 논리적 명령으로 프로그램이 어느 한곳에 갇혀져 있는걸 막아야 한다는 예시를 보여주기 위함이다.

while문은 Echo신호의 0레벨에서 첫째 줄에서 대기하며, Time을 증가시키면서, Echo신호의 1레벨에서 첫째 줄을 빠져나와 두 번째 while문에 걸려 Echo핀의 레벨이 0이 되길 기다리면서, 0이 되는 순간 무한루프를 빠져 나온다.

바로 Echo핀의 입력이 0이 되는 순간이 초음파가 반사되어서 되돌아온 시점이다.

⑤ 실거리값으로 환산하기

```
distDataL = (float)(340 * (0.016 * Time) / 2) ;
```

거리 = 340 * Second이다. Time 변수값의 1은 0.000016sec이다. 위 글상자에서 0.016으로 나타낸 것은 앞으로 우리가 표현하고자 하는 단위가 mm이기 때문이다. 그리고 '/2'는 앞에서도 언급한 것과 같이 반사되어서 돌아오는 거리이기 때문에 반으로 계산한 것이다. (float)은 소수점 계산을 위해 전체 값을 실수형으로 임시 지정한다는 의미이다.

⑥ 최소 거리값 설정

```
if(distData <= 50)
    distData = OlddistData;        // 거리값이 50mm 이하이면 예전 데이터 송출

 else
    OlddistData = distData;        // 지금의 데이터를 예전 데이터변수로 전달
```

만약 실거리로 계산된 거리가 50mm 이하일 때는 그전 측정값으로 데이터를 송출하고, 50을 초과했을 경우 현재 측정 거리값을 OlddistData에 저장한다.

간혹 초음파가 물체에 반사되어져 나오는 거리를 측정하는 것이 아니라 송신기에서 바로 수신기로 초음파가 전해지는 오류를 막기 위해서이다.

활용과제

위 예제를 수정하여 다음과 같이 2개의 초음파센서 모듈을 연결하여 거리 값을 cm 단위로 LCD에 표시하시오.

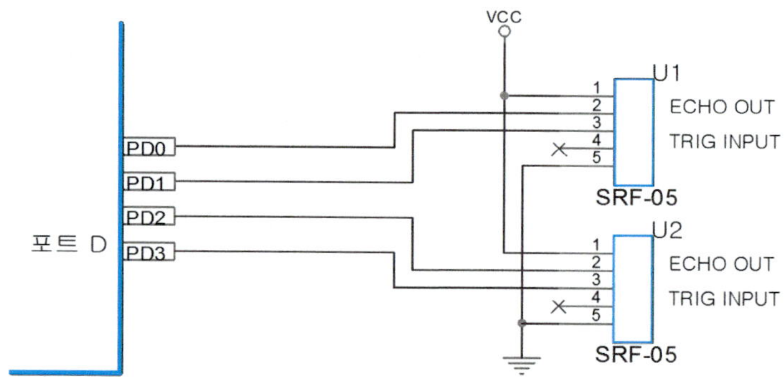

LCD 표시 예시

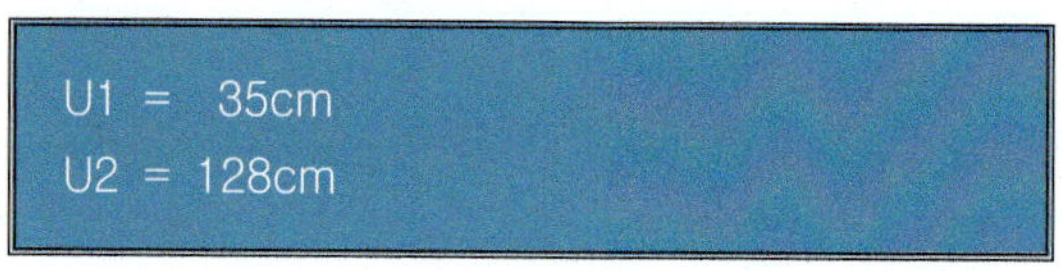

프로젝트 과제

[과제명] 장애물 회피 자율 이동 로봇 제작

아래 그림과 같이 3개의 초음파센서 모듈(SRF-05)를 장착하여 주행 중 장애물을 감지하고 이를 회피하여 주행하는 자율이동 로봇을 만들어 보자.

이동 로봇의 외형은 자율적으로 설계 제작하고 2개의 DC 기어드 모터를 사용하여 주행한다.

모터 구동은 앞의 10장의 내용을 참고하여 드라이버 회로를 설계 제작한다.

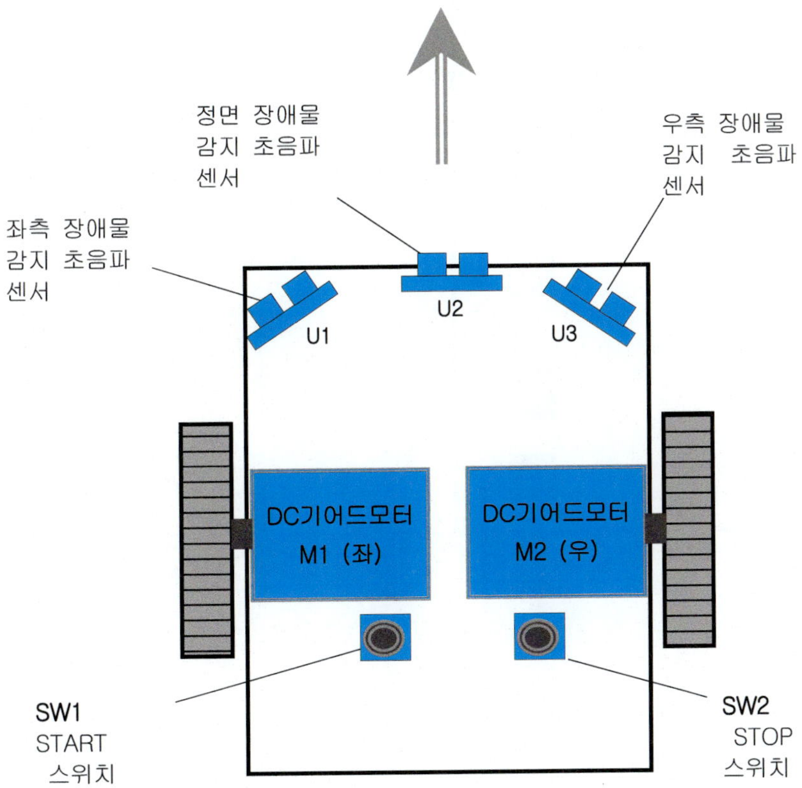

[동작 개요]

① SW1을 누르면 로봇이 전진 주행을 시작한다.
② SW2를 누르면 주행을 정지한다.
③ 장애물과의 거리가 30cm 지점에서 회피 동작을 한다.
④ 회피동작을 약 2초간(로봇 속도를 고려하여 적절한 시간을 구한다.) 주행 후 다시 전진 모드로 한다.

감지된 센서와 로봇의 회피 동작은 다음 표를 참고한다.

[표] 감지된 장애물과 로봇 동작 종류

동작	감지센서 U1 U2 U3	데이터	동작	감지센서 U1 U2 U3	데이터
전 진	– – –	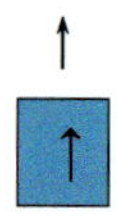	후 진	– U2 –	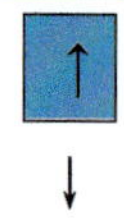
좌회전	– – U3	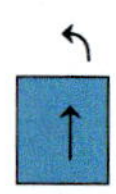	후좌회전	U1 U2 –	
우회전	U1 – –	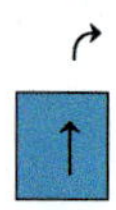	후우회전	– U2 U3	
정 지			U 턴	U1 U2 U3	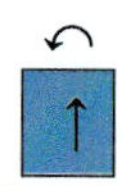

시리얼 통신

시리얼 통신이란 PC와 PC간, PC와 마이컴 간, 마이컴과 마이컴 간에 데이터 통신을 한 비트씩 전송하는 시리얼 방식으로 데이터 통신하는 것을 말한다. ATmega128에는 RS-232C 인터페이스 방식과 통신을 위한 두 채널의 USART 장치가 내장되어 있으며, 또한 Master-Slave 방식으로 다수의 장치와 통신 가능한 SPI 및 TWI 방식의 직렬통신 기능도 내장되어 있다. 본 교재에서는 가장 많이 사용하고 있는 USART를 위주로 다룬다.

CHAPTER 12

12.1 시리얼(Serial) 통신이란?

(1) 시리얼(Serial) 통신과 패러렐(Parallel) 통신

시리얼 통신(직렬통신)은 1개의 데이터 전송라인으로 송신을 하는 방법이고 패러렐(병렬) 통신은 통신 데이터 비트 수 만큼 전송 라인이 구성되어 전송하는 방법이다.

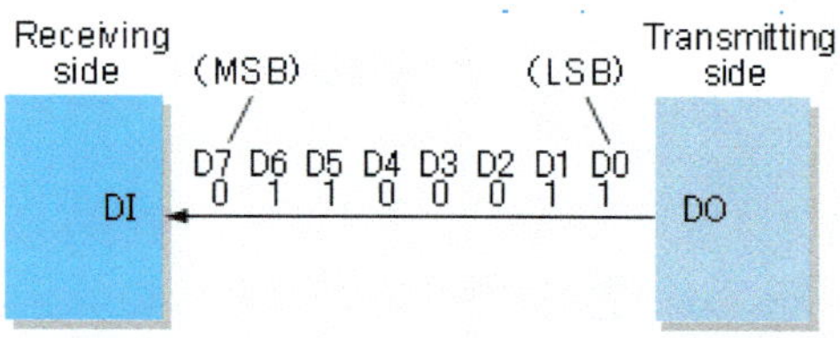

(a) 시리얼 통신

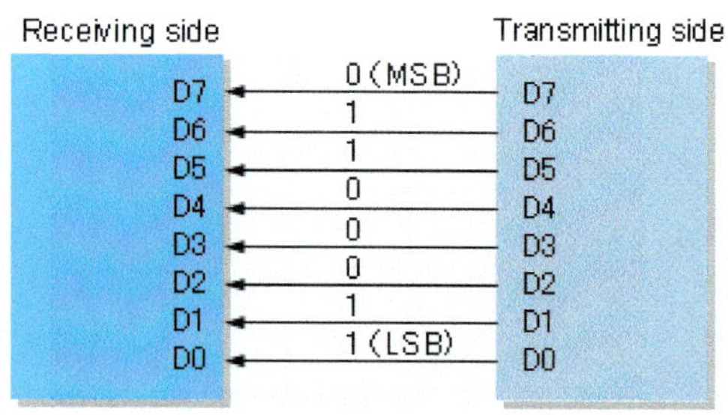

(b) 패러렐 통신

그림 12-1 시리얼 통신과 패러렐 통신 형태

패러렐 통신은 통신선로수가 많으며 변조를 사용하지 않고 바로 외부로 전송하므로 선로비용이 많이 들고 거리가 멀수록 감쇠가 심하며 노이즈에 취약한 단점에 있어 2m 이내의 짧은 거리 전송에 사용한다. 센트로닉스 방식의 프린터 인터페이스가 이 방식에 속한다.

시리얼 통신은 송신 데이터를 변조하여 한 개의 송신라인으로 전송하므로 선로 경비가 싸고 장거리 전송에 이용된다.

요즘의 컴퓨터에서 PC 외부의 전송은 거의 대부분 시리얼 통신을 이용한다.

(2) PC에서의 시리얼 통신

① RS-232C

- PC역사상 가장 오래된 기본 시리얼 통신 인터페이스이다.
- 최초에는 외장 모뎀을 연결하기위해 고안되었다.
- 전이중방식 동기, 비동기 방식 통신 지원
- 25핀, 9핀 두 종류가 있느나 요즈음에는 9핀만 표준으로 사용.
- 속도가 느려 저속 송수신 장치와의 인터페이스에 많이 사용되고 있다.

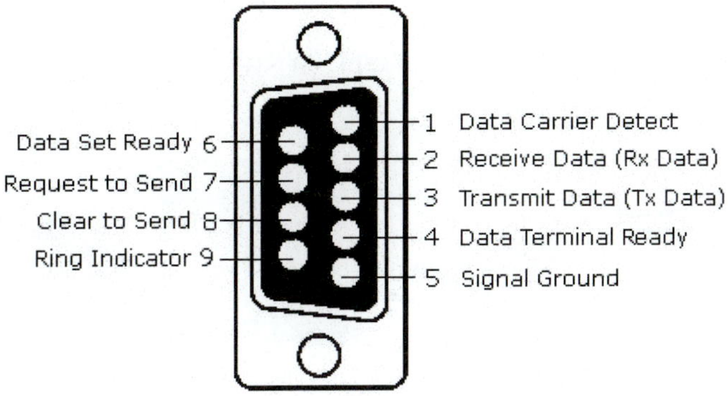

그림 12-2 RS-232C 인터페이스 핀 규격

[표 12-1] RS-232C의 신호레벨

상 태	"L"	"H"
전압레벨	−15V ~ −3V	+3V ~ +15V
2진 논리	"1"	"0"
명칭	Mark	Space

② PS/2 (Personal System/2)

- 키보드와 마우스의 전용 접속 단자로만 사용되고 있다.
- 미니 DIN6P 컨넥터가 사용된다.

그림 12-3 PS/2 인터페이스 단자 외형과 핀규격

③ USB(Universal Serial Bus)

- 기존의 속도가 느린 직렬, 병렬 방식의 연결을 대체하기 위하여 만들어졌다.
- 키보드, 마우스, 게임패드, 조이스틱, 스캐너, 디지털 카메라, 프린터, PDA, 휴대용 저장장치와 같은 다양한 기기를 연결하는 데 사용되고 있다.
- 허브 개념을 이용하여 최대 127개 장치 연결이 가능하다.

- Plug & Play 지원.
- 시리얼 통신 방식 중 가장 속도가 빠르다. (USB3.0)

(a) PC 포트 (b) 일반 케이블 (c) 미니 A타입 (d) 미니 B타입

(e) 마이크로A타입 (f) 마이크로B타입 (g) USB3.0 전용

그림 12-4 USB 인터페이스 단자와 다양한 형태의 케이블들

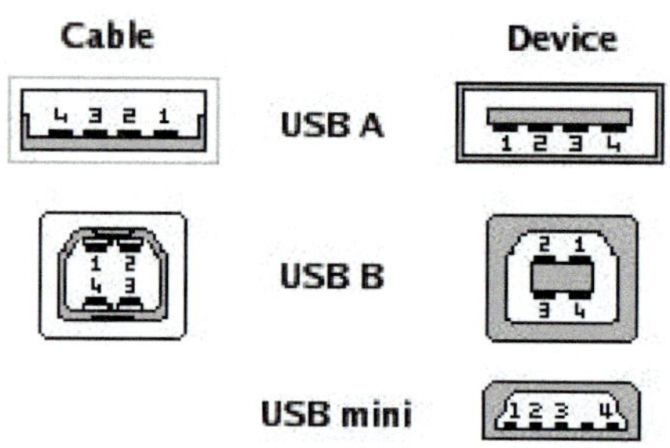

Pin	Signal
1	+5Vcc
2	D−
3	D+
4	GND

그림 12-5 USB 인터페이스 핀 규격

(3) ATmega128에서의 시리얼 통신

① USART (Universal Synchronous and Asynchronous Receiver and Transmitter)
- RS-232C와 호환 가능한 인터페이스.
- 2개의 USART직렬통신 포트 USART0 및 USART1.가 있다.
- 동기 및 비동기 전송 모드에서 전이중 통신이 가능.
- 멀티 프로세서 통신 모드로 동작 가능

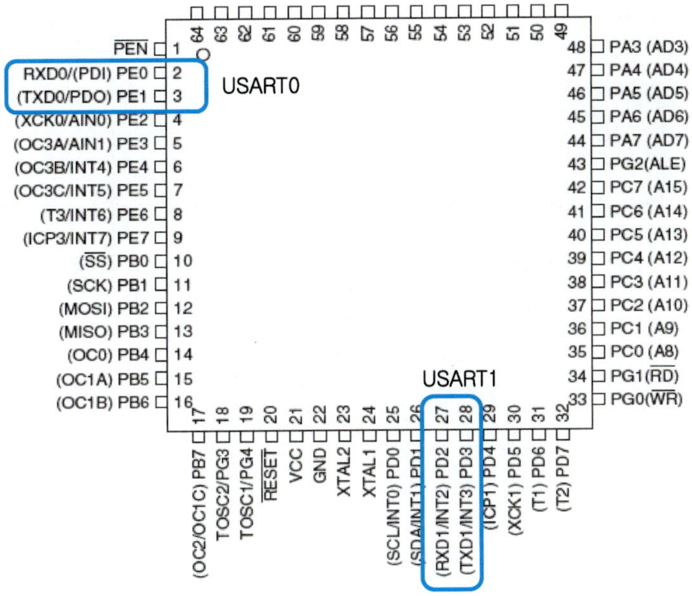

그림 12-6 USART 인터페이스 핀 배치도

② SPI (Serial Peripheral Interface)

- 마스터 모드, 슬레이브 모드 동작 가능.
- ISP 인터페이스 기능 제공
- 시리얼 EEP-ROM(AT93Cxx)와 쉽게 인터페이스 가능
- 최대 20Mbps 초고속 전송 가능

③ TWI (Two-Wire Serial Interface)

- I2C(Inter Integrated Circuit) 인터페이스와 동일 형태(약간 축소판)
- 2개 라인(SDA, SCL)로 양방향 시리얼 통신
- 7비트 주소로 최대 128개의 슬레이브 장치 접속 가능
- 시리얼 EEP-ROM (AT24Cxx)와 쉽게 인터페이스 가능

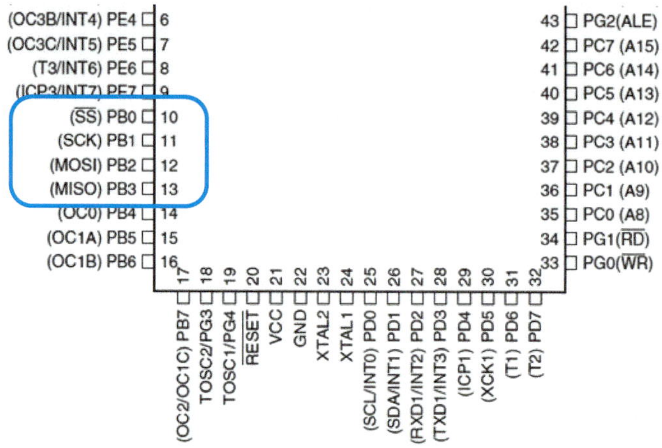

그림 12-7 SPI 인터페이스 핀 배치도

그림 12-8 TWI 인터페이스 핀 배치도

12.2 ATmega128의 USART 개요

(1) USART(Universal Synchronous and Asynchronous Receiver and Transmitter)의 개요

ATmega128에는 2개의 USART직렬통신 포트 USART0 및 USART1을 가지고 있는데, 이것들은 동기 및 비동기 전송 모드에서 전이중 통신이 가능하고, 멀티 프로세서 통신 모드로 동작하는 것도 가능하며, 높은 정밀도의 보레이트 발생기(Baud Rate Generator)을 내장하고 있다.

그 특징을 요약하면 다음과 같다.

- 전 이중 동작(독립 직렬 수신 및 송신 레지스터)
- 비동기 방식과 동기 방식 통신모드 지원
- Master(마스터)와 Slave(슬레이브) 클럭 동기 동작
- 고해상도 Baud Rate 발생기 내장
- 5, 6, 7, 8이나 9 데이터 비트, 1~2개의 Stop Bit를 제공
- 홀수 혹은 짝수 패리티 발생과 패리티 체크를 하드웨어적으로 지원
- 디지털 Low Pass 필터가 내장된 Noise 필터링 기능
- 에러 검출기능 (패리티에러, 오버런에러, 프레임에러)
- 멀티 프로세서 통신 모드 기능
- 2배속의 비동기 통신 모드 기능
- 3가지 인터럽트 제공 : 송신완료(TX Complete), 수신완료(RX Complete)
  송신레지스터 준비완료(TX Register Empty)

동기식 전송 모드에서 마스터(master)로 동작하는 경우에는 전송속도를 결정하는데 내부 클럭을 사용하지만, 슬레이브(slave)로 동작할 때는 XCKn 단자로 클럭 신호에 의하여 동작한다. 비동기식 전송 모드에서는 항상 내부 클럭에 의하여 보레이트가 결정된다.

ATmega128의 USART직렬통신 포트의 내부 구성 블록도를 다음 그림 12-9에 나타내었다. 여기서 n은 2개의 USART에 해당하는 0 또는 1이다.

ATmega128의 USART0 및 USART1은 각각 크게 클럭 발생부, 송신부, 수신부의 3가지 구성 부분으로 이루어진다. 클럭 발생부는 보레이트 발생기와 동기 모드에서 클럭과 동기를 취하는 회로 등으로 구성된다. 송신부는 송신 버퍼, 송신 시프트 레지스터, 패리티 발생기 등으로 구성된다. 수신부는 가장 복잡하여 수신 버퍼, 수신시프트 레지스터, 패리티 검사기 등으로 구성된다.

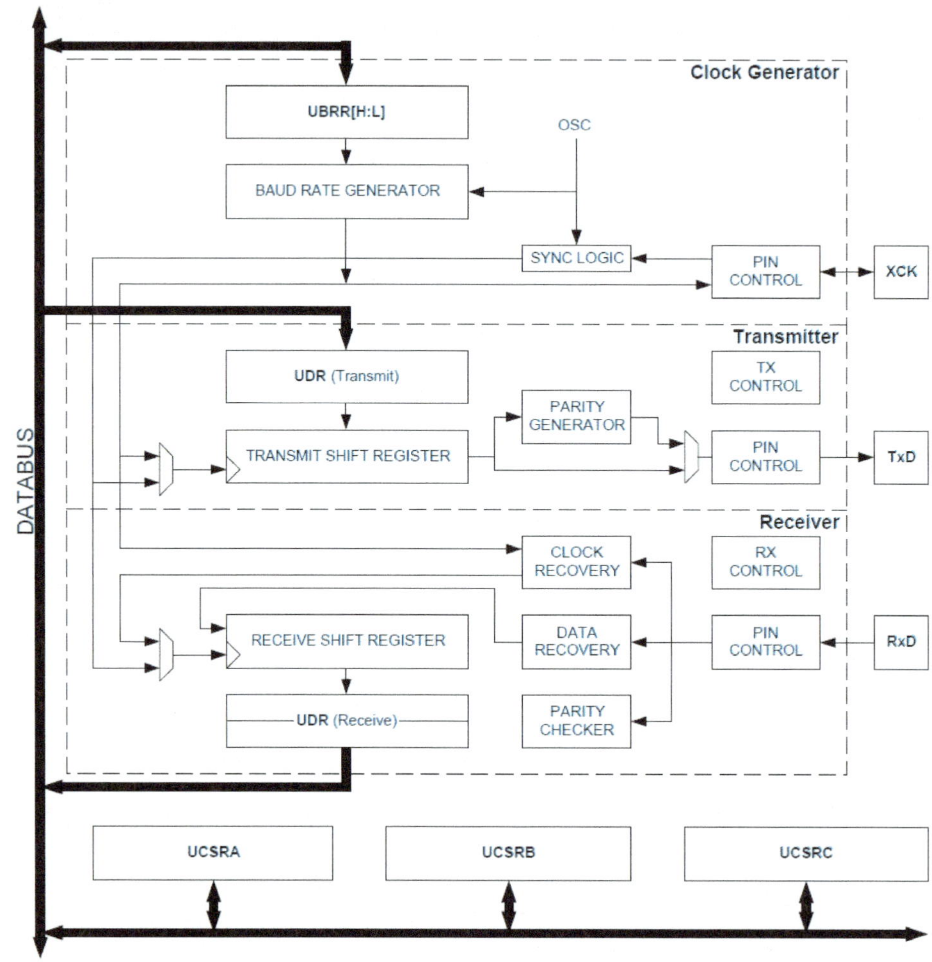

그림 12-9 USART직렬통신 포트의 구성 블록도

(2) USART 통신

① 전송 데이터 포맷

직렬 전송 데이터의 구성 포맷(format)은 1 스타트 비트(start bit), 5~9 데이터 비트(data bit), 1 패리티 비트(parity bit), 1~2스톱 비트(stop bit)이다. 이와 같이 데이터 비트와 스톱비트의 길이는 사용자가 설정할 수 있으며, 패리티 비트는 사용하지 않을 수도 있고 짝수 패리티 방식과 홀수 패리티 방식을 지정할 수 있다.

즉, 1개의 전송 프레임은 최소 7비트에서 최대 13비트로 구성될 수 있다.

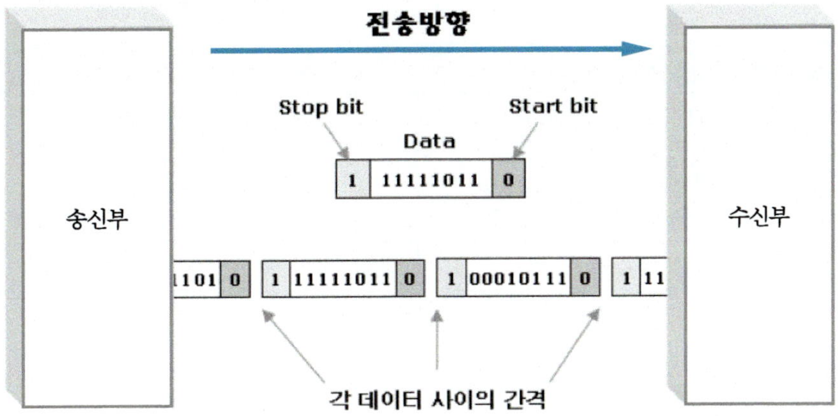

그림 12-10 직렬 전송 데이터 형식

② 동기식 통신

동기식은 일정의 클럭에 동기하여 데이터를 송수신하는 통신방법이다. ATmega128에서 동기식 모드가 사용될 때(UMSEL=1)에는 XCK핀이 동기 클럭 입력(slave) 또는 동기 클럭 출력(master)으로 동작한다.

이 때 클럭에지와 데이터 샘플링 그리고 클럭에지와 데이터 변화간의 상호의존 관계는 같다. RxD상의 데이터 입력은 TxD상의 데이터 출력이 바뀔 때의 에지와 반대 에지에서 샘플링된다.

USART의 동기식 모드는 동기식 통신 그 자체라기보다는 병렬 I/O포트 확장방법으로 주로 사용된다. 이 모드에서는 단지 시프트 레지스터를 외부에 더함으로써 이것을 병렬 I/O포트로 사용할 수 있다.

③ 비동기식 통신

비동기 전송 모드에서는 수신 데이터의 정확한 검출을 위하여 16배 주파수 또는 8배수 주파수를 사용하여 데이터를 샘플링한다. 즉 일반 모드에서는 데이터를 샘플링한다. 즉 일반 모드에서는 데이터 샘플링에 사용되는 주파수를 보레이트의 16배 주파수로 사용하고, 2배속 모드에서는 8배 주파수로 사용한다. 이렇게 하면 1비트의 신호를 샘플링할 때 16개 또는 8개의 클럭 주기에서 중앙부를 사용함으로써 클럭 주파수에 어느 정도의 오차가 있는 경우에도 검출의 정확도를 높일 수 있게 된다.

동기식과 비동기식 통신 방식 차이점을 다음 [표 12-2]에 비교하였다.

[표 12-2] 동기식 방식과 비동기식 방식 비교

동기식(Synchronous)	비동기식(Asynchoronous)
동기 클럭에 데이터를 송수신	동기 클럭 없이 데이터 송수신
높은 전송 효율 필요	Baudrate에 의해 송수신
선로에 노이즈/장거리 전송에 유리	송/수신기는 Baudrate에 맞추어 통신
대량의 데이터를 고속 전송	Start bit와 Stop bit 필요

④ 멀티프로세서 통신 모드

멀티프로세서 통신 모드는 1개의 마스터 프로세서가 여러 개의 슬레이브 프로세서에게 특정한 어드레스를 전송함으로써 1개의 슬레이브만을 지정하여 데이터를 전송하는 동작 모드이다.

이를 위해 마스터인 송신측에서는 특별한 모드 설정이 필요없지만, 여러 개의 슬레이브 수신측은 UCSRnA 레지스터의 MPCMn 비트를 1로 지정하여 어드레스 프레임이 수신되기를 기다린다. 이때 마스터는 8데이터 비트에 지정하고자 하는 어드레스와 함께 9번째 비트 TXB8n을 1로 만든 어드레스 프레임을 송신한다.

그러면 모든 슬레이브는 이 어드레스 프레임을 수신하여 자신에게 해당되는 어드레스인지를 확인하고 이것이 자신의 어드레스인 것을 확인한 1개의 슬레이브만 MPCMn 비트를 0으로 클리어하여 이후에 전송될 데이터 프레임을 수신할 수 있도록 한다. 나머지의 선택되지 않은 슬레이브들은 계속하여 MPCMn 비트를 1로 유지한 채 어드레스 프레임이 수신되기를 기다린다.

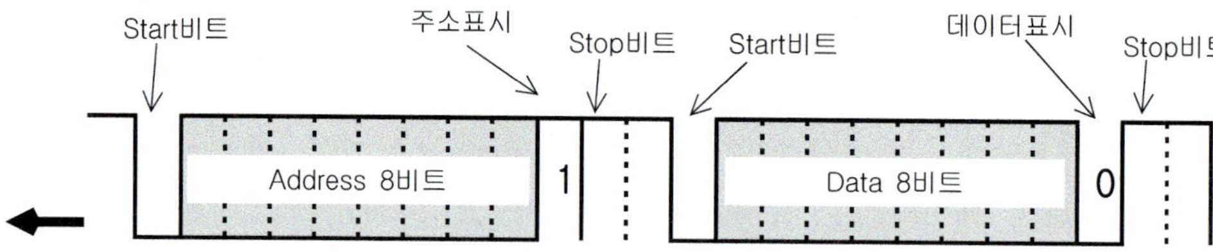

그림 12-11 멀티프로세서 통신 프로토콜 형식

선택된 슬레이브는 데이터 프레임을 수신하고 이것이 완료되면 다시 MPCMn 비트를 1로 설정하여 어드레스 프레임의 수신 대기 상태로 들어간다.

12.3 USART 관련 레지스터와 사용법

USART를 제어하기 위해서는 몇 개의 제어레지스터가 사용된다. 관련 부분 블록도를 아래 그림 12-12에 나타내었고, 각 레지스터들의 기능을 다음 [표 12-3]에 나타내었다.

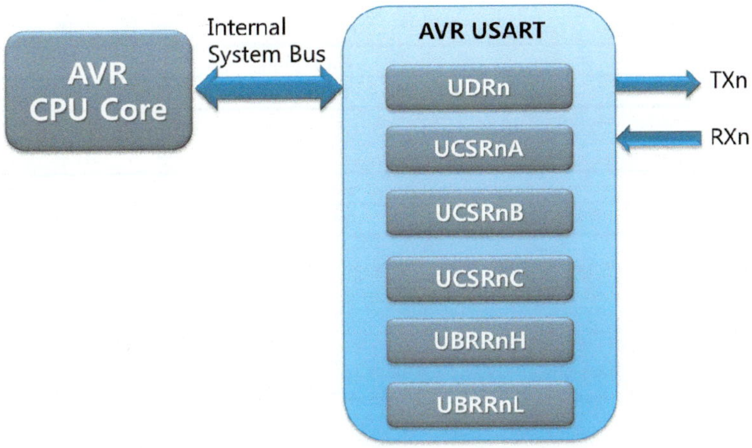

그림 12-12 USART 관련 블록

[표 12-3] USART 레지스터 종류

레지스터명	기 능
UDRn	USART Data Register
UCSRnA	USART Control and Status Register A
UCSRnB	USART Control and Status Register B
UCSRnC	USART Control and Status Register C
UBRRnH	USART Baud Rate Register
UBRRnL	

(1) UDR0(USART I/O Data Register) 및 UDR1 레지스터

UDR 레지스터는 USART포트의 데이터 버퍼의 기능을 수행한다. 각 포트의 송신 및 수신 버퍼는 동일한 번지에 위치하지만 내부적으로는 서로 다른 별개의 레지스터로서, 송신할 데이터를 UDRn에 라이트하면 이는 송신 데이터 버퍼 TXBn에 저장되고, 수신된 데이터를 UDRn으로 읽으면 이는 수신 데이터 버퍼 RXBn에 수신되어 있는 값이 읽혀진다. 전송 데이터 문자를 5~7비트로 설정하면 송신의 경우에는 사용하지 않은 상위 비트들이 무시되고, 수신의 경우에는 이 상위 비트들이 수신부에서 0으로 처리된다. 송신버퍼는 UCSRnA레지스터의 UDREn 플랙 비트가 1로 되어 있는 경우에만 라이트할 수 있으며, UDREn 플랙비트가 0으로 되어 있는 경우에는 만약 UDRn에 데이터를 라이트하더라도 이는 송신부가 무시한다.

모두 Read/Write 가능하고 초기값은 "0" 이다.

Bit	7	6	5	4	3	2	1	0
UDR0(Read)	RXB0[7:0]							
UDR0(Write)	TXB0[7:0]							

Bit	7	6	5	4	3	2	1	0
UDR1(Read)	RXB1[7:0]							
UDR1(Write)	TXB1[7:0]							

(2) UCSRnA(USART Control and Status Register A)

UCSRnA(USART Control and Status Register A)레지스터는 USART포트의 송수신 동작을 제어하거나 송수신 상태를 저장하는 기능을 수행한다.

Bit	7	6	5	4	3	2	1	0
UCSR0A	RXC0	TXC0	UDRE0	FE0	DOR0	UPE0	U2X0	MPCM0
R/W	R	R/W	R	R	R	R	R/W	R/W
Initial Value	0	0	1	0	0	0	0	0

Bit	7	6	5	4	3	2	1	0
UCSR1A	RXC1	TXC1	UDRE1	FE1	DOR1	UPE1	U2X1	MPCM1
R/W	R	R/W	R	R	R	R	R/W	R/W
Initial Value	0	0	1	0	0	0	0	0

⑦ RXCn : 수신 완료 플래그
- 1: UDR 수신버퍼(RxB)에 새 데이터 수신되었음.
- 0: 수신버퍼(RxB)가 empty되어 있음

⑥ TXCn : 송신 완료 플래그
- 1: TSR 내의 모든 frame이 Shift out되었음 송신 UDR에는 데이터가 없음
- 0: 송신 완료 인터럽트가 실행되면 리셋

⑤ UDREn : UDR Empty 플래그
- 1: 송신 UDR Empty, 기록 가능 상태
  - 송신부가 송신할 새로운 데이터를 받아들일 준비가 되어 있음
  - 인터럽트에 의해서 송신을 할 때는 그 루틴에서 UDR에 데이터를 다시 기록해야만이 비트가 클리어.

④ FEn : Frame Error 플래그
- 1: 수신버퍼에 있는 문자에 frame error가 있을 때
- 0: UCSRA에 기록을 할 때는 0으로 함

③ DORn : Data Over Run 플래그
- 1: 데이터 Over Run 조건이 검지되면 세트됨
- 0: UCSRA에 해당비트 기록을 할 때 0으로 됨

② UPEn : Parity Error 플래그
- 1: 수신버퍼에 있는 문자에 Parity Error가 있을 때
- 0: UCSRA에 해당 비트에 기록을 할 때는 0으로 해야 함

① U2Xn : USART의 2배속 송신속도
- 1: 비동기 통신의 송신률를 2배속(double) 16분주 –> 8분주
- 0: 비동기 1배속, 동기식으로 사용할 때는 0으로 고정함

⓪ MPCMn : Multi–Process Communication Mode enable
- 1: 주소정보를 포함하지 않는 수신 frame은 무시됨(송신은 무관)
- 0: 무시되지 않음

(3) UCSRnB(USART Control and Status Register B)

UCSRB 레지스터는 USART포트의 송수신 동작을 제어하거나, 전송 데이터를 9비트로 설정한 경우에 전송 데이터의의 9번째 비트값을 저장하는 기능을 수행한다.

모든 비트 Read/write 가능하고 초기값은 "0" 이다.

Bit	7	6	5	4	3	2	1	0
UCSR0B	RXCIE0	TXCIE0	UDRIE0	RXEN0	TXEN0	UCSZ20	RXB08	TXB08

Bit	7	6	5	4	3	2	1	0
UCSR1B	RXCIE1	TXCIE1	UDRIE1	RXEN1	TXEN1	UCSZ21	RXB18	TXB18

⑦ RXCIEn : 수신완료 인터럽트 허용
- 1: 허용, 0: 불허

⑥ TXCIEn : 송신완료 인터럽트 허용
- 1: 허용, 0: 불허

⑤ UDRIEn : UDR Empty 인터럽트 허용
- 1: 허용, 0: 불허

④ RXENn : 수신 허용
- 1: 허용, 0: 불허

③ TXENn : 송신 허용
- 1: 허용, 0: 불허

② UCSZ2n : Character Size (문자길이) 결정

UCSRnC의 UCSZ1:0과 함께 송수신 데이터 길이를 결정

① RXB8n : 수신 데이터비트 8

USCZ2:0 = 111인 경우에는 RxB8은 수신된 9번째 데이터 비트 된다.
UDR로부터 하위 비트들을 읽어 들이려면 이 비트부터 읽어들어야 한다.

⓪ TXB8n : 송신 데이터 비트 8

USCZ2:0 = 111인 경우에는 Txb8은 송신될 9번째 데이터 비트 된다.
UDR에 하위 비트들을 기록하려면 이 비트부터 기록해야 한다.

(4) UCSRnC(USART Control and Status Register C)

UCSRC 레지스터는 USART의 동작 모드 및 전송 제어기능을 설정하는 레지스터이다.

Bit	7	6	5	4	3	2	1	0
UCSR0C	-	UMSEL0	UPM01	UPM00	USBS0	UCSZ01	UCSZ00	UCPOL0
R/W	R/W	R/W	R/W	R/W	R/W	R/W	R/W	R/W
Initial Value	0	0	0	0	0	1	1	0

Bit	7	6	5	4	3	2	1	0
UCSR1C	-	UMSEL1	UPM11	UPM10	USBS1	UCSZ11	UCSZ10	UCPOL1
R/W	R/W	R/W	R/W	R/W	R/W	R/W	R/W	R/W
Initial Value	0	0	0	0	0	1	1	0

⑥ UMSELn : USART 동기식 통신모드, 비동기식 통신모드 선택

- 1: 비동기 모드　　0: 동기 모드

⑤, ④ UPM : Parity Mode 설정

UPMn1	UPMn0	패리티 모드
0	0	패리티 사용 않음
0	1	예약
1	0	우수(짝수) 패리지
1	1	기수(홀수) 패리지

③ USBSn : Stop bit select – 스톱비트 선택

- 1: 2bit　　0: 1bit

②, ① UCPOL : Clock 극성

UCSZ2(UCSRB)	UCSZ1	UCSZ0	문자 길이
0	0	0	5비트
0	0	1	6비트
0	1	0	7비트
0	1	1	8비트
1	0	0	예약
1	0	1	예약
1	1	0	예약
1	1	1	9비트

ⓞ UCPOLn : 클록 극성

동기모드에서만 사용된다. 비동기 모드에서는 이 비트를 0으로 해야 한다.

UCPOLn	TxDn 핀 출력 변화시점	RxDn핀 입력 샘플링 시점
0	XCKn의 상승에지	XCKn의 하강에지
1	XCKn의 하강에지	XCKn의 상승에지

(5) UBRRnH/L 레지스터(USART Baud Rate Register)

UBRRnH/L 레지스터는 16비트 중에서 12비트만 유효한 것으로서, USART포트의 송수신 속도를 설정하는 기능을 수행한다. 즉 이 레지스터 값은 클럭의 분주비로 작용하여 직렬 포트의 전송속도인 보레이트를 결정한다.

16비트 레지스터를 라이트하는 경우에는 항상 상위 바이트인 UBRRH를 먼저 라이트하

고 하위 바이트인 UBRRL를 나중에 라이트해야 한다. 참고로 16비트 레지스터를 읽을 때는 라이트 경우와는 반대로 먼저 하위바이트를 읽고 상위바이트를 읽어야 한다.

Bit	15	14	13	12	11	10	9	8
UBRRnH	-	-	-	-	**UBRR[11:8]**			
UBRRnL	**UBRR[7:0]**							
Bit	7	6	5	4	3	2	1	0
R/W	R	R	R	R	R/W	R/W	R/W	R/W
	R/W	R/W	R/W	R/W	R/W	R/W	R/W	R/W
Initial Value	0	0	0	0	0	0	0	0
	0	0	0	0	0	0	0	0

설정된 UBRR레지스터에 대하여 보레이트를 계산하는 공식이나, 반대로 원하는 보레이트를 설정하기 위한 UBRR레지스터의 값을 구하는 공식을 동작 모드별로 요약하면 다음과 [표 12-4]와 같다.

[표 12-4] 보레이트 계산 및 설정 공식

동작 모드	보레이트 결정 공식	UBRR 값 결정 공식
비동기 일반 모드 (U2Xn=0)	$BAUD = \dfrac{f_{osc}}{16(UBRR+1)}$	$UBRR = \dfrac{f_{osc}}{16 \times BAUD} - 1$
비동기 2배속 모드 (U2Xn=1)	$BAUD = \dfrac{f_{osc}}{8(UBRR+1)}$	$UBRR = \dfrac{f_{osc}}{8 \times BAUD} - 1$
동기 마스터 모드	$BAUD = \dfrac{f_{osc}}{2(UBRR+1)}$	$UBRR = \dfrac{f_{osc}}{2 \times BAUD} - 1$

동기 슬레이브 모드에서 XCKn단자로 입력되는 클럭의 주파수가 그대로 보레이트가 된다. 여기서 BAUD의 단위는 bps(bit per second)이며, UBRR은 12비트만을 사용하므로 0~4095범위의 값을 가질 수 있다.

이 공식에 따라 ATmega128에 8MHz와 16MHz의 시스템 클럭을 사용하는 경우 각 보레이트 별로 이에 필요한 UBRR레지스터의 값을 계산한 것을 다음 [표 12-5]에 나타내었다.

[표 12-5] 보레이트에 따른 UBRR 설정값 예 (클록 8MHz, 16MHz 경우)

Baud Rate (bps)	f_{osc} = 8.0000 MHz				f_{osc} = 16.0000 MHz			
	U2X = 0		U2X = 1		U2X = 0		U2X = 1	
	UBRR	Error	UBRR	Error	UBRR	Error	UBRR	Error
2400	207	0.2%	416	-0.1%	416	-0.1%	832	0.0%
4800	103	0.2%	207	0.2%	207	0.2%	416	-0.1%
9600	51	0.2%	103	0.2%	103	0.2%	207	0.2%
14.4k	34	-0.8%	68	0.6%	68	0.6%	138	-0.1%
19.2k	25	0.2%	51	0.2%	51	0.2%	103	0.2%
28.8k	16	2.1%	34	-0.8%	34	-0.8%	68	0.6%
38.4k	12	0.2%	25	0.2%	25	0.2%	51	0.2%
57.6k	8	-3.5%	16	2.1%	16	2.1%	34	-0.8%
76.8k	6	-7.0%	12	0.2%	12	0.2%	25	0.2%
115.2k	3	8.5%	8	-3.5%	8	-3.5%	16	2.1%
230.4k	1	8.5%	3	8.5%	3	8.5%	8	-3.5%
250k	1	0.0%	3	0.0%	3	0.0%	7	0.0%
0.5M	0	0.0%	1	0.0%	1	0.0%	3	0.0%
1M	–	–	0	0.0%	0	0.0%	1	0.0%
Max (1)	0.5 Mbps		1 Mbps		1 Mbps		2 Mbps	

12.3.1 USART – RS232C 하드웨어 인터페이스

(1) 핀 규격과 신호 레벨

USART를 이용하여 장거리 통신을 하기 위해서는 RS-232C 인터페이스 레벨로 신호 변환하여 통신하여야 한다. 또한 마이컴과 PC와의 통신에서도 PC의 RS-232C 인터페이스를 사용한다.

DTE 측(컴퓨터)은 male(수놈) 컨넥터를 사용하고 DCE 측에는 female(암놈) 컨넥터를 사용한다.

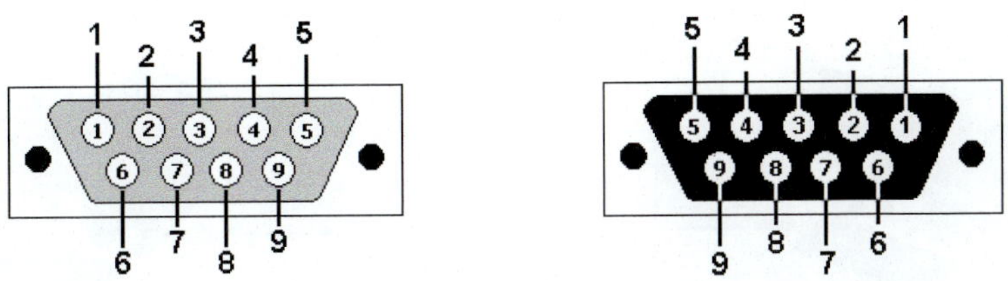

(a) PC 본체 후면 male 콘넥터　　(b) 연결 컨넥터 female 단자

그림 12-13 RS-232C 인터페이스 컨넥터 핀 배치도

RS-232C 규격이 처음 만들어 질 때에는 25핀 규격을 사용하였으나 요즘에는 9핀 규격만 표준으로 채택하여 사용하고 있다. 9핀 규격 컨넥터 단자 배치와 신호규격을 각각 그림 12-13과 표 12-6에 나타내었다.

[표 12-6] 9핀 컨넥터 신호

No.	명칭	기능	No.	명칭	기능
1	DCD	Data Carrier Detect	6	DSR	Data Set Ready
2	RxD	Receive Data	7	RTS	Request to Send
3	TxD	Transmit Data	8	CTS	Clear to Send
4	DTR	Data Terminal Ready	9	RI	Ring Indicator
5	SG	Signal Ground			

또한 전송 데이터 논리 레벨은 "1"은 "-" 전압레벨로, "0"는 "+" 전압레벨로 변환하여 처리하는데 이는 노이즈에 강하도록 해준다. 다음 [표12-7]에 전송 신호 레벨을 나타내었다.

[표 12-7] RS-232C의 신호레벨

상 태	"L"	"H"
전압레벨	−15V ~ −3V	+3V ~ +15V
2진 논리	"1"	"0"
명칭	Mark	Space

(2) 컴퓨터와의 연결

컴퓨터간 RS-232C를 이용한 접속은 NULL 모뎀 방식과 핸드쉐이크 접속 방식이 있다. 핸드쉐이크 방식은 과거 외장형 모뎀과 접속에 사용되었고, 대부분의 주변기기와의 연결은 NULL 모뎀 방식으로 연결된다.

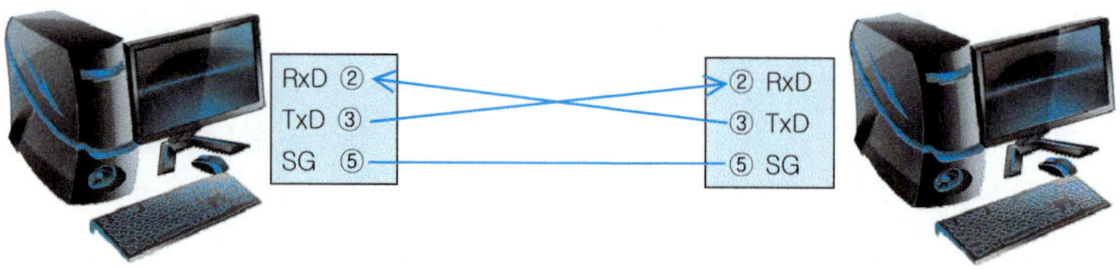

그림 12-14 Null 모뎀 방식 간단한 연결 예

그림 12-14에서처럼 D-Sub컨넥터의 2번 단자는 입력, 3번 단자는 출력을 나타낸다. 만약 3번 단자에서 반대편의 3번 단자로 데이터를 보낼 경우 TXD핀으로는 데이터를 받을 수 없다. 3번 단자는 출력이기 때문이다.

즉, 크로스 케이블로 해야 하는 이유는 TXD → RXD, RXD ← TXD로 데이터가 가야하기 때문이다.

5번 단자는 GND로서 상호간에 전압레벨을 같게 하기 위해서 연결해준다. 참고로 크로스 케이블이 아닌 경우는 통신용(크로스)이라고 표현하지 않고, 포트 길이 확장용 케이블이라 한다.

(3) 마이크로컨트롤러와 컴퓨터 간의 연결

ATmega128의 USART 단자와 컴퓨터 간 연결을 위해서는 RS-232C 신호레벨로 인터페이스하는 회로가 필요한데 가장 많이 사용하는 회로가 전용 인터페이스 IC인 MAX232를 이용하여 구현한다.

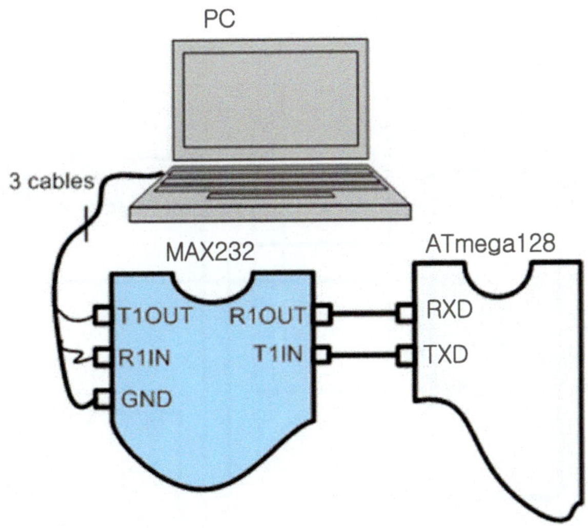

그림 12-15 ATmega128 마이크로컨트롤러와 컴퓨터 간의 접속 예

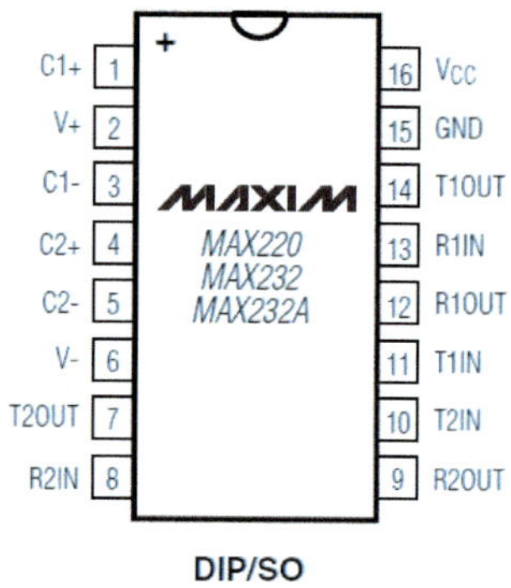

CAPACITANCE (μF)					
DEVICE	C1	C2	C3	C4	C5
MAX220	0.047	0.33	0.33	0.33	0.33
MAX232	1.0	1.0	1.0	1.0	1.0
MAX232A	0.1	0.1	0.1	0.1	0.1

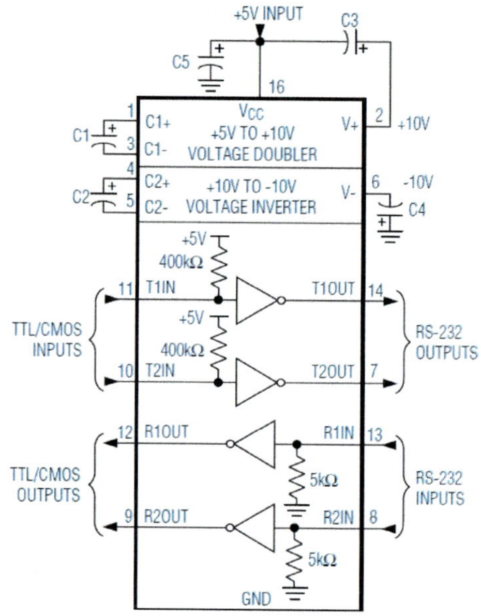

그림 12-16 MAX232 IC 외형과 내구 구조

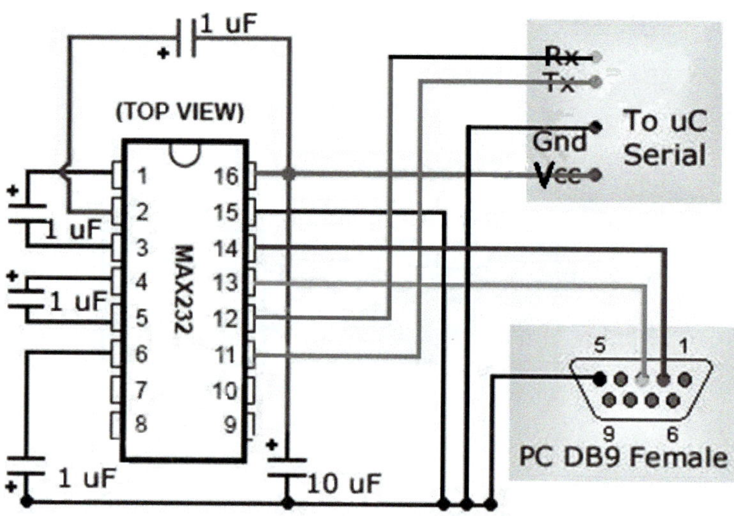

그림 12-17 MAX232를 이용한 RS-232 인터페이스 접속 배선도

MAX232 IC는 논리 "1"은 -15V로, 논리 "0"는 +15V로 레벨 변환해 주는 역할을 수행한다.

PC에서 데이터를 보내면 MAX232는 15V로 입력을 받아 5V로 변환시켜 마이컴에서 출력을 내보내준다. 반대로 마이컴에서 데이터를 보내면 MAX232는 5V로 입력을 받아 15V

로 변환시켜 PC로 보내준다.

마이크로컨트롤러와 PC간의 인터페이스 접속도를 그림 12-17에 나타내었다.

(예) USART0에서 송수신 가능하도록 설정하면서 수신완료 및 송신완료 인터럽트를 허가로 설정

(결과)

	7	6	5	4	3	2	1	0
UCSR0B	**RXCIE0**	**TXCIE0**	UDRIE0	**RXEN0**	**TXEN0**	UCSZ20	RXB800	TXB80
설정 값 :	1	1	X	1	1	X	X	X

(예) USART0에서 짝수 패리티, 1비트 정지비트, 8비트 데이터길이 설정

(결과)

	7	6	5	4	3	2	1	0
UCSR0C	-	**UMSEL0**	**UPM01**	**UPM00**	**USBS0**	**UCSZ01**	**UCSZ00**	**UCPOL0**
설정 값 :	X	X	1	0	0	1	1	X
UCSR0B	RXCIE0	TXCIE0	UDRIE0	RXEN0	TXEN0	**UCSZ20**	RXB800	TXB80
설정 값 :	X	X	X	X	X	0	X	X

(예) 클록 주파수 16MHz에서 USART1의 보레이트를 9,600bps로 설정

(결과)

UBRR0L	7	6	5	4	3	2	1	0
설정 값 :	0	1	1	0	0	1	1	1

12.3.2 데이터의 송수신 알고리즘

(1) 폴링(Polling) 방법

폴링 방법이란 USCR0A 레지스터의 데이터 레지스터 준비완료(비었음) 플랙(UDRE0)와 수신완료 플랙(RXC0)를 이용하여 이를 체크해 가면서 이 비트가 "1" 이면 데이터를 송수신 하는 방법이다.

① 송신

```
unsigned char buff =  'a' ;
UCSR0A =0;                          // 비동기 모드
while( (UCSR0A & 0x20) == 0)        // UDR 이 비워질 때 까지 대기
UDR0 = buff;
UCSR0A |= 0x20
```

위에서 while 문

```
while( (UCSR0A & 0x20) == 0)
```

을 다음과 같이 표현할 수도 있다.

```
while( ! (UCSR0A & (1<<(UDRE0)) )
```

② 수신

```
while(  UCSR0A & (1<<(RXC0) == 0)     // 수신 대기
buff = UDR0;
```

(2) 인터럽트에 의한 방법

인터럽트를 사용하려면 UCSR0B의 인터럽트 허가비트를 설정하여야 한다.

```
UCSR0B = 0xb8;  // 수신완료 인터럽트, 송신준비완료 인터럽트
                //  수신허가, 송신허가
```

① 인터럽트에서 데이터 수신

```
interrupt [USART0_RXC] void usart0_receive(void)
{
  buff = UDR0;
}
```

② 인터럽트에서 데이터 송신

```
interrupt [USART0_DRE] void usart0_transmit(void)
{
  UDR0 = buff;
}
```

연습문제

문제1 USART0에서 비동기식으로 11,200 보레이트, 1bit 짝수패리티, 8bit문자길이, 1bit Stop bit의 전송으로 되도록 레지스터를 초기화 하시오.

[풀이]

	7	6	5	4	3	2	1	0
UCSR0A	RXC0	TXC0	UDRE0	FE0	DOR0	UPE0	U2X0	MPCM0
설정 값 :								
UCSR0B	RXCIE0	TXCIE0	UDRIE0	RXEN0	TXEN0	UCSZ20	RXB08	TXB08
설정 값 :								
UCSR0C	-	UMSEL0	UPM01	UPM00	USBS0	UCSZ01	UCSZ00	UCPOL0
설정 값 :								
UBRR0H 설정 값 :								
UBRR0L 설정 값 :								

문제2 USART1에서 비동기식으로 9,600 보레이트, 패리티 없음, 8bit문자길이, 1bit Stop bit의 전송으로 되도록 레지스터를 초기화 하시오.

[풀이]

	7	6	5	4	3	2	1	0
UCSR1A	RXC1	TXC1	UDRE1	FE1	DOR1	UPE1	U2X1	MPCM1
설정 값 :								
UCSR1B	RXCIE1	TXCIE1	UDRIE1	RXEN1	TXEN1	UCSZ21	RXB18	TXB18
설정 값 :								
UCSR1C	-	UMSEL1	UPM11	UPM10	USBS1	UCSZ11	UCSZ10	UCPOL1
설정 값 :								

UBRR1H
설정 값 :

UBRR1L
설정 값 :

12.4 시리얼 통신 실습

실습 52. PC로의 문자와 문자열 전송

실습 53. 인터럽트를 이용한 문자열 전송

실습 54. 문자의 송신과 수신 문자의 LCD 표시

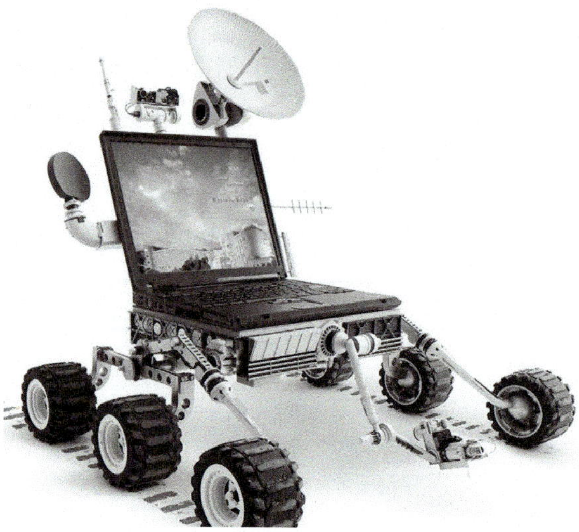

실습 52. PC로의 문자와 문자열 전송

[실습과제]

USART0와 RS232C 케이블로 연결된 PC COM포트로 아스키 코드 문자 및 일련의 문자열을 PC로 전송하도록 하여, 하이퍼터미널 상에서 확인하도록 한다.

문자열 전송을 위한 사용자 함수를 정의하여 사용한다.

단, No parity, 1 stop bit, 8data bit, baud rate 9600bps로 설정한다.

[실습회로]

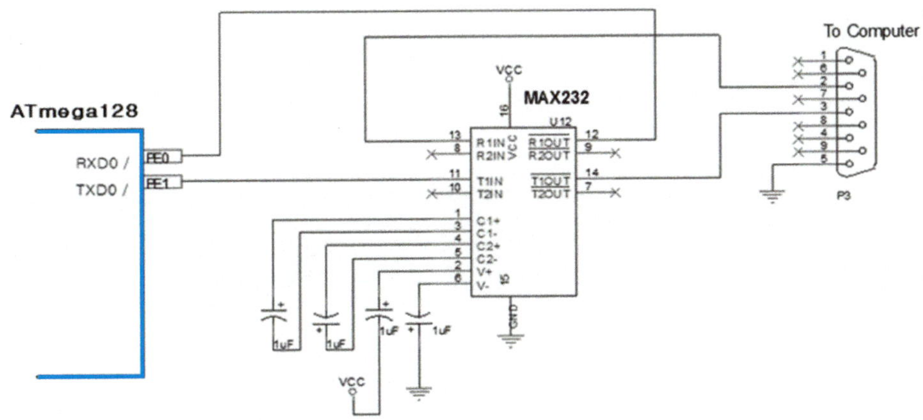

★ 주의 ★

① 인터페이스회로의 컨넥터와 PC의 COM포트와의 연결 케이블은 반드시 크로스케이블로 연결해야 한다.

② ISP포트와 겸해서 사용하고 있으므로 상호 간섭을 피하기 위해 ISP로 다운로드 시 RS232C 케이블을 제거하도록 하고, 프로그램 실행하여 PC와의 통신 시 ISP 케이블을 제거하도록 한다.

[소스 프로그램]

```
#include <mega128.h>
#include <delay.h>

void Initial(void) // ——— 초기화 함수 ————————————
{
        PORTE= 0xff ;
        DDRE = 0xfe ;

        UCSR0A = 0x00;
        UCSR0B = 0x18;          // USART Enable
        UCSR0C = 0x06;          // No parity, 1 stop bit, 8bit data
        UBRR0H = 0;
        UBRR0L = 103;           // 9600bps
}

void TxChar(unsigned char chr)  // ——— 한문자 전송함수 ————
{
        while((UCSR0A & 0x20) == 0);
        UDR0 = chr;
        UCSR0A |= 0x20;
}

void TxString(flash unsigned char *str)  // ——— 문자열 전송함수 ————
{
        int i =0;
        while(str[i] != 0)      // 문자열 끝에 NULL 문자 "0" 검출 때까지 전송
        {
                TxChar(str[i]);
                i++;
        }
}

void main(void)  // ========= >>> 메인 함수 <<< =======
{
        Initial();
        TxChar(0x0d);           // 캐리지 리턴 ASCII 코드
        TxChar(0x0a);           // 라인 feed ASCII 코드
        TxString( "Welcome to ATmega128\r\n" );
}
```

[소스 프로그램 해설– 문자열 전송 함수]

```
❶ void TxString(flash unsigned char *str)
  {
         int i =0;
❷     while(str[i] != 0)
         {
                 TxChar(str[i]);
             i++;
         }
  }

  void main(void)   // ========== 》》》 메인 함수 《《《 ========
  {
     :
❺     TxString( "Welcome to ATmega128\r\n" );
  }
```

C언어에서 배열 변수는 기본적으로 포인트의 개념에 속한다. 포인트란 참조메모리를 이용하여 실제 데이터 메모리를 억세서하는 간접 접근 방식이다.

```
❶ void TxString(flash unsigned char *str)
```

사용자 정의 함수이다. 메인으로부터 문자열이 저장된 메모리의 선두 주소값을 받기 위해 인수 변수를 포인트 변수로 선언하였다.

```
❺ TxString( "Welcome to ATmega128₩r₩n" );
```

메인 함수에서 사용자 함수를 호출하면서 문자열의 'W'가 저장된 선두 메모리 주소 값을 넘겨준다. 주의할 점은 사용자 정의 함수에서 인수를 포인트 변수 *str 로 되어 있으므로 문자열을 통째로 넘겨주는 것이 아니고 선두 메모리 주소 값을 넘겨준다는 점이다.

메모리주소 : 100 101 102 103 104 105 . . .

할당메모리 :	'W'	'e'	'l'	'c'	'o'	'm'	'e'	' '	't'	'o'	' '	'A'	'T'	'm'	'e'	'g'	'a'	'1'	'2'	'8'	'₩r'	'₩n'

포인트 변수 str : [100] = str[0]

```
❷     while(str[i] != 0)
      {
          TxChar(str[i]);
           i++;
      }
```

변수 i값이 "0"일 때 str[0]에 해당되므로

UDR0 = str[0]로 하는 것과 UDR0 = *str이라고 하는 것은 동일하다.

즉, 위의 while 문을

```
while(*str != 0)
{
    TxChar(*str);
    str++;
}
```

로 해도 동일한 동작을 수행한다.

[ASCII CODE TABLE]

Dec	Hex	Char	Dec	Hex	Char	Dec	Hex	Char	Dec	Hex	Char
0	00	Null	32	20	Space	64	40	@	96	60	`
1	01	Start of heading	33	21	!	65	41	A	97	61	a
2	02	Start of text	34	22	"	66	42	B	98	62	b
3	03	End of text	35	23	#	67	43	C	99	63	c
4	04	End of transmit	36	24	$	68	44	D	100	64	d
5	05	Enquiry	37	25	%	69	45	E	101	65	e
6	06	Acknowledge	38	26	&	70	46	F	102	66	f
7	07	Audible bell	39	27	'	71	47	G	103	67	g
8	08	Backspace	40	28	(	72	48	H	104	68	h
9	09	Horizontal tab	41	29	)	73	49	I	105	69	i
10	0A	Line feed	42	2A	*	74	4A	J	106	6A	j
11	0B	Vertical tab	43	2B	+	75	4B	K	107	6B	k
12	0C	Form feed	44	2C	,	76	4C	L	108	6C	l
13	0D	Carriage return	45	2D	–	77	4D	M	109	6D	m
14	0E	Shift out	46	2E	.	78	4E	N	110	6E	n
15	0F	Shift in	47	2F	/	79	4F	O	111	6F	o
16	10	Data link escape	48	30	0	80	50	P	112	70	p
17	11	Device control 1	49	31	1	81	51	Q	113	71	q
18	12	Device control 2	50	32	2	82	52	R	114	72	r
19	13	Device control 3	51	33	3	83	53	S	115	73	s
20	14	Device control 4	52	34	4	84	54	T	116	74	t
21	15	Neg. acknowledge	53	35	5	85	55	U	117	75	u
22	16	Synchronous idle	54	36	6	86	56	V	118	76	v
23	17	End trans. block	55	37	7	87	57	W	119	77	w
24	18	Cancel	56	38	8	88	58	X	120	78	x
25	19	End of medium	57	39	9	89	59	Y	121	79	y
26	1A	Substitution	58	3A	:	90	5A	Z	122	7A	z
27	1B	Escape	59	3B	;	91	5B	[	123	7B	{
28	1C	File separator	60	3C	<	92	5C	\	124	7C	|
29	1D	Group separator	61	3D	=	93	5D	]	125	7D	}
30	1E	Record separator	62	3E	>	94	5E	^	126	7E	~
31	1F	Unit separator	63	3F	?	95	5F		127	7F	□

[하이퍼 터미널 사용하기]

① 시작 → 프로그램 → 보조프로그램 → 통신 → 하이퍼터미널을 클릭한다.

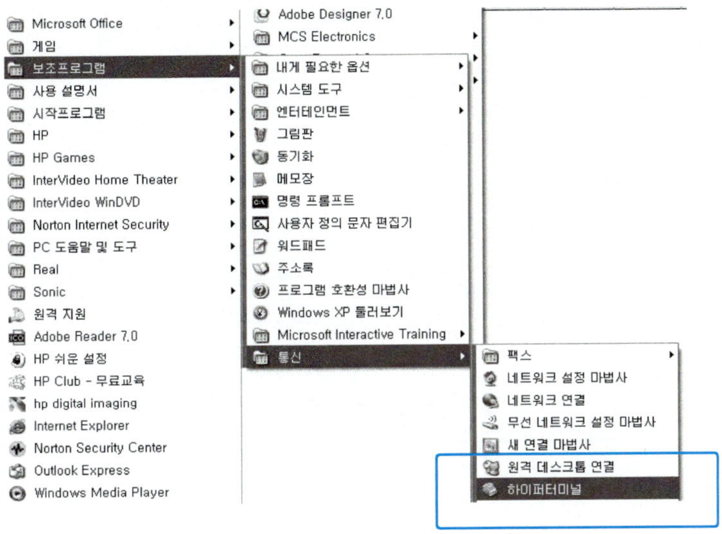

② 파일명을 입력하고 확인을 클릭한다. 연결된 COM 포트를 설정한다.

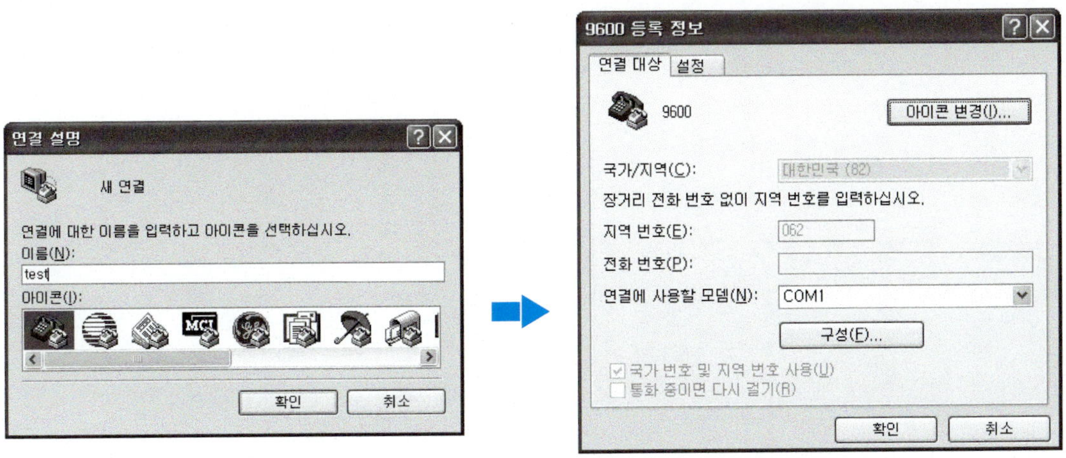

③ 기본값 복원 버튼을 누르면 밑에 그림과 같이 9600bps로 세팅된다.

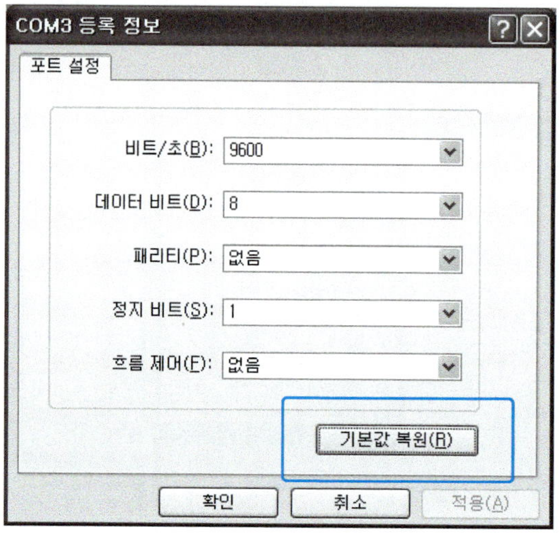

실습 53. 인터럽트를 이용한 문자열 전송

[실습과제]

앞의 실습 52의 문자열 전송을 인터럽트를 이용하여 처리하도록 한다.

[실습회로]

[실습 52]의 실습회로와 동일

[소스 프로그램]

```
#include <mega128.h>
#include <delay.h>

unsigned char *ptr;
char String[] =  "Welcome to ATmega128\r\n" ;

void Initial(void) // ——— 초기화 함수 ————————————————
{
        PORTE= 0xff ;
        DDRE = 0xfe ;

        UCSR0A = 0x00;
        UCSR0B = 0xb8;          // UDR Empty 인터럽트 허가
        UCSR0C = 0x06;          // No parity, 1 stop bit, 8bit data
        UBRR0H = 0;
        UBRR0L = 103;           // 9600bps
}

interrupt [USART0_DRE] void usart0_transmit(void)   // — UDR Empty 인터럽트 —
{
        UDR0 = *ptr;
        ptr++;
        if(*ptr ==0)
            ptr = String;
}

void main(void)   // ========== >>> 메인 함수 <<< ========
{
        Initial();
        #asm("sei");            // Global enable interrupts
```

```
        ptr = String;                   // 문자열의 선두 주소값 저장
        while(1);
}
```

[소스 프로그램 해설]

인터럽트가 발생할 때마다 한 문자(1byte)씩 전송하게 된다.

```
unsigned char *ptr;
```

ptr은 포인트 변수로 선언이다. 포인트 변수는 간접 지정방식의 일종으로서 ptr 변수 값이 지시하는 메모리를 억세스하게 해줌으로서 ptr에는 변수의 주소가 저장이 된다.

```
char String[] = "Welcome to ATmega128₩r₩n" ;
```

다음과 같이 배열변수가 메모리에 할당이 된다. 여기서 배열의 선두 메모리 즉, 'W'가 저장되어 있는 메모리 주소가 100번지부터 할당되어 있다고 가정한다.

메모리(String[])

주소	
100	'W'
101	'e'
102	'l'
103	'c'
104	'o'
105	'm'
106	'e'
107	' '
108	't'
109	'o'
110	' '
111	'A'
112	'T'
113	'm'
114	'e'
115	'g'
116	'a'
117	'1'
118	'2'
119	'8'
120	'₩r'
121	'₩n'

main() 함수에서

```
ptr = String;
```

변수 ptr에는 배열 String[]변수의 선두 번지값 100이 저장된다. 즉,

ptr : | 100 |

인터럽트 함수에서

```
UDR0 = *ptr;
```

포인트 변수 ptr값이 가리키는 메모리(100번지)의 데이터 'W' 의 ASCII 코드 값을 UDR0 레지스터로 전송한다.

```
ptr++;
```

포인트 변수 ptr 값을 +1 증가하여 다음 주소(101번지)를 지시하도록 한다.

```
if(*ptr ==0)
        ptr = String;
```

ptr이 가리키는 메모리 값이 Null 문자라면 다시 선두번지(100번지) 값을 ptr에 저장.

활용과제

1. 앞의 두 예제를 통해 문자를 전송함에 있어 폴링방식과 인터럽트 방식으로 실습하였다. 두 방식의 장단점에 대해 설명하시오.

2. ATmega128 USART1을 이용하여 ASCII 코드값 0x21~0x7F까지의 코드를 전송하여 PC의 하이퍼 터미널 상에 ASCII 코드 값을 나타나도록 프로그램을 작성하시오.
   단, 인터럽트를 이용하여 처리한다.

실습 54. 문자의 송신과 수신 문자의 LCD 표시

[실습과제]

PC의 하이퍼 터미널로 보낸 문자를 다시 ATmega128로 보내도록 하고 수신된 문자를 포트C에 연결된 LCD 창에 표시하도록 한다.

RXD0, TXD0을 둘 다 사용하며, 8 Data bit, 1 Stop bit, No Parity, 9600bps이다.

[실습회로]

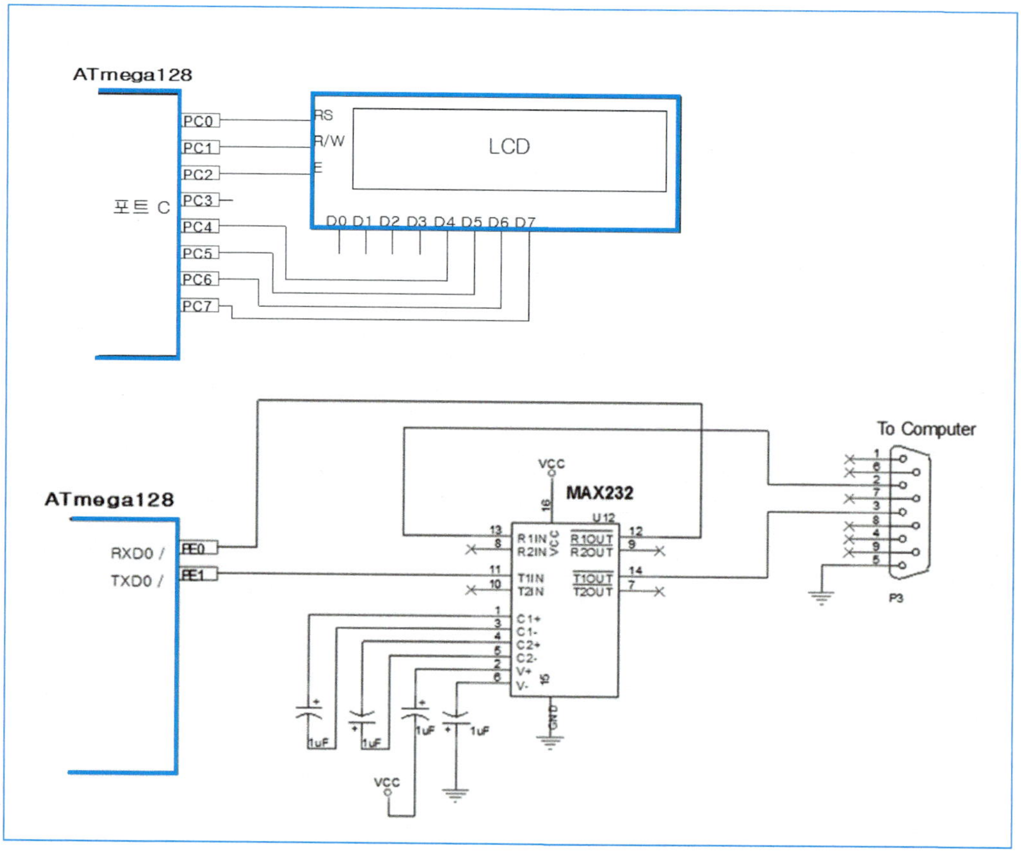

[소스 프로그램]

```
#include <mega128.h>
#include <delay.h>
#include <stdio.h>

// Alphanumeric LCD Module functions
#asm
   .equ __lcd_port=0x15;   // PORT C에 LCD 연결
#endasm
#include <lcd.h>

#define RXB8 1              // "#define ..." 부분은 Code Generate 기능에서
#define TXB8 0              // 자동으로 생성된 부분임.
#define UPE 2
#define OVR 3
#define FE 4
#define UDRE 5
#define RXC 7

#define FRAMING_ERROR (1<<(FE)
#define PARITY_ERROR (1<<(UPE)
#define DATA_OVERRUN (1<<(OVR)
#define DATA_REGISTER_EMPTY (1<<(UDRE)
#define RX_COMPLETE (1<<(RXC)

char sbuf[16];
char RecData;

#pragma used+
char getchar1(void)         // Get a character from the USART1 Receiver
{
     char status, data;
     while(1)
     {
         while (((status=UCSR0A) & RX_COMPLETE)==0);  // 수신완료 까지 대기
         data=UDR0;

           if ((status & (FRAMING_ERROR | PARITY_ERROR | DATA_OVERRUN))==0)
                return data;
     };
}
#pragma used-
```

```
#pragma used+
void putchar1(char c)       // Write a character to the USART1 Transmitter
{
    while ((UCSR0A & DATA_REGISTER_EMPTY)==0);  // UDR이 비워질 때까지 대기
    UDR0=c;
}
#pragma used-

void init(void)              // 포트, USART0, LCD 초기화
{
    PORTC = 0x00;
    DDRC= 0x00;
    PORTE= 0xff ;
    DDRE = 0xfe ;

    UCSR0A=0x00;
    UCSR0B=0x18;
    UCSR0C=0x06;
    UBRR0H=0x00;
    UBRR0L=0x67;             //Baud rate 9600 BPbps

    lcd_init(16);            // LCD module initialization
}

void main(void)              // 메인 함수
{
    init();

    while (1)
    {
        RecData = getchar1();                    // 수신버퍼가 채워질 때까지 대기
        putchar1(RecData);                       // 받은 데이터 송출

        sprintf(sbuf,"DATA : %c", RecData);      // LCD 표시
        lcd_gotoxy(0,0);
        lcd_puts(sbuf);

        delay_ms(100);
    };
}
```

저자와의
협의에 의해
인지 생략

예제 중심 쉽게 배우는

ATmega128 마이크로컨트롤러

6판 2쇄 2024년 3월 15일

저 자 정영호 / 김덕영 / 조남형
발행인 송광헌
발행처 복두출판사
주 소 서울특별시 영등포구 경인로82길 3-4
센터플러스 807호
(우) 07371
전 화 (02) 2164-2580
FAX (02) 2164-2584
등 록 1993. 11. 22. 제 10-902 호

정가 : 32,000원

ISBN : 979-11-6675-297-1 93560

한국과학기술출판협회 회원사